법정 스님의
내가 사랑한 책들

문학의숲 편집부 엮음

문학의숲

표지와 본문 사진 ⓒ 도연희 · 안소라
그림 ⓒ Naomi Ito
표지와 본문 디자인_ 행복한물고기 HappyFish
*책 사진들은 제주도 서귀포와 중문 지역에서 촬영되었다.
 도움 주신 분들_ 김용남 · 고인순 · 한승희

차 례

책을 엮고 나서   10

새로운 형식의 삶에 대한 실험   14
헨리 데이비드 소로우 〈월든〉

인간과 땅의 아름다움에 바침   26
장 피에르와 라셸 카르티에 〈농부 철학자 피에르 라비〉

모든 사람이 우리처럼 행복하지 않다는 건가요   36
헬레나 노르베리 호지 〈오래된 미래〉

그곳에선 나 혼자만 이상한 사람이었다   46
말로 모건 〈무탄트 메시지〉

포기하는 즐거움을 누리라   54
이반 일리히 〈성장을 멈춰라〉

모든 여행의 궁극적인 목적지는 행복   64
프랑수아 를로르 〈꾸뻬 씨의 행복 여행〉

자신과 나무와 신을 만나게 해 준 고독   74
장 지오노 〈나무를 심은 사람〉

한 걸음씩 천천히 소박하게 꿀을 모으듯   82
사티쉬 쿠마르 〈끝없는 여정〉

행복이 당신 곁을 떠난 이유　　　　　　　　92
버트런드 러셀 〈행복의 정복〉

나무늘보에게서 배워야 할 몇 가지 것들　　　102
쓰지 신이치 〈슬로 라이프〉

기억하라, 이 세상에 있는 신성한 것들을　　　110
류시화 〈나는 왜 너가 아니고 나인가〉

신은 인간을 가꾸고, 인간은 농장을 가꾼다　　118
핀드혼 공동체 〈핀드혼 농장 이야기〉

모든 사람은 베풀 것을 가지고 있다　　　　　126
칼린디 〈비노바 바베〉

이대로 더 바랄 것이 없는 삶　　　　　　　　134
야마오 산세이 〈여기에 사는 즐거움〉

나는 걷고 싶다　　　　　　　　　　　　　　144
다비드 르 브르통 〈걷기 예찬〉

아프더라도 한데 어울려서　　　　　　　　　152
윤구병 〈가난하지만 행복하게〉

신에게로 가는 길 춤추며 가라　　　　　　　162
니코스 카잔차키스 〈그리스인 조르바〉

한쪽의 여유는 다른 한쪽의 궁핍을 채울 수 없는가　174
장 지글러 〈왜 세계의 절반은 굶주리는가〉

마른 강에 그물을 던지지 마라　　　　　　　184
장 프랑수아 르벨 · 마티유 리카르 〈승려와 철학자〉

당신은 내일로부터 몇 킬로미터인가?   194
이레이그루크 〈내일로부터 80킬로미터〉

가장 자연스러운 것은 아무것도 하지 않는 것   204
후쿠오카 마사노부 〈짚 한 오라기의 혁명〉

큰의사 노먼 베쑨   214
테드 알렌 · 시드니 고든 〈닥터 노먼 베쑨〉

풀 한 포기, 나락 한 알, 돌멩이 한 개의 우주   226
장일순 〈나락 한 알 속의 우주〉

삶은 사랑하는 법을 배우는 과정   234
아베 피에르 〈단순한 기쁨〉

두 발에 자연을 담아, 침묵 속에 인간을 담아   244
존 프란시스 〈아름다운 지구인 플래닛 워커〉

가을매의 눈으로 살아가라   254
다산 정약용 〈유배지에서 보낸 편지〉

생명의 문을 여는 열쇠, 식물의 비밀   264
피터 톰킨스 · 크리스토퍼 버드 〈식물의 정신세계〉

우리 두 사람이 함께   274
헬렌 니어링 〈아름다운 삶, 사랑 그리고 마무리〉

축복은 우리를 자유롭게 한다   284
레이첼 나오미 레멘 〈할아버지의 기도〉

인간의 얼굴을 가진 경제   292
E.F. 슈마허 〈작은 것이 아름답다〉

바람과 모래와 별 그리고 인간 300
생텍쥐페리 〈인간의 대지〉

새들이 떠나간 숲은 적막하다 310
레이첼 카슨 〈침묵의 봄〉

빼앗기지 않는 영혼의 자유 320
빅터 프랭클 〈죽음의 수용소에서〉

나무는 자연이 쓰는 시 330
조안 말루프 〈나무를 안아 보았나요〉

용서는 가장 큰 수행 338
달라이 라마 · 빅터 챈 〈용서〉

테제베와 단봉낙타 346
무사 앗사리드 〈사막별 여행자〉

꽃에게서 들으라 354
김태정 〈우리가 정말 알아야 할 우리 꽃 백 가지〉

오늘이 마지막 날인 것처럼 362
지두 크리슈나무르티 〈아는 것으로부터의 자유〉

우리에게 주어진 이 행성은 유한하다 370
개릿 하딘 〈공유지의 비극〉

세상을 등져 세상을 사랑하다 378
허균 〈숨어 사는 즐거움〉

지구에서 가장 뜨거운 심장 386
디완 챤드 아히르 〈암베드카르〉

바깥의 가난보다 안의 빈곤을 경계하라 396
엠마뉘엘 수녀 〈풍요로운 가난〉

내 안에 잠든 부처를 깨우라 406
와타나베 쇼코 〈불타 석가모니〉

자연으로 일구어 낸 상상력의 토피아 416
앨런 와이즈먼 〈가비오따쓰〉

작은 행성을 위한 식사법 424
제레미 리프킨 〈육식의 종말〉

결론을 내렸다, 나를 지배하는 열정에 따라 살기로 432
빈센트 반 고흐 〈반 고흐, 영혼의 편지〉

성장이 멈췄다, 우리 모두 춤을 추자 442
격월간지 〈녹색평론〉

내일의 세계를 구하는 것은 바로 당신과 나 452
제인 구달 〈희망의 이유〉

내 안의 '인류'로부터의 자유 460
에크하르트 톨레 〈NOW—행성의 미래를 상상하는 사람들에게〉

어디를 펼쳐도 열정이 넘치는 책 468
다치바나 다카시 〈나는 이런 책을 읽어 왔다〉

법정 스님의 글과 법문에서 언급된 책들 479

책을 엮고 나서

　우리가 책을 대할 때는 한 장 한 장 넘길 때마다 자신을 읽는 일로 이어져야 하고 잠든 영혼을 일깨워 보다 값있는 삶으로 눈을 떠야 한다. 그때 우리는 비로소, 펼쳐 보아도 한 글자 없지만 빛을 발하고 있는 그런 책까지도 읽을 수 있다. 책 속에 길이 있다고 하는 것은 이 때문이다.
—법정 스님의 글 '무엇을 읽을 것인가' 중에서

　강원도 산중 오두막 생활 중에서 가장 행복한 때를 들라면 읽고 싶은 책을 아무 방해도 받지 않고 읽고 있을 때, 즉 독서삼매에 몰입하고 있을 때라고 법정 스님은 말씀하신 적이 있다. 그때 "내 영혼은 투명할 대로 투명해지며" 책의 기상이 나를 받쳐 준다고.
　그렇다면 법정 스님의 구도와 진리의 길에 함께해 온 책들은 무엇일까? 모두가 잠든 밤 홀로 깨어 산중 오두막을 밝혀 온 책들은? 나아가 그가 권하는, 이 시대 지식인의 서가에 꽂혀 있어야 할 중요한 책들에는 어떤 것들이 있을까?
　'법정 스님이 추천하는, 이 시대에 꼭 읽어야 할 50권의 책'을 선정하기 위해 우리는 그간 2년여에 걸쳐 여러 차례 법정 스님과 대화를 나누었다. 사실 그 대화는 수년 전 스님이 송광사 불일암에 며칠 내려와 계실 때부터 시작되었다. 그때부터 우리는 스님을 뵙는 기회가 주어질 때마다 '우리의 정신과 영혼을 충만하게 채워 주고 지속 가능한 세상을 만들어 주는 책들은 무엇일까?'를 주제로 스님이 읽어 오고 가까이해 온 책들을 메모해 나갔다.

어느 자리에서나 사람들을 만날 때, 혹은 일 년에 몇 차례 행하는 법문에서도 법정 스님이 늘 대화의 주제로 삼아 온 것이 바로 '책'이다. 오랜만에 산을 내려오시면 그동안 읽으신 책들을 들려주고, 〈맑고 향기롭게〉 회보를 통해서 매월 그달에 읽을 책을 직접 선정해 주셨다. 심지어 평생 한 번 선 결혼식 주례 자리에서도 독서를 주제로 삼아 책 읽는 부부가 될 것을 당부했다.

처음 출가할 당시의 일에 대해 스님은 이렇게 쓴 적이 있다.

"세상 모든 길을 다 막아 버리려는 듯 큰 눈이 내리던 20대의 어느 겨울날, 나는 그 무엇에도 막힘없이 나답게 살아가기 위한 길을 찾아 나섰다. 효봉 스님을 만나 몇 마디 대화를 나눈 나는 그 자리에서 출가를 결심하고 며칠 뒤 경남 통영에 있는 작은 절로 내려가 출가 수행자의 길을 걷게 되었다. 단박에 삭발을 결정하고 얻어 입은 승복까지도 그리 편할 수가 없었건만, 집을 떠나오기 전 나를 붙잡은 것이 책이었다. 넉넉하지 못한 집안에서 어렵사리 모은 책들을 버리고 떠나는 게 못내 망설여졌다. 그것이 나의 유일한 소유물이었기 때문이다. 그것들을 차마 다 버릴 수가 없어서 서너 권만 챙겨 가리라 마음먹고 이 책 저 책을 뽑았다가 다시 꽂아 놓기를 꼬박 사흘 밤. 책은 내게 끊기 힘든 인연이었다."

우리는 여기에 50권의 책을 골라 실었지만, 선정 작업도 오래 걸렸을 뿐 아니라 대상이 된 책들 또한 3백여 권에 달했다. 그만큼 법정 스님의 독서의 폭은 매우 넓었다. 인류의 정신사를 수놓은 다양한 종교의 경전들, 고전이 된 동서고금의 문학작품들, 파괴와 착취를 향해

질주해 가는 이 시대의 종말을 경고하는 의식 있는 환경서적들, 이미 절판이 되었으나 다시 출간되어야만 할 잘 알려지지 않은 책들 속에서 우리는 아쉽지만 지면의 한계상 50권을 추려 낼 수밖에 없었다.

어느 글에선가 스님은 이야기하셨다.

"세상에 책은 돌자갈처럼 흔하다. 그 돌자갈 속에서 보석을 찾아야 한다. 그 보석을 만나야 자신을 보다 깊게 만들 수 있다."

책은 인간과 사회를 형성하는 데 결정적인 역할을 한다. 책이 없었다면 인류는 현재의 세상을 이룰 수 없었을 것이다. 스님의 말씀대로 좋은 책은 세월이 결정한다. 읽을 때마다 새롭게 배울 수 있는 책, 잠든 내 영혼을 불러 일으켜 삶의 의미와 기쁨을 안겨 주는 그런 책은 수명이 길다. 수많은 세월을 거쳐 지금도 책으로서 살아 숨 쉬는 동서양의 고전들이 이를 증명해 주고 있다. 탐구와 독서가 없다면 우리의 정신은 잡초가 우거진 황량한 폐가가 되고 말 것이다.

법정 스님은 "책에 읽히지 말고 책을 읽으라." 말한다.

"세상에 나도는 책이 다 양서일 수는 없다. 두 번 읽을 가치도 없는 책이 세상에는 얼마나 쌓여 가고 있는가. 삶을 충만케 하는 길이 책에만 있는 것은 아니다. 책을 넘어서 어디에도 의존함이 없이 독자적인 사유와 행동을 쌓아 감으로써 사람은 그 사람만이 지니고 누릴 수 있는 독창적인 존재가 된다."

이 기획은 단순히 '법정 스님이 읽어 온 책들은 어떤 책들일까.' 라는 의문에서 출발해 이 시대를 살아가는 한 개인과 공동체가 어떤 삶, 어떤 사회를 지향해야 하며 그 기준과 방향을 정하는 데 어떤 책들을 읽어야 하는가로 그 주제가 확장되었다. 여기에 선정된 책들은 널리 알려진 것들도 있지만, 현재 절판된 책들도 있고 아직 국내에 소개되지 않은 책도 포함되었다. 해당되는 책들을 공들여 출간한 국내 여러 출판사들의 아낌없는 협조와 허락이 없었다면 이 소중한 기획을 세상에 소개하는 일은 불가능했을 것이다. 이 자리를 빌려 그이들에게 깊이 감사드리며, 병중이심에도 불구하고 모든 원고를 꼼꼼히 읽고 문장들을 바로잡아 주신 법정 스님께 머리 숙여 감사드린다.

어느 날 아침 내 둘레를 돌아보고 새삼스레 느낀 일인데, 내 둘레에 무엇이 있는가 하고 자문해 보았다. 차와 책과 음악이 떠올랐다. 마실 차가 있고, 읽을 책이 있고, 듣고 즐기는 음악이 있음에 저절로 고마운 생각이 들었다. 오두막 살림살이 이만하면 넉넉하구나 싶었다. 차와 책과 음악이 곁에 있어 내 삶에 생기를 북돋아 주고 나를 녹슬지 않게 거들어 주고 있음에 그저 고마울 뿐이다.
-법정 스님의 글 '책의 날에 책을 말한다' 중에서

자신도 느끼지 못하는 사이에 얼마나 쉽게 어떤 정해진 길을 밟게 되는지 그저 놀라울 따름이다. 나는 편히 선실에 묵으면서 손님으로 항해하기보다는 인생의 돛대 앞에, 갑판 위에 있기를 원한다.

새로운 형식의 삶에 대한 실험

헨리 데이비드 소로우 〈월든〉

내가 숲으로 들어간 것은 삶을 나 자신의 의지대로 살아 보기 위함이었다. 다시 말해 오직 삶의 본질적인 문제들만을 마주하면서, 삶이 가르쳐 주는 것들을 내가 배울 수 있는지 알고 싶어서였다. 그리하여 마침내 죽음을 맞이했을 때, 헛되이 살지 않았노라고 깨닫고 싶었기 때문이다. 산다는 것은 그토록 소중한 일이기에 나는 진정한 삶이 아닌 삶은 살고 싶지 않았다.

하버드 대학교를 졸업하고 교사, 목수, 측량기사를 거쳐 아버지의 연필공장 일을 돕던 소로우는 미국의 70번째 독립기념일인 1845년 7월 4일, 손수레에 단출한 짐을 싣고 월든 숲으로 들어간다. 그때 그의 나이 28세였다. 몇 달에 걸쳐 손수 지은 방 한 칸짜리 미완성 오두막에 최소한으로 필요한 물건 몇 가지를 들여놓고서 소로우는 새로운 형식의 삶에 대한 실험을 시작했다. 자연의 예찬과 문명사회에 대한 통렬한 비판을 담은 〈월든〉은 2년 2개월 2일에 걸친 그러한 삶의 실험 보고서이다.

세상의 소음으로부터 멀리 떨어진 곳에서 소로우는 직접 밭을 갈며 사색과 독서, 산책으로 채워진 하루하루를 보냈다. 그는 이단아로 취급당했고, 그의 삶의 태도는 더 많이 소유하기를 원하고 더 발전된 물질문명을 희망하는 동시대인들로부터 그다지 환영받지 못했다. 부와 명예를 좇아 신대륙까지 흘러들어 온 유럽인의 욕망은 끝을 몰랐다. 그들이 만들어 낸 문명과 세계관이 전쟁을 부르고, 노예제를 낳고, 자연을 파괴하고, 원주민인 인디언들까지 몰아냈다. 모두가 인간의 끝없는 이기심과 욕망이 불러일으킨 결과였다.

단순하고 간소하게, 독립적으로, 무엇보다 건강한 삶을 가꾸어 나가는 것이 소로우가 생각하는 행복의 조건이었고, 월든 숲은 이를 실천할 수 있는 최적의 장소였다. 〈월든〉 곳곳에는 그가 왜 문명과 사회를 등지고 고집스럽게 자연 속으로 들어가야 했는지, 그만의 고뇌와 이유가 절실한 문장으로 아로새겨져 있다.

내가 무엇보다 소중하게 여기는 것은 얽매임이 없는 자유이고, 경제적으로 풍족하지 않더라도 나는 행복하게 살아 나갈 수 있으므로 값비싼 양탄자나 다른 호화 가구들, 맛있는 요리 또는 새로운 양식의 고급 주택 등을 살 돈을 마련하는 데에 내 시간을 허비하고 싶지 않았다. 만약 이런 것들을 얻는 일에 하등의 거리낌을 느끼지 않고, 또 일단 얻은 다음에 그것들을 사용할 줄 아는 사람들이 있다면 그들이나 실컷 그런 것들을 좇으라고 하라.

소로우는 이 실험적인 삶을 시도하면서 거의 매일 빼놓지 않고 일기를 써 내려갔다. 자신의 생각과 하루의 생활, 눈으로 본 풍경, 새로 발견한 새 발자국 등에 관한 단상이다. 이 방대한 기록이 〈월든〉을 비롯한 그의 모든 저서의 초안이 되었다. 거기서 그는 이렇게 밝히고 있다. 자신이 자연을 사랑하는 여러 이유 중 하나는 자연이 인간 세상으로부터 멀리 떨어진 은신처이기 때문이라고. 자연 속은 인간들의 것과는 다른 차원의 권리로 가득하다. 자연과 함께 있을 때면 완벽한 삶의 환희를 누릴 수 있다. 만일 이 세상이 온통 인간의 것으로만 채워져 있다면 우리는 기지개를 켤 수 없을 테고 모든 희망도 사라질 것이다. 우리 모두에게 인간은 제약인 반면 자연은 자유이다. 인간은 우리로 하여금 또 다른 세상을 그리워하게 만들지만 자연은 우리를 이 세상에 만족하게 한다.

그는 고백한다.

"강둑 위를 환하게 비추는 햇볕의 따뜻함을 느낄 때, 황금빛 모래를 헤치고 드러난 붉은색 흙을 바라볼 때, 부스럭거리는 마른 잎 소리와 개울에서 눈이 녹아 똑똑 떨어지는 소리를 들을 때, 나는 내가 영원의 상속자임을 느낀다. 다른 어느 곳에서 인간 세상의 왕이 되기보다는 차라리 야생의 숲에서 학생이 되고 자연의 아이가 되고 싶다."

길이 약 800미터, 둘레 2.8킬로미터인 월든 호수는 소로우의 표현대로 수수한 크기에 매우 아름답기는 하나 웅장하다고는 할 수 없다. 자주 와 본 사람이나 살아 본 사람이 아니고서는 깊은 관심을 갖지 않지만, 무척 깊고 맑기 때문에 자세하게 묘사할 만한 가치를 지니고 있다고, 소로우는 뛰어난 관찰자의 눈으로 이야기한다. 그러나 〈월든〉은 자연 생태계의 뛰어난 묘사에 그치지 않는다. 본질적인 삶을 살아 보려는 노력의 결정체인 것이다.

나는 인생을 깊게 살기를, 인생의 모든 골수를 빼먹기를 원했다. 강인하게 스파르타인처럼 살아, 삶이 아닌 것은 모두 엎어 버리기를 원했다. 수풀을 폭넓게 잘라 내고 잡초들을 베어 내어 인생을 구석으로 몰고 간 다음, 그것을 가장 기본적인 요소들로 압축시켜서 만약 인생이 비천한 것으로 드러나면 그 비천성의 적나라한 전부를 확인하여 있는 그대로 세상에 알리며, 만약 인생이 숭고한 것이라면 그 숭고성을 스스로 체험해 다음번 여행 때 그것에 대한 참다운 보고를 하기 바랐던 것이다.

스무 살 되던 해 봄, 소로우는 자신의 인생에 있어 가장 중요한 사람인 랠프 월도 에머슨을 만난다. 에머슨의 수필집 〈자연〉을 읽은 것이 그 계기였다. 하버드 대학 시절 소로우에게 문학적으로 가장 큰 영향을 끼친 에머슨은 당시 미국 지성인들의 선봉에 있었다. 소로우와 에머슨의 만남은 곧 스승과 제자를 넘어 깊은 우정으로 발전했으며, 소로우는 자신의 집에서 함께 살자는 에머슨의 제안을 받아들이기까지 했다. 소로우가 오두막을 짓고 산 월든 호숫가의 땅도 실은 에머슨의 소유였다. 소로우는 에머슨에게서 토지 사용 허락을 받고, 도끼를 빌려 직접 통나무집을 짓는다.

소로우는 손재주가 뛰어났으며 노련한 일꾼이자 그것으로 생활비를 충당했을 만큼 실력 있는 측량기사였다. 에머슨은 자신의 수필에서 정신과 육체의 놀라운 조화를 이루는 소로우에게 감탄을 금치 못하고 있다.

"소로우는 활기차다. 그가 숲에서 걷고, 노동하고, 토지를 측량할 때마다 나는 그에게서 참나무 같은 힘을 느낀다. 또한 들녘의 농부가 갑자기 도움을 청하더라도 주저하지 않고 돕는 그의 억센 손은 펜대나 굴리고 있는 나 같은 사람의 손과는 비교할 수 없을 만큼 고귀하다. 그는 나라면 감히 엄두도 못 낼 일에 과감히 뛰어들어 놀라운 결과를 이루어 낸다. 소로우의 이런 힘은 글에서도 나타난다. 그의 글을 읽으면서 때로 나는 내 안에 있는 것과 같은 생각이나 정신을 발견한다. 하지만 그는 나보다 한 걸음 더 나아가 내가 추상적으로 따분하게 전달할 수밖에 없는 생각들을 뛰어난 영상으로 생생히 그려 보인다."

왜 우리는 성공하려고 그처럼 필사적으로 서두르며, 그처럼 무모하게 일을 추진하는 것일까? 어떤 사람이 자기의 또래들과 보조를 맞추지 않는다면, 그것은 아마 그가 그들과는 다른 고수의 북소리를 듣고 있기 때문이리라. 그 사람으로 하여금 자신이 듣는 음악에 맞추어 걸어가도록 내버려 두라. 그 북소리의 음률이 어떻든, 또 그 소리가 얼마나 먼 곳에서 들리든 말이다. 그가 꼭 사과나무나 떡갈나무와 같은 속도로 성숙해야 한다는 법칙은 없다. 남과 보조를 맞추기 위해 자신의 봄을 여름으로 바꾸기라도 해야 한다는 말인가?

끼니를 벌기 위해 자신이 가진 순수한 자연성을 잃어버려야 한다면, 차라리 굶어 죽겠다고 소로우는 선언한다. 삶에서 가장 중요한 것은 무엇으로 생계를 꾸리는가, 자신이 먹는 빵에 얼마만큼의 순수한 노동을 대가로 지불했는가, 삶에서 무엇을 물려받았으며 무엇을 훔쳤는가의 물음이다.

'자신이 먹을 것은 자신의 손으로 재배해야 한다.'는 것이 소로우의 원칙이었다. 거름도 주지 않은 채, 삽만을 연장으로 쓰는 그로서는 수확량이라고 해 봐야 보잘것없는 것이었다. 하지만 소로우는 자신의 원칙을 지키며 주변의 척박한 땅을 갈아 감자와 콩, 순무 등을 길렀다. 논밭에 하루 종일 서 있는 허수아비에게 나눠 줌 없이 농부가 모든 수확물을 가져가는 것에 의문을 제기할 정도로 소로우는 순수한 노동의 대가로서의 끼니만을 인정했다.

"나는 천국에 가서라도 내가 먹는 빵은 내가 굽고, 내가 입는 옷은 내가 빨 수 있게 되기를 바란다."

만약 우리의 낮과 밤이 기쁨으로 맞이할 수 있는 그런 것이라면, 우리의 인생이 꽃이나 방향초처럼 향기가 난다면, 또 우리의 인생이 보다 탄력적이 되며, 보다 별처럼 빛나고, 보다 불멸에 가까운 것이 된다면 우리는 크게 성공한 것이다. 그때 자연 전체가 우리를 축하할 것이며 우리 역시 스스로를 시시각각으로 축복할 이유를 갖는다.

소로우는 하버드를 졸업할 때 졸업장을 위한 수수료 1달러를 내기 거부했다. 졸업장이 양가죽으로 만든 것이기 때문이었다. "양가죽은 양들이 갖고 있도록 내버려 두라."고 그는 말했다. 문명사회를 떠나 자연 속에서 자주적인 삶을 실천하는 것이 그의 목표였지만 한편으로 그는 인간 사회의 부조리에 강하게 저항했다. 대학을 갓 졸업한 소로우는 콩코드 시의 한 중학교에서 교사 생활을 시작했으나 2주 만에 사표를 던진다. 학생에게 체벌을 가하는 학교의 방침에 동의할 수 없다는 것이 그 이유였다. 소로우는 학생에게 매를 드는 대신 말로 타이르겠다며 자신의 입장을 고수했다. 그러나 며칠 후 학교운영위원회는 소로우의 교육 방식에 항의하며 학교 방침에 따라 줄 것을 강요했다. 하는 수 없이 그는 방과 후에 여섯 명의 학생에게 체벌을 가해야만 했고, 이는 자신의 양심을 속이는 일이었다. 죄책감에 시달리던 그는 다음 날 학교장에게 '학생을 매질해야 한다면 차라리 교사직을 그만두겠다.'는 편지를 남기고 학교를 영원히 떠난다.

첫 직장을 나오며 소로우는 교육에 대한 자신만의 철학을 세웠고, 교실 안에서의 배움과 가르침에 국한된 교육제도를 개탄했다. 그의 눈에 비친 현실의 교육은 자유롭게 굽이치는 시냇물을 밋밋한 도랑으로 만드는 작업이었다.

소로우는 노예제도에 강력하게 반대했으며, 미국 정부가 새롭게 인두세를 제정하자 세금 납부를 단호히 거부했다. 그 돈이 노예를 사는 데 쓰이는지, 아니면 사람을 죽이는 총을 만드는 데 쓰이는지 알 수 없다는 것이 거부 이유였다. 어느 날 오후, 소로우는 수선을 맡긴 신발을 찾으러 월든 호수를 떠나 마을로 나왔다가, 세금 징수원과 마주친다. 그가 세금을 내지 않으면 당장 잡아 가두겠다고 협박하자, 소로우는 "지금 당장 잡아 가두라."고 응수했다. 그러자 징수원은 지체하지 않고 그를 콩코드 감옥에 가두었다. 소식을 들은 에머슨이 감옥이라는 새로운 은신처에 기거하고 있는 소로우를 찾아와 물었다.

"자네는 왜 이곳에 있는가?"

소로우는 대답한다.

"당신은 왜 그곳에 있습니까?"

소로우의 의사와는 관계없이 그의 고모가 세금을 납부해 버림으로써 그의 의미 있는 저항은 하루 만에 막을 내린 듯 보였지만, 소로우는 이를 계기로 자신의 대표적인 저서 〈시민의 불복종〉을 쓰게 된다.

월든 호숫가에서의 생활의 화두는 처음부터 끝까지 간소함과 단순함이었다. 그러나 그는 스스로를 가난하지 않다고 말했다. 화창한 날이나 여름날을 아낌없이 썼을 때의 그는 정말 부자였으며, 고독과 가난 자체만으로도 풍성한 삶을 살았다. 월든 호숫가 오두막에서 소로우가 사용한 물건의 총목록은 단순함 그 자체였다.

'일인용 나무침대, 식탁, 나무책상, 나무의자 셋, 직경 8센티미터의 거울, 부젓가락과 장작 받침쇠, 솥, 나이프 둘, 포크 둘, 접시 셋, 컵 하나, 스푼 하나, 기름병, 단풍시럽 단지, 옻칠한 일본식 램프.'

그의 전기를 쓴 헨리 솔트에 따르면, 소로우는 찌그러지고 비바람에 색이 바랜 갈색 모자를 썼으며, 옷이 찢어지면 기워 입었다. 외모를 치장하는 데는 한 푼도 쓰지 않았다. 그는 옷에 자신의 성격이 스며들어 점차로 옷이 몸의 일부처럼 되기를 바랐다. 화려하고 깨끗한 옷을 자신의 몸에 '걸어 두는' 존재가 되고 싶지 않았다.

식생활도 마찬가지였다. 월든에 머무는 동안 그의 식단은 쌀, 거칠게 간 옥수수 가루, 감자가 전부였다. 음료로는 물만 마셨다. 밀과 옥수수 가루로 직접 빵을 구워 먹었다.

소로우의 글들은 그 자신의 표현대로 '서재와 도서관, 심지어 시인의 다락방 냄새조차도 나지 않고 오직 들판과 숲의 냄새만' 난다. 또 지붕을 덮지 않은 툭 트인 하늘 아래 펼쳐 놓고 사계절 비바람을 맞도록 만든 야생의 책이어서, 어떤 서가에서도 보관하기 쉽지 않다.

1947년 소로우는 월든 호숫가에서의 생활을 정리하고 사회 속으로 돌아갔다. 숲에서 나온 이유를 그는 다음과 같이 말한다.

나는 숲에 들어갈 때와 마찬가지의 중요한 이유로 숲을 떠났다. 내 앞에는 살아야 할 또 다른 삶이 남아 있는 것처럼 느껴졌으며, 그래서 숲에서의 생활에는 더 이상의 시간을 할애할 수 없었다. 자신도 느끼지 못하는 사이에 얼마나 쉽게 어떤 정해진 길을 밟게 되고 스스로를 위해 다져진 길을 만들게 되는지 그저 놀라울 따름이다. 나는 편히 선실에 묵으면서 손님으로 항해하는 것보다는 차라리 인생의 돛대 앞에서, 갑판 위에 있기를 원한다.

법정 스님은 수년 전 두 차례 직접 월든 호수를 방문한 바 있다. 그때의 인상을 스님은 '내 곁에서 내 삶을 받쳐 주는 것들'과 '다시 월든 호숫가에서'란 제목의 글에서 이렇게 적었다.

"내가 영향을 받은 것이 있다면 마하트마 간디와 소로우의 간소한 삶일 것이다. 간소하게 사는 것은 가장 본질적인 삶이다. 복잡한 것은 비본질적이다. 단순하고 간소해야 한다. 월든 호숫가의 그 오두막을 찾아갔던 기억이 새롭다. 〈월든〉을 읽으면서 상상의 날개를 펼쳤던 현장에 다다르니 정든 집 문전에 섰을 때처럼 반가웠다. 늦가을 오후의 햇살을 받은 호수는 아주 평화로웠다. 호수의 북쪽에는 150여 년 전 소로우가 살았던 오두막 터가 있었다.

내가 갔을 때 월든 호반은 10월 말 단풍이 한창이었다. 맑은 호수에 비친 현란한 단풍을 대하자 다섯 시간 남짓 달려온 찻길의 피로도 말끔히 가셨다. 늦가을 오후의 햇살을 받은 호수는 아주 평화로웠다. 소로우가 그랬듯 나도 월든 호숫가를 거닐었다. 그는 걷기를 즐겼고 걷는 동안 일어나는 일들을 사랑했다.

월든 호수는 둘레가 1.8마일, 우리식으로 계산하면 3킬로미터 조금 못 미치는 거리다. 평일인데도 호반에는 드문드문 방문객들이 있었다. 그 현장에서 〈월든〉을 읽는 여인도 있고, 고무보트를 타고 한가로이 낚싯줄을 드리운 사람도 눈에 띄었다. 차가운 호수에서 수영을 하는 사람도 두엇 있었다.

공원을 관리하는 사무실 곁에 오두막 그대로의 모형을 지어 놓았다. 출입구 맞은쪽에 벽난로가 있고 좌우 양쪽에 큰 들창이 있다. 소로우가 장만한 가구 중 일부는 그가 직접 만든 것이다. 단칸집 한쪽에 나무침대가 있고 탁자와 책상이 들창을 향해 놓여 있다. 의자도 세 개 있다. 커튼은 그 집에 필요가 없었다. 소로우의 표현을 빌리자면 해와 달 이외에는 밖에서 들여다볼 사람이 없기 때문이다.

콩코드의 한 숙소에서 자고 이튿날 다시 월든을 찾았다. 이른 아침의 월든은 전날 석양에 보던 것과는 다른 분위기였다. 아침 호수는 정신이 바짝 들 만큼 신선하다. 남향인 오두막 터에서 수목 사이로 바라보이는 월든은 아름다웠다. 오두막은 호수에서 백 미터쯤 떨어져 있고 둘레가 낮은 언덕으로 되어 있어, 내가 만약 집터를 잡는다 하더라도 바로 이 지점을 골랐겠다는 생각이 들었다.

그는 오두막 가까이에 모래 섞인 땅을 갈아 강낭콩을 심고, 한쪽에 감자와 옥수수, 완두콩과 무 등을 가꾸었다. 그는 달빛이 밝은 밤이면 호숫가의 모래톱을 거닐기도 하고 플루트로 주변 숲의 메아리를 깨우기도 했었다. 어느 날 일기에 그는 이렇게 써 놓았다.

'오늘 저녁 나는 월든 호수에 보트를 띄우고 앉아 피리를 불었다.'

콩코드 박물관에는 얼마 되지 않는 그의 유품이 전시되어 있는데, 책상과 의자와 침상과 연필, 눈 위에 신는 설피, 그리고 그가 불었던 피리도 함께 있다. 소로우는 체구가 크지 않았던 것 같다. 침상이며 의자와 책상이 표준치보다 작다. 소로우는 하루에 네 시간 이상 걸었다고 한다. 그는 '산책' 이라는 글에서 이렇게 말한다.

'온갖 세속적인 얽힘에서 벗어나 산과 들과 숲 속을 걷지 못한다면 나는 건강과 영혼을 온전하게 보존하지 못할 것 같다.'

2년 2개월 동안 월든 숲 속에서 지낸 이 기간이 소로우의 인생에서 가장 의미 있고 아름다운 시기였다. 그는 학생으로서 월든에 갔었지만 그곳을 떠나올 때는 스승이 되어 있었다. 헨리 솔트는 말한다.

'그가 콩을 심고 콩밭을 매는 일은 자연을 배우고 삶을 배우는 과정과 다름이 없었다. 그런 의미에서 그가 전 미국을 위해 공적인 일을 하여 남길 수 있었던 것보다 〈월든〉을 씀으로써 인류에게 남긴 유산이 훨씬 더 훌륭한 것이었다.'

소로우의 생활신조를 한마디로 표현하면 이렇다.

'간소하게, 간소하게 살라! 그대의 일을 두 가지나 세 가지로 줄일 것이며, 백 가지나 천 가지가 되도록 하지 마라. 자신의 인생을 단순하게 살면 살수록 우주의 법칙은 더욱더 명료해질 것이다. 그때 비로소 고독은 고독이 아니고 가난도 가난이 아니게 된다.'

오늘날 우리들은 자신을 좁은 틀 속에 가두고 서로 닮으려고만 한다. 어째서 따로따로 떨어져 자기 자신다운 삶을 살려고 하지 않는가. 소로우처럼 각자 스스로 한 사람의 당당한 인간이 될 수는 없는가."

스님은 또 이렇게 덧붙였다.

"제2차 세계대전 후 미국을 비롯한 세계의 젊은이들 사이에서 그의 저서 〈월든〉이 성경처럼 널리 읽혔다는 사실은 그의 현존을 말해 준다. 그의 글과 주장은 지금도 정신세계에 널리 빛을 발하고 있다."

🕊 1854년 보스턴의 티크놀앤필즈에서 첫 출간된 〈월든 혹은 숲 속의 생활 Walden; or, Life in the Woods〉은 훗날 저자인 소로우에 의해 〈월든 Walden〉으로 제목이 수정되었다. 초판본 표지에는 소로우의 누이동생 소피아가 그린 월든 호숫가의 오두막 그림이 실렸다. 야생의 생명력이 고스란히 담긴 〈월든〉은 21세기를 움직이는 19세기의 책으로 여겨지고 있으며, 수많은 환경운동가들에게 영향을 불어넣어 자연보호 운동의 출발점이 되었다. 또한 '영어로 된 문학작품 중에서 가장 훌륭한 책의 하나'로 평가될 뿐만 아니라, 마하트마 간디와 시인 예이츠를 비롯한 수많은 사상가에게 영감을 주었다. 여기에 사용한 인용문은 2004년 이레에서 개정판으로 펴낸 강승영의 번역본이다. 함께 읽을 헨리 데이비드 소로우의 책으로는 〈시민의 불복종〉 〈소로우의 일기〉 〈구도자에게 보낸 편지〉 〈야생 사과〉 등이 있고, 헨리 솔트가 쓴 소로우의 전기 〈헨리 데이빗 소로우〉가 있다.

대지는 나를 우주와, 생명의 리듬과 이어 준다. 흙은 나에게 인내를 가르쳐 준다. 흙에서 하는 일에는 언제나 적당한 시기가 있다. 그것은 해를 지나며 반복하는 자연의 순환을 존중하는 일이다.

인간과 땅의 아름다움에 바침
장 피에르와 라셀 카르티에 〈농부 철학자 피에르 라비〉

나는 늘 기적에 대한 말을 들어 왔다. 하지만 나에게 기적은 일상이다. 흙 속에 씨앗 한 알을 심으면 자라나 식물이나 나무가 된다. 밀알 한 알갱이에는 대지 전체에 양분이 될 모든 에너지가 들어 있다. 그것이 바로 기적이다. 우리 모두는 그 초자연적인 존재가 될 수 있다. 모든 것이 기적이다. 우리는 바로 그 기적 안에 존재하고 있다. 또한 영원은 지금 이 순간 속에 살아 숨 쉬고 있다. 그것이 바로 나의 종교이다. 어쨌거나 나는 신이 생명이며, 풀들을 밀어 올리고 나무들을 자라게 하는 생명력이라고 말하고 싶다. 우리가 해야 할 일은 그것을 자각하고 경험하는 일이다. 왜냐하면 그 영속적인 기적에, 그 생명력에 주의를 기울이지 않는 것은 신을 모독하는 일이기 때문이다.

농부 피에르 라비는 "나는 언제까지나 농부로 불리길 원한다. 나는 땅의 산업자가 되고 싶지 않다."고 이야기한다. 하지만 그를 수식하는 단어들은 많다. '생명농업의 선구자, 농업과 생태학을 연결한 농부, 땅을 지키는 철학자, 현실적인 신비주의자, 미래의 씨앗을 뿌리는 농부, 모든 권위에서 벗어나 자유롭게 활동하는 생태운동가, 유럽과 아프리카를 대표하는 21세기의 환경운동가…….'
알제리 남부 사막 한가운데의 케낫사 오아시스에서 보낸 어린 시절은 피에르 라비의 삶에 큰 영향을 미쳤다. 돌투성이의 황량한 풍경 속에서 대대손손 정성을 쏟아 일구어 낸 오아시스, 그리고 사막 능선 여기저기서 불쑥 나타났다가 어디인지 알 수 없는 곳으로 떠나가는 대상들의 행렬은 그의 마음속에 깊이 새겨진다. 늘 여행하는 유목민들과, 끈질긴 생명력을 발휘해 혹독한 풍경 한가운데 조화로운 공동체를 창조한 농부들에 대한 강렬한 인상은 그의 온 생애를 지배하기에 이른다. 또한 사막의 분위기가 가진 영성은 그를 단순한 농부가 아닌 철학자의 위치로 끌어올렸다.

사막에 사는 사람들은 진정 자기 내면에서 사는 사람들이다. 흔히들 사막을 끝없이 이어지는 수평의 연속으로 생각하지만, 그곳에는 수직으로 상승하는 것들이 있다. 나는 어렸을 때 이미 내면으로 들어가는 삶의 가치를 알았다. 정확히 어떻게 살아야 하는지는 알지 못했지만, 내 삶은 종교에의 입문을 위한 하나의 여행과도 같았다. 그곳은 나를 자신만의 풍요로운 세계로 데려다 준다. 황혼의 신이 술에 취한 듯 몽상과 게으름에 빠져 있는 그 오아시스로. 그럴 때면 사물들은 끝없는 기다림 속에 매달려 정지한 듯하다. 사막의 광대함은 우리를 침묵에 빠뜨리고, 인간의 집들로 하여금 깊은 명상에 잠기게 한다. 그리고 그렇게 무르익은 분위기를 기도 시간을 알리는 사람의 외침이 조용히 흔들어 놓는다. 그러면 그곳에는 영원의 향기가 존재한다.

다섯 형제와 살다가 프랑스인 부부에게 입양된 피에르 라비는 알제리 사막의 문화를 내면에 간직한 채 프랑스 문화의 교육을 받는다. 청년 시절 파리로 건너간 그는 프랑스인이 운영하는 기업에서 단순 기능공으로 일하며 도시 생활에 큰 회의를 느끼기 시작한다. 자신이 이용할 수 없는 부를 생산하기 위해 끊임없이 일해야 하는 삶의 부조리를 발견한 것이다. 현대인들이 열광하는 발전이라는 말에 늘 모호함을 느끼던 그는 그것이 공정한 발전이 아니라, 몇몇 사람들의 부를 위해 만들어진 시스템일 뿐임을 깨닫는다. 그 모든 것은 두 가지 원칙, 즉 무한한 성장과 무한한 이익에 근거를 두고 있을 따름이며, 그 원칙들이 불러올 파괴적인 결과는 쉽게 상상할 수 있었다.

우리 머릿속에 떠오른 생각을 행동에 옮기기 전에 먼저 생명에 대해 물어야 한다. 얼마 전 나는 신문에서 한 억만장자의 인터뷰를 읽었다. 기자가 그에게, 자신이 혹시 약탈자가 된 것 같은 기분이 들지는 않느냐고 물었다. 매우 중요한 질문이었지만, 그는 얼른 기자의 질문을 묵살해 버렸다. 만일 내가 그 자리에 있었다면, 그에게 이렇게 말했을 것이다. "사자는 양을 잡아먹고 배를 채우지만, 나중을 위해 따로 저장해 두지는 않는다."고. 그런데 인간 약탈자들은 도가 넘칠 정도로 필요 이상의 것들을 원한다. 생존하기 위해 양식을 구하는 것은 당연한 일이다. 그것은 필요에 의한 자연스러운 욕구이다. 우리는 우리에게 필요한 것들을 취할 수 있다. 하지만 그 대상에게 언제나 감사하는 마음을 잊어서는 안 된다. 그런 감사하는 마음이 곧 신에게 보답하는 일이다.

피에르 라비는 한 번도 월급 노동자가 되기를 바란 적이 없다. 그것은 어떤 정신적 자세를 갖는가의 문제이다. 삶을 살아가는 데는 두 가지 접근법이 있다. 하나는 '나는 내 능력을 월급과 교환한다.'는 것이고, 다른 하나는 '나는 모험을 하고, 나만의 수익을 창조한다.'는 것이다. 이 두 방식은 모두 존중받을 만하지만 피에르 라비는 후자를 선호한다. 현대인들의 월급 숭배에 대해 그는 할 말이 많다.

23세에 결혼한 피에르 라비는 마침내 도시를 떠나 프랑스 남부의 시골마을 아르데슈로 내려간다. 당시에는 생각조차 하기 힘든 귀농을 행동에 옮긴 것이다. 시골에서 살게 되면, 누리지도 못할 잉여생산물을 만들어 내자고 외치는 생산 제일주의의 사상을 무시할 수 있으리라는 생각에서였다. 하지만 산업화의 방식은 이미 시골에까지 침투해 있었다. 아르데슈에서의 처음 3년 동안 피에르 라비는 농부로서, 도시에서 경험한 것과 마찬가지로 생산성 증대라는 개념에 바탕을 둔 화학비료를 쏟아붓는 해롭고 부정적인 농사 방식을 경험한다.

　　도시를 떠나왔기에 이제는 생산 제일주의의 강박관념에 등을 돌리게 되었다고 생각했지만, 농촌에서 그 강박관념을 다시 보게 된 것이다. 농부로서 그는 대지를 황폐하게 만들고 인류에 피해를 입히는 생산 제일주의의 논리에 강하게 반발하기 시작했다. 그는 무엇보다 대지, 물, 식물, 동물 같은 지속적이며 재생할 수 있는 자원의 자율적인 운영 원칙으로 '생명농업'에 의지한다. 그리고 이 모든 것은 아프리카와 아시아, 아메리카의 여러 원주민들이 가르쳐 주었듯이 대지가 우리와 가장 밀접하게 연결되어 있음을 깨닫는 의식적이고 영적인 혁명에서 비롯된다.

　　지금의 농업은 흙을 떠난 농업이 되었다. 대지는 이제 무기물일 뿐이다. 하지만 이보다 더 심각한 일은 우리가 우리 아이들을 식물들과 마찬가지로 흙 밖에서 키우고 있다는 것이다. 그것이 아무리 최상의 목적을 위한 것이라 하더라도, 우리는 본질을 비껴가고 있다. 태양열만으로도 우리는 스스로를 따뜻이 덥힐 수 있고, 빛을 밝힐 수 있다. 우리는 놀라운 기술들에 초점을 맞출 수 있지만 스스로 변하지 않는다면 타락하고 말 것이다. 우리가 겪고 있는 위기는 단지 방법적인 데서 오지 않는다.

그것은 인간 존재로부터 비롯된다. 인간 존재가 변화하지 않으면, 개개인이 진정으로 변화하지 않으면, 기술은 변화하지 않을 것이며, 현재 우리가 최상이라고 여기는 것들 또한 타락하고 말 것이다.

이제 정확히 무엇을 해야 할지 알게 된 피에르 라비는 자연 친화적인 농법들을 연구하고 시험하며 자신들의 땅을 일구기 시작한다. 그것은 살충제나 인공비료 같은 현대적인 방법이 아니라 전통적인 방법에 가까운 것이었다. 토양 구조와 비옥한 잠재력을 유지하기 위해 유기물과 부식토를 이용했다. 그렇다고 농사가 삶의 전부는 아니었다. 그의 가족은 먹을 만큼만 일하고 거두었을 뿐, 자연을 바라보며 음악을 연주하고, 책을 읽고, 글을 썼다. 그렇게 하여 그는 생태계를 전복시키지 않고도 충분히 한 가정을 부양할 수 있음을 증명해 보인다.

피에르 라비의 전통적 농법은 단지 한 가정을 먹여 살리는 데 그치지 않았다. 자신들처럼 농촌으로 살러 오는 사람들이 생겨나자 그는 자신의 경험을 나눠 그들의 정착을 도왔으며, 그렇게 시작된 수업을 바탕으로 아프리카의 여러 나라에서도 자신이 성공시킨 농사법을 적용할 수 있었다. 사막에서 태어난 그가 다시 사막으로 돌아간 것이다.

더 심각한 문제는 한계가 없다는 것이다. 우리 사회는 끝없는 성장 위에 세워져 있다. 그리고 우리는 끝없는 소비가 이런 사회를 지탱한다는 신념을 가지고 있다. 사회가 사람들로 하여금 계속해서 소비하게 부추긴다. 소비가 경제를 유지해 주기 때문이다. 유목민들은 낙타에 짐을 실을 때 중요한 것만 실었다. 생존에 직접적으로 꼭 필요한 것들만 남기고 모두 버렸다. 그런 그들에게 검소함은 일상적이었다. 그들은 자유 그 자체였다. 그들은 어디에나 있을 수 있었고, 또 아무 곳에도 있지 않을 수 있었다. 그들은 그렇게 사막 속으로 흩어져 사라졌다.

피에르 라비는 이런 예를 든다. 지상에서 일어나는 모든 일들을 찍는 카메라가 있다고 하자. 사진에 담기는 장면들은 피라미드 모양을 이룬다. 피라미드의 가장 밑 칸에는 발로 걸어다니는 사람들이 있다. 인류의 대부분이 그렇게 살아간다. 그들은 한 시간에 6킬로미터의 속도로 이동한다. 피라미드의 아래쪽 두 번째 칸에는 자전거를 살 수 있는 만큼의 돈을 모은 사람들이 있다. 그들은 발로 걸어다니는 사람들보다 두 배 빠른 속도로 이동한다. 그리고 그 위 칸에는 있는 이들은 조금 더 부자이다. 그들은 오토바이를 타고 시속 50킬로미터로 이동한다. 그리고 자동차를 살 수 있는 그 위 칸의 사람들은 시속 80킬로미터의 속도로 이동한다. 우리는 이제 피라미드의 높은 칸에 와 있다. 이보다 더 높은 곳에는 비행기를 탄 사람들이 시속 800킬로미터로 이동하고, 또 더 위에는 콩코드 비행기를 탈 수 있을 만큼 아주 돈 많은 이들이 시속 1천500킬로미터로 신속히 이동한다. 그리고 그 모든 것들 위의 피라미드 꼭짓점에는 시속 2만 8천 킬로미터로 맹렬히 이동하는 소비자들이 있다.

이렇게 나뉜 피라미드의 여러 칸들 사이에는 공통점이 있다. 모든 이들이 최상의 위치에 도달하고 싶어 한다는 것이다. 모든 사람들은 자신에게 개인 전용 비행기가 있기를 바라면서, 그 욕망이 실현될 수 없음을 한탄한다.

'점점 더 많이'라는 생각은 곧 '착취하겠다'는 생각이라고 피에르 라비는 말한다. 그는 단순한 농부가 아닌 자연과 우주에 대해, 그리고 생명과 영성에 대해 고민할 줄 아는 철학자이다. 농사짓는 방식이 아니라 사고의 전환이 필요한 것이다. 농업은 식량을 공급하는 대지와 직접적인 관계가 있고, 식량을 공급하는 대지는 매년 조금 더 토지를 손상시키는 인간의 행위 때문에 고갈된다. 우리에게 먹을거리를 공급해 주는 대지를 존중하고 사랑하며 보호하는 일은 생명을 유지하기 위해 절대적으로 필요하다. 대지 없이는 퇴화와 죽음만이 있을 뿐이다. 피에르 라비의 말은 이 진리를 너무 단순하게 이야기하기 때문에 더욱 특별하게 울린다.

"나무에게는 생명이 필요하다. 나에게도 역시 그렇다. 내가 그런 식으로 나무와 협약을 맺는 순간, 많은 것들이 달라진다. 그런 평등한 관계가 삶에 건강한 생명력을 부여한다."

우리는 우리의 지적 능력이 지배를 위해서가 아니라 사랑하기 위해 주어졌음을 깨달아야 한다. 우리가 자비심을 갖지 않는다면 우리는 지구에서 악몽과 같은 존재가 될 뿐이다. 우리는 지구를 보호하고 가꾸기 위해 이곳에 있는 것이지 지구를 착취하기 위해 여기에 존재하는 것이 아니다. 지구를 대하는 이런 방식은 비극적인 일이 아닐 수 없다. 대지는 모든 것의 토대이며, 확실한 가치를 지닌 유일한 것이다. 대지와 교류할 줄 아는 사람들은 어떤 어려운 일이든 잘 극복해 나간다. 그렇기 때문에 나는 내가 언제나 완전한 보호 아래 있다고 느낀다.

법정 스님은 산문집 〈아름다운 마무리〉에 실린 '약한 것이 강한 것에 먹히는 세상에서'라는 글에서 피에르 라비의 글을 처음 소개했다.

"농경 사회와 산업사회의 약육강식을 비교하면 산업사회 쪽이 훨씬 치열하다. 농경 사회는 서로 도와 가면서 살아야 하는 이웃이 있어 인간적인 여백이 두텁다. 그러나 산업사회는 서로 밟고 일어서야 하는 치열한 경쟁으로 인해 비정하고 살벌하다.

농부 철학자 피에르 라비가 부족들로부터 직접 전해 들은 이른바 미개사회의 가치의식에 대한 몇 가지 일화는 오늘 우리에게 시사하는 바가 크다. 화학제품을 만드는 회사가 아프리카 어느 부족의 농부들에게 비료를 갖다 주었다. 농부들이 처음 본 그 비료를 밭에 뿌렸더니 전에 없던 풍작이었다. 농부들은 그 부족의 지혜로운 눈먼 추장을 찾아가 말했다.

'우리는 작년보다 두 배나 많은 곡식을 거두었습니다.'

추장은 잠시 생각에 잠겨 있다가 농부들에게 이렇게 말했다.

'나의 아이들아, 매우 좋은 일이다. 내년에는 밭의 절반만 갈아라.'

그들은 사는 데 무엇이 필요한지를 잘 알고 있었다. 그들은 필요 이상의 것은 원치 않았다.

다음 이야기는 콜롬비아에서 일어난 일이다. 원주민인 인디언들이 보잘것없는 도구로 나무를 자르고 있었다. 유럽에서 이주해 온 백인들은 이 광경을 목격하고 나무를 단번에 쓰러뜨릴 수 있는 큰 도끼를 하나 보내 주었다. 다음해에 원주민들이 그 도끼를 어떻게 쓰고 있는지 보기 위해 다시 그 마을을 찾았다. 그들이 도착하자 마을 사람들은 얼굴 가득 미소를 머금고 그들을 에워쌌다.

그때 추장이 다가와 말했다.

'우리는 당신들에게 고마움을 어떻게 다 표현해야 할지 모르겠다. 당신들이 이 도끼를 보내 준 다음부터 우리는 더 많은 휴식을 누릴 수 있었다.'

인디언들은 빨리 일을 끝내고 자유로운 시간을 더 많이 갖게 된 것에 크게 만족하고 있었다. 백인들은 자기네처럼 그들이 더 많이 갖기 위해 더 많은 일을 했을 거라고 생각했던 것이다. 모자랄까 봐 미리 준비해 쌓아 두는 그 마음이 곧 결핍 아니겠는가. 그들은 그날그날의 삶을 즐길 줄 알았다."

2007년 길상사 봄 정기법회에서 스님은 청중에게 "이 자리에서 만난 인연으로 독서 숙제를 하나 내드리겠다."고 하면서 〈농부 철학자 피에르 라비〉를 권했다. 그리고 이렇게 말했다.

"이 책을 읽고 나면 왜 이 법회에서 소개하는지 내 뜻을 알게 될 것이다. 솔직히 말하면 나는 오늘 법회를 준비하는 일보다 이 책을 읽는 데 더 열중했다. 철학자의 글이라고 해서 어렵지 않다. 이 책은 21세기를 살아가는 인간들이 해야 할 일이 무엇인지 분명하게 일깨워 준다. 이런 사람들이 바로 우리나라에 필요하다. 나는 책을 읽으며 '아, 우리 곁에 이런 사람이 있다면 이 나라가 얼마나 좋겠는가?' 하는 생각을 했다."

❋ 장 피에르 카르티에는 25년간 잡지 기자로 일하며, 르포르타주 형식으로 개인의 특이한 체험이나 사회적 관심거리를 기록했다. 지금은 도시를 떠나 강변마을에 정착하여, 부인 라셸과 함께 위대한 인물을 찾아가 기록하고 사람들에게 알리는 일을 하고 있다. 카르티에 부부는 2002년 피에르 라비의 일생과 노력들에 대해 상세히 기록하여 프랑스 타블롱드 출판사에서 〈피에르 라비—대지의 노래 *Pierre Rabhi: Le Chant de la Terre*〉를 냈다. 류시화 시인이 기획하고 길잡이늑대가 번역하여 2006년 12월 조화로운삶에서 〈농부 철학자 피에르 라비〉라는 제목으로 출간된 이 책은 독자들로 하여금 보다 본질적인 삶의 의미가 무엇인지 생각하게 한다. 같은 해 조화로운삶은 프랑스의 행동하는 녹색운동가 니콜라 윌로와의 대담집 〈미래를 심는 사람〉과 피에르 라비의 자전적 소설 〈사막의 정원사 무싸〉를 연이어 출판했다.

처음 나는 라다크 사람들이 보이는 것처럼 그렇게 행복할 수 있다는 사실을 믿을 수 없었다. 그들의 미소가 진짜임을 받아들이기까지는 오랜 시간이 걸렸다.

모든 사람이 우리처럼 행복하지 않다는 건가요
헬레나 노르베리 호지 〈오래된 미래〉

왜 세상은 끊임없이 위기로 비틀거리는 걸까? 언제나 이런 모습이었던가? 예전이 더 나빴던가? 아니면 더 좋았던가?

라다크는 '라 다그스'라는 티베트어에서 파생된 것으로 짐작되는데, '산길의 땅'이라는 뜻이다. 라다크는 히말라야의 거대한 산맥들에 둘러싸인 고원지대에 있다. 이곳에 처음 거주했으리라 추정되는 아리안족은 기원전 500년경 티베트에서 이주해 온 몽고 유목민들과 합류하게 되는데, 오늘날 이 땅에 사는 라다크 사람들은 이 세 부족의 후손이다. 문화적인 측면을 보면 티베트의 영향을 가장 많이 받았다고 할 수 있다. 그래서 라다크는 종종 리틀 티베트라 불린다.

라다크인들은 삶의 기쁨을 누릴 줄 아는 사람들로 유명하다. 그 기쁨의 느낌이 그들 삶에 너무나 굳건히 자리를 잡고 있어서, 어떤 환경도 그것에 영향을 줄 수 없어 보인다. 라다크를 찾은 사람이라면 누구나 그들의 전염성 강한 웃음에 이내 감염되고 만다.

1975년, 스웨덴의 언어학자였던 헬레나 노르베리 호지는 토속어 연구를 위해 라다크에 오게 된다. 그녀의 최대 관심사는 라다크의 언어였지만 이곳에 머물면서 그녀는 라다크 사람들과 그들의 가치관, 그리고 그들이 세상을 바라보는 시각에 점점 더 끌리게 되었다. 그녀는 의문을 갖는다.

"왜 이 사람들은 언제나 웃고 있는 걸까? 이 사람들은 어떻게 자신들에게 그토록 적대적이고 혹독한 환경 속에서 그렇게 편안하게 살 수 있는 걸까?"

라다크의 여름은 뜨거운 햇볕으로 인해 폭염에 시달리고, 8개월가량 계속되는 겨울은 영하 40도 밑으로 떨어지는 추위 때문에 꽁꽁 얼어붙는다. 황량한 계곡 사이로는 회오리바람이 몰아치고, 비는 내리는 일이 거의 없어 그 존재조차 모를 정도이다. 라다크 사람 대부분은 고원의 사막지대 이곳저곳의 소규모 정착지에 사는 자영농들이며, 주로 산 위에 있는 눈과 얼음이 녹아 계곡 밑으로 흘러내리는 물을 생활용수로 사용한다. 고도 3,500미터가 넘는 고원지대인 이곳에서는 1년 중 작물이 자랄 수 있는 기간이 넉 달에 불과하다.

이토록 척박한 환경에서 살아가는 이들을 바라보며, 헬레나는 라다크 사람들이 그토록 행복할 수 있다는 사실을 처음에는 믿을 수가 없었다. 그녀는 말한다.

처음 나는 라다크 사람들이 보이는 것처럼 그렇게 행복할 수 있다는 사실을 믿을 수 없었다. 그들의 미소가 진짜임을 받아들이기까지는 오랜 시간이 걸렸다. 라다크에 온 지 2년째 되던 해였다. 나는 어느 결혼식에 참석해 뒷자리에 앉아 즐거워하는 하객들을 바라보고 있었다. 그 순간 나도 모르게 '아! 저 사람들은 정말 저렇게 행복하구나!'라는 말이 튀어나왔다. 그동안 내가 문화적 편견이라는 눈가리개를 쓰고서, 라다크 사람들이 실제로는 보이는 것만큼 행복하지는 않을 거라는 생각을 하며 돌아다녔음을 깨달았다. 그들이 그렇게 농담을 나누고 행복한 웃음을 보이는 그 이면에는 내가 살아온 사회에서처럼 좌절과 질투와 결함이 있으리라 생각했다. 나는 그때까지 의식하지도 못한 채 '행복을 향한 인간의 잠재력에는 문화적인 차이 같은 것은 없다.'라고 전제하고 있었던 것이다.

라다크에 오기 전 헬레나는 진보란 어느 정도 불가피한 것이라 생각하며, 그에 대해 의문을 갖지 않았다. 공원을 가로질러 새 도로가 나거나 200년 된 교회 옆에 철제와 유리로 된 건물이 들어서거나 길모퉁이 가게 대신 현대식 대형마트가 자리 잡는 일을 그저 수동적으로 받아들이며, 현대의 삶이란 그렇게 매일매일 힘들고 숨 가쁘게 계속되는 것이라 여기고 있었다.

그러나 라다크에 머무는 동안 그녀는 기존의 것 외에도 더욱 바람직한 삶의 방법이 있음을 경험하게 되었다. 그리고 그동안 자신이 속해 있던 문화를 외부에서 바라보게 된다. 라다크 사회는 근본부터 다른 원칙에 기초를 둔 곳이었다. 라다크 사람들이 혹독한 기후와 척박한 환경에서도 행복하고 만족스러운 삶을 영위하면서 자립할 수 있었던 중요한 이유는 바로 모든 것을 재활용하는 생활 자세에 있었다.

서구에서 이 '검약'이라는 말은 대개 자물쇠가 채워진 음식창고를 지키는 나이 든 아주머니를 연상시키지만, 여기 라다크에서는 그 의미가 전혀 다르다. 그것은 풍요의 기본이 된다. 한정된 자원을 조심스럽게 아껴 쓰는 일은 인색함과는 관계가 없다. 아주 적은 것에서 더 많은 것을 얻는다는 것. 바로 그것이 '검약'의 본래 의미라 할 수 있다. 우리가 어떤 물건에 대해 완전히 낡아 버렸고 사용가치가 다 소진되었다고 생각하는 경우에도, 라다크 사람들은 분명히 그것을 다시 사용할 방법을 찾아낼 것이다. 그들은 어떤 것도 그냥 버리지 않는다. 사람이 먹을 수 없는 것이라면 동물의 먹이로 사용하고 연료로 쓸 수 없는 것들은 비료로 쓰는 이가 라다크 사람들이다.

라다크 사람들은 그런 식으로 아주 오랜 세월 모든 것을 재활용해 왔다. 말 그대로 아무것도 허투루 버려지지 않는다. 그렇게 열악한 자원만을 가지고도 라다크의 농부들은 거의 완벽한 자립을 이룰 수 있었다. 외부 세계에 의존하는 것이라고는 소금과 차 그리고 요리기구나 공구 같은 몇 가지 금속제품들뿐이다.

가지고 있는 연장은 단순한 것들뿐이어서 라다크 사람들이 일하는 데 들이는 시간은 긴 편이다. 그런데도 라다크 사람들은 시간에 대해 무척이나 여유로운 모습이다. 그들은 정말 느긋한 속도로 일을 하고 놀라울 정도로 많은 여가 시간을 즐긴다.

시간을 잴 때도 느슨하고 여유롭다. 1분 단위로 시간을 측정할 필요가 전혀 없는 까닭이다. 라다크 사람들은 "내일 낮에 찾아올게." 혹은 "저녁쯤 찾아올게."라고 말하는 경우가 많은데, 그런 식으로 시간에 있어 넉넉한 여유를 남겨 놓는 것이다.

1983년 여름, 헬레나는 산스카르의 퉁데라는 마을에서 사회생태학 연구를 하는 교수들과 팀을 이루게 되었다. 한 달쯤 지났을 무렵, 몇몇 교수는 조용한 분위기에서 연구를 진행하기 위해 다른 장소를 필요로 한다. 그래서 이웃집에 부탁해 방을 하나 더 구하려 했다. 그러나 이웃집 주인인 앙축과 돌마는 절대 안 된다는 표정으로 내려다보며 했던 말만 반복하는 것이다.

"나왕 씨와 이야기하세요."

"우리는 지금 그 집에서 방을 빌려 쓰고 있잖아요. 그런데 집이 너무 시끄러워요. 다른 집에서 방을 빌리지 못할 이유가 없다구요."

"지금 나왕 씨 댁에 계시잖아요. 저희가 당신한테 방을 빌려 드리면 나왕 씨가 언짢아하실 거예요."

"나왕 씨가 그렇게 자기 생각만 하지는 않을 거예요. 방을 빌려 주세요. 안 되겠어요?"

"그분한테 먼저 이야기하세요. 우리는 함께 살아야 하잖아요."

이 이야기에서 알 수 있듯이 라다크 사람들에게 있어 최우선이 되는 문제는 '공존'이었다. 그들에게는 이웃과 좋은 관계를 유지하는 일이 돈을 버는 것보다 더 중요했다.

헬레나가 라다크에 처음 왔을 때 강한 인상을 받은 것 가운데 하나는 여성들의 얼굴에 피어나는 환한 미소였다. 라다크의 여성들은 가고 싶은 곳은 어디든 자유롭게 돌아다녔고 남성들과 이야기를 나누거나 농담을 주고받을 때도 거리낌 없이 자연스러운 모습이었다. 미혼모의 경우에도 사회로부터 죄인 취급을 받지는 않는다. 이곳에서 가장 심한 욕설은 '숀 찬'이라고 하는데, 그것은 '화 잘 내는 사람'이라는 뜻이다.

라다크의 노인들은 생활의 모든 부분에 참여하고 있다. 실제로 이들이 할 일이 없어 허공을 멍하게 바라본다거나 소외되거나 외로워하는 경우는 없다. 노인들은 세상을 떠나는 날까지 공동체에서 중요한 구성원이다. 라다크에서 나이가 들었다 함은 곧 값진 지혜를 가졌다는 의미이다. 그들에게 나이 들어 가는 일은 자연계 순환의 한 부분으로 받아들여진다. 죽음도 마찬가지이다. 그들은 오랜만에 다시 만났을 때 "지난번보다 더 나이 들어 보여요." 하고 말한다. 이는 '겨울이 가고 봄이 왔다.'와 같이 자연현상의 변화를 이야기하는 것처럼, 현상 그 자체를 스스럼없이 이야기하는 것이다. 그들은 세월이 흘러가는 데 대한 두려움 속에서 살아갈 필요가 없다.

그들은 또 이번의 생이 유일한 것이라고 믿지 않는다. 그들에게 삶과 죽음은 끊임없이 반복되는 과정에 있어 두 가지 상반되는 양상일 뿐이다. 그들의 문화는 죽음과 조화로운 관계를 맺으며, 현실에서 만나는 죽음을 대하는 태도는 필연적인 변화들을 경건하게 받아들이는 그 이상도 이하도 아니다. 따라서 어린아이의 죽음 같은 비극적인 사건마저도 그들은 또 다른 의미로 받아들이는 것이다.

라다크 사람들은 스스로를 자기 자신보다 훨씬 더 거대한 그 무엇인가의 한 부분이라고 생각하며, 또 자신은 다른 사람들 그리고 주변의 환경과 분리될 수 없는 연결 속에 존재한다고 믿는다. 친밀한 일상의 접촉 관계를 통해, 계절의 변화, 필요한 것들, 한정된 것들 등 환경에 관한 이해를 통해 자신이 살고 있는 곳과 연결되어 있다. 라다크 사람들은 서양인보다 정서적인 면에서 훨씬 덜 의존적이며, 이들에게 있어 사랑과 우정은 격정적이거나 집착하는 모습으로 나타나지 않는다. 한 사람이 다른 사람을 소유하는 형태가 아닌 까닭이다.

언젠가 한 어머니가 집을 나간 지 1년 만에 돌아온 열여덟 살짜리 아들을 맞이하는 광경을 본 일이 있다. 어머니는 놀랄 만큼 차분했다. 그동안 아들이 보고 싶지도 않았던 것 같다는 생각이 들 정도였다. 그런 모습을 이해하기까지는 오랜 시간이 걸렸다. 내가 겨울 한 철을 다른 곳에서 보낸 후 돌아왔을 때에도 라다크 친구들의 반응은 정말 뜻밖이었던 것으로 기억된다. 나는 그들이 좋아할 만한 선물까지 준비했다. 나는 그들이 다시 돌아온 나를 너무나 반갑게 맞이하며 선물을 보고 무척 좋아하리라 생각했다. 그런데 정작 그들의 반응은 내가 언제 떠나 있었던가 하는 듯 무심하기 그지없었다. 선물을 고마워하기는 했지만 내가 기대했던 분위기는 아니었다. 내가 원했던 것은 너무너무 반가워하는 그들의 모습이었고 그것을 계기로 우리의 특별한 우정을 확인하고 싶었는데, 그들은 내게 그런 모습을 보여 주지 않았다. 실망스러웠다. 6개월을 떠나 있든 하루를 떠나 있든 그들이 나를 대하는 태도는 언제나 똑같았다. 그러나 나는 상황을 조절할 줄 알고 어떤 상황에서든 기쁨을 느낄 수 있는 능력이야말로 커다란 장점이 된다는 사실을 깨닫게 되었다.

그러나 최근 외부로부터의 거센 영향력이 눈사태처럼 쏟아지면서 라다크 사회에 크고 급격한 붕괴 양상을 가져왔다. 외국인 관광객 한 사람이 와서 쓰는 돈은 라다크의 가정이 1년 동안 쓰는 돈과 맞먹을 정도이다. 관광객들의 입장에서 라다크 사람들은 가난해 보인다. 그들은 라다크 사람들이 입고 있는 낡은 모직옷이나, 쟁기를 끄는 소의 모습이나, 불모의 고원 같은 것을 보며 라다크 사회의 물질적인 측면만을 생각한다. 그들은 라다크 사람들이 갖고 있는 마음의 평화나 가정과 공동체의 가치에 대해 알지 못한다.

외부 세계의 사람들에게 있어 생태적 개발 모델로서의 잠재력과 전통문화 수호에 성공하고 있는 라다크의 이야기는 우리 모두의 자연 친화적 미래를 위해 근본적으로 필요한 것이 무엇인지를 알려 주는 좋은 예가 되고 있다. 무엇보다도 우리가 라다크의 경우를 통해 배울 수 있는 가장 중요한 부분은 행복에 관련된 것이다.

라다크에 온 지 몇 년이 지난 후 그간의 선입견이 한 겹 걷히고 난 다음에야 나는 라다크 사람들의 기쁨과 그 웃음의 의미를 있는 그대로 보기 시작했다. 그것은 정말 삶 자체에 대한 순수하고 거리낌 없는 경애심이었다. 라다크에서 나는 마음의 평화와 삶의 기쁨을 자신들의 천부적 권리라고 생각하는 사람들을 알게 된 것이다. 나는 그들이 이루고 있는 공동체와 땅에 대한 깊은 유대감을 통해 물질적 풍요나 기술의 진보 같은 것들을 넘어 진정한 의미에서 풍요로운 삶을 누릴 수 있음을 알게 되었다. 삶에 있어 다른 방식도 가능하다는 사실을 알게 된 것이다.

2000년 11월 뉴욕에서 열린 법회에서 법정 스님은 '소유와 행복'의 관계에 대해 이렇게 말했다.

"북인도 라다크 지방은 인도에서도 인구가 가장 적은, 해발 3천 미터가 넘는 고지대이다. 전통적으로 티베트 문화를 수용하고 있는 지역이다. 1970년대 말부터 서구인들이 라다크로 몰려들었다. 라다크 사람들을 통해 인류의 미래를 위한 메시지를 찾기 위함이다. 〈오래된 미래〉를 쓴 헬레나 노르베리 호지도 그중 한 사람이다. 서방 기자를 만난 자리에서 한 가난한 라다크 노인이 말한다. 물론 가난하게 사는 사람이다.

'나는 바깥세상에 사는 사람들이 식탁과 의자와 카펫을 갖고 편안하게 산다고 들었다. 쌀과 설탕 등, 행복에 필요한 모든 것을 갖고 있다고 들었다. 나는 보리떡과 죽밖에는 먹을 것이 없다. 하지만 나는 행복하다. 당신들은 좋은 옷을 입었지만 보다시피 내 옷은 다 해진 누더기다. 그런데도 바깥세상에는 많은 불행이 있다고 나는 들었다.'

기자가 그 불행의 이유에 대해 묻자 노인은 이렇게 답한다.

'아마도 당신들이 가지고 있는 좋은 옷과 가구와 재산들이 지나치게 많기 때문에, 거기에 마음을 빼앗겨 차분히 자신을 되돌아볼 시간이 없을 것이오.'

노인은 불행의 원인을 이렇게 진단한다. 나도 이 글을 읽고 움찔했다. 누구에게나 해당되는 메시지이다. 물질에 혼을 다 빼앗겼다는 것이다. 일상적인 자질구레한 도구들에 혼을 다 빼앗겼기 때문에 조용히 기도하고 배울 수 있는 시간이 없다는 것이다. 그래서 노인은 이렇게 말한다.

'당신들이 불행한 것은 가진 재산이 당신들에게 주는 것보다 빼앗는 것이 더 많기 때문인지도 모르겠소.'

이것을 한 노인의 이야기로만 여길 것이 아니라, 스스로 반문해야 한다. 나는 많은 것을 가지고 있는데, 과연 행복한가? 인간의 가치를 결정하는 것은 사회적 지위나 재산의 소유에 있지 않고, 내가 나 자신의 영혼과 얼마나 일치되어 있는가에 있다. 우리의 인간 가치를 결정하는 것은 내가 나 자신의 영혼과 얼마나 일치되어 있는가, 얼마큼 하나를 이루고 있는가에 있다. 다시 말해 내가 하고 싶은 일에 핵심적인 힘을 부여하는 것은 나 자신의 사람됨이다."

❧ 라다크와 서구 사회를 오가며 계속되어 온 헬레나 노르베리 호지의 활동은 1980년에 이르러 '라다크 프로젝트'라는 이름의 작은 국제기구로 성장했다. 그리고 그것은 1991년 '생태주의와 문화를 위한 국제협회ISEC'로 재탄생한다. 그 설립 취지는 생태 친화적이고 공동체에 기반을 둔 생활 방식을 장려하기 위함이다. 〈오래된 미래*Ancient Futures*〉는 시에라클럽북스에서 1991년 펴냈으며, 녹색평론사에서 김종철과 김태언의 공역으로 1996년 7월 처음 출간되었다가 저자가 출판사를 바꿔 중앙북스에서 양희승의 번역으로 2007년 11월 재발행되었다. 이 책은 50여 개 국가의 언어로 번역되었다. 저자는 녹색평론사 초청으로 몇 차례 내한해 강연을 가졌으며, 스티브 고렐릭과 함께 〈라다크로부터 배운다〉는 제목의 영화에 공동 제작자로 참여하기도 한다. 헬레나 노르베리 호지는 〈허울뿐인 세계화〉〈지식기반사회와 불교생태학〉이라는 책도 썼다.

그들은 생일을 축하하는 것이 아니라 더 나아지는 걸 축하했다. 작년보다 올해 더 훌륭하고 지혜로운 사람이 되었으면, 그걸 축하하는 것이다.

그곳에선 나 혼자만 이상한 사람이었다
말로 모건 〈무탄트 메시지〉

내가 생일 파티와 축하 노래, 생일 선물 등에 대해 이야기하자, 그들은 열심히 귀를 기울이고 나서 물었다.
"왜 그렇게 하죠? 축하란 무엇인가 특별한 일이 있을 때 하는 건데, 나이를 먹는 것이 무슨 특별한 일이라도 된다는 말인가요? 나이를 먹는 데는 아무런 노력도 들지 않아요. 나이는 그냥 저절로 먹는 겁니다."
내가 물었다.
"나이 먹는 걸 축하하지 않는다면, 당신들은 무엇을 축하하죠?"
그러자 그들이 대답했다.
"나아지는 걸 축하합니다. 작년보다 올해 더 나아지고 지혜로운 사람이 되었으면, 그걸 축하하는 겁니다. 하지만 그건 자기 자신만이 알 수 있습니다."

오스틀로이드라고 불리는 호주 원주민 부족은 문명인들을 '무탄트'라고 부른다. 돌연변이라는 뜻이다. 기본 구조에 어떤 중요한 변화가 일어나 본래의 모습을 상실한 존재이다. 그리고 그들은 스스로를 '참사람 부족'이라 칭한다. 문명의 돌개바람과 함께 밀려들어 온 백인들의 이해할 수 없는 행동 양식을 보면서 원주민들은 그 이방인들을 '돌연변이'라고 생각하지 않을 수 없었다.

'아무도 갈 수 없는 땅'이라 불렸던 호주 남서부의 토착민인 참사람 부족은 백인들과 타협하지 않은 마지막 원주민 집단이며, 걸어서 호주 대륙을 횡단하기로 유명하다. 섭씨 40도를 웃도는 날씨에, 신발도 물도 음식도 없이 출발해 자연이 제공해 주는 것에만 의존하며 거대한 사막을 여행하는 것이다.

자연의학을 전공하고 호주의 '보건사회화센터'에서 일하던 미국 출신의 백인 여의사 말로 모건은 어느 날 이 참사람 부족이 엄선한 무탄트 메신저로 선택되어, 전혀 예상치 않게 이들과 함께 사막 도보 횡단에 참가하게 되었다. 원주민들을 위해 일한 적이 있는 그녀의 경력이 높게 평가받은 것이다.

출발하기 전에 원주민들은 그녀에게 정화 과정을 거치게 하고, 그녀가 몸에 걸치고 있던 옷과 신발, 시계, 보석들을 모닥불 속으로 던져 버린다. 그녀는 자신이 갖고 있던 소유와 관념에 대한 집착을 버리는 것이 참다운 인간으로 나아가는 첫걸음임을 깨닫는다.

우리 모두는 곧게 뻗은 하나의 길을 가고 있습니다. 그러나 무탄트들은 많은 종류의 믿음을 갖고 있습니다. 그들은 말합니다. 너의 길은 내가 가는 길과 다르며, 너의 구세주는 나의 구세주가 아니라고. 하지만 진실은 모든 생명이 하나라는 것입니다. 우리가 하고 있는 놀이는 단 하나입니다. 이 우주에는 오직 하나의 인류가 있을 뿐이고, 단지 그림자만이 서로 다를 따름입니다. 무탄트들은 신의 이름을 어떻게 정할 것인가를 놓고 논쟁을 벌입니다. 어느 건물에서 어느 날 무슨 의식을 행할 것인가를 논합니다. 하지만 진리는 진리일 뿐입니다. 복잡하게 생각할 것이 없습니다. 당신이 남을 해치면, 그것은 자기 자신을 해치는 일입니다. 남을 도우면, 그것은 바로 자신을 돕는 일입니다. 무탄트들은 고작

해야 백 년을 생각하고, 남들과 분리된 자기 자신만을 생각합니다. 하지만 참사람 부족은 영원을 생각합니다. 우리 선조들, 아직 태어나지 않은 후손들 그리고 지금 지구별에 살고 있는 모든 생명은 하나입니다.

문명인은 지혜롭고, 원시인은 미개한가? 벌레와 뱀을 잡아먹고, 사막의 땅에 누워 혹독한 밤을 보내고, 새카만 파리 떼가 귀와 콧구멍을 청소해 주는 경험을 하고, 가시에 찔려 진물이 흐르는 맨발로 걸어가면서 말로 모건은 하나씩 참사람 부족의 세계관과 삶의 방식을 알아 나간다. 그곳에서는 그녀 혼자만이 이상하고 지혜롭지 못한 사람이었다. 텔레파시로 대화할 줄도 모르고, 자연에 대해 깊이 깨어 있지도 못하며, 관념과 형식에 얽매여 두려움을 떨쳐 버리지 못하는 유일한 사람이었다. 반면에 그들은 인간과 식물과 동물이 평화로이 공존하는 삶을 보여 주었다. 각자의 영혼과 재능을 찬양하고, 말이 아니라 침묵으로 대화하고, 물건이 아니라 마음으로 행복해지는 것이 그들의 삶이었다.

참사람 부족은 그녀를 진심으로 환영하고 그 한 사람 한 사람이 자상한 스승이 되어 준다. 원주민들의 주술적인 능력과 고대로부터 전승된 삶의 지혜에 깊은 감명을 받은 저자는 마침내 5만 년이 넘는 세월 동안 간직되어 온 참사람 부족의 진정한 모습을 보게 되고, 그들이 세상 사람들에게 전하고자 하는 중요한 메시지가 있음을 알게 된다.

모든 영혼은 영원한 존재입니다. 다른 사람과의 모든 만남은 하나의 경험이고, 모든 경험은 영원히 연결됩니다. 우리 참사람 부족은 모든 경험의 순환고리들을 그때그때 완성시킵니다. 우리 참사람들은 무탄트들처럼 경험을 마무리하지 않은 채로 놓아두진 않습니다. 만일 당신이 어떤 사람에게 나쁜 감정을 품고서 그와의 경험을 마무리 짓지 않고 그냥 떠난다면, 훗날 당신 인생에서 그 일이 되풀이될 것입니다. 그렇게 되면 고통은 한 번으로 끝나지 않고, 당신이 깨달음을 얻을 때까지 끊임없이 계속됩니다. 삶에서 경험하는 일들을 잘 관찰하고 거기서 깨달음을 얻어 전보다 더 현명해지는 것은 좋은 일입니다. 어떤 경험이 끝나면 그것을 축복하듯 고맙다고 말하고 평화롭게 떠나는 게 좋습니다.

참사람 부족 사람들은 지구상에 존재하는 모든 것은 반드시 어떤 이유가 있어서 존재하는 것이라고 믿는다. 모든 일에는 반드시 목적이 있다. 이 우주 속에 일시적인 변덕이나 우연 또는 무의미한 일 따위는 존재하지 않는다. 인간이 잘못 이해하고 있기 때문에 그렇게 보이는 것일 뿐이며, 아직 인간에게 드러나지 않은 수많은 신비가 세상에 존재한다는 것이다. 그들은 대자연을 향해 먹을 걸 요청했고, 그것이 나타나리라는 기대를 조금도 버리지 않았다. 그러면 언제나 그것이 그들 앞에 나타난다. 그들은 진심으로 감사한 마음을 갖고 그것을 받았다. 그들의 감사 기도는 한 번도 형식적인 적이 없었다.

그들은 생일을 축하하는 것이 아니라 더 나아지는 걸 축하했다. 작년보다 올해 더 훌륭하고 지혜로운 사람이 되었으면, 그걸 축하하는 것이다.

이들 참사람 부족의 눈에 무탄트들은 개방된 환경에서 살지 못한다. 대부분의 무탄트들은 들판에 벌거벗고 서서 비를 맞는 게 어떤 기분인지도 모른 채 세상을 떠난다. 냉난방이 갖춰진 건물을 짓느라 시간을 낭비하고, 정상적인 기온에서는 일사병에 걸린다. 무탄트들은 참사람 부족과 같은 훌륭한 소화기관을 갖고 있지 않다. 곡식을 가공하고, 장기간 보존하며, 자연 상태의 음식보다 인공적으로 만든 음식을 더 많이 먹는다. 이제는 단순한 곡식과 공기 중의 꽃가루에도 알레르기를 일으킬 정도가 되었다. 무탄트의 아기들 중에는 엄마 젖조차도 제대로 소화시키지 못하는 아이가 있다.

   선교사들은 이들 참사람 부족에게 설교했다. 식사하기 전에 두 손을 모으고 2분 동안 감사 기도를 드리라고. 그리고 아이들에게도 그렇게 가르치라고. 원주민들에게는 그 설교가 어처구니없게 들렸다. 참사람 부족은 언제나 감사하는 마음으로 잠에서 깨어나며, 하루를 보내면서 어느 것 하나 당연하게 받아들이는 적이 없다. 그들에게 있어서 감사하는 마음은 모든 인간이 타고나는 것이다.

   우리 같은 사람들은 말 그대로 '마음을 열어 놓는 것'을 결코 견디지 못하리라. 남에게 감춰야 할 거짓과 상처와 슬픔이 너무 많기 때문이다. 참사람 부족은 목소리란 말을 하기 위해 있는 게 아니라고 믿고 있었다. 말은 마음이나 가슴으로 하는 것이다. 목소리를 통해 말을 하면 사소하고 불필요한 대화에 빠져들기 쉬우며, 정신적인 대화로부터는 아득히 멀어진다. 목소리는 노래와 축제와 치료를 위해 있는 것이다.

   넉 달에 걸친 힘든 사막 횡단에서 말로 모건은 깨닫게 된다. 이들이야말로 자연과 인간, 인간과 인간이 공생하는 삶을 살아가는 진정한 참사람들이라는 것을. 개인주의와 소비 중심의 사회, 모두가 서로를 이기기 위해 경쟁하고, 자신들이 사는 터전을 착취하는 일에 몰두하는 문명인들에 비해 이들 원주민 부족은 삶에서 본질적인 것이 무엇인가를 잊어버리지 않은 이들이었다.

   하지만 참사람 부족은 자신들의 탐욕을 위해 생명의 토대인 어머니 대지를 학대하고 파괴하는 무탄트들에 맞서는 방법으로 더 이상 결혼

하지도 않고 자식도 낳지 않기로 결정한다. 이제 그들 중 가장 젊은 사람이 죽으면, 그것이 순수한 부족의 종말이 되는 것이다. 그들이 백인 여의사 말로 모건을 메신저로 선택한 까닭도 그들의 뜻을 세상에 전하기 위해서다.

참사람 부족은 세상의 문명인들에게, 다시 말해 이 시대를 살아가는 우리들에게 마지막 메시지를 보낸다.

"만물의 어머니인 대지를 당신들에게 맡기고 우리는 떠난다. 당신들의 삶의 방식이 물과 동물과 공기에, 그리고 당신들 서로에게 어떤 영향을 미치고 있는가를 깨닫기 바란다. 이 세계를 파괴하지 않으면서 당신들 문제에 대한 해결책을 찾아내기를 바란다. 무탄트들 중에는 자신의 참된 자아를 이제 막 되찾으려고 하는 이들도 있다. 충분히 노력과 관심을 기울인다면 지구의 파괴를 돌이킬 시간은 남아 있다. 하지만 우리는 더 이상 당신들을 도울 수 없다. 우리의 시대는 끝났다. 비 내리는 것이 이미 달라졌고, 더위는 날로 심해져 가고 있으며, 동식물의 번식이 줄어드는 것을 우리는 지켜봐 왔다. 우리는 더 이상 영혼에게 인간의 모습을 주어 이곳에서 살게 할 수 없다. 이 사막에는 이제 물도 식량도 남아 있지 않을 것이기 때문이다. 신의 부족인 우리 참사람 부족은 지구를 떠날 것이다. 우리에게 남아 있는 기간 동안 우리는 가장 높은 차원의 영적인 생활을 실천하기로 결정했다."

산문집 〈오두막 편지〉에서 법정 스님은 '생명의 잔치'에 동참하지 못하는 돌연변이 문명인의 삶을 이렇게 질타했다.

"문명인들이라고 자처하는 현재의 우리들 삶은 자신의 이익을 위해 남을 희생시키는 것으로 이루어져 있다. 생명의 원천인 자연을 자연의 방식이 아닌, 이기적인 목적으로 사용하는 데만 급급한 나머지 요즘 같은 지구 환경의 위기를 불러일으켰다. 올바른 이해는 책이나 선생으로부터 얻어듣거나 배울 수 있는 것이 아니다. 그것은 모든 것을 사랑하고 존중하는 마음에서 비롯된다. 위대한 정령을 존중하는 마음에서부터 비롯된다. 위대한 정령이란 무엇인가. 풀이나 바위나 나무 또는 물과 바람 등 세상 만물 속에서 살아 움직이는 생명 그 자체다. 생명을 존중하는 마음은 하나의 느낌이나 자세가 아니다. 그것은 온전한 삶의 방식이고, 우리 자신과 우리 둘레의 수많은 생명체들에 대한 인간의 신성한 의무이기도 하다.

수십억 년을 거쳐서 이루어진 태양계에서 유일하게 생물이 기대어 살 수 있는 아름다운 초록의 대지인 이 지구에 우리가 몸 받아 살아 있다는 것은 놀라운 생명의 신비이고 고마움이 아닐 수 없다. 그런데 이런 고마움과 신비와 오랜 역사를 지닌 지구가 2백 년이라는 짧은 기간 동안 서양의 산업화에 따른 소위 물질문명의 깃발 아래 엄청나게 파괴되고 있다. 오만과 어리석음에서 깨어나 눈을 뜨고 분수를 알지 않고는 인간은 지구 최후의 동물로서 스스로 멸종되고 말 것이라는 우울한 생각이 드는 요즘의 현실이다."

🍃 말로 모건의 인생을 변화시킨 놀라운 여행을 이야기하는 〈지구 반대편의 무탄트 메시지 Mutant Message Down Under〉는 코팅이 안 된 모조지에 캐리 개리슨의 순수한 그림을 곁들여 자비로 인쇄, 1991년 미국의 엠엠사에서 처음 출간되었다. 발행과 함께 독자들의 큰 반향을 불러일으킨 이 책은 1994년 하퍼콜린스에서 새롭게 출판된다. 우리나라에서는 정신세계사에서 1994년 11월 김석희 번역 〈무탄트〉, 2001년 1월 류시화 번역 〈그곳에선 나 혼자만 이상한 사람이었다〉로 발행되었다가, 2003년 8월 같은 출판사에서 류시화의 재번역으로 원제에 따라 〈무탄트 메시지〉로 다시 출간되었다. 자연의 일부로서 존재하며 평화롭게 사는 것 말고는 다른 욕심 없이 순수했던 호주 원주민의 역사와 삶의 방식을 담은 또 다른 책으로는 반조 클라크의 〈대지를 지키는 사람들〉이 있다.

인간은 기본적으로 시인이며 시적 능력을 가지고 있다. 근대사회로 오면서 이 시적 능력, 자율적 능력이 퇴화했다. 그 대신 도구들이 인간을 지배하게 되었다.

포기하는 즐거움을 누리라
이반 일리히 〈성장을 멈춰라〉

　과학과 기술이 만든 문제는 한 단계 심오한 과학과 더 나은 기술만이 해결할 수 있다는 믿음을 유행처럼 만들어 버렸다는 것이다. 사람들은 잘못된 관리를 해결하는 법은 더 적극적이고 더 많은 양의 관리라고 여긴다. 이는 마치 오염된 강을 치료하는 길은 더 비싸고 강력한 청정 합성세제를 사용하는 데 있다고 결론짓는 것과 같다. 더 많은 지식과 정보를 쌓고 더 많은 과학과 기술을 도입함으로써 현재의 문제를 억누르려고 하는 것은 그 근본 원인에 대한 성찰 없이 그저 가속페달만 밟으면 모든 위기를 극복할 수 있다고 믿는 것과 같다.

　태국에는 오랜 역사에 걸쳐 만들어진 쿨롱이라는 유명한 운하가 있었다. 이 운하들은 전국을 바둑판처럼 교차하며 뚫려 있었다. 사람, 쌀 그리고 세금 징수원까지도 이 운하를 따라 자유롭게 이동했다. 건기에는 몇몇 마을로 가는 운하가 끊기기도 했지만, 그들의 삶 또한 그런 상황에 맞춰서 이루어졌기 때문에 문제 되지 않았다. 정기적으로 잠시 고립되면 사람들은 긴 휴일을 누리며 명상과 축제를 즐겼다.
　그런데 태국 정부는 보다 효율적인 교통과 운송 정책을 위해 이 운하를 메우고 그 위에 포장도로를 깔았다. 태국인들은 전과는 비교할 수 없을 정도로 빠르게 차를 타고 이동할 수 있게 되었고, 경제학자들은 버스와 트럭이 수로 운송체계보다 훨씬 더 많은 돈을 벌게 해 줄 것이라 주장했다. 그러나 태국인들은 집집마다 하나씩 보유하고 있던 맵시 좋은 볏단보트를 타며 누리던 기쁨과 독립성을 박탈당했다.

만약 코카콜라가 탄산음료 시장을 독점한다 해도 목이 마른 사람은 물이나 맥주를 마실 수 있다. 이런 종류의 독점은 그저 소비자의 선택을 제한할 뿐이다. 그런데 태국에서 포장도로와 자동차의 등장은 강을 이용한 이동을 완전히 없애 버렸다. 공정한 경쟁이 이루어졌다면 차와 포장도로는 볏짚보트와 쿨롱을 당해 낼 재간이 없었겠지만, 정부는 일방적으로 차와 포장도로 편이었다. 새롭게 등장한 차와 고속도로는 자신의 이미지에 맞추어 도시를 바꾸어 나갔다. 다른 분야에 쓰이던 자원을 대량으로 흡수하기 시작했고, 방대한 소음과 오염물질을 쏟아 내기 시작했으며, 원래 인간이 가지고 있던 도보와 자전거에 의한 이동 능력을 저하시켰다. 때로는 빠른 이동을 위해 오히려 더 많은 시간을 쓰도록 만들기도 했다. 이것을 진정한 발전이라고 말할 수 있는가.

이반 일리히는 수송체계, 학교, 병원, 에너지 등 소위 발전과 성장을 상징하는 제도들이 일정 난계를 넘어서면 오히려 인간의 자율성을 마비시키고 제도적 통제를 강화함으로써 인간의 삶을 더욱 옥죄게 된다고 말한다. 근대화된 의료제도는 역으로 건강한 삶을 제한하며, 배움을 의무 취학과 동일하게 여기는 것은 영혼 구제와 교회를 같다고 착각하는 것이나 다름없다고 지적한다.

학교는 배움에 대한 근본적인 독점을 확장하고, 배움을 학교교육으로 재정의했다. 사람들이 학교와 교사의 정의를 받아들이는 한, 학교 밖에서 배운 사람들은 공식적으로 교육받지 않은 인간으로 낙인찍는다. 현대 의료는 아픈 사람이 의사에게 처방받지 않고도 치료할 수 있는 권리를 박탈했다. 대부분의 나라에서는 보통 사람이 의료 행위를 하면 범죄로 간주되며, 이들의 치료 행위를 발전적으로 수용할 수 있는 기회 또한 온전히 거부된다. 도로, 학교, 병원으로 뒤덮인 사회에서 이들의 독점으로부터 벗어나기란 어려운 일이다.

일리히가 우리 사회의 문제를 분석하는 키워드로 사용하는 것은 '도구'이다. 이때의 도구는 드릴, 빗자루, 전화 같은 단순한 기자재부터 자동차나 발전소 등의 거대한 장비, 전기를 생산하는 공장 그리고 교육, 건강, 지식 같은 무형의 상품을 생산하는 기관까지 모두 포함하는 의미이다. 저자는 도구 발전의 역사가 크게 두 가지 분수령을 거쳤는데, 근대적이고 간단한 도구가 인류의 복지에 기여할 수 있게 된 시점이 첫 번째 분수령이고, 도구가 과잉 발전하여 오히려 인간이 도구에 지배당하고 삶의 목표를 도구가 설정하는 대로 따라가야 하는 시대로 진입하는 시점이 두 번째 분수령이라고 정의한다.

일리히는 두 시점을 비교하면서 과잉 발전한 도구가 인간을 어떻게 지배하고 인간다운 삶의 목표를 상실하게 만들었는지를 분석한다. 특히 두 번째 분수령 이후, 지나치게 효율성만을 강조한 도구들이 등장하면서 환경을 파괴하고 인간 삶의 균형을 깨뜨리기 시작했다는 사실을 강조한다.

도구는 성장하면서 인간의 통제에서 벗어나게 된다. 처음에는 인간의 주인이 되고 결국에는 사형 집행관이 된다. 도구는 인간이 예상하는 것보다 훨씬 빨리 인간을 지배한다. 쟁기는 인간을 밭의 주인으로 만들었지만, 이내 인간의 밥그릇을 흙으로부터 멀리 떨어뜨려 버렸다. 도구에 지배되는 문화는 인간의 매일매일을 너무 복잡하게 만들어서 인간을 자신의 활동으로부터 소외시킨다. 발전을 향한 중독은 결코 목표에 다다르지 못하는 경주에서 모든 인간을 노예로 만들 수 있다.

지나친 도구의 발전은 양극화를 심화시키는 문제를 야기한다. 과거에 농업으로 생계를 이어 가던 인도의 농부는 녹색혁명(개발도상국의 급속한 식량 증산 개혁)과 함께 도리어 자신의 자리를 빼앗기게 된다. 그는 결국 노동자가 되어 이전보다 더 많은 돈을 벌게 되지만, 농부였을 때보다 더 초라한 식탁을 자녀들에게 제공한다. 그런데 심각한 문제는 이 노동자 소득의 열 배를 벌어들이는 미국 시민 역시 절망적으로 가난하다는 사실이다. 둘 다 더 많은 노력과 비용을 들이는데도, 더 적은 것을 얻는다. 이때 생기는 불만족은 결국 더 많은 도구의 발전과 효율화를 요구하게 되지만 심화되는 것은 빈부의 양극화뿐이다.

배고픔과 무력감으로 가난한 사람들은 더욱 급격한 산업화를 요구한다. 부자들은 점점 더 다양해지는 사치품을 소유하기 위해 더욱 광적으로 생산량 증대를 향해 날려간다. 권력은 양극화되고 좌절은 보편화된다. 그리고 덜 풍요로운 상태에서도 누릴 수 있는 대안적 행복이라는 이상은 저 멀리로 밀려나 버린다. 제어되지 않는 산업화는 가난을 근대화한다. 가난의 수준이 높아지고 부자와 빈자의 간극이 커진다.

도구의 발전은 계속해서 새로운 상품을 탄생시킨다. 끊임없이 새 모델이 만들어지고 이를 위한 비용을 대기 위해 다시 새로운 시장이 형성된다. 과거의 모델은 가치가 급격히 하락하고 각 개인은 자신이 소유한 물건의 영수증이 얼마나 최근 것인가에 따라 등급이 매겨진다. 일부는 최신형 모델을 소유할 수 있는 여유가 있지만, 다른 사람들은 5년에서 10년이 지난 자동차, 라디오, 난로를 사용할 수밖에 없다. 그 사람은 그만큼 유행이 지난 곳에서 휴가도 보내기 마련이다. 그리고 그들 자신도 스스로가 사회의 어디쯤에 속해 있는지 잘 알고 있다.

시장에서 판매되는 상품들은 결국 충족시켜 주기보다 더 많은 욕구를 만들어 낸다. 새 모델은 끊임없이 가난한 마음을 재탄생시킨다. 그 마음을 채우기 위해 신상품을 구입하지만 곧 가난해지고 만다. 소비자들은 가져야 할 것과 현재 가지고 있는 것 사이에서 자신이 늘 뒤떨어졌다는 느낌을 받는다. 항상 노후한 것을 가지고 있다고 여기는 사람은 불행할 수밖에 없다.

더 나은 것을 향한 경쟁에 갇혀 버린 사회에서 변화에 제한을 두는 것은 위협으로 느껴진다. 어떤 비용을 들여서라도 더 나은 것을 생산하고 소유하고야 말겠다는 식의 태도는 어떤 비용을 들여도 결코 충족될 수 없는 욕구를 만들어 낸다. 새로운 제품을 구입하지 못하면 기대가 좌절되고, 새로운 제품의 영수증을 손에 쥐게 되어도 아직 얻지 못한 것에 대한 열망을 강화시킬 뿐이다. 현재 가지고 있는 것과 갖게 될 것 모두가 똑같이 사람들을 불행하게 한다.

일리히가 제시하는, 현대사회의 전반적인 위기를 극복할 수 있는 것은 균형이다. 삶의 균형을 통해 사람, 도구, 집단이 올바른 관계를 형성하는 공생적 사회를 이룰 때 다가올 위기를 극복할 수 있다. 또한 더 많은 사람들이 더 적은 양의 자원을 가지고 영구히 번성할 수 있는 새로운 방법을 계속 찾아 나가기 위한 결단이 필요하다.

사람들이 한계 내에서 살기 위해선 배워야 한다. 그러나 이는 가르칠 수 있는 성질의 것이 아니다. 오히려 우리의 생존은 사람들이 얼마나 빨리, 무엇을 할 수 없는가를 배우는 데 달려 있다. 그들은 소비와 자원 사용을 자제해야 한다는 점을 배워야 한다. 그런데 사람들을 교육시켜 자발적으로 가난한 삶을 살게 한다거나, 스스로를 통제하도록 조직하는 것은 불가능하다. 더 많은 생산을 위해, 비용이 감소하고 있다는 환상을 위해 조직된 세계에서 즐거운 포기를 가르치기란 어려운 일이다.

일리히의 논의는 이 책이 나온 1970년대 초 이전에는 발견할 수 없던 사실들을 새로운 방향에서 통찰할 수 있게 해 준다. 성장과 발전이 인류의 모든 문제를 해결해 줄 수 있을 것 같은 신화에 사로잡혀 있던 시절에 그는 "과잉 성장은 인간이 진화해 온 환경의 물리적 기본 구조에 대한 권리를 위협하고, 산업화는 공생적인 일을 할 권리를 위협한다. 새 환경에 맞춰 인간을 과잉 프로그래밍 하는 일은 인간의 창조적 상상력을 죽인다."고 날카롭게 통찰했다.

이반 일리히는 1926년 오스트리아 빈에서 태어났다. 화학과 역사를 공부하였으나 신학에 뜻을 두고 로마의 그레고리 대학교에 입학해 철학과 신학을 공부했다. 1950년 로마 가톨릭교회의 서품 성사를 받은 후 다시 오스트리아 잘츠부르크 대학에서 역사학으로 박사학위를 받았다. 1951년에는 미국으로 건너가 활동하면서 남미에 파견될 예비 선교사의 교육을 담당했는데, 여기서 "변해야 할 곳은 라틴아메리카가 아니라 미국이다. 미국의 풍요가 문제이고, 풍요에 시달리는 것이 문제이다."라고 가르쳤다. 이런 내용은 교황청과의 마찰을 초래했고, 이후 평범한 신자들만이 교회를 구원할 수 있을 것이라 말하며 사제 확대 정책에 반대한 것, 피임 지지 등 일련의 교회 정책에 반대한 것이 원인이 되어 교황청과 갈등을 빚다가 1969년 사제직을 떠났다.

그는 항상 책을 펴낼 때 간소하게 만들려고 했으며, 책을 두고 팸플릿이라 불렀다. 그래서인지 그의 책들을 보면 내용에도 군더더기가 별로 없다. 거의 요약본이라 할 정도로 명쾌하게 우리가 처한 현실을 근본적인 입장에서 단순하고 분명하게 해설한다. 간결하고 핵심적이다 보니 현실의 구체적인 프로그램까지 보고자 하는 이는 다소 답답함을 느끼고 "그래서 어떻게 하자는 말이냐?"는 질문을 하기도 한다. 그러나 그것은 일리히의 사상을 제대로 읽어 보지 않은 성급한 질문이라고 〈녹색평론〉의 김종철 발행인은 2004년 한 강연에서 말한 바 있다.

일리히의 후기 사상을 보면 우정과 환대를 강조한 부분이 자주 눈에 띈다. 우정이 세상을 구원하는 한 열쇠라고 본 것이다. 간디와 많은 사상가들에게서도 이 우정 이야기는 빼놓을 수 없는 화두였다. 일리히는 "삶이라는 것이 얼마나 경이로움으로 가득 차 있는가, 얼마나 인생은 시적인 것인가?" 하고 이야기한다. 스스로도 자신을 역사가이자 시인이라고 했다.

> 사회시스템에는 한계가 있어야 한다. 복잡하고 완벽한 시스템 안에는 인간의 자리가 없다. 인간은 알 권리도 있지만 모를 권리도 있다. 침묵으로 대답해야 할 문제가 있는 것이다. 모를 권리가 있는 문제를 인정하지 않고 자꾸 알려고 드는 데서 또 다른 문제가 생겨난다.

그는 공생공락 하는 데 필요한 세 가지가 있다고 했는데, 그것은 시와 자전거와 도서관이다.

"인간은 기본적으로 시인이며 시적 능력을 가지고 있다. 근대사회로 오면서 이 시적 능력, 자율적 능력이 퇴화했다. 배움이 교육으로 대체되면서 시적 정서가 사라지기 시작했다. 자전거는 속도의 한계, 인간 교통수단의 한계를 의미하고, 도서관은 배움이 가능한 공간으로서 의미를 가지고 있다."

일리히는 기독교의 타락을 비판하기도 한다. 초기 기독교 가정엔 세 가지 보물이 늘 구비되어 있었는데, 양초와 담요와 마른 빵이 그것이다. 모르는 손님이나 여행자가 왔을 때 그가 문지방을 넘어 방으로 갈 수 있도록 길을 밝힐 양초와, 배고픔을 달랠 수 있는 마른 빵과, 따뜻하게 잠잘 수 있도록 담요가 필요했기 때문이었다. 그러나 시간이 흐른 뒤 기독교 가정은 더 이상 그런 역할을 하지 않게 되었고, 이것은 점차 귀찮은 일이 되어 갔다. 환대가 사라지게 된 것이다. 일리히는 산업사회를 극복하는 길을 모색함에 있어 자발적 환대야말로 매우 중요한 것으로 보았다.

이반 일리히는 2002년 12월 독일 브레멘의 자택에서 76세를 일기로 세상을 떠난다. 〈가디언〉〈르몽드〉〈뉴욕타임스〉 등은 일제히 사후 특집 기사를 게재했는데, 그를 향해 20세기 최고의 사상가 중 한 명이라는 찬사를 아끼지 않았다.

계속해서 새로운 상품을 생산하게 만드는 구조에 대해 비판하면서 법정 스님은 2002년 10월 뉴욕 불광사 초청 법회에서 이렇게 말했다.

"우리가 살고 있는 사회를 소비사회라고 한다. 소비사회, 써서 없앤다는 말이다. 그리고 이 사회에선 우리를 소비자라고 부른다. 나는 이 소비자라는 말에 강한 저항을 느낀다. 사람이 어떻게 소비자가 될 수 있는가? 소비사회는 늘 새것을 숭배한다. 남들이 갖지 않은 좋은 물건을 사 놓고도 더 좋은 새로운 물건을 소유한 사람들을 부러워하고 시기한다. 냉장고가 어떻게 달라지고 세탁기가 어떻게 탈바꿈했

든, 그 기능은 거의 같다. 모양만 다르게 해서, 형태만 다르게 해서 새롭게 내놓은 것이다. 그런 새로운 상품에 현혹되어선 안 된다.

사람을 부자로 만드는 것은 돈, 권력, 집이 아니다. 그 사람의 마음이다. 그 사람이 돈과 재산을 얼마나 가졌는가가 아니라, 그가 어떤 마음을 지니고 그 마음을 어떻게 쓰고 있는가에 따라 부자가 될 수도 있고 가난한 사람이 될 수도 있다. 결코 물질적인 것이 본질적인 부가 될 수 없다. 우주의 선물인 물질은 넉넉한 마음에 따른다. 부자가 되고 싶은 사람은 먼저 넉넉한 마음의 그릇부터 준비해야 한다. 마음의 그릇이란 무엇인가? 덕이다. 덕은 나누는 일이다. 세상에는 탐욕스런 부자가 있다. 탐욕스런 부자가 있기 때문에 거기 도둑이 모여드는 것이다."

〈성장을 멈춰라〉는 이반 일리히가 1970년대 초 스페인어로 집필해 멕시코에서 열린 국제 모임에 처음 제출하면서 시작되었다. 얼마 후 그 수정판이 제노 심포지엄에서 발표되었는데, 1973년 파리의 에스프리에서 출간되었다. 자신의 세미나에 참석한 사람들의 의견을 참고하여 펴낸 최종판이 1973년 하퍼에서 〈자율적 공생을 위한 도구 Tools for Conviviality〉라는 제목으로 출판되었으며, 2000년 매리언 보야르 출판사에서 개정판이 나왔다. 1978년 안응렬이 번역하여 〈공생의 사회〉라는 제목으로 분도출판사에서 출판되었고, 1979년 같은 제목으로 김남석의 번역으로 범조사에서도 출판되었다. 2004년 6월 이한의 번역으로 미토에서도 발간되었는데, 미토는 이반 일리히의 전집을 발간해 가고 있다. 저자의 이름에 대해 〈녹색평론〉 김종철 대표는 2004년 '광주 이반 일리치 읽기 모임'에서 "이반 일리히라고 번역해 나온 책들이 있는데 정확하게는 이반 일리치다. 이반 일리치는 독일 사람도 아니고, 친구들도 이반 일리치라고 부르고 본인이 자신을 이반 일리치라고 불러 주길 원한다."고 말했다. 또 다른 이반 일리히의 책으로 〈학교 없는 사회〉〈병원이 병을 만든다〉〈그림자 노동〉〈행복은 자전거를 타고 온다〉가 있다.

사람들이 불행을 느끼는 것은 행복을 목표라고 여기기 때문이다. 인간의 마음은 행복을 찾아 늘 과거나 미래로 달려간다. 그러나 행복은 미래의 목표가 아니라 현재의 선택이다.

모든 여행의 궁극적인 목적지는 행복
프랑수아 를로르 〈꾸뻬 씨의 행복 여행〉

"의사 선생님, 난 당신이 너무 지쳤다는 걸 알고 있어요."

꾸뻬가 말했다.

"아, 미안합니다. 그렇게 보였다면."

그러자 이리나 부인이 결론짓듯 말했다.

"당신에게는 여행이 필요해요. 그게 당신의 정신건강을 위해 좋을 거예요."

꾸뻬는 그것이 좋은 충고라고 생각했다. 타고난 의사인 꾸뻬는 자신을 가장 뛰어난 정신과 의사로 만들어 줄 특별한 여행을 계획했다.

한 프랑스인이 길을 걷고 있다. 그 길은 파리의 여느 시가지와 다를 바 없는 중국의 도심으로, 아이들이 낯선 이방인에게 손을 내미는 아프리카의 한 나라로, 그리고 세상에서 정신과 의사가 가장 많은 나라 미국으로 이어진다. 그는 수첩을 들고 다니며 길 위에서 배운 것들을 적어 나간다.

'꾸뻬'라는 이름의 이 신사는, 지금 행복의 비밀을 찾아내기 위해 여러 나라를 여행하는 중이다.

"쥬 마펠 꾸뻬, 내 이름은 꾸뻬입니다. 나는 파리의 정신과 의사입니다."

정신과 의사인 꾸뻬는 파리의 중심가 한복판에 진료실을 가진 성공한 의사이다. 사람들은 모두 그와 이야기하기를 좋아했고, 덕분에 꾸뻬는 하루 중 절반을 환자들과 상담하는 시간으로 보냈다. 그의 진료실은 언제나 상담을 원하는 이들로 넘쳐 났다. 많은 것을 갖고 있으면서도 스스로를 불행하다고 여기는 사람들, 친절하면서도 자극적이고 사회적으로 성공한 남자를 찾는 여자, 신의 목소리를 듣는 남자, 환자의 죽음을 목격하고 슬퍼하는 의사, 사랑의 상처를 입어 더 이상 미래를 내다볼 수 없게 된 점성가…….

병원을 찾은 이들은 꾸뻬에게 자신의 문제와 불안에 대해서 털어놓았다. 그러나 아이러니하게도, 그들 대부분은 삶을 불행하게 만드는 외적이고 절대적인 요소들을 가지고 있지 않았다. 그들은 자녀에게 다정하지 않은 부모를 만난 것도 아니었으며, 자신이 진심으로 사랑하는 어떤 사람을 잃은 적도 없는, 한마디로 진짜 불행한 삶을 산 적이 없는 사람들이었다. 그럼에도 불구하고 그들은 진짜로 마음이 병들었거나 불행한 삶을 살고 있었다.

그들은 사회적으로 높은 위치에 오를 수 있는 일들을 하고 싶어 하면서, 동시에 자유롭게 살고 싶어 했다. 하지만 아무리 자신의 일에서 성공을 거두었다 하더라도, 만일 다른 일을 했다면 더 행복하지 않았을까 하고 스스로에게 질문하곤 했다. 대체로 옷을 잘 차려입은 이런 사람들, 그들은 자신의 삶에 대해 그다지 만족하지 않고 있었다. 그들은 자신의 직업에 대해 늘 의문을 제기하고, 자신이 과연 좋은 사람과 결혼을 했는지 아니면 결혼할 뻔했는지를 묻곤 했다. 또한 그들은 자신의 삶에서 중요한 어떤 것을 잃어버렸다는 느낌을 떨쳐 버릴 수가 없었다. 시간이 모두 흘러가 버려 결국 자신이 원하는 삶에 다가서지 못했다는 생각을 갖고 있었다.

꾸뻬를 찾아오는 이들은 하루가 다르게 늘어 갔고, 바로 그 때문에 그는 불행했다. 상담과 약 처방만으로는 그들을 진정한 행복에 이르게 해 줄 수 없기 때문이었다. 꾸뻬는 자신의 일에 회의를 느끼기 시작했다. 이 환자들은 정말로 아픈 사람들인가? 다른 지역보다 더 많은 행운을 누리는 사람들이 사는 지역에, 다른 모든 지역을 합친 것보다 더 많은 정신과 의사들이 있는 것은 왜인가? 불행한 사람들을 진정으로 행복하게 만들어 줄 방법은 없을까? 이런 의문들이 떠오르는 사이, 꾸뻬는 지쳐 있는 자신을 발견한다.

'나 역시 지금의 삶에 만족하지 못한다.'

그는 이 사실을 깨달은 순간 여행을 떠났다. 수첩 하나를 들고.

프랑수아 를로르는 행복의 참된 의미를 찾기 위해 여행길에 나선 꾸뻬의 이야기를 들려준다. 저자 역시 꾸뻬와 마찬가지로 정신과 의사인데, 그는 어떤 심리학적 설명보다 한 편의 이야기가 더 사람의 마음을 움직일 수 있다고 생각했다. 그래서 그는 자신의 환자들을 진료하며 얻은 경험들을 바탕으로 소설을 썼다. 를로르는 "어린 시절, 삶에 대한 너무도 많은 것들을 얌전히 기다리라고만 배워 온 나 같은 사람들에게 무언가를 스스로 찾아 나서는 여행이야말로 삶을 매력적으로 만드는 일이다. 꾸뻬의 여행은 나 프랑수아 를로르의 여행이나 마찬가지다."라고 말했다.

꾸뻬가 택한 여행의 첫 행선지는 중국이었다. 어릴 적에 본 〈푸른 연꽃〉이라는 만화의 기억을 떠올려, 중국에 가면 행복의 비밀을 배울 수 있으리라 기대했기 때문이다. 그가 도착한 곳은 현대화된 중국의 섬 도시였다. 거대한 면도날 같은 현대식 빌딩이 세워진 중국의 시가지와, 그곳에서 쏟아져 나오는 사람들의 모습은 꾸뻬가 떠나온 파리와 크게 다르지 않았다.

꾸뻬는 은행에서 일하는 친구를 만나기 위해 카페에 앉아 있었다. 퇴근 시간이 되자 통유리창 너머로 세련된 옷을 차려입은 사람들이 빌딩에서 하나둘 나오는 것이 보였다. 그들은 하나같이 어두운 얼굴을 하고 골똘히 생각에 잠겨 있었다. 그 거리에서 웃고 있는 사람들이라고는 구름다리 아래를 그늘 삼아 돗자리를 펴고 앉은 몇 무리의 여인들뿐이었다. 이 여인들의 얼굴은 중국인들과는 사뭇 달랐고, 그들의 표정은 너무나 행복해 보였다. 알고 보니 그들은 다른 나라에서 와 가정부로 일을 하고 있는 사람들인데, 일요일에는 갈 곳이 없어서 이곳에 나와 있는 것이었다. 꾸뻬는 그들에게 다가가 왜 행복한 얼굴을 하고 있는지 물었다.

"왜냐하면 오늘은 우리가 쉬는 날이거든요!"

"우리가 행복한 건 친구와 함께 있기 때문이에요."

꾸뻬 씨는 수첩에 이렇게 적는다. '행복은 좋아하는 사람과 함께 있는 것이다.'

꾸뻬는 여행에서 마주치는 사건들에 자신이 어떻게 반응하는지를 관찰하고, 저마다 행복과 불행의 이유들을 가진 타인들을 만나면서, 무엇이 사람들을 행복하게 하고 무엇이 불행하게 하는가를 서서히 알게 되었다. 꾸뻬는 우연히 올라간 산에서 한 노승을 만난다. 격변기를 살아 내며 세상의 온갖 풍파를 다 겪어 보았을 노승은, 너무나 자주 웃었으며 또한 평온한 모습을 하고 있었다. 꾸뻬는 자신의 여행에 대해 이야기한 뒤, 행복에 관해 지혜로운 한마디를 해 줄 것을 부탁했다. 그의 청에 노승은 이렇게 답한다. "당신이 행복에 대한 배움을 얻기 위해 여행을 나선 것은 매우 좋은 생각이오. 여행을 마치거든 나를 만나러 다시 이곳으로 오시오."

꾸뻬는 행복에 대한 목록을 하나씩 채워 나갔다. 모험에 찬 여행은 그를 행복에 대해 깊이 사색하게 만들었고, 그가 발견한 배움 하나하나는 실제와 일치하는 것이었다. 이것은 그가 나름대로 행복의 비밀들을 발견했으며, 자신이 적어 놓은 그 배움의 목록들을 누군가에게 보여 줄 시간이 되었음을 의미했다. 꾸뻬는 자신이 작성한 목록이 이론적으로 설득력을 갖는지의 여부에 궁금증을 품고 행복에 대해 연구하는 세계적인 권위자를 만나러 미국으로 떠났다.

꾸뻬가 찾아간 교수는 행복을 측정하는 연구의 전문가였다. 그는 꾸뻬에게 행복을 측정하는 세 가지 방법에 대해 들려주었다. 사람들에게 하루에 몇 번이나 즐거운 감정을 느끼는지를 묻는 것이 첫 번째 방법이고, 자신의 삶이 만족스러운가를 묻는 것이 두 번째 방법이며, 몰래카메라나 다른 방법을 통해 얼굴 표정을 관찰하는 것이 그 세 번째 방법이었다. 세 가지 방법 모두 행복을 객관적인 척도로 잴 수 있다는 것을 전제로 하고 있었다.

그러나 꾸뻬는 교수가 제시한 요소들에는 중요한 한 가지, 바로 '사물을 바라보는 방식'이 빠져 있다는 결론을 내린다. 그것이 바로 꾸뻬의 환자들이 부족할 게 없는 삶을 누리고 있음에도 불구하고 불행을 호소했던 이유였다. 또한 꾸뻬는, 행복을 연구하는 저명한 학자 역시도 벅차오르는 기쁨과 불타는 질투에 사로잡히는 한 인간임을 관찰하게 된다. 그는 자신의 수첩에 이렇게 적는다. '행복은 사물들을 보는 방식에 있다.'

꾸뻬는 여행을 통해 사람들이 대개 자신의 삶에 만족하지 못하는 것은 남과 자신을 비교하기 때문이라는 것을 알게 되었다. 그가 작성한 목록들은 아주 소박하고 단순한 지혜에 대해 말하고 있었다. 행복이란 삶의 우연성을 즐기고 사랑하는 사람들과 시간을 함께 보내는 것이며, 자신이 하고 싶은 일을 하고 다른 사람의 행복에 관심을 갖는 것이라는 깨달음이 그것이다. 꾸뻬는 처음에 약속했던 대로 긴 여행을 거쳐 다시 중국의 노승을 찾아갔다.

"당신은 정말로 마음공부를 훌륭히 해냈어요. 이 모든 배움들은 훌륭해요. 덧붙일 게 아무것도 없군요."

꾸뻬가 작성한 목록을 읽고 노승은 이렇게 말했다. 노승은 꾸뻬에게 특별한 말을 들려주는 대신 진정한 지혜는 풍경 속에서 한순간에 발견할 수도 있고, 아니면 언제까지나 깊이 감추어져 있을 수도 있다며 그와 함께 숲길을 걷기를 원했다.

노승은 침묵 속에서 꾸뻬에게 태곳적부터 있어 온 한 가지 영원한 진리를 전달하고 있었다. 그것은 행복에 대한 욕망이나 추구마저 잊어버리고 지금 이 순간과 하나가 되어 존재할 때 저절로 얻어지는 근원적인 행복감이었다. 이 근원적인 행복은 자주 찾아오진 않지만, 무엇으로도 대신할 수 없으며, 세상에서 얻는 다른 모든 행복의 기본을 이루는 것이었다. 꾸뻬는 순간순간 터져 나오는 노승의 웃음이 바로 그 근원적인 행복에서 비롯되고 있음을 느꼈다.

여행을 마치고 돌아온 꾸뻬는 정신과 의사 일을 다시 시작했다. 그는 깊은 슬픔이나 큰 두려움을 갖고 있는 사람들, 정말로 불행한 사람들 또는 불행하지 않으면서도 불행해하는 사람들을 계속해서 만났다. 그의 치료 방법에는 달라진 것이 하나 있었다. 그가 이 특별한 여행에서 발견한 배움들을 함께 나누는 것이 바로 그것이다. 여행을 다녀온 뒤에 그는 자신의 일을 더 좋아하게 되었다.

법문집 〈일기일회─期─會〉에 실린 '행복은 살아 있음을 느끼는 것'이라는 제목의 여름안거 해제 법문에서 법정 스님은 〈꾸뻬 씨의 행복 여행〉을 길게 소개했다.

"엊그제 행복에 대한 책을 한 권 읽었다. 지난여름 읽은 여러 책 가운데 가장 인상적이었기에, 이 자리에서 같이 음미하려고 한다. 실제로는 불행하지 않은데도 불행하다 여기는 환자들을 날마다 대해야 하는 한 프랑스 정신과 의사가 쓴 책이다. 무엇이 사람들을 행복하게 하고 불행하게 만드는가를 알기 위해 세계 여행을 떠난 그의 이야기는 마치 〈화엄경〉의 선재동자가 선지식들을 찾아 구도의 길에 나섰던 것과 같다.

이 정신과 의사는 새로운 교훈을 얻을 때마다 잊어버리지 않도록 수첩에 메모를 한다. 이렇게 다니며 많은 사람을 만난 덕에 그의 수첩에는 행복의 비결이 하나씩 기록되어 간다. 그 가운데 몇 가지 행복의 비결을 소개해 드리겠다.

행복의 첫째 비결은 다른 사람과 자신을 비교하지 않는 것이다. 행복을 거창하게 생각하지 말라. 각자 자기 몫의 삶이 있는데 남과 비교하니까 기가 죽고, 불행해지고, 시기심과 질투심이 생긴다. 어떤 개인이라도 그는 이 세상에 하나밖에 없는 독립된 존재이다. 누구와도 비교할 수 없는 절대적인 존재이다.

둘째, 행복은 자신이 좋아하는 일을 하는 것이다. 자신이 좋아하는 일을 할 때 사람은 행복해진다. 누가 무슨 소리를 하든, 남에게 해를 끼치지 않는 한 자신이 좋아서 하는 일은 좋은 일이다. 개체를 뛰어넘어 전체와 연결될 수 있으면 좋은 일이다.

셋째, 행복은 집과 채소밭을 갖는 것이다. 채소밭을 갖고 흙을 가까이하며 살아 있는 생명을 가꾼다는 것은 좋은 일이다. 자신의 땅은 아니지만 공터에 채소를 가꾸는 사람이 더러 있다. 무척 좋은 일이다. 자기가 뿌린 씨앗에서 싹이 트고, 떡잎이 나와 펼쳐지는 과정을 보고 있으면 마음이 뿌듯해진다. 주부들도 아파트 베란다에 상추나 쑥갓 등의 채소를 얼마든지 길러 먹을 수 있다. 그러면 늘 보살펴야 하니까 부지런해지고, 자연에 대한 고마움과 돈으로 따질 수 없는 살아 있는 것들에 대한 신비를 느낄 수 있다. 이는 닳아져 가는 우리 마음을 소생시키는 계기가 된다.

넷째, 행복은 내가 다른 사람에게 쓸모 있는 존재가 되는 것이다. 한 개인의 삶은 다른 사람에게 유용해야 하며, 서로가 서로에게 의미 있는 존재가 되어야 한다. 우리에 갇힌 짐승처럼 사는 그런 삶을 살아서는 안 된다. 사람이기 때문에 관계 속에서 한몫을 하는 것이다.

다섯째, 행복은 사물을 바라보는 방식에 달려 있다. 같은 장미꽃을 바라볼 때 어떤 이는 '왜 이렇게 아름다운 장미에 가시가 돋아 있나.' 하고 불만스럽게 생각할 수 있고, 다른 한쪽에서는 '아무짝에도 쓸모 없는 가시에 이렇게 아름다운 꽃이 달려 있네.' 하며 고맙게 여길 수도 있다.

여섯째, 행복은 다른 사람의 행복에 관심을 갖는 것이다. 나 자신만의 행복은 근원적으로 있을 수 없다. 왜냐하면 사람은 관계 속에서 살고 있기 때문이다. 서로 나눌 때 행복은 몇 배로 깊어지고 넓어진다.

그가 수첩에 적어 놓은 행복의 비결은 이 밖에도 더 있지만, 장황한 것 같아서 하나만 더 소개하겠다. 이 사람이 한번은 아프리카에서 친구의 초대를 받았다가 노상에서 강도를 만나 차를 빼앗긴다. 강도들은 의사 일행을 지하실에 가두고 어떻게 처리할까 옥신각신한다. 그런데 강도들의 우두머리가 의사의 몸을 수색하다가 주머니에서 의사가 적은 쪽지를 보고 그를 풀어 준다. 거기엔 이렇게 쓰여 있었다.

'행복은 살아 있음을 느끼는 것이다.'

우리가 살아 있다는 것, 그것은 하나의 기적이다. 우리는 늘 많은 시간 속에 있으면서도 그 사실을 느끼지 못한다. 살아 있다는 것, 그 자체가 놀라운 가능성이다.

그가 마지막으로 만난 노승은 그에게 말한다. '진정한 행복은 먼 훗날에 이룰 목표가 아니라, 지금 이 순간 존재하는 것'이라고. 사람들은 행복을 찾아 항상 지나온 과거나 미래 쪽으로 달려간다. 지금 이 순간의 현장을 회피하지 말아야 한다. 이 순간을 회피하면 자기 존재가 사라진다. 늘 불확실한 미래 쪽으로 눈을 팔기 때문에, 현재의 자신을 불행하게 만든다. 행복은 미래의 목표가 아니라 현재의 선택이다. 지금 이 순간 행복하기로 선택한다면 우리는 얼마든지 행복해질 수 있다."

정신과 전문의인 프랑수아 를로르가 지은 〈꾸뻬 씨의 행복 여행〉은 2002년 프랑스의 오딜 자코브 출판사에서 〈엑또르의 여행 혹은 행복의 추구 Le Voyage d'Hector ou la Recherche du bonheur〉라는 제목으로 나왔으며, 한국에는 2004년 7월 오래된미래에서 오유란의 번역으로 출판되었다. 프랑수아 를로르는 한국어판 저자 서문에서 "여행을 하는 동안 꾸뻬는 아시아에 머물기는 했었지만, 한국에는 가지 못했었다. 그가 아직 당신들의 아름다운 나라에 한 번도 가 본 적이 없는 내 발자취를 따랐기 때문이다. 하지만 이제 꾸뻬는 그의 모험들을 담은 책 출판을 통해 나보다 먼저 한국을 방문하게 되었다. 언젠가는 나도 꾸뻬를 따라 한국의 아름다운 풍광들을 만나러 갈 수 있으리라."라고 말한 바 있다. 실제로 를로르는 지난 12월에 한국을 방문하고 강연회를 통해 독자와의 만남을 갖게 되었다. 언젠가 꾸뻬를 따라 한국을 가게 되리라고 말했던 그의 예감이 실현된 셈이다.

위대한 혼과 고결한 인격을 지닌 한 사람의 끈질긴 노력과 열정이 없었던들 이러한 결과는 없었을 것이다.
신의 업적에 버금가는 창조를 이룩한 이름 없는 이 늙은 농부에게 나는 끊임없는 경의를 표한다.

자신과 나무와 신을 만나게 해 준 고독

장 지오노 〈나무를 심은 사람〉

한 인간이 참으로 보기 드문 인격을 갖고 있는가를 발견해 내기 위해서는 여러 해 동안 그의 행동을 관찰할 수 있는 행운을 가져야만 한다. 그의 행동이 온갖 이기주의에서 벗어나 있고 그 행동을 이끌어 나가는 생각이 더없이 고결하며 어떤 보상도 바라지 않고 그런데도 이 세상에 뚜렷한 흔적을 남긴 것이 분명하다면, 우리는 틀림없이 잊을 수 없는 한 인격과 마주하는 셈이 된다.

이야기는 몇십 년 전으로 거슬러 올라간다. '나'는 젊은 나이임에도 혼자 살아가고 있었으므로 다른 고독한 영혼에 다가갈 줄 아는 섬세한 마음을 지니고 있다. 어느 해, '나'는 튼튼한 발에 의지한 채 평범한 여행자들은 무심히 지나칠 프로방스 지방의 산길로 먼 도보 여행을 떠난다. 해발 1,300미터 높이의 황무지를 사흘 동안 걸은 뒤 폐허가 된 마을에 이르렀다. 햇빛이 눈부시게 쏟아지는 6월의 아름다운 날이지만, 나무라고는 한 그루도 없는 땅 위로 견디기 어려울 만큼 세찬 바람이 불어온다. 그곳에서부터 다시 다섯 시간을 걸었지만 물을 찾을 수 없다. 또 그럴 희망마저 보이지 않는다.

그런데 저 멀리에서 작고 검은 그림자가 어른거리는 것 같았다. 나는 그 모습에서 홀로 서 있는 나무둥치가 아닌가 착각했다. 그것을 향해 걸어가 보니 한 양치기가 있었다. 그의 곁에는 양 30여 마리가 뜨거운 땅 위에 누워 쉬고 있었다. 그가 물병을 나에게 건넸다. 그 사람은 거의 말이 없었는데, 그것은 고독하게 살아가는 이들의 특징이었다. 하지만 자신에 차 있고 확신과 자부심을 갖고 있는 사람으로 느껴졌다. 이런 황무지에 그런 사람이 살고 있다니 뜻밖이었다.

양치기의 이름은 엘제아르 부피에. 그는 오두막이 아니라 돌로 만든 제대로 된 집에서 살고 있었다. 집의 모습으로 보아 그가 그곳에 와서 망가진 집을 혼자 힘으로 되살려 놓았음을 알 수 있었다. 그는 나이가 쉰다섯이며, 예전에는 산기슭에 농장을 갖고 가족과 함께 살았었으나 지금은 홀로라고 했다.

'나'는 그 집에서 그날 밤을 묵는다. 이 사람과 함께 있으니 마음이 평화롭다. 다음 날에도 '나'는 그의 집에서 하루 더 머물 수 있게 해 달라고 부탁한다. 반드시 하루 더 쉬어 가야만 하는 것은 아니었으나, 호기심을 느낀 '나'는 그 사람에 대해 더 알고 싶어졌다. 밤에 잠들기 전쯤 양치기는 조그만 자루를 가지고 와서 도토리 한 무더기를 탁자 위에 쏟아 놓는다. 그는 도토리 하나하나를 매우 주의 깊게 살펴보더니 좋은 것과 나쁜 것을 가려 놓는다. 이튿날 두 사람은 양떼를 몰고 풀밭으로 간다. 떠나기 전에 양치기는 정성껏 골라 세어 놓은 도토리 자루를 물통에 담근다. 그는 지팡이 대신 길이가 1.5미터 정도 되는 쇠막대기를 들고 앞서 걸어간다. 양떼를 개에게 돌보도록 맡기고 두 사람은 산등성이를 향해 200미터쯤 더 오른다.

가려고 한 곳에 이르자 그는 땅에 쇠막대기를 박기 시작했다. 그렇게 해서 구멍을 파고는 그 안에 도토리를 심고 다시 덮었다. 그는 떡갈나무를 심고 있었다. 나는 그곳이 그의 땅이냐고 물었다. 그는 아니라고 했다. 그러면 누구의 땅인지 알고 있는 것일까? 그는 모르고 있었다. 그 땅이 누구의 것인지 관심조차 없었다. 그는 아주 정성스럽게 도토리 100개를 심었다.

그는 3년 전부터 이 황무지에 홀로 나무를 심어 왔다고 한다. 그렇게 그는 도토리 10만 개를 심었다. 그리고 10만 개의 씨에서 2만 그루의 싹이 나왔다. 그는 들쥐나 산토끼들이 나무를 갉아 먹거나 신의 뜻에 따라 알 수 없는 일들이 일어날 경우, 이 2만 그루 가운데 또 절반가량이 죽어 버릴지도 모른다고 예상하고 있었다. 그렇더라도 예전에는 아무것도 없었던 이 땅에 떡갈나무 1만 그루가 살아남아 자라게 되는 것이다.

엘제아르 부피에는 성서에 나오는 예언자나 동양의 현자를 많이 닮았다. 특히 고독 속에서 자신을 바쳐 일하는 모습이 성자를 떠올리게 만들었다. 부피에의 고독은 말하는 습관조차 잊어버릴 정도의 철저한 고독이었다. 아니, 어쩌면 말할 필요를 느끼지 못했는지도 모른다. 그는 하나밖에 없는 아들을 잃었고, 곧이어 부인마저 잃었다. 그럼에도 불구하고 그는 양과 개를 동반자로 삼아 그 고독을 헐벗은 산에 나무 심는 일로 이겨 냈다. 더욱 놀라운 것은 그가 그토록 오랜 세월 노력과 정성을 다해 황무지를 떡갈나무와 너도밤나무 숲으로 바꿔 놓았지만, 그것에 대해 어떠한 권리 주장이나 대가 요구도 하지 않았다는 점이다. 평화롭고 규칙적인 일, 고산지대의 살아 있는 공기, 소박한 음식 그리고 마음의 평화는 이 노인에게 놀라우리만큼 훌륭한 건강을 가져다주었다. 단지 나무가 없기 때문에 이곳의 땅이 죽어 가고 있다고 생각한 그는 달리 해야 할 중요한 일도 없었으므로, 이런 상태를 바꾸어 보기로 결심했다.

나는 한 가지 실수를 저질렀다. 정확히 말해서 내 젊은 나이는 나 자신과 관련지어서만, 그리고 어떤 행복의 추구만을 염두에 두고 미래를 상상하도록 만들었다. 그래서 30년 후면 1만 그루의 떡갈나무가 아주 멋지겠다는 말을 하고 말았던 것이다. 그는 아주 간단하게 대답했다. 만일 30년 후에도 하느님이 그에게 생명을 주신다면, 그동안에도 나무를 아주 많이 심을 것이기 때문에 이 1만 그루는 바닷속의 물방울 같을 것이라고.

이듬해부터 '나'는 5년 동안 전쟁터에서 싸우게 되고, 나무에 대해서는 전혀 생각할 수가 없었다. 그 일에 대해서는 우표 수집 같은 것쯤으로 잊어버렸다. 전쟁이 끝났을 때 '나'에게 남은 것이라고는 맑은 공기를 마시고 싶다는 강한 욕구밖에 없었다. 그렇게 해서 다시 황무지로 가는 길을 찾아 나선다.

그곳은 변함이 없었다. 그러나 황폐한 마을 너머 멀리 회색빛 안개 같은 것이 융단처럼 산등성이를 덮고 있는 광경이 보인다. 엘제아르 부피에, 그도 죽지 않고 살아 있었다. 아니, 더 원기 왕성해 보였다. 그는 생업도 바꾸었다. 양들이 어린 묘목을 해쳤기 때문에 네 마리만 남기고 대신 벌을 치고 있었다. 전쟁 중에도 그는 흔들리지 않고 계속 나무를 심었던 것이다.

새로 생겨난 숲 덕분에 언제나 말라 있던 개울에도 다시 물이 흐르기 시작했다. 바람도 씨앗들을 퍼뜨려 주었다. 물이 다시 나타나자 버드나무와 갈대가, 풀밭과 기름진 땅이, 꽃들이 그리고 삶의 이유 같은 것들이 되돌아왔다. 그러나 그 모든 변화가 아주 천천히 일어났기에 사람들은 그것을 그저 땅이 부리는 자연스런 변덕이라고만 여길 뿐, 그 뒤에 한 우직한 양치기의 오랜 노력이 있음을 알지 못했다. 그래서 아무도 이 양치기가 하는 일에 간섭하지 않았다. 사람들이 그가 한 일이라고 의심했다면 그의 일에 훼방을 놓았을 것이다.

숲을 보고 깜짝 놀란 산림 감시원이 엘제아르 부피에를 찾아와서는, '천연' 숲이 자라는 것을 위태롭게 할지도 모르니 집 밖에서 불을 피워서는 안 된다고 경고할 정도였다. 그 관리는 순진하게도 숲이 혼자 저절로 자라는 것은 처음 본다고 말했다.

황폐했던 마을에는 희망이 다시 돌아왔다. 귀향한 사람들이 공동 작업을 통해 마을을 일구고, 채소밭에는 온갖 꽃과 채소들이 싹을 틔웠다. 나지막한 산기슭에는 보리와 호밀이 자랐다. 8년 뒤에는 이 고장 전체가 건강과 번영으로 빛나기 시작했다. 한 사람이 오직 정신적, 육체적인 힘만으로 황무지에서 놀라운 기적을 이루어 낸 것이다.

장 지오노는 이 작품의 무대인 남프랑스 프로방스 지방에서 구두 수선공의 아들로 태어났다. 몇 곳을 여행할 때를 제외하고는 평생 고향을 떠나지 않았다. 그는 가난 때문에 학교를 제대로 다니지 못하고 은행원이 되었다가 제1차 세계대전이 발발하자 군대에 징집되었다. 이때 가스에 노출되어 눈에 상처를 입는데, 전쟁의 공포와 끔찍한 학살을 경험한 충격은 그의 인생에 지울 수 없는 상처로 각인되어 그를 평화주의자로 만들었다. 이후 여생을 고향인 마노스크에서 글쓰기에 전념했는데, 전쟁 반대, 무절제한 도시 문명에 대한 비판, 참된 행복의 추구, 자연과의 조화 등이 주제가 되었다.

그의 작품은 특히 젊은이들에게 깊은 감명을 주었다. 지오노는 자신의 작품이 설교가 되길 원치 않았고 각자가 자기 스스로 깨치길 바란다고 말했다. 그럼에도 불구하고 그의 작품에 감명을 받은 젊은이들이 그를 찾아오기 시작했고, 이때부터 제2차 세계대전이 일어나기 전까지 여러 차례에 걸쳐 지오노의 집 근처 콩타두르 고원에서 모임이 열렸다. 단순한 삶, 토론, 독서 등 자유로운 분위기의 이 모임은 파시즘과 물질문명에 비판적이고 자연 복귀에 동조하는 학생들과 지식인들이 참여했다.

앙드레 말로는 20세기 프랑스 작가 세 사람을 꼽으라고 한다면 그 중 한 사람으로 장 지오노를 꼽겠다고 했으며, 헨리 밀러는 "장 지오노는 프랑스와도 바꿀 수 없는 작가."라며 그의 문학성과 평화주의, 인류애를 칭송했다. 〈나무를 심은 사람〉은 지오노의 말년 작품이다. 지오노는 자신이 살던 프로방스의 고산지대를 여행하다가 이 소설의 주인공인 특별한 사람을 만난다. 혼자 살면서 해마다 꾸준히 나무를 심고 가꾸는 한 양치기였다. 그는 홀로 황폐한 땅에 생명을 불어넣고 있었다. 이 소설은 어느 소박하고 겸손한 사람이 지구의 표면을 바꾸어 놓은 실제 이야기를 문학작품으로 만든 것이다.

문학적 향기와 더불어 강력한 메시지를 담은 이 짤막한 이야기 〈나무를 심은 사람〉은 미국 삼림협회의 지구재녹화운동 교육자료로 오랜 세월 보급되어 왔으며, 캐나다 국영방송에 의해 애니메이션으로도 만들어져 1987년 오스카를 비롯한 여러 영화제에서 수상했다. 지오노는 첫 원고를 쓴 후 약 20년에 걸쳐 이 글을 다듬고 또 다듬어 작품을 완성한 것으로 알려져 있다. 늙은 농부 엘제아르 부피에는 1947년 여든아홉의 나이로 바농 요양원에서 평화롭게 생을 마쳤다.

법정 스님은 오랜 세월 사석에서 혹은 글에서 〈나무를 심은 사람〉을 여러 차례 언급했다. 또한 산문집 〈아름다운 마무리〉에 실린 '개울가에 얼음이 얼기 시작한다'에서 고대 인도의 아쇼카 왕의 일화를 인용하기도 했다.

"아쇼카는 모든 국민들이 최소한 다섯 그루의 나무를 심고 돌보아야 한다고 선포했다. 그는 국민들에게 치유력이 있는 약나무와 열매를 맺는 유실수와 연료로 쓸 나무, 집을 짓는 데 쓸 나무, 꽃을 피우는 나무를 심을 것을 권장했다. 아쇼카 왕은 그것을 '다섯 그루의 작은 숲'이라고 불렀다고 한다. 이 글을 읽는 당신은 지금까지 몇 그루의 나무를 심고 돌보았는가. 우리나라 기후로는 입동 무렵이 나무를 옮겨 심기에 가장 적합한 때다. 그리고 나무들이 겨울잠에 들기 시작하는 이때가 거름을 주기에도 알맞은 때다. 나무를 심고 보살피면 가슴이 따뜻해진다."

🍃 〈나무를 심은 사람 L'Homme qui plantait des arbres〉은 1953년 미국 잡지 〈리더스 다이제스트〉에 '내가 만난 가장 경이로운 인물'이라는 기획 원고 가운데 하나로 처음 발표되었다가, 1954년 〈보그〉에서 〈희망을 심고 행복을 가꾼 사람 The Man Who Planted Hope and Reaped Happiness〉이란 제목으로 출간되었다. 출판 당시 지오노는 공동의 선을 위해 돈을 한 푼도 받지 않았다고 한다. 불과 4,000여 단어로 이루어진 길지 않은 글이지만 이 책은 출간 직후 13개국으로 번역되어 아름다운 희망을 실천한 한 인물의 감동적인 메시지를 전했으며, 우리나라에서도 1992년 3월 이효숙과 손영호가 번역하여 〈나무를 심은 남자〉라는 제목으로 을지출판사에서 처음 소개하였다. 여기에서는 두레에서 김경온의 번역으로 마이클 매커디의 인상적인 삽화와 함께 2005년 6월에 다시 펴낸 〈나무를 심은 사람〉을 인용문으로 사용했다. 장 지오노의 다른 작품 〈진정한 부〉는 도시 문명에 둘러싸여 기계화되고 돈의 노예가 된 현대인들에게 참된 풍요로움이란 무엇인가를 일깨워 주는 작품이며, 〈폴란드의 풍차〉〈권태로운 왕〉〈영원한 기쁨〉 등의 작품도 널리 사랑받고 있다.

여행을 하는 동안 나는 내 몸이 우주의 일부분이며, 땅 위를 걸으며 대지와 하나가 됨을 느꼈다. 방랑이야말로 내 삶의 본질이며, 나의 영혼을 자유롭게 해 주는 것이라는 사실도 느낄 수 있었다.

한 걸음씩 천천히 소박하게 꿀을 모으듯
사티쉬 쿠마르 〈끝없는 여정〉

그동안의 삶이 마치 한 가닥의 실처럼 여겨졌고, 그 실이 전 우주에 걸쳐 각기 다른 실들과 맺어지는 것을 보았다. 나는 충돌 없는 투쟁과 고통 없는 고뇌를 보았다. 그리고 너무도 위대하여 감춰 두어야 할 사랑도 보았다. 어머니와 아버지 그리고 이제껏 만났던 모든 사람들 속에서 나 자신을 볼 수 있었다. 나는 다시 태어난 것이다. 나 자신이 마치 어린 아이와 같이 아무 욕심 없이 살고, 자라고, 꾸밈없는 인간이 된 듯했다. 인생은 영혼을, 삶의 본질을 찾아가는 끝없는 여행임을 나는 느꼈다.

영국 남부 데본 주에 위치한 조그만 시골마을 하트랜드는 이제 세계적으로 널리 알려진 녹색운동의 메카이다. 30년이 넘는 역사를 가진 격월간 잡지 〈소생Resurgence〉이 이 마을에서 편집 및 발행되고 있다. 또한 이른바 대안학교의 모범이 된 '하트랜드 작은 학교'가 그 곳에 있다. 뿐만 아니라 이런 활동들의 철학적이고 실천적인 논리를 알리려는 목적으로 운영되는 출판사 그린북스도 그곳에 있다. 하트랜드에서 조금 떨어진 달링턴이라는 곳에는 세계적인 생태교육 기관 슈마허 대학이 자리 잡고 있다.

놀라운 것은 이 모든 일들이 한 사람의 힘으로 이루어졌다는 사실이다. 그는 대학은커녕 정규교육을 받은 일도 없고, 특출한 능력이 있는 것도 아니다. 그런 사람이 30년 넘게 세계의 녹색운동을 정신적으로 뒷받침하는 잡지를 이끌어 왔으며, 산업주의 문명의 절망을 넘어 새로운 인류 문화를 꿈꾸는 전 세계의 수많은 사람들에게 희망을 주고 상상력을 자극하는 일들을 하며 살아가고 있다.

사람들은 그를 '살아 있는 간디', '녹색운동의 큰 스승', '걸어다니는 녹색 혁명가'라고 부르지만 그 자신은 스스로를 '지구의 순례자'라 이른다. 그의 삶 자체가 끝없는 만남과 탐구로 가득한 순례이며, 이 여정에서 수많은 스승과 지혜들을 만나 자양분을 흡수하고 그 자신 역시 다른 이들의 삶에 영감을 불러일으켰다. 그의 이름은 사티쉬 쿠마르이다.

그는 인도의 스리둥가가르라는 마을에서 태어났다. 쿠마르가 태어났을 때 마을의 한 점성가는 장차 그가 부귀영화와는 인연이 멀고 끝없이 방랑하는 인생을 살아가리라고 예언한다. 그 예언은 적중했다. 마을을 방문한 자이나교의 방랑승들에 깊은 인상을 받은 사티쉬 쿠마르는 아홉 살 때 가족들의 반대에도 불구하고 자이나교의 승려로 입문했다. 그렇게 해서 그의 끝없는 순례가 시작되었다. 구루(영적 스승)는 그를 받아들이면서 말했다.

그대는 이제 승려가 되었으니 걸을 때는 반드시 앞을 자세히 살펴 살아 있는 그 어떤 생명도 밟지 않도록 하라. 앉거나 누울 때는 반드시 부드럽게 바닥을 쓸어 하나의 생명이라도 다치지 않게 주의하라. 가능한 한 말을 적게 하고, 정해진 주거지를 소유해서도 안 되며, 방석과 이불을 사용해서도 안 된다. 낮잠을 자서는 안 되며, 여행을 할 때는 오로지 자신의 두 발로 걸어다녀야 한다. 신발이나 샌들을 신어서도 안 되며, 자신의 짐은 스스로 짊어지고 다녀야 한다.

어린 사티쉬 쿠마르는 세속적인 관심을 멀리한 채 9년 동안 자이나교 승려들과 함께 탁발을 하며 인도를 걸어서 순례했다. 하루는 음식을 얻기 위해 탁발 그릇을 들고 마을로 가자 한 젊은이가 말했다.

"당신들은 건강하다. 그런데 왜 당신 같은 젊은 승려가 스스로 일을 해서 먹고살 생각은 하지 않는가?"

그리고 한 평신도는 그에게 말한다.

"당신들은 곡식을 키우고 음식을 요리하는 것도 폭력이라고 말하기 때문에 음식을 탁발해 먹는다. 만일 우리 같은 일반 신도들이 농사를 짓지 않고 요리를 하지 않는다면, 당신들은 어떻게 살아갈 것인가? 승려들이 폭력을 휘두르고 돈을 받아들이지 않는 대신, 그 일을 해 줄 우리 같은 사람들이 필요한 것이다."

시간이 지남에 따라 쿠마르는 세상과의 단절이 그의 영성을 깊게 해 주기보다는 오히려 질식시킨다는 사실을 깨닫게 되었다. 어느 날 평신도로부터 전해 받은 간디의 책을 읽고 그는 큰 영감을 얻는다.

간디는 현세의 문제를 해결하는 데 도움을 줄 수 없는 종교는 참종교가 아니라고 했다. 종교가 인간을 인생과 현실에서 등 돌리게 한다면 그것은 현실도피일 뿐이며, 진실은 끊임없이 반복되는 일상생활 속에 깃들어 있으므로 개개인은 자신의 삶 속에서 진실을 추구해야 한다는 것이었다. 간디의 주장은, 승려들은 속세를 등지고 신만을 추구해야 한다는 구루의 가르침과는 상반되는 것이었다. 구루는 간디처럼 속세와 정치에 관여하는 자는 어둠 속에 사는 자들이라고 말했지만, 간디의 책을 읽고 나니 승려의 삶에 대한 회의가 싹트기 시작했다.

자이나교의 승려라는 신분을 과감히 던져 버린 쿠마르는 어머니가 계시는 고향으로 돌아왔다. 충격을 받고 날마다 슬픔의 눈물을 흘리는 어머니, 미래에 대한 불안, 자이나교 사회의 배척 속에서 며칠을 지낸 그에게 어느 날 근처 학교 교사가 비노바 바베의 공동체인 아쉬람을 소개한다. 당시 가난한 사람들 편에 서서 인도 대륙을 걸어서 횡단하며 토지헌납운동을 주도하던 비노바 바베는 간디와 더불어 인도의 정신적 지주였다. 쿠마르는 곧바로 멀리 비하르 지방에 있는 아쉬람을 향해 떠난다. 열여덟 살, 새로운 순례가 시작되었다.

아쉬람에 도착한 그는 이튿날부터 육체적인 노동을 시작했다. 빵을 굽고, 밥을 짓고, 카레 만드는 법을 익히고, 물레 돌리는 법도 배웠다. 물레 돌아가는 소리가 무척 아름다워서 명상에 몰두하는 데 많은 도움이 된다는 것도 알았다. 곡괭이와 삽을 들어 본 것도 그때가 처음이었다. 그곳에서 만난 한 실천가가 쿠마르에게 말했다.

"당신이 승려였을 때는 머리로 명상만 해서, 손을 움직여 생산적인 일을 하는 건 상상도 못 했을 것이다. 하지만 이제는 정신과 육체, 머리와 손을 모두 이용해서 우리를 품고 있는 대지를 섬겨야 한다. 대지를 섬기며 그 안에서 일하는 것이 바로 깨달음을 얻는 길이다. 이제부터 당신은 요리하기와 땅 갈기 그리고 물레 돌리기라는 세 가지 새로운 만트라로 살아가야 한다."

아쉬람에서 처음 시작할 때 비노바 바베는 그곳에서의 삶을 통해 정신과 육체, 머리와 팔다리, 사고와 행동, 그리고 과학과 영성 사이의 합일을 찾아야 한다고 말했다. 아쉬람 생활은 크게 둘로 나뉘었다. 오전은 육체노동을 위한 시간으로 땅을 갈고, 씨를 뿌리고, 물레를 돌려 옷감 짜는 일을 하고, 오후에는 시, 그림, 음악, 지역 봉사활동 등 각자 원하는 일을 했다. 또한 그곳은 토지의 공평한 분배를 추구하는 수많은 사람들의 구심점과 같은 곳이었으며, 아쉬람 동료들은 대부분

토지헌납운동에 시간과 노력을 쏟고 있었다. 비노바 바베는 새로운 일원이 된 쿠마르를 환영하며 말했다.

승려의 삶을 버림으로써 그대는 참된 구도의 길을 찾게 된 것이다. 현실을 저버린 채 구도의 길을 걸어서는 결코 구원에 이를 수 없다. 그리고 기억해 두라. 승려의 직분에 매이지 않고 자유로워진 것처럼 이 세상 그 무엇에도 얽매이지 마라. 삶이 이끄는 대로 그냥 흘러가라. 우리는 끊임없이 흐름으로써 깨끗함을 유지하는 강물로부터 교훈을 얻어야 한다. 만약 강물이 흐르지 못하고 고여 있다면, 그 물은 썩어서 악취를 풍기고 모기 따위의 해충이 생겨날 것이다. 우리는 흐르는 강물처럼 살아야 한다.

곧이어 쿠마르는 새로운 도전의 기회를 얻는다. 인도의 최하층민인 불가촉천민들이 사는 마을에 가서 일하게 된 것이다. 그곳에 첫발을 내디딘 그는 천민들의 생활상에 할 말을 잃었다. 사람들은 모두 빨갛게 충혈된 눈에 영양실조로 온몸이 나뭇가지처럼 앙상했다. 사회에서 버림받은 그들은 자연에게도 버림받아 이글거리는 태양과 가뭄에 시달리고 있었고, 그로 인해 천연두와 말라리아, 이질에서 헤어나지 못하고 있었다. 간디가 '신의 자식(하리잔)'이라고 부른 그들은 대대로 끊임없는 혹사와 착취를 당해 왔다. 그들이 생산해 내는 것은 모두, 심지어 자식까지도 도시로 팔려 나갔다. 희망이란 없었고 하소연할 곳도 없었다. 그들은 잊힌 사람들이었다. 그리고 땅을 나눠 주었던 지주들이 나중에 다시 빼앗아 간다는 사실도 알게 되었다.

그곳에서 쿠마르는 하리잔들을 독려해 악덕 지주에 대항하는 한편, 하리잔들이 소유한 불모의 땅을 일구기 시작했다. 그는 먼저 동료들과 함께 우물을 팠다. 마을 사람들도 일주일에 하루는 노동력을 제공했고, 비노바의 추종자들이 벽돌과 시멘트를 보내 주었다. 바로 그것이 아쉬람의 방식이었는데, 모든 일은 땅의 분배, 노동력의 분배, 재산의 분배, 도구의 분배 그리고 지식의 분배 같은 '분배'를 통해 이루어졌다.

1962년, 남인도 방갈로르에서 공동체 생활을 하던 사티쉬 쿠마르는 뜻한 바 있어 동료인 프라브하카와 함께 인도 델리에서 미국의 수도 워싱턴 D.C.까지 걸어서 '평화를 위한 순례'를 하기로 결심한다. 순례를 떠나는 두 사람에게 비노바 바베는 말했다.

"이번 순례 여행은 오랜 시일이 걸릴 것이다. 그러자면 스스로를 지킬 무엇인가가 필요할 테니 내가 두 가지 무기를 선물하겠다."

"비폭력을 추구하는 우리가 어떻게 무기를 지닐 수 있겠습니까?" 하고 쿠마르가 묻자 비노바는 말했다.

비폭력을 따르는 자도 거기에 합당한 무기를 지닐 수 있다. 첫 번째 무기는 어디를 가든 채식주의를 지키라는 것이다. 그리고 두 번째는 단 한 푼도 돈을 몸에 지니지 말라는 것이다. 항아리는 비어 있어야 속을 채울 수 있는 법. 참된 인간관계에 돈은 장애가 될 뿐이다. 돈이 없다면 어쩔 수 없이 사람들에게 다가가 도움을 청해야 할 것이다. 도움을 받게 되었을 때 그대들이 "저희는 채소만 먹습니다."라고 말하면 사람들은 그 이유를 물을 것이고, 그러면 비폭력과 평화에 대한 그대들의 생각을 말하면서 그들과 친분을 맺을 수 있을 것이다.

그러고 나서 비노바는 이렇게 덧붙인다.

"용기를 가지라. 신에 대한 믿음과 인간에 대한 신뢰를 가지라. 세상은 두 팔 벌려 그대들을 기다리고 있으니 그 속에서 많은 깨침을 얻으라."

핵 보유 강대국인 소련, 프랑스, 영국, 미국의 수도를 순례하는 반핵 평화 행진 여정은 비노바 바베의 가르침에 따라 무일푼으로 시작되었다. 두 사람은 먼저 32일 동안 뜨거운 태양 아래 6백 킬로미터를 걸어 파키스탄에 도착했고, 다시 26일에 걸쳐 파키스탄을 통과했다. 사람들은 마치 전생부터 기다렸다는 듯이 그들에게 먹을 것과 잠자리를 제공해 주었다. 아프가니스탄 국경 근처에 도착했을 무렵, 자동차 한 대가 멈춰 서며 안에 타고 있던 남자가 두 사람을 향해 물었다.

"태워 드릴까요?"

두 사람은 미국인인 듯한 그에게 대답했다.

"괜찮습니다. 이대로 걸어가겠습니다."

"어디까지 가시는데요?"

"미국까지 갑니다."

그러자 차 안에 있던 남자들은 웃음을 터뜨리며 말했다.

"미국이 어디에 있는지나 알고 하는 소리입니까?"

"어디에 있는지는 벌써 지도로 찾아봤습니다."

누구의 삶이든 하나의 끝없는 여정이다. 인간이라는 수많은 여행지를 거치고, 스승을 만나고, 대부분은 목적 없는 관성의 삶을 영위하지만 몇몇 사람은 지표가 뚜렷한 길을 걷는다. 하나의 길은 다음의 길로 이어지며, 마주치는 모두에게 선함과 평화를 선사하는 그 여정은 순간순간이 곧 목적지이다. 그것이 그 여정이 지닌 아름다움이다.

나의 여행은 최종 목적지가 없는 여행이었다. 여행과 목적이 하나가 되었다. 생각과 행동이 하나가 되었다. 나는 나 자신이 흐르는 강물처럼 움직이고 있다고 느꼈다. 강과 강물의 흐름이 하나이듯 나 자신과 나의 모든 움직임 또한 하나임을 나는 깨달았다. 나는 여행 그 자체였다. 그리고 그 여행은 외적인 것보다는 내적인 세계로 떠나는 여행이었다. 즉 초탈의 세계를 향한 여행이었다. 나는 방랑자, 영적인 세계를 추구하는 생의 방랑자였다.

법정 스님은 '차 덖는 향기'라는 제목의 글에서 이렇게 썼다.
"인도 출신으로 녹색운동의 영성적 지도자인 사티쉬 쿠마르가 지난봄 녹색평론사의 초청으로 우리나라를 다녀갔다. 그때 그가 한 강연의 내용이 〈녹색평론〉에 실렸다. 그가 20대의 젊은 시절, 어느 날 신문을 읽다가 영국의 철학자 버트런드 러셀이 핵무기 반대 시위에 참여했다는 이유로 감옥에 갇혔다는 기사를 보고 큰 자극을 받는다.
'그는 90세의 나이에 세계 평화를 위해 감옥에 갇혔다. 26세의 젊은 나는 도대체 무엇을 하고 있는가.'
이런 생각을 하면서 사티쉬 쿠마르는 자신은 26세의 노인이었고 그는 90세의 젊은이였다고 술회한다. 그는 이날의 충격으로 한 친구와 함께 인도의 뉴델리를 출발하여 모스크바, 파리, 런던, 워싱턴으로 세계 여행을 떠난다. 그것도 다른 교통수단은 이용하지 않고 두 발로 걸어서 가기로 결심한다. 2년 반 동안 8천 마을을 걸으면서 땅을 밟고 꽃향기를 맡으며 나무와 강을 바라보고 산과 사막을 지나다니면서 그는 진정한 의미의 평화를 경험한다.
그들이 러시아를 여행할 때 여성 두 사람에게 평화의 메시지가 적힌 전단지를 건넨다. 왜 그들이 걸어서 여행을 하는지, 그들의 목적이 무엇인지, 왜 돈 한 푼 없이 여행을 하는지 등이 적힌 사연이다. 전단지를 받아 본 그 여성들은 인도에서 모스크바까지 돈 한 푼 없이 걸어

서 왔다는 사실에 놀라면서 자신들이 근무하는 차공장으로 데리고 가
차 대접을 한다. 그곳에서 나올 때 네 개의 차 묶음을 주면서 그들은
말한다. 하나는 모스크바에 있는 러시아 수상에게 주고, 한 묶음은 프
랑스 대통령에게, 한 묶음은 영국 수상에게, 마지막 한 묶음은 미국
대통령에게 전해 달라고 하면서, 자신들의 메시지도 함께 담아 부탁
한다. 핵무기의 단추를 눌러야겠다는 미친 생각이 들 때 잠시 멈추고
이 신선한 차를 한 잔 마시라고.

두 사람은 그렇게 사막과 험한 산과 폭풍우와 눈비 속을 헤치고 평
화를 위한 순례를 계속했으며, 러시아를 비롯한 각국 정부의 온갖 방
해 공작과 홀대에 당당히 맞서면서 유럽을 거쳐 미국까지 2년 반 동
안 1만 4천 킬로미터에 달하는 평화 순례를 마쳤다. 감옥에도 갇히고
총으로 위협도 당하지만 마침내 핵무기를 보유한 4개국 지도자에게
'평화의 차'를 전달했다."

녹색 성자 사티쉬 쿠마르의 〈끝없는 여정 No Destination〉은 영국 그린북스에서
1992년 11월에 초판 발행되었으며, 2004년 같은 출판사에서 개정판이 나왔다. 한민사에서
1997년 서계인의 번역으로 처음 소개되었다가 해토에서 같은 이의 윤문과 수정을 거쳐
2008년 6월 재발행되었다. 사티쉬 쿠마르는 녹색평론사 초청으로 2004년 4월 한국에 와서
강연했으며, 2008년 5월 1일에는 EBS에서 '지구의 순례자 사티쉬 쿠마르' 라는 제목으로
그의 사상을 조망하는 다큐멘터리가 방영되기도 했다. 평화를 위한 순례 이후 사티쉬
쿠마르는 영국 데본 주에 정착해 생태운동에 주력하는 한편 평화와 공존의 사상을
전파하고 있다. 그가 초대 학장을 맡은 슈마허 대학은 1991년 1월 13일 가이아 이론으로
유명한 제임스 러브록의 강연으로 문을 열었다. 사티쉬 쿠마르의 사상을 엿볼 수 있는
또 다른 책으로는 〈그대가 있어 내가 있다〉 〈부처와 테러리스트〉가 있다.

삶을 통해 가장 배울 만한 것이 있다면 그것은 무엇일까. 가장 먼저, 그리고 가장 마지막으로 배우고 이룰 하나가 있다면 그것은 행복에 이르는 길일 것이다.

행복이 당신 곁을 떠난 이유

버트런드 러셀 〈행복의 정복〉

근본적인 행복은 무엇보다 인간과 사물에 대한 따뜻한 관심에서 비롯된다. 인간에 대한 따뜻한 관심은 사랑의 일종이다. 그것은 다른 사람을 지배하고 소유하기를 원하며 언제나 명확한 반응이 되돌아오기를 바라는 사랑과는 전혀 다르다. 행복을 가져오는 사랑은 다른 사람들을 관찰하기를 좋아하고 개인들의 특성 속에서 기쁨을 느끼는 사랑이며 만나는 사람들을 지배하려 하거나 열광적인 찬사를 받아 내려고 하는 대신, 그들의 관심과 기쁨의 폭을 넓혀 주려고 하는 사랑이다.

오늘날 한 출판업자가 새로운 원고를 의뢰받았는데 그것이 〈구약성경〉이었다면 어떤 반응을 보일까. 가령 창세기의 계보를 보았다면 그는 분명 이런 평을 내놓을 것이다.
"선생님, 이 장은 활기가 없습니다. 등장인물에 대한 이야기는 거의 하지 않고 사람들 이름만 잔뜩 늘어놓은 것을 읽다 보면 독자들이 금방 흥미를 잃어버립니다. 물론 훌륭한 문체로 이야기를 시작하고 있다는 건 인정합니다. 하지만 전체적으로 보면 하나도 빠짐없이 이야기하려는 지나친 생각을 갖고 있습니다. 중요한 부분을 골라내고 필요 없는 부분은 빼십시오. 끊임없이 긴장감 있게 이야기를 이끌어야 합니다. 또 원고량도 너무 많습니다. 적당한 분량으로 줄인 다음 다시 가져오십시오."

출판업자가 이런 말을 하는 것은 현대의 독자들이 지루함과 권태를 참지 못한다는 사실을 알기 때문이다. 그는 불멸의 베스트셀러인 〈논어〉나 〈자본론〉에 대해서도 비슷한 답변을 할 것이다. 하지만 훌륭한 책들은 모두 지루한 부분이 있고, 위대한 삶에도 재미없는 시기가 있다. 끊임없는 자극만이 위대함을 만들어 내지는 않는다.

지나치게 많은 자극은 건강을 해칠 뿐 아니라 모든 종류의 즐거움에 대한 감각을 무디게 만들고 근본적인 만족감을 표면적인 쾌감으로, 지혜를 얄팍한 재치로, 아름다움을 생경한 놀라움으로 바꾸어 버린다. 자극이 너무 많으면 병적인 갈망을 자아내고 심신을 황폐하게 한다. 그러므로 어느 정도 권태를 견딜 수 있는 힘은 행복한 삶에 있어서 필수적인 것이다.

자극은 약물과 같은 것이어서 점점 더 강한 자극을 원하게 되고 소소한 것들이 주는 행복의 단서를 발견하지 못하게 된다는 것이 저자의 생각이다. 러셀은 현대의 도시인들이 느끼는 특별한 권태는 삶이 대지로부터 분리되어 있다는 사실과 연관이 있다고 본다. 대지의 생명으로부터 떨어져 있다 보니 사막을 여행할 때처럼 뜨겁고 답답하고 갈증에 시달리게 된다는 것이다. 대지와 분리되어 있는 현대인의 삶은 조급증을 낳고, 유익할 수 있는 지루함과 권태에 대해서까지 지나친 거부감을 느끼게 된다. 저자는 런던에 갇혀 살다 처음으로 시골 초원으로 산책을 나가게 된 두 살짜리 아이를 본 기억을 전한다.

때는 겨울이어서 모든 것이 축축하고 진흙투성이였다. 어른들이 보기에는 기쁨이 샘솟게 할 만한 것은 아무것도 없었다. 그러나 그 아이에게는 신비한 황홀감이 솟아올랐다. 아이는 젖은 땅바닥에 꿇어앉아 얼굴을 풀 속에 파묻고 알아들을 수 없는 환호성을 터뜨렸다. 이때 그 아이에게 충족된 생명의 욕구는 매우 근원적인 것이었다. 이런 욕구에 굶주려 있는 사람은 정신적으로 행복할 수 없다.

쾌락 중에는 이처럼 대지와 접촉할 수 없는 것들이 많다. 도박 같은 것이 그런 예이다. 자극이 강한 쾌락은 그 쾌락이 끝나는 순간 답답함과 두려움, 뭔지 모를 허기를 느끼게 하고 결국 불안에 빠져 지내게 된다. 권태를 두려워해서 강한 자극만을 찾은 결과 끝내는 더욱 나쁜 권태의 중독에 빠지고 마는 것이다. 저자는 이를 통해 행복한 인생이란 대부분 조용한 인생이라고 말한다. 진정한 기쁨은 조용한 분위기 속에 깃들기 때문이다.

행복은 우리가 늘 꿈꾸는 것이지만, 어딜 가나 행복보다는 불행과 더 먼저, 그리고 더 자주 마주치곤 한다. 이는 자발적으로 즐거움을 찾아 나선 주말 도로나 저녁 모임에서조차 마찬가지이다. 잠시 힘든 일들을 잊고 야외로 놀이를 찾아 나선 사람들이지만 그 행렬은 기대와는 다른 모습으로 뒤바뀌고 만다. 자칫 한눈을 팔았다가는 사고 나기 십상이기에 운전자들은 주변 경관을 바라보는 건 엄두도 내지 못하고 앞차의 꽁무니만 응시한다. 차 안의 다른 사람들도 어떻게 하면 옆 차보다 빨리 갈 수 있을까를 생각하며 초조함으로 가득 차 있다. 저녁 모임에 나간 이들도 이 밤 행복해지기로 마음먹고 나온 사람들이지만, 얼마 후 서둘러 술에 취하려 애쓰는 자신을 발견하게 되고, 결국 감당하지 못할 만큼 취한 채 낳아 주고 길러 준 어머니의 희생에 비하면 자신은 얼마나 변변치 못한 존재인지 모른다며 신세 한탄에 젖곤 한다. 하긴 이 글을 쓴 러셀 자신조차도 선천적으로 행복한 사람은 아니었다고 고백한다.

나는 선천적으로 행복한 사람이 아니었다. 어렸을 때 나는 '세상에 지친 이 몸에 죄로 된 짐을 지고'라는 찬송가를 가장 좋아했다. 내 나이 다섯 살 때 만일 일흔 살까지 산다고 하면 이제 겨우 일생의 14분의 1을 견딘 셈이니, 내 앞에 길게 뻗어 있는 인생의 지루함은 얼마나 견디기 어려울까 하는 생각을 했었다. 사춘기 때는 삶을 증오해서 늘 자살할 생각을 품고 있었지만, 수학에 대해 좀 더 알고 싶다는 욕구 때문에 자살 충동을 피할 수 있었다.

짐승은 몸이 성하고 배가 부르면 행복하다. 대개 인간도 마찬가지일 거라 여기지만 사실 그렇지 않다. 현대사회를 살아가는 대부분의 사람들은 이러한 조건이 상당히 충족된 상태에서도 결코 행복을 느끼지 못한다. 오늘날 많은 이들이 선망하는 사람 가운데 하나가 사업가들이다. 그런데 그들 대부분도 자신에게서 행복은 너무 멀리 떨어져 있다며 안타까워한다. 그들에게 즐겁게 사는 데 방해되는 요소가 뭐냐고 물으면 대개 '생존경쟁'이라고 답한다. 진심으로 그렇게 말하고 또한 그렇다고 실제로 믿고 있다. 그들의 답변은 어떤 면에서 보면 옳다. 그러나 중요한 측면에서 보면 잘못된 것이라고 러셀은 지적한다. 우리가 대단히 불행한 처지나 위급한 상황에 놓인다면 생존경쟁에 빠질 수 있지만, 사업가가 말하는 생존경쟁이란 표현은 엄밀히 보면 부정확하다는 것이다.

사업가들에게 이런 질문을 던져 보라. 같은 부류의 사람들 가운데 굶어 죽은 사람이 얼마나 있는가? 파산한 친구들에게 어떤 일이 일어났는가? 물질적 안락의 문제만 따진다면 아무리 사업가가 파산했다 하더라도 파산할 수 있을 만큼의 돈을 가져 본 적이 없는 사람들보다 훨씬 풍족한 생활을 한다는 것은 누구나 아는 사실이다.

 그러면서 이 책은 사람들이 흔히 말하는 '생존을 위한 경쟁'은 사실 '성공을 위한 경쟁'이라고 바로잡는다. 경쟁을 하면서 내일 아침을 먹지 못할까 봐 걱정하는 것이 아니라, 옆 사람을 뛰어넘지 못할까 봐 두려워한다는 것이다. 빠져나갈 구멍이 전혀 없는 쳇바퀴에 갇혀 있는 신세가 아닌데도, 쳇바퀴에서 벗어나지 못하는 것은 그 쳇바퀴가 자신을 더 높은 곳으로 끌어올려 줄 수 없다는 사실을 알아차리지 못하고 있기 때문이라고 지적한다.
 오늘날 많은 사람들은 안전한 투자로 4퍼센트의 이익을 거두기보다는 위험한 투자를 해서라도 8퍼센트의 이익을 얻는 것을 선호한다. 결국 경제적인 타격을 자주 입게 되고 끊임없이 근심 걱정에 시달린다. 현대인들은 돈이 있으면 생계를 걱정하지 않으면서 여가를 즐기겠다는 생각을 하는 게 아니라, 돈이 있으면 그걸 통해서 더 많은 돈을 벌고, 돈이 있다는 것을 과시하면서 이제까지 엇비슷하게 살던 사람들을 따돌린 채 호사스럽게 살기를 원한다.
 이 같은 문제의 원인은 경쟁에서 이기는 것이 행복의 주요 원천이라고 지나치게 강조되어 왔기 때문이다. 물론 성취감이 행복에 도움을 주는 게 사실이고 일정 시점까지는 돈이 행복을 증진시킬 수 있지만, 성공은 행복의 한 가지 작은 요소에 불과함을 직시하라고 저자는 말한다. 겨우 하나의 작은 가치를 위해 나머지 요소들을 모두 희생한다면 지나치게 비싼 대가를 치르는 셈이라는 것이다.
 저자는 이러한 문제의 근원이 사업계에 널리 퍼져 있는 미국식 생활철학 때문이라고 본다. 돈을 벌지 못하더라도 다른 가치들을 인정받는 유럽 사회와 달리 미국 사회는 경제적 성공에 지나치게 높은 비중을 두고 있다는 것이다. 결국 부를 향한 과도한 추구가 목적과 수단을 뒤바꾸어 버린 세태를 만들어 버렸다고 말한다.

교육은 즐겁게 사는 능력을 훈련하는 것이라고 여기던 때가 있었다. 이때의 즐거움은 교양이 없는 사람은 누리지 못하는 매우 고상한 기쁨을 일컫는다. 18세기에는 문학, 미술, 음악을 이해하면서 즐기는 것이 '신사'의 특징 중 하나였다. 요즘 부유한 사람들의 생활 양식은 대체로 이와는 전혀 다른 것 같다. 그들은 책을 읽지 않는다. 이름을 알릴 목적으로 화랑을 세우려고 할 때도 그림을 고르는 일은 전문가에게 맡긴다. 그가 그림 때문에 얻는 즐거움은 그림을 감상하는 데서 오는 즐거움이 아니라, 돈 많은 사람이 그 그림을 소유할 수 없게 됐다는 데서 오는 즐거움이다.

50년 혹은 백 년 전의 교양 있는 사람이라면 누구나 가졌던 훌륭한 문학에 대한 지식은 이제 소수 교수들의 몫이 되었다. 사람들은 보다 평온한 즐거움을 주는 일들을 모두 던져 버렸다.
저자는 선사시대의 공룡들처럼 지성보다는 근력을 선호한다는 점에서, 지성과 감정을 배제하고 의지와 경쟁을 강조한다는 점에서 이런 부류들을 현대판 공룡이라고 부른다. 이 공룡들은 서로 살육을 자행하며 이들 한 쌍의 공룡이 낳는 자녀는 평균 두 명에 미치지 못하고 있다. 자신이 행복한 삶을 누리지 못하기에 자녀를 낳으려는 생각도 없는 것이다. 지나치게 경쟁적인 철학으로 인해 이들이 느끼는 행복이 미미해져 버렸기 때문이다. 자녀를 낳고 기르는 데 관심이 없는 이들은 결국 멸종될 것이며, 머지않아 이들보다 쾌활하고 즐거운 사람들이 뒤를 이을 것이라고 이 책은 전망한다.

러셀은 앞서 설명한 대로 지나친 권태에 대한 두려움이나 경쟁은 우리를 행복으로부터 멀어지게 하는 요소이며, 마찬가지로 과도한 염세주의적 태도, 질투와 불합리한 죄의식, 자기 안에 갇힌 삶, 죄의식과 피해망상, 여론에 대한 두려움 등도 행복이 우리 곁을 떠나게 하는 이유로 들면서 이 같은 문제들을 해결하는 방법을 낱낱이 제시한다.

행복은 저절로 굴러들어 오는 것이 아니며, 끊임없이 쟁취해야 하는 것이라고 보았기에 러셀은 이 책에 '행복의 정복'이라는 이름을 붙였다. 행복의 존재 자체를 회의하게 할 정도로 불쾌한 인간의 속성들을 적나라하게 파헤치면서도 그는 인간에 대한 신뢰와 행복으로 가는 길을 포기하지 않는다.

러셀은 40여 권에 이르는 저작을 남긴 철학자이자 1950년 노벨문학상을 받은 작가로 널리 알려져 있다. 20세기 지식인 중에서도 가장 다양한 분야에서 영향력을 행사한 사람 가운데 한 명인 러셀은 98세에 이르는 짧지 않은 생애 동안 철학, 수학, 사회학, 과학, 윤리학, 역사, 정치, 종교, 예술에 이르는 여러 분야의 책을 썼다. 스스로를 무정부주의자, 좌파, 무신론자라고 불렀던 러셀은 노년으로 갈수록 사회와 정치 문제에 헌신했다. 제1차 세계대전 발발 이후 시작한 평화운동은 수소폭탄 실험 반대, '러셀-아인슈타인 성명'으로 이어진 핵무장 반대 운동으로 계속되었고, 쿠바 위기와 베트남 전쟁에도 적극적인 의견을 피력했다. 반전운동이 화근이 되어 대학에서도 쫓겨났고, 1918년에는 6개월간 감옥에 갇히기도 했다. 그는 자서전에서 자신이 무엇을 위해 살았는지를 다음과 같이 회고한다.

> 단순하지만 누를 길 없이 강렬한 세 가지 열정이 내 인생을 지배해 왔으니, 사랑에 대한 갈망, 지식에 대한 탐구욕, 인류의 고통에 대한 참기

힘든 연민이 바로 그것이다. 이러한 열정들이 나를 이리저리 제멋대로 몰고 다니며 깊은 고뇌의 대양 위로, 절망의 벼랑 끝으로 떠돌게 했다.

자신의 많은 저작 가운데 대중적으로 널리 사랑받는 책인 〈행복의 정복〉에서, 러셀은 불행의 원인이 자신의 환경 속에, 그리고 자신의 마음속에 있을 때 그것과 맞서 싸우고, 두려워 외면하거나 미리 체념하며 무릎 꿇지 말라고 강조한다. 자신 있게 '그까짓 거 별거 아니군.' 생각하면서 용감하게 맞서라고 한다. 불행한 현실의 문제를 잠시 잊게 해 주는 방법을 전하기보다는 문제의 근본 원인이 무엇이고 어떻게 하면 그 문제를 넘어설 수 있는지를 도와주는 힘 있는 책이다.

삶을 통해 가장 배울 만한 것이 있다면 그것은 무엇일까. 가장 먼저, 그리고 가장 마지막으로 배우고 이룰 하나가 있다면 그것은 무엇일까. 저마다 다양한 대답을 가지고 있겠지만 그 모두를 아우르는 하나가 있다면 그것은 행복에 이르는 길일 것이다.

법문집 〈한 사람은 모두를, 모두는 한 사람을〉에 실린 '봄날의 행복론'에서 법정 스님은 '삶이란 우리들 한 사람 한 사람에게 주어진 행운'이므로 '지금 여기 이 순간의 행복'을 놓치지 말라고 권한다.

"더 말할 것도 없이 우리는 행복하기 위해서 살아간다. 불행하기 위해서 사는 사람은 아무도 없다. 우리가 다 같이 바라는 행복은 온갖 생각을 내려놓고 세상의 아름다움을 바라볼 시간을 갖는 데서 움이 튼다. 우리가 이 순간을 사람답게 살 수 있다면 그 안에 행복은 깃들어 있다. 무엇에 쫓기듯 살아서는 안 된다. 영혼이 미처 따라올 수 없도록 급하게 살아서는 안 된다. 사람은 누구나 행복하게 살 능력을 지니고 있다. 그러한 잠재력을 묵혀 두지 말고 마음껏 발휘해서 세상과 조화를 이루어야 한다. 임제 선사 어록에 이런 구절이 있다.

'언제 어디서나 모든 것을 긍정적으로 생각하라. 그러면 그가 서 있는 자리마다 향기로운 꽃이 피어나리라.'

자신의 존재를 억지로 꾸미지 말라는 뜻이다. 있는 그대로가 좋다는 것이다. 만약 그렇지 않으면 불행해질 수밖에 없다."

❦ 〈행복의 정복The Conquest of Happiness〉은 1930년 앨런앤언윈에서 페이퍼백으로, 아메리카북리그에서 하드커버본으로 발행된 이래 오랜 세월 동안 많은 출판사들이 새로운 디자인과 장정으로 다양하게 내놓고 있다. 한국에서는 1955년 안병욱의 번역으로 민중서관에서 민중현대총서 다섯 번째 권으로 처음 발행된 이래 범조사, 동서문화사, 문예출판사를 비롯해 열 군데가 넘는 출판사에서 다양한 형태의 번역본을 선보였으며, 원문을 함께 싣고 있는 영한대역문고 형식의 책도 발행되었다. 여기서는 이순희가 번역해 2005년 1월 사회평론에서 낸 책을 토대로 하였다. 방대한 러셀의 작품 가운데 함께 읽으면 좋을 책으로는 〈러셀 자서전〉과 〈나는 이렇게 철학을 하였다〉가 있다. 〈러셀 자서전〉은 자신의 파란만장한 인생과 수학, 철학, 과학, 사회운동 이야기를 쉽고 흥미롭게 풀어 쓴 책이다. 소설처럼 읽히는 재미와 유머, 인간에 대한 열정이 녹아들어 있다. "이제 늙어 종말에 가까워서야 / 비로소 그대를 알게 되었노라 / 그대를 알게 되면서 / 나는 희열과 평온을 모두 찾았고 / 안식도 알게 되었노라 / 그토록 오랜 외로움의 세월 끝에 / 나는 인생과 사랑이 어떤 것인지 아노라 / 이제, 잠들게 된다면 / 아무 미련 없이 편히 자련다" 자서전 맨 앞에 수록된 이 시는 98세의 나이로 탄생지 웨일스에서 눈을 감은 러셀의 묘비명처럼 다가온다. 〈나는 이렇게 철학을 하였다〉는 러셀의 철학적 자서전이라 할 수 있으며, 또한 〈게으름에 대한 찬양〉은 현대인들이 읽으면 좋을, 여가에 대한 지혜로운 산문집이다. 그가 남긴 〈서양철학사〉라는 책의 제목도 중요하다. 서양 학자들은 서양철학사라 하지 않고 '세계 철학사' 또는 '철학사'라고 함으로써 서양 중심의 사고방식을 드러내곤 하지만 러셀은 동양의 정신세계를 인식하고 〈서양철학사〉를 저술했다.

덧셈은 시시하다. 뺄셈은 짜릿하다. 내 안에 있는 생명의 텃밭은 내가 가꾸어야 한다.
느리고 단순한 삶은 우리의 마지막 선택이다.

나무늘보에게서 배워야 할 몇 가지 것들
쓰지 신이치 〈슬로 라이프〉

멈춰 서지 않으면 갈 수 없는 곳이 있다.
아무것도 없는 곳에서밖에는 볼 수 없는 것이 있다.
—오사다 히로시 '멈춰 서다'에서

세발가락나무늘보는 중남미 열대우림에 사는 동물이다. 그들은 게으르고 둔하고 미래에 대한 준비 없이 살아가는 사람을 대변하는 조롱과 웃음의 상징이었다. 너무나도 느린 이 동물은 살벌한 생존경쟁에서 도무지 살아남을 수 없을 것 같은 생물 진화사의 실패작처럼 여겨진다. 과연 그럴까? 나무늘보가 느린 것은 근육이 적기 때문인데, 그것은 소량의 에너지로 살아가기 위한 지혜이다. 근육이 적어서 가벼우므로 가는 나뭇가지에도 매달릴 수 있으며, 그만큼 적으로부터의 위협도 줄어든다. 칠팔 일에 한 번 그들은 주변에 위험에 없는지 잘 살핀 뒤 나무 아래로 내려가 땅에 얕은 구멍을 파고 배설한다. 이것은 중요한 의미를 지니는데, 연구에 의하면 나무늘보는 나뭇잎을 섭취하여 얻은 영양의 50퍼센트를 그 나무에 되돌려 줌으로써 자신의 생명을 키워 준 나무를 지원하며 함께 성장해 나간다고 한다.

나무늘보는 진화의 실패작이 아니라 오히려 열대우림이라는 환경에서 훌륭하게 적응하고 번성한 예이다. 다른 포유동물들이 '더 빠르게'와 '더 강하게'를 향해 세찬 생존경쟁의 역사를 되풀이할 때 그것을 곁눈으로 지켜보며, 나무늘보는 높다란 나뭇가지 위에서 유유자적한 모습으로 저에너지 순환형 공생 비폭력 평화의 라이프스타일을 고수하는 데 성공했다.

문화인류학자이자 환경운동가인 〈슬로 라이프〉의 저자 쓰지 신이치에게 나무늘보는 특별한 의미가 있는 동물이다. 이 책을 펼치면 나무늘보를 안고 있는 그의 모습이 먼저 눈에 들어온다. 그는 이 동물이 가르쳐 주는 느긋하고 여유로운 사고방식 안에는 21세기 인류의 생존에 도움이 될 만한 힌트들이 가득하다고 말한다.

그가 나무늘보를 처음 만난 남미의 에콰도르에는 '신토랄'이라는 통화가 있다. 경제위기에 신음해 온 에콰도르에서는 정부가 반대 여론을 누르고 법정통화를 미국달러로 전환하고 기존 통화였던 수크레를 폐지해 버렸다. 이때 서민층에서 시작된 자립을 위한 통화 시스템이 신토랄이다. 신토랄은 달러화에 의한 혼란과 함께 점차 빈곤해져 가는 서민 생활의 새로운 안정화 수단이 되고 있다. 신토랄의 특징은 이자가 붙지 않는다는 것. 눈에 보이는 사물로서의 지폐나 동전 대신 그저 소박한 수표 주고받기와 통장상의 대차 관계만이 존재한다. 여기 사는 사람들은 얼굴이 보이는 관계를 중요하게 생각하므로 각 그룹은 인원을 50명까지로 제한한다. 이러한 여러 그룹은 지역을 넘어 전국으로 네트워크 범위를 넓히며 자유롭게 교역한다. 각 지역에서 열리는 시장에서 사람들은 지역마다의 특산물을 가져와 신토랄을 매개로 물건들을 사고판다.

그들은 "과거에 감자를 팔고 싶은 사람이 있고 또 그것을 사고 싶은 사람이 있어도 달러가 없다는 이유로 거래가 이루어지지 않았다. 멀리 떨어진 미국에서 알지도 못하는 사람들이 만들어 낸 돈을 지금 여기서 갖고 있지 않다는 이유로 말이다."라고 이야기했다. 하지만 지금은 다르다. 신토랄은 자신이 사야 할 필요와 상대가 팔아야 할 필요가 일치하면 언제든 자신이 직접 발행할 수 있는 통화이기 때문이다. 예전처럼 상품을 헐값에 사들이며 농민 위에 군림했던 중개인들도 이제 필요 없게 되었다. 이 책은 이것이야말로 진정한 의미의 경제이자 새로운 개념의 진보라고 말한다.

여기에는 이른바 선진국에서 신봉되고 있는 '덧셈의 경제'를 뒤집는 '뺄셈의 경제'라는 발상이 멋지게 반영돼 있다. 이제까지 우리들은 일주일 생활비가 10달러에서 30달러로 바뀌는 것을 진보로 여겨 왔다. 그리고 그것을 생활수준의 상승이라 부르며 발전이라고 좋아했다. 한편 인구의 80퍼센트 이상이 이른바 빈곤층이라 일컬어지는 남미의 작은 나라에서 진행 중인 대체통화 실험에서는 30달러에서 10달러로 줄어드는 것이 진보라 여겨지고 있다……. 성장률로밖에 말할 수 없는 이제까지의 덧셈 경제는 대다수 사람들의 생활과 자연환경을 희생물로 삼아야만 성립되는 부정형의 경제였다. 그러나 이제 문화와 자연의 풍요로움을 함께 누리며 동시에 그것을 지지하는 순환 공생형의 긍정형 경제가 요구되고 있다.

생활의 간소화나 뺄셈은 성장이라는 덧셈에 길들여진 사람에게는 소극적이고 뒷걸음질 치는 행위처럼 느껴질지 모른다. 하지만 이 책은 이것이야말로 인간 본래의 쾌락과 풍요로움을 지향하는 적극적이고 진취적인 사고방식이라고 말한다. 저자는 '시간이 돈'이라는 발상을 뒤집어서 '돈이 시간'이라는 발상으로 전환하자고 제안한다. 시간을 돈으로 환산하는 이제까지의 사고방식을 버리고 돈을 줄이더라도 느긋하고 인간다운 시간을 되찾자는 것이다.

　이를 위해 저자 쓰지 신이치는 '~하지 않고'를 실천한다. 예를 들어 나무젓가락을 쓰지 않고 자기 젓가락 가지고 다니기, 전기를 켜지 않고 촛불 켜기, 자동판매기를 이용하지 않고 물통 갖고 다니기 같은 식이다. 여기서 물통 젓가락 촛불 등은 모두 뺄셈을 가능하게 하는 도구들이다. 그는 "'~하지 않고' 뒤에는 '그럼 어떻게 하지?'라는 상상과 창조가 뒤따른다. 지금까지 '이것은 반드시 필요하다.'든가 '저것 없으면 못 살아.'라고 생각하면서 굳게 믿어 왔던 것들을 하지 않고 대안을 찾아내게 된다. 뺄셈은 그처럼 가슴 두근거리는 가능성의 세계를 열어 준다."고 이야기한다.

　효율과 성장만이 정의이고 그 밖의 것들은 무의미한 것으로 치부되는 오늘의 상황에서 그는 우리가 잡일 바구니 속에 집어 던져 버렸던 것들의 가치를 다시 살펴보자고 말한다.

　　사랑하는 사람과 나눈 이야기기 잡담으로 분류되고 수험공부나 취직에 도움이 되지 않는 공부는 잡학으로 분류된다. 마찬가지로 놀이, 취미, 간호, 기도, 산책, 명상, 휴식, 이런 것들도 경제적인 측면에서 볼 때 생산적인 시간 속에 포함되지 못하는 잡일에 불과하다. 어디 그뿐인가. 연애, 아이 돌보기 같은 과거 중대사라 여겼던 일들조차도 금전과 직접 연결되지 않는다면 막대한 시간과 비용을 낭비하는 잡일로 치부된다. 생물학적인 성장과 노화는 경제를 최우선시하는 사회에서는 당연히 비경제적이고 비효율적인 것으로 여겨진다.

　하지만 이 책은 인생이란 애당초 이런 잡일들의 집적이 아닌지 되묻는다. 할 수만 있다면 하지 않고 지나가고 싶다고 여기는 일들이 실은 삶의 보람이며 우리에게 깊은 만족감을 주는 의미 있는 시간임을 보여 준다. 친구를 사귀는 데는 시간이 필요하며, 작은 꽃을 들여다보는 데에도 시간이 필요하다. 시간도 걸리지 않고 조금도 성가시지 않는 일들에서는 그 어떤 즐거움도 발견할 수 없을 것이다.

쓰지 신이치는 중요한 것은 시간과 속도가 아님을, 2년 전에 세상을 떠난 모호크족 장로의 무덤을 찾아간 일화를 통해 전한다. 저자가 너무 늦게 묘지를 찾은 것에 대해 고인의 아들에게 사과하자, 아들은 톨킨의 〈반지의 제왕〉 속에 나오는 한 토막의 얘기를 들려준다.

"아니 아니, 우리 마법사들에겐 지각이란 있을 수 없지. 언제든 우리가 도착한 때가 우리가 도착해야 할 시간인 거야."

그러면서 그 아들은 덧붙인다.

"우리 인디언들은 언제나 백인들로부터 '늦었다'는 말을 들어 왔습니다. 우리 입장에서 보면 도착해야 할 때 도착했을 뿐인데 말이죠."

저자가 원주민인 블랙푸트족을 방문했을 때 그들의 선물가게 안에서 기묘한 모양의 시계를 발견한다. 큰바늘과 작은바늘은 정확히 움직이고 있지만, 숫자가 여기저기 제멋대로 적힌 시계였다. 왼쪽에 3이 있는가 하면 아래쪽에 12가 붙어 있는 이 시계를 그들은 '인디언 타임'이라고 불렀다. 하이다족에게는 하이다 타임, 호피족에게는 호피 타임, 아이누족에게는 아이누 타임이 있게 마련이었다. 그런데 그들은 늘 서양인으로부터 시간관념이 없다고 지적을 받아 왔다.

인디언 타임이라는 말에서 저자는 바보 취급을 당해 온 그들이 역으로 자신을 바보 취급해 온 서구 문명을 향해 보내는 비웃음 같은 것이 느껴진다고 지적한다. 자신들에게 가해 온 모욕적인 언사인 굼뜨다, 느리다 등의 이야기를 표면적으론 받아들였지만 속으로는 주류 사회의 기계적이면서도 융통성 없는 시간 감각에 야유를 보내는 듯하다는 것이다.

이 책은 세계화에 대항해 전 지구적으로 일고 있는 '슬로 라이프 무브먼트'의 중요한 이슈들을 70개의 주제로 설명한다. 방랑, 빈둥거리기, 안심, 씨앗, 스몰, 흙, 엘리펀티즘, 놀기, 자전거, 촛불, 휴식, 슬로 비즈니스 등이 그것이다. 저자는 슬로 라이프는 엄밀히 말해 비문법적인 엉터리 영어라고 고백한다. 영어에는 정작 이런 표현이 없는 것이다. 슬로 라이프는 쓰지 신이치에 의해 처음 작명되었다.

그런데 이 책이 나온 이후 슬로 라이프는 유행처럼 번져 나가 유럽에서 시작된 슬로푸드나 북미의 신조어 로하스LOHAS(Lifestyle of Health and Sustainability)처럼 널리 사용되기에 이르렀다. 그러나 이 말을 만든 저자 쓰지 신이치는 이 현상이 반갑기보다는 불안하다고 말한다. 분래의 뜻에 녹아 있는 뺄셈의 발상은 빠지고 어느새 슬로 라이프 실현에 필요하다고 여겨지는 여러 물건과 서비스를 팔기 위한 덧셈의 상술로 전락하고 있는 게 보이기 때문이다.

저자가 슬로 라이프의 첫걸음으로 제안하는 것은 산책을 되찾는 일이다. 목적지에 도달하는 곧게 뻗은 길을 버리고 샛길로 들어가 한눈을 팔거나 멀리 돌아가면서 이것저것 살펴보는 것을 자신에게 허용하라고 말한다. 노는 즐거움, 자신이 어딘가 목적지로 가는 길 위에 있다는 생각에서 해방되어 지금을 사는 자유, 그저 거기에 존재함으로써 얻는 기쁨을 인정하자는 이야기이다.

2003년 9월 광주 맑고향기롭게 초청 특별강연에서 법정 스님은 현대인들이 추구하는 속도전의 허구를 이렇게 지적했다.

"일찍이 근대과학의 좌우명은 속도였다. 빠르게, 더 빠르게. 그래서 영국과 프랑스가 합작해 콩코드라는 초음속 여객기를 만들었다. 그러나 그 종말이 어떠했는가? 결국 소리보다 더 빠르다던 그 비행기는 공중폭발 하고 만다. 이는 빠름에 대한 하나의 상징이다. 세상을 살아 나가는 데는 어느 정도의 속도가 필요하지만, 지나친 속도는 오히려 해롭다. 무엇을 위해 빠르게, 더 빠르게 해야만 하는가? 남보다 앞서기 위해서? 앞선다고 더 행복한가? 경쟁 심리에는 매우 비인간적이고 냉혹한 이기심이 작용한다. 기업들은 '일류가 아니면 살아남지 못한다.'고 말하지만, 전혀 옳지 않은 소리이다. 이류, 삼류도 필요하며 또 얼마든지 살아남는다.

우리가 가야 할 곳은 어디인가? 결국 자기 자신이다. 빠르게 더 멀리 뛰어 보았자 결국 자기 자신으로 돌아온다. 사람이 하나의 인간으로 성장하는 데는 시간이 필요하다. 하나의 씨앗이 땅에 묻혀서 꽃 피고 열매 맺기까지는 사계절의 순환이 필요하다. 여기에는 기다림과 그리움이 동반된다. 삶을 살 줄 아는 사람은 당장 움켜쥐기보다는 쓰다듬기를 좋아한다. 목표를 향해 곧장 달려가기보다는 여유를 가지고 구불구불 돌아가는 길을 선택한다. 직선이 아닌 곡선의 묘미를 안다. 여기에 삶의 비밀이 담겨 있다."

저자 쓰지 신이치는 세 개의 이름을 갖고 있다. 일본에서 태어나 갖게 된 쓰지 신이치, 국제적으로 사용하는 오이와 게이보, 그리고 한국인이었던 선친이 지어 준 이규가 그것이다. 그는 '슬로'라는 주제로 환경운동과 문화운동을 벌이는 한편 환경 공생형 비즈니스에도 참여한다. 이 책은 〈슬로 라이프 100개의 키워드 スローライフ100のキーワード〉라는 제목으로 2003년 일본 고분도에서 나왔으며, 디자인하우스에서 김향의 번역으로 2005년 2월 출판되었다. 이 책의 또 하나의 특징은 40여 개에 달하는 서지정보를 꼽을 수 있다. 해당 주제를 심도 깊게 탐구하고 싶은 독자들을 위해 관련 저서와 웹사이트 주소를 '깊이 알기' 코너를 통해 친절히 소개한다. 함께 읽을 만한 저자의 또 다른 책으로는 〈천천히가 좋아요〉〈행복의 경제학〉이 있다.

존중한다는 것은 이곳에서 살아가는 동물과 식물과 강물, 그리고 우리와 다른 사람들이
우리 자신과 똑같이 이곳에 있을 권리를 갖고 있음을 인정하는 일이다.

기억하라, 이 세상에 있는 신성한 것들을
류시화 〈나는 왜 너가 아니고 나인가〉

형제여! 신은 당신과 나 모두를 만들었지만 우리 둘 사이에 큰 차이를 두었다. 얼굴도 관습도 다르게 만들었다. 당신들에게는 기술 문명을 주었지만, 우리에게는 그것에 대한 눈을 틔워 주지 않았다. 다른 많은 것들에서도 신은 차이를 있게 했다. 신은 자신의 아들들에게 무엇이 적합한가를 알고 있으며, 우리는 그 판단에 만족해 왔다. 형제여! 우리가 우리 아버지들의 삶의 방식을 따를 때 위대한 정령이 더 기뻐하리라는 것을 우리는 안다. 우리는 지금 숫자가 적고 약하지만, 우리 아버지들의 삶의 방식을 지킬 수 있다면 우리는 오랫동안 행복하리라. –빨간윗도리

슬프게도 이 대지 위에 살던 어떤 부족은 더 이상 볼 수가 없다. 네 발 달린 부족들 중에도 있고, 날개 가진 부족들 중에도 있다. 그중에서도 거대한 대륙을 송두리째 삼키고자 총과 칼과 병균을 몸에 지니고 밀려들어 온 유럽인들의 탐욕에 스러져 간 아메리카 원주민들은 인류 역사의 크나큰 슬픔이다. 대지와 한 몸이 되어 살아가고 나무 한 그루를 자를 때조차 나무의 영에게 먼저 양해를 구하던 이 때 묻지 않은 '야만인'들은 '문명인'을 자처한 '얼굴 흰 사람들'의 무차별 살육, 거짓 협정, 속임수, 강제 이주, 구금, 전염병 등에 속수무책으로 자신들의 땅에서 사라져 가야만 했다. 오만하기 짝이 없는 유럽인들에 의

해 그들은 '인디언'이라는 잘못된 명칭으로 불리게 되었지만, 저마다 고유한 이름을 가지고 있었다. 라코타족, 체로키족, 아파치족, 이로쿼이족, 주니족, 검은발족, 아라파호족, 테와푸에블로족……

그들은 결코 미개인이나 야만인이 아니었다. 백인이 자신들의 침략과 학살을 합리화하기 위해 날조된 편견을 퍼뜨렸을 뿐이다. 유럽인들이 농노와 노예 제도 속에서 고통 받으며 살아갈 때, 북아메리카 동부의 이로쿼이족 사람들은 6개 부족 연맹을 만들어 민주적인 틀 속에서 살았다. 이들의 헌법은 훗날 미합중국 헌법의 기초가 된다. 원주민들이 백인 정착민들에게 땅에서 무엇을 얻을 경우에는 반드시 그만큼을 돌려주어 자연의 균형을 유지하는 것이 중요하다고 말했을 때, 백인들은 그것을 미신으로 치부했다. 하지만 지금 아메리카 대륙의 표토는 50퍼센트가 유실되었으며, 화학비료를 쓰지 않고서는 농사가 불가능해졌다. 나무가 우리의 친척이며 나무 없이는 모든 삶이 끝난다고 말했을 때 백인들은 그것을 웃음거리로 삼았지만, 지금 우리는 사막이 넓어지고 대기가 더워지는 현상을 목격하고 있다.

얼굴 흰 형제들은 내 부족 사람들보다 훨씬 영리하기 때문에 많은 일들을 잘 해낸다. 하지만 그들이 사랑하는 법까지 잘 알고 있는지는 의문이다. 사랑하는 법을 배웠는지조차 의심스럽다. 아마도 그들은 자신의 것만 사랑하는 법을 배우고 바깥에 있는 것, 자신의 소유가 아닌 것들을 사랑하는 법은 배우지 못한 것 같다. 그것은 전혀 사랑이 아니다. 인간이 모든 생명체를 사랑하지 않는다면, 그것은 아무것도 사랑하지 않는 것이나 마찬가지다. 서로 도우며 살라고 가르치기보다는 수백만 명을 죽인 전쟁을 정당화하고 무기 개발에 힘을 쏟는 문화, 형제자매인 자연에 싸움을 걸고 착취하는 당신들의 문화를 이해하지 못하겠다. 우리는 개인 소유물을 축적하는 것을 부끄러운 일로 여긴다. 자연 속의 모든 것을 남들과 기꺼이 나누고, 꼭 필요한 것만을 취한다. -단 조지 추장

1930년대에 미국 서부를 여행하며 그림을 그린 영국인 화가 조지 캐틀린은 아메리카 원주민의 삶과 문화를 기록한 중요한 인물이다. 그는 다음과 같은 솔직한 고백을 남겼다.

"나는 보았다. 밤의 죽은 자와 같이 문명이 접근해 올 때, 그 사악함에 놀라 인디언들이 몸을 움츠리는 모습을. 놀란 사슴처럼 응시하다가 뒷걸음질 치는 모습을. 나는 보았다. 인디언들이 자신들의 천막과 아버지들의 무덤이 있는 평원에 불을 놓고 마지막으로 자신들의 사냥터를 바라본 뒤, 말없이 손으로 입을 가린 채 슬픈 얼굴을 돌려 해 지는 쪽으로 돌아서는 모습을. 그 모든 것이 자연의 침묵 속에서 위엄 있게 행해지는 모습을. 그리고 나는 보았다. 언제나 큰 소동을 일삼고, 시끄럽고 거만하고 의기양양하게 구는 백인들이 접근해 오는 모습을. 아무 데나 파헤치고, 용감한 인디언 전사들의 무덤을 마구 짓밟는 그들의 천박한 모습을. 그 거대하고 저항할 길 없는 문명의 행진을 나는 보았다. 모든 것을 휩쓸며 굴러 오는 그 불가항력적인 힘을."

우리가 알고 있는 인디언의 이미지는 폭력적이다. '토마호크'라 불리는 손도끼를 들고 역마차를 습격하는 인디언은 백인들이 만든 이미지에 지나지 않는다. 인디언들은 자연을 소유할 수 없는, 모두가 공유하는 조화로운 장소로 여겼다. 그들은 문명의 거대한 폭력 앞에서도 어머니 대지를 먼저 생각했고, 사물의 본성을 깨닫고 그것들에서 음식과 옷, 약과 도구를 얻어 낸 현자들이었다.

내가 보기에 당신들의 삶에는 확실한 것이 아무것도 없다. 당신들은

바람에 흩날리는 나뭇잎들을 좇듯이 부와 권력에 따라 뛰어다닌다. 그러나 손에 움켜잡는 순간, 그것들은 힘없이 부서져 버린다. 당신들은 사랑을 말하지만 확실하지 않고, 약속을 말하지만 분명하지 않다. 당신들의 현재는 더없이 불안해 보여서, 마치 집 잃은 코요테가 이리저리 헤매는 것과 같다. 당신들은 계절의 바뀜도 하늘의 달라짐도 응시하지 않는다. 당신들은 늘 생각에 이끌려 다니고, 남는 시간에는 더 많은 재미를 찾아 자신을 돌아보지 않는다. 자기를 돌아보는 침묵의 시간이 없다면 어찌 인간의 삶이라 할 수 있는가. -푸른윗도리

백인들은 대륙 약탈의 첨병으로 복음 전파의 기치를 내세운 선교사들을 보냈지만, 아메리카 대륙의 원주민들은 종교와 신에 대한 이해가 달랐다. 이들에게는 자신과 영적인 세계 사이에 따로 성직자가 필요 없었다. 누구나 홀로 그리고 침묵 속에서 신과 만났다. 그들은 자신이 믿는 신과 곧바로 얼굴을 맞대고 살았다. 그들에게 종교는 지극히 개인적인 문제였다. 따라서 각자가 신과 소통할 수 있는 방법을 발견해야만 했다. 또한 누구도 다른 사람의 개인적인 신앙을 침범하지 않았다. 얼굴 흰 자들이 나타나기 전까지는.

인디언들이 보기에, 백인들에게는 이 세상이 다른 세상으로 갈 때까지 참고 견뎌야 하는, 온갖 죄와 추악함으로 가득 찬 곳이다. 인디언들은 자연에서 멀어진 인간의 마음은 금방 딱딱해지고 만다는 것을 알고 있었다. 자연에 대한 존경심을 잃으면 자연 속에 살아 있는 것들 역시 인간을 존중하지 않게 된다는 사실을. 서있는곰 추장에 따르면, 라코타 부족은 아이들을 늘 자연에 가까이 가도록 해서 딱딱하지 않은, 부드러운 심장을 갖도록 했다. 칭찬이나 아첨, 과장된 매너, 또 세련되고 목청 높은 말 따위를 라코타족은 더없이 무례하게 여겼다. 지

나친 예절을 진실하지 못한 것으로 간주했으며, 말을 많이 하는 자는 야만적이고 사려 깊지 못한 사람으로 취급되었다.

그대의 가슴속에 죽음이 들어올 수 없는 삶을 살라. 다른 사람의 종교에 대해 논쟁하지 말고, 그들의 시각을 존중하라. 그리고 그들 역시 그대의 시각을 존중하게 하라. 그대의 삶을 사랑하고 그 삶을 완전한 것으로 만들고, 그대의 삶 속에 있는 모든 것들을 아름답게 만들라. 오래 살되, 다른 이들을 위해 헌신하는 삶에 목적을 두라. 이 세상을 떠나는 위대한 이별의 순간을 위해 고귀한 죽음의 노래를 준비하라. 낯선 사람일지라도 외딴곳에서 누군가와 마주치면 한두 마디 인사를 나누라. 모든 사람을 존중하고, 누구에게도 비굴하게 굴지 마라.

자리에서 일어나면 아침 햇빛에 감사하라. 당신이 가진 생명과 힘에 대해. 당신이 먹는 음식, 삶의 즐거움들에 감사하라. 만일 당신이 감사해야 할 아무런 이유를 발견하지 못한다면 그것은 어디까지나 당신 잘못이다. 죽음이 다가왔을 때, 마음속에 죽음에 대한 두려움이 가득한 사람처럼 되지 마라. 슬피 울면서 다른 방식으로 살 수 있도록 조금만 더 시간을 달라고 애원하는 사람이 되지 마라. 그 대신 그대의 죽음의 노래를 부르라. 그리고 집으로 돌아가는 인디언 전사처럼 죽음을 맞이하라.

―테쿰세

〈나는 왜 너가 아니고 나인가〉는 인디언들의 삶과 문화 그리고 그들의 슬픈 역사를 담은 인디언 추장들의 연설 모음집이다. 총 41편에 이르는 각각의 연설문 끝에는 저자의 해설과 인디언 어록들, 그리고 100여 점의 귀한 인디언 사진이 수록되어 있다. 15년이라는 오랜 집필 기간과 수백 권의 자료 수집을 통해 완성된 책으로, 부록에는 인디언 달력과 인디언들의 독특한 이름을 실었다.

시애틀 추장, 조셉 추장, 앉은소, 구르는천둥, 빨간윗도리, 상처입은가슴, 검은새, 열마리곰, 테쿰세⋯⋯. 연설에 참여한 이들은 자신들의 삶의 방식을 지키기 위해 마지막까지 싸운 위대한 인디언 전사들이다. 그들의 연설은 단순하면서도 매우 시적일 뿐만 아니라, 문명인임을 내세웠던 당시 백인들과 지금의 시대를 사는 우리들의 위선에 찬 삶과 공허한 정신세계까지 날카롭게 지적하고 있다. 자신들의 세계와 생명의 근원인 대지가 파괴되는 것을 지켜보던 인디언들의 슬픔과 지혜, 그리고 비굴하지 않은 당당한 종말이 그대로 녹아 있어, 읽는 이의 가슴에 큰 울림으로 다가온다. 결국, 역사는 승리한 자의 기록이다. 하지만 진실은 감추어지지 않는다.

'미타쿠예 오야신.' 이 말은 '모든 것이 하나로 연결되어 있다.'라는 뜻의 다코타족 인디언의 인사말이다. 매우 간결하면서도 심오하게 우주에 대한 이해를 표현하고 있으며, 인디언 정신과 삶의 방식을 한마디로 잘 나타내 주는 핵심적인 말이다. 인디언들에 따르면, 존중한다는 것은 이곳에서 살아가는 대지와 물과 식물과 동물들이 우리 자신과 똑같이 여기에 머무를 권리를 갖고 있음을 인정하는 일이다. 우리는 진화의 맨 꼭대기에서 살아가는 가장 우월하고 전능한 존재가 아니라 사실은 나무와 바위, 코요테, 독수리, 물고기, 두꺼비들과 함께 각자의 목적을 완성하면서 삶이라는 성스런 고리를 구성하고 있는 일원일 뿐이다. 그들 모두가 그 성스런 고리 안에서 주어진 일을 해내고 있으며, 인간 역시 다르지 않다.

산문집 〈새들이 떠나간 숲은 적막하다〉에 실린 '아메리카 인디언의 지혜'라는 제목의 글에서 법정 스님은 이 책을 읽고 난 느낌을 이렇게 적었다.

"지난밤에는 늦도록 책을 읽었다. 현대 문명사회의 비판서이면서 아메리카 인디언들의 지혜를 담은 일종의 명상서적인 〈나는 왜 너가 아니고 나인가〉이다. 백인 추장(미국 대통령)이 자기들에게 땅을 팔라고 하는 말에 '어떻게 우리가 공기를 사고팔 수 있단 말인가. 대지의 따뜻함을 어떻게 사고판단 말인가. 우리로선 상상조차 하기 힘든 일이다. 부드러운 공기와 재잘거리는 시냇물을 우리가 어떻게 소유할 수 있으며, 소유하지도 않은 것을 어떻게 팔 수 있단 말인가.'라고 항변한 시애틀 추장의 그 유명한 연설문을 비롯하여, 여러 부족의 추장들이 문명사회에 던진 대지와 인간의 관계를 역설한 글들로 엮여 있다. 오늘의 시점에서 아메리카 인디언의 지혜가 어째서 새롭게 주목받게 되었는가를 우리는 깊이 헤아릴 줄 알아야 한다. 물질문명의 찌꺼기인 온갖 공해와 환경오염이 날로 극심해 가는 오늘날, 원천적으로 자연인인 인디언의 삶의 지혜를 빌려서 극복의 문을 찾아야 한다. 이런 책을 읽고 있으면 내 영혼이 보다 투명해진다. 머리맡에 두고 수시로 펼쳐 볼 지혜의 말씀은 바로 이런 책이다. 어떤 것이 진정한 문명인이고 야만인인가를 생각게 하는 감동적인 잠언들이다."

'인디언의 방식으로 세상을 사는 법'이라는 부제가 붙은 〈나는 왜 너가 아니고 나인가〉는 정신세계사에서 1993년 200여 쪽의 가벼운 분량으로 발행되었으나, 2003년 9월 김영사에서 920쪽에 이르는 개정판으로 다시 출간되었다. 아메리카 원주민 관련 서적으론 전 세계 어디에도 없는 이 역작을 두고 모든 언론이 관심을 집중했으며, 한 일간지 기자는 "어떻게 짧은 글로 이 책의 진면목을 전할 수 있을까. 책을 읽어 보라고 권할 수밖에."라고 보도하기도 했다. 함께 읽을 아메리카 원주민에 대한 책으로는 디 브라운의 〈나를 운디드니에 묻어 주오〉, 더글라스 보이드의 〈구르는 천둥〉, 어니스트 시튼의 〈인디언의 복음〉, 제로니모의 〈제로니모 자서전〉, 오히예사의 〈인디언의 영혼〉, J.G. 니이하트의 〈검은 고라니는 말한다〉 등이 있다.

너희가 만일의 경우에 대비해 뭔가를 저장하고자 하는 마음이 들 때마다 이 점을 기억하라.
결코 앞을 내다보지도 말고 뒤도 돌아보지 마라. 단지 지금 이 순간을 완벽히 살라.

신은 인간을 가꾸고, 인간은 농장을 가꾼다
핀드혼 공동체 〈핀드혼 농장 이야기〉

나는 빽빽이 차 있는 식물들의 그 아름다운 모습과 색상의 조화를 경탄의 눈으로 지켜보았다. 내 마음속 깊이 새겨진 인상은 이곳 핀드혼에서 뭔가 이상하고 놀라운, 그러면서도 중요한 어떤 일이 일어나고 있다는 것이었다. 아울러 이와 같은 농장은 전 세계에 필요하고, 특히나 사막이 확장되고 생명이 죽어 가는 그런 곳에서는 그 필요성이 더욱 절실하다는 것이었다. 생명! 바로 그것이다! 그렇다. 만일 누가 내게 핀드혼 농장에 대해 한마디로 묘사하라고 한다면 나는 이렇게 대답하겠다. '생명, 넘치는 생명'이라고.

피터는 큰 호텔의 잘나가는 지배인이다. 그가 근무하는 동안 호텔의 재정 상태는 세 배나 좋아졌고, 등급도 별 세 개에서 네 개로 뛰어올랐다. 하지만 10년 전 아내 아일린이 신의 목소리를 들은 이래 그들은 지속적으로 거기에 귀 기울여 왔고, 그때까지의 모든 성공에도 불구하고 11월의 눈 내리는 어느 날 마침내 물질적인 풍요가 보장된 호텔 생활을 박차고서 캐러밴 트레일러 한 대에 의지해 핀드혼으로 향한다. 아일린이 명상 중에 받은 신의 인도에 따른 떠남이었다. 같은 호텔 동료이자 영적인 동지 도로시도 함께였다.

좁다란 모래 반도에 위치해 있으며, 서쪽의 침엽수림대를 제외하고는 완전히 대륙풍에 노출된 곳 핀드혼. 더욱 나쁜 것은 모래와 자갈만이 잡초에 뒤섞인 척박한 토양이었다. 어찌나 메마른지 물을 뿌리면 거품을 내며 그냥 흘러가 버리는 열악한 모래땅에서 농장을 일군다는 것은 누가 봐도 터무니없는 일이었다.

모든 것이 가능하고 그렇게 되리라는 것을 믿어라. 항상 기억하라. 내가 너희들에게 주는 것은 하루하루의 필요한 것들이라는 것을. 그러므로 아무것도 저장해 두지 마라. 너희가 무엇을 가졌든, 나로부터의 선물이라는 것을 알고 사용하라. 그리고 내게는 줄 것이 항상 풍부하다는 것을 기억하라. 나의 선물은 끝이 없다. 왜냐하면 모든 것이 나의 것이기 때문이다. 너희가 만일의 경우에 대비해 뭔가를 저장하고자 하는 마음이 들 때마다 이 점을 기억하라. 단지 지금 이 순간을 완벽히 살라. 그리하여 너희에게 필요한 것들이 충족될 때마다 감사하라.

방송사마다 특별 프로그램을 편성해 소개할 정도로 세계적으로 널리 알려진 핀드혼 농장은 1962년에 시작되었다. 시기적으로 뉴에이지 운동이 활발하게 일어나던 해였고 많은 이들이 새로운 방식의 삶을 실천하려고 노력할 때였다. 피터, 아일린, 도로시는 내면에서 들려오는 신의 목소리를 믿었고, 이에 세 원예 초보들은 농장을 일구는 첫 삽을 뜬다. 긍정적인 사고와 신에 의지하는 훈련은 척박한 땅을 기름지게 만드는 데 필요한 모든 것을 가져다주었다. 이들 세 사람이 하나하나의 재료를 모으며 느낀 사랑과 감사의 마음은 퇴비와 어우러져 그 자체로 큰 역할을 했다. 그들은 또 틈틈이 고요한 명상의 시간 가지기를 게을리하지 않았다. 아일린과 도로시는 날마다 내면의 신으로부터 받은 메시지를 적어 나갔는데, 그 내용은 그들의 내적인 발전에 대한 조언뿐만 아니라 섭취해야 할 음식, 나날의 특별한 시험 등에까지 미쳐 있었다.

 농장 일이 시작된 지 두 달여 즈음, 하루는 도로시가 명상 중에 직접적으로 스위트피 데바와 접촉하게 된다. '데바'는 산스크리트어로, '빛나는 존재'라는 뜻. 모든 존재들의 원형을 품고 있으면서 그것들이 물질계에 현현할 수 있도록 필요한 에너지를 인도, 조정하는 정령과 같은 것이다. 핀드혼의 발전에 완전히 새로운 국면을 맞이하게 해 준 대사건이었다.

 우리는 인간들을 도와주는 것을 매우 즐깁니다. 그러나 인간들이 먼저 우리에게 도움의 손길을 요청하지 않는다면 우리는 다가가지 않습니다. 우리는 항상 지상의 모든 생명들과 함께해 왔으며 인간들의 노력 속에도 우리는 함께해 왔습니다. 우리는 인간들과는 달리 껍데기만으로 사물을 보지 않으며 그 속에 있는 내부의 생명력을 봅니다. 그러나 보이는 것과 보이지 않는 것 사이에는 같은 멜로디의 서로 다른 옥타브처럼 상호 간에 밀접한 연결이 있는 것입니다.

 데바들은 인간의 사념과 마음의 상태가 농장에 영향을 미치는 까닭에, 인간이 줄 수 있는 가장 효과적인 도움 중 하나는 땅을 경작할 때 그곳에 에너지를 뿜어 주고, 식물들을 사랑으로 돌보는 것이라 이야기한다. 진실한 사랑이야말로 인간이 농장의 식물들에게 필요한 물리적, 영적인 요소들에 민감하게 깨어 있도록 해 준다.

 불과 몇 년 만에 그들은 불모지를 생명이 흘러넘치는 풍요의 농장으로 가꾸어 놓았다. 거기서 수확한 빨간양배추는 17킬로그램이나 나갔다. 꽃양배추 하나를 먹는 데는 여러 달이 소요되었다. 내면의 신과 교감하고, 식물과 대화를 나누며, 자연에 내재한 영들과 함께 거닐었던 이들 삶의 방식의 결과였다.

핀드혼 공동체는 인간이 도구화해 온 자연을 다른 관점에서 볼 것을 제시한다. 신이 인간에게 자연에 대한 지배권을 부여한 것은 자연을 마음대로 해도 좋다는 의미가 아니다. 자연은 인간의 도구가 아니며 대상화할 수 있는 존재도 아니다. 이들에 의하면 이 세상은 세 왕국으로 이루어져 있다. 인간계, 데바계, 엘리멘탈(세계를 구성하는 네 가지 물질, 즉 물, 불, 공기, 흙 안에 살고 있는 존재)계가 그것이다. 인간이 이 세 왕국의 협력을 이끌어 내야만 태초의 평화와 조화 그리고 신성이 되살아난다고 그들은 믿는다.

> 식물들을 단지 아름다움이나 겉보기를 위해서, 또는 어떤 특수한 목적에 사용하기 위해 재배하는 것만으로는 충분치 않습니다. 이 모든 것들을 전체의 현현이라는 마음으로 길러야 합니다. 당신도 역시 그 전체의 일부분인 것입니다. 당신은 흙과 꽃과 햇빛과 비의 일부분이며, 다른 사람의 눈 속에서 반짝이는 빛과 그 미소 속에 번지는 따스함의 일부분인 것입니다. 또한 당신은 우리들 천사 군단의 일부분이기도 합니다.

핀드혼 농장에서 재배하는 수많은 농작물 중 허브도 데바계를 구성하는 주인공들이다. 모든 허브 데바는 저마다 독특한 성질과 에너지를 가진다. 그래서 그것을 먹으면 각각의 독특한 속성이 인간에게 작용하게 된다. 핀드혼의 기적을 일으킨 큰 힘은 바로 그런 데바들로부터 주어졌다. 구성원들은 처음 농장을 시작할 무렵부터 끊임없이 데바들과 상념으로 이야기를 주고받으며, 그들로부터 직접적이고 구체적인 조언을 얻어 왔다. 이를 통해 농장 경험이 전무함에도 불구하고 놀라운 기적을 일으킬 수 있었던 것이다.

아일린은 직접 내면의 신으로부터 인도를 받았고, 도로시는 데바들과 통신했으며, 후에 합류한 록은 엘리멘탈을 만나고 대화를 나눈다. 피터는 인간의 대표로서 농장의 실제 활동을 주관했다. 물론 각자의 역할을 함에 있어 모두의 의견이 늘 일치하지만은 않았다. 또한 이와 같은 전혀 새로운 형태의 실험은 인간으로 하여금 숱한 실수를 저지르게 했다. 누군가가 자신들의 일을 방해하면 자연령들도 파업한다.

나는 데니스에게 과일나무의 성장에 방해가 되는 가시금작화를 잘라 버리도록 했다. 그는 꽃이 피어 있는 가시금작화를 가지치기하고 싶지 않았지만 자연령들에게 사정을 설명하고 미안해하며 일을 처리했다. 그룹의 일원인 레나는 꽃이 피어 있는 것을 자르는 것은 잘못된 것이라고 했다. 도로시는 아예 눈물까지 글썽이며 내가 그들을 도살하고 있다고 말하는 것이었다. 나는 이 여자들이 너무한다 싶어 한마디 쏘아붙였다.

"그런 바보 같은 소리 하지 말아요. 그렇다면 당신들이 잔디를 깎을 때마다 그것들을 도살하는 것이겠네요?"

그런데 록이 얼마 안 있어 에든버러에서 전화를 걸어와서는 내가 혹시 자연령들을 화나게 만들 일을 저지르지는 않았는지 물었다.

"아무것도 없어요."

그러자 그가 말했다.

"글쎄요, 그런 일을 저질렀을 텐데요."

그러고는 에든버러에서 핀드혼까지 단숨에 달려왔다. 그리고 활짝 핀 가시금작화로 뒤덮인 들판으로 들어서자 록은 어느새 흥분하여 몰려든 한 무리의 가시금작화 요정들에 둘러싸였다. 그들은 록에게 자기들은 모두 농장을 떠날 것이며 더 이상 이곳에서 일하지 않겠노라고 했다.

인간과의 협력은 처음 시도해 보는 일이었기에 데바들 역시 모든 일을 늘 예견하지는 못했다. 농장 일에 착수한 첫해, 놀라운 활력으로 뻗어 나가던 누에콩의 꽃들이 갑자기 떨어진 적도 있었다.

해충 역시 무조건 없애 버려서는 안 된다. 그들을 다루는 한 가지 방법은 그룹 소울 또는 해당 벌레의 데바와 접촉하는 것이다. 만물에게는 모두 자신의 거처가 있다는 사실을 인정하면서 자신의 뜻을 그들에게 설명해야 한다. 즉 그들이 내가 재배하는 식물을 해치고 있다고 말해야 한다. 그들이 떠나서 거주할 다른 장소를 알려 주는 일 또한 중요하다.

맨 처음 데바들은 지혜로운 교사답게 당시 가장 중요한 것, 즉 농장에 실질적으로 필요한 물리적인 일에 도움을 주다가 점진적으로 사람들을 새로운 인식의 세계로 인도해 갔다. 이제 핀드혼의 활동 초점은 인간 의식을 꽃피우는 일로 옮겨진다. 구성원들이 식물을 재배하면서 배운 것은 그들과 뜻을 같이하는 이들을 교육시키는 데 적용되었다.

〈핀드혼 농장 이야기〉는 농장을 다루기는 하지만, 그것은 공동체가 양배추뿐만 아니라 영혼을 기른다는 더욱 큰 계획의 일부분에 지나지 않는다. 핀드혼은 새로운 삶의 방식을 보여 준다. 이는 어떤 것이 성취될 수 있는지, 어떻게 삶이 변화될 수 있는지에 대한 놀라운 증거이다. 핀드혼은 자연으로의 회귀를 외친다. 이 회귀는 자연의 원동력, 즉 자연의 본성으로의 회귀를 말한다. 이 회귀는 자연의 혼과 지성, 신성으로 돌아가자는 것이다. 인간은 이들의 종합된 부분이며 이를 통해 인간의 영혼이 드러나게 된다. 바로 핀드혼이 증명하고 있는 세계이다. 땅 위에서, 땅에 의해서, 땅을 사랑하며 사는 핀드혼 공동체는 실제로 자신들의 삶을 통해 지혜와 자유를 최상의 형태로 꽃피우는 철학을 표현하고 있다.

모든 것의 이면에서, 인간은 자신과 자신이 가진 생명의 본성을 읽는다. 인간은 저마다의 운명의 씨앗인 자기 존재에 대한 원예가이다.

법정 스님은 〈새들이 떠나간 숲은 적막하다〉에서 말했다.

"모든 살아 있는 생명체는 저마다 형태가 달라서이지 영靈이, 그 마음이 깃들어 있다. 산 것과 죽은 것의 구분은 영이 깃들어 있느냐 나가 버렸느냐에 달렸다는 말을 나는 믿는다. 우리가 사람이기 때문에 모든 것을 우리 기준으로만 속단하기 쉬운데, 인간은 이 무변광대한 우주의 큰 생명체에서 나누어진 한 지체라는 사실을 상기해야 한다."

🕊 핀드혼 농장을 일군 다섯 명의 신비가, 즉 피터 캐디와 아일린 캐디, 도로시 매클린, 이제는 다른 세상으로 옮겨 간 오길비 크롬비, 데이비드 스팽글러가 그곳에서 겪은 일들을 각자의 입장에서 술회한 〈핀드혼 농장The Findhorn Garden〉은 1975년 하퍼앤로에서 출간되었다. 이를 1993년 조하선이 번역하여 〈핀드혼의 기적〉이라는 제목으로 늘푸름에서 발행했다. 이 번역본은 그 후, 〈모래 속에 꽃피운 생명〉이라는 제목으로 1998년 초롱에서, 〈핀드혼 농장 이야기〉라는 제목으로 2001년 7월 씨앗을뿌리는사람에서 손질을 거쳐 출간된다. 2003년 스코틀랜드의 핀드혼 프레스에서 최근까지 핀드혼 공동체 안에서 구현된 성과와 생각들을 담은 한 장을 추가해 개정판 〈핀드혼 농장 이야기The Findhorn Garden Story〉를 냈다. 같은 이가 번역해 2009년 씨앗을뿌리는사람에서 개정판을 선보였다. 현재 핀드혼 농장은 핀드혼 재단으로 성장하여 전 세계의 수많은 사람들이 데바와 모든 생명을 느끼고 이해하며 소통하는 영적인 교육센터로 자리매김했다.

핀드혼 농장 이야기 _ 125

사랑과 사상만큼 강한 힘을 가진 것은 없다. 조직도, 정부도, 경전도, 무기도, 사랑과 사상을 당할 수는 없다.
나는 사랑과 사상이 진정한 힘의 유일한 근원이라고 믿는다.

모든 사람은 베풀 것을 가지고 있다
칼린디 〈비노바 바베〉

나는 신을 의식의 거대한 바다라고 생각한다. 그 바다 안에서 파도는 일어났다가 가라앉으며, 물결들은 솟구쳤다가 부서져 다시 바다 전체와 하나가 된다. 새로운 물결은 일어나며, 새로운 물결은 다시 바다로 떨어져 하나가 된다. 신의 바다에서 하나의 물결과 같은 각 개인의 영혼은 바다에서 솟아올라 한 평생, 두 평생, 세 평생 동안 그 표면에서 역할을 하다가 다시 바다로 흡수되며, 그리하여 자유롭게 된다. 개개의 영혼들 사이에는 높고 낮음이 없다. 모두가 신의 다른 표상들이다.

간디는 비노바 바베를 가리켜 '인도가 독립하는 날, 인도의 국기를 맨 처음으로 게양할 사람'이라 칭송했다. 그러나 우리는 현대 인도의 위대한 정신인 비노바 바베에 대해서 잘 알지 못한다. 비폭력운동을 이끈 대표적 정치 지도자로 간디를 꼽는다면, 권력의 바깥에서 재야의 중심인물로 꼽히는 사람이 바로 비노바이다. 그의 이타적인 활동과 인격적인 삶은 인도의 역대 수상부터 가난한 서민에 이르기까지 모든 인도인의 마음을 흔들어 놓았다. 열 살이라는 어린 나이에 이미 그는 평생을 독신으로 지내면서 인류를 위해 헌신하기로 서약했다.

해방 후 인도가 혼탁해져 있을 때, 비노바 바베는 한 마을에 갔다가 놀라운 일을 목격한다. 배고픔에 떨던 천민들이 농사지을 땅이 없어 굶주리고 있자 이를 불쌍히 여긴 한 마을 유지가 선뜻 100에이커의 땅을 내놓겠다고 한 것이다. 이에 천민들은 겸손히 "우리에게 필요한 80에이커만 받겠다."고 했다. 비노바는 이 회의를 지켜보며 폭력 없이 사랑과 감동만으로 세계의 문제를 해결할 수 있음을 깨닫고, 토지 헌납운동을 시작했다. 그날 이래로 그는 20년이 넘는 긴 세월 동안 인도 전역을 걸어다니며 지주들을 만났고, 가난한 이웃들에게 땅을 내어 주도록 설득한다.

토지헌납운동을 시작하고 나서 비노바 바베는 문명의 이기인 자동차나 비행기 등의 편리한 교통수단을 마다하고 8천 킬로미터가 넘는 거리를 걷고 또 걸었다. 그의 '평화의 행진'에 힘입어 지주들이 나누어 준 땅은 인도의 한 주의 넓이에 달했다. 이 일은 가난과 숱한 분쟁으로 피폐해져 있는 인도를 하나로 묶어 주는 소리 없는 혁명이 된다.

모든 인간이 공기와 물과 햇빛을 누릴 수 있는 권리를 가지고 있듯이, 땅을 누릴 수 있는 권리를 가지고 있다. 그것은 계시였다. 사랑으로 감동을 받으면 사람들은 땅까지도 나눌 수 있다. 만일 우리 마음이 순수하기만 하다면 어떤 문제라도 비폭력적인 방법으로 해결할 수 있으리라 확신한다. 땅을 못 가진 사람이 존재하는 한, 한 개인이 필요 이상으로 땅을 차지하는 것은 잘못이다.

그는 사람들에게 카스트와 언어와 종교의 장벽을 허물어 버리라고 역설했고, 스스로 브라만 계급을 상징하는 긴 머리카락을 잘라 버렸다. 악명 높은 참발 계곡의 강도들조차 비노바 앞에서는 무릎을 꿇었다고 한다. 사회개혁가이면서 비노바는 뛰어난 영성가였다. 그는 평생 동안 〈바가바드기타〉와 같은 힌두교 경전을 비롯해 인도의 정신문명을 탐구했고, 산스크리트어에도 조예가 깊었다. 동시에 그는 노동을 중요시했는데, 아쉬람 생활을 통해 똥 치우는 일에서부터 요리하는 일까지 어떤 것이든 마다하지 않았다. 간디가 비노바를 가리켜 "모르긴 몰라도 베 짜기에 한해선 인도에서 그를 따를 사람이 없을 것."이라고 평가할 정도로 뛰어났다.

만일 내가 빗자루 대신 묵주나 염주를 들었더라면 아무도 나에게 시간을 낭비하고 있다고 말하지는 않았을 것이다. 쓰레기를 줍는 일은 나에게는 묵주를 잡은 것과 같은 일이다. 지푸라기를 하나하나 주울 때마다 신의 이름을 한 번씩 기억하는 것이다. 거기에 따르다 보면 다른 생각을 하는 일도 없으며, 그것은 순수한 묵상이다.

육체적인 노동은 예배의 한 방식으로 수행되어야 하며, 노동과 예배는 하나가 되어야 한다는 것이 그의 사상이었다. 만일 우리가 육체적인 노동을 믿지 않는다면, 우리는 첫째로는 물질적으로 그리고 둘째로는 정신적으로 설 자리를 잃게 될 것이라고 그는 말하곤 했다.

나는 먹는 것이나 잠을 자는 것까지도 사회에 빚을 지고 있는 의무로 간주한다. 나는 개인적 행동과 사회적 행동을 구별하지 않으며, 나의 모든 행동들을 사회에 대한 나의 섬김의 부분으로 소중하게 생각한다. 규칙적으로 잠자리에 드는 것, 건강하게 잘 자는 것, 정해진 시간에 일어나는 것, 이 모든 일들은 나의 사회적 의무의 부분들이다.

독립운동을 하던 비노바는 여러 차례 감옥에 수감된다. 그곳에서 그는 날마다 자기 존재의 근원에 대해 명상하는 시간을 가졌으며, 〈바가바드기타〉에 나오는 구절 '유위 가운데서 무위를 보고, 무위 가운데서 유위를 보는 자는 진정으로 깨달음을 얻은 자이다.'의 의미를 깨닫는다. 그러한 그에게 감옥을 지키는 간수는 삶의 지침을 가르쳐 달라고 부탁하기까지 한다.

내가 진정한 아쉬람 생활을 경험한 것은 감옥 안에서였다. 내가 가진 것이라곤 옷 두세 벌, 물잔 한 개 그리고 밥그릇 한 개가 전부였다. '무소유'의 서약을 실천하기에 이보다 더 좋은 곳이 또 어디에 있겠는가? 목욕하고 밥 먹고 일하는 것은 규칙에 따라서 했고, 잠자리에 들고 일어나는 것은 종소리에 따라서 했다. 이 얼마나 완벽하게 규칙적인 생활인가! 심지어 몸이 아픈 것까지도 허용되지 않는 곳! 맛있는 것을 먹지 않겠다는 서약은 매일매일 지켜지고 있었다. 서약을 지키기에는 아쉬람도 감옥보다는 못한 곳이었다.

비노바는 모든 사람이 베풀 수 있는 무엇인가를 가지고 있다고 말하곤 했다. 어떤 사람들은 땅을 가지고 있고, 또 어떤 사람들은 재산을, 또 어떤 사람은 지식이나 육체적인 힘을 가지고 있다. 더 나아가서 사랑과 애정은 모든 인간의 가슴속에 가득히 배어 있다. 우리는 모두 무언가 베풀 것을 가지고 있고, 그래서 베풀고 또 베풀어야 한다고 그는 가르쳤다. 하지만 정작 자신의 이타적인 활동에 대해서는 이렇게 말할 뿐이었다.

"나는 단순히 내가 받았던 풍요로운 생각의 한 부분을 다른 사람들과 나누고 있는 것이다. 나는 큰 도매상들에게서 얻은 물건을 팔고 있는 작은 구멍가게 주인에 불과하다."

이런 위대한 비노바의 뒤에는 어머니가 있었다. 그는 자신의 정신을 형성하는 데 있어서 어머니가 했던 역할에 버금갈 만한 것은 아무 것도 없다고 고백했다.

어머니는 나에게 우유와 음식을 주셨고, 내가 몸이 아플 때면 내 곁에서 밤을 꼬박 지새우며 나를 돌보셨다. 그러나 모든 것 중에 가장 위대한 선물은 이렇게 인간으로서 올바르게 행동할 수 있도록 나를 훈련시켜 주신 것이다. 가고데에 있던 우리 집 마당에는 인도빵나무 한 그루가 있었다. 당시 철모르는 어린아이였던 나는 그 나무에서 열매가 자라는 것을 보고, 언제 그것을 먹을 수 있느냐며 보채기 시작했다. 결국 때가 되어 열매가 익자, 어머니는 그 나뭇잎들을 따서 오목하게 접시 모양으로 많이 만든 뒤 열매를 거기에 담으셨다. 그리고 나에게 그 접시들을 동네 집집마다 선물로 돌리라고 하셨다. 접시를 다 돌리고 나자 어머니는 그제야 나에게 옆으로 와서 앉으라고 하더니 달콤한 그 열매 몇 조각을 주셨다. 어머니는 "우리는 먼저 베풀고 나중에 먹어야 하는 법이란다." 하고 말씀하시곤 했다. 어머니의 이 가르침은 나에게 깊은 감동을 주었고, 만일 그 가르침이 없었더라면 나는 토지헌납운동을 할 수 없었을 것이다.

지주들을 만날 때마다 비노바는 유명한 '여섯 형제의 비유'를 들어 그들을 설득했다.

"만일 당신에게 아들 다섯이 있다면, 가난한 이들의 대표자를 여섯째 아들로 생각하고 당신 땅의 6분의 1만 나에게 주시오. 땅이 없는 사람들과 같이 나눌 수 있도록 말이오."

경작할 수 없는 척박한 땅을 내놓는 지주들에게는 "먼저 경작할 수 있는 땅을 내놓으라."고 요구했다. 그는 단순히 땅을 구걸하러 다닌 것이 아니라 진정한 나눔을 실천하라고 가르치며 다녔던 것이다.

도보 여행을 하는 동안 늘 짚으로 엮고 대나무로 세운 초라한 움막에서 잠을 잤지만, 숙소로는 수상이나 대통령이 찾아올 만큼 비노바는 정치적인 영향력을 지닌 인물이었다. 하지만 75세가 되었을 때 그는 모든 사회적 정치적 활동을 중단하고 기도와 명상으로 삶을 채운다. 87세가 되자 비노바는 몸이 쇠약해지고 죽음이 다가오고 있음을 알았다. 이미 죽음을 두려워하지 않게 되었기에 의사의 진료는 물론이고 약과 음식과 물을 거부했다. 그가 죽을 때까지 단식을 할 것이란 사실이 널리 알려지자 친구와 추종자들이 마지막 작별을 고하기 위해 구름 떼같이 몰려들었다. 단식 80일째 되던 날, 비노바는 지극히 평화로운 가운데 자신의 몸을 벗어 버린다.

우리가 언제 어떻게 생애를 마감하게 될지는 아무도 예측할 수 없는 법. 그러나 매일의 삶은 잠으로 끝나게 되며, 매일의 경험은 죽음을 조금씩 맛보는 것이 아닌가. 따라서 만일 우리가 매일 자기 전에 마지막 장면을 잘 해낸다면, 생애의 마지막 시간이 다가올 때 우리는 승리를 손에 넣게 된다.

법정 스님은 산문집 〈홀로 사는 즐거움〉에서 비노바 바베를 이렇게 소개했다.

"어느 날 체격이 건장한 거지에게 적선을 베푼 어머니를 보고 어린 비노바 바베는 '저런 사람에게 적선하는 것은 게으름만 키워 주게 돼요. 받을 자격이 없는 사람에게 베푸는 것은 그들에게도 좋지 않아요.'라고 불만을 토로한다. 이때 어머니는 차분하게 말한다.

'아들아, 우리가 무엇인데 누가 받을 사람이고 그렇지 못한 사람인가를 판단한단 말이냐. 내 집 문전에 찾아오는 사람이면 그가 누구든 다 신처럼 받들고 우리 힘닿는 대로 베푸는 거란다. 내가 어떻게 그 사람을 판단할 수 있겠느냐.'

이렇듯 비노바 바베는 학교교육이 아닌 어머니의 믿음에 감화를 받으면서 성장한 사람이다."

또한 법정 스님은 〈비노바 바베의〉 뒤표지 추천사를 직접 쓰기도 했다.

"비노바는 인도의 독립과 가난한 사람들의 지위 향상을 위해 평생을 헌신했으며, 마하트마 간디 이후 인도의 정신적 지도자였다. 인도 전역을 걸어다니며 지주들을 설득, 수백만 에이커의 토지를 헌납받아 가난한 사람들에게 나누어 준 운동은 온 세계를 감동시켰다. 비노바의 생애는 암담한 미래에 희망과 영감을 불러일으킨다."

칼린디는 1960년에 비노바 바베를 처음 만났다. 제자가 된 칼린디는 그의 강연과 대화를 꼼꼼히 기록하였으며, 1964년 비노바가 힌두어 월간지 〈마이트리〉를 시작하자 편집장을 맡아 오랫동안 그 일을 이어 갔는데, 이 책의 영문판 원본은 원래 1985년에 〈마이트리〉의 특별 편집본으로 출판된 것이다. 자서전 형식으로 되어 있지만 직접 쓴 것은 아니고, 칼린디가 비노바로부터 들은 이야기들을 바탕으로 그 삶을 재구성한 〈사랑에 이끌려―비노바 바베 회고록 *Moved by Love: The Memoirs of Vinoba Bhave*〉은 1994년 그린북스에서 영어판이 발행되었으며, 김문호가 번역하여 〈비노바 바베〉라는 제목으로 2000년 10월 실천문학사에서 출간되었다. 비노바 바베와 관련된 다른 책으로는 〈천상의 노래〉〈홀로 걸으라 그대 가장 행복한 이여〉〈삶으로 배우고 사랑으로 가르치라〉〈버리고 행복하라〉〈비노바 바베, 간디를 만나다〉 등이 있다.

'여기에 사는 즐거움'이란 '여기에 사는 슬픔'이자 '여기에 사는 괴로움'인 동시에 '여기에 사는 기쁨'이자 그것들을 넘어서 '모든 것은 즐거움'이라고 하는 삶에 대한 찬가이다.

이대로 더 바랄 것이 없는 삶
야마오 산세이 〈여기에 사는 즐거움〉

자, 이제까지 계속되었던 나의 여행도 여기서 끝난다. 그사이 내 나름대로 몸과 마음을 다해 독자에게 전달하고 싶었던 것은 지구 위의 어느 장소이든, 사람이 한 장소를 자신의 터전으로 선택하고, 거기서 나고 죽을 각오를 하면 그 장소에서 끝없는 여행이 시작된다고 하는 사실이다. 나의 여행은 '여기에 산다는 것' 속에 있다. 여기에 산다는 것은 삼라만상 속에서 삼라만상의 지원을 받아 가며 거기에 융화돼서 사는 것이다.

일본 열도 최남단의 가고시마 현에서 뱃길로 130킬로미터를 달리면 제주도의 5분의 1밖에 되지 않는 작은 섬에 도착한다. 1977년 어느 날, 온 가족을 데리고 한 남자가 배에서 내린다. 이곳은 빗살무늬 토기 시대부터 살아온 조몬삼나무가 있는 천혜의 야쿠 섬. '여기'에서 그는 버려진 마을을 다시 세우고, 산과 바다 그리고 그 안의 모든 목숨붙이들을 스승으로 삼아 자연과 벗하며 새로운 형식의 삶을 시작한다. 그로부터 20년, 〈여기에 사는 즐거움〉은 구도자이자 시인인 야마오 산세이가 1996년부터 만 2년 동안 월간 〈아웃도어〉에 연재한 글을 모은 것이다.

아웃도어라면 사람들은 야외에서 노는 것이나 여행을 하는 것으로 혹은 다소의 모험을 하는 것으로 생각하지만 나는 그 속에 감히 '산다'라는 시야를 포함시켰다. 그 이유는 가장 참다운 아웃도어란 사는 일에 다름 아니기 때문이다. 2년 동안의 '산다'라는 여행 속에서 차츰 내게 분명해진 것은 우리는 이 지구에 속해 있고, 우리가 살고 있는 그 지역에 속해 있다는 것이다.

하루는 걸어서 왕복 아홉 시간이 걸리는 산속의 조몬삼나무를 만나러 갔다가 한 포기 작고 흰 제비꽃과 마주치게 된다. 고대 이집트나 메소포타미아 문명 이래 인류 전 문명사에 필적하는 길고긴 시간을 살아온 조몬삼나무 옆에 고작 이삼 센티미터 정도의 제비꽃이 피어 있는 것을 보고 야마오는 '제비꽃도 하나의 생명, 조몬삼나무도 하나의 생명, 생명이라는 이 지상의 신비에서 보자면 양자는 완전히 대등하다.'는 사실을 느끼며 전율한다. 그는 이러한 동등한 사랑스러움을 '가미'라 표현하는데, 계절에 따라 쉼 없이 변화해 가는 주변 풍경 속에는 온통 그 가미들이 숨어 있다.

나는 하나로서의 신과 구별하기 위해 삼라만상으로서 나타나는 오래되지만 새로운 신을 그냥 가미라고 표기한다. 가미란 우리를 초월해 있으며 우리에게 좋은 기운을 주는 것, 깊고 강한 에너지를 주는 것의 별명이다. 그러므로 좋은 기운을 가져다주고, 깊고 강한 에너지를 가져다주는 것은 그 대상이 무엇이든 가미라 할 수 있다. 이 가미는 지배하지 않고 강제하지 않고 조직하지 않는다는 점에서 이제까지의 신과는 다르다. 하지만 소중하게 취급하고 존경하지 않으면 나타나지 않는다는 점에서는 이제까지의 신과 같다. 나란 무엇인가를 찾아가다 보면 그것은 분명 자연 또는 가미에 가닿게 된다. 거꾸로 자연 혹은 가미는 무엇인가를 찾아가다 보면 그것은 반드시 나에게 이른다.

그는 우리가 만나서 진심으로 좋았다고 생각하는 것이 있다면 무엇이든, 그것이 풀이든, 나무이든, 바위나 돌이든, 바다이든, 사람이든, 곤충이든 가미라 부를 수 있다고 이야기한다. 아름다운 것, 진실한 것, 착한 것, 즐거운 것을 가미라고 부르면 무슨 까닭에선지 그 순간 그 즐거움, 착함, 진실, 아름다움이 한층 깊어진다. 그것을 찾는 것이 바로 진정으로 사는 길이다. 그는 더 이상 살아갈 수 없는 절망 속에서 가미를 통해 구원을 얻기도 한다.

어느 날 그는 이렇게 깨닫는다.

'나는 20년 이상 이 땅에 살고 있고, 아내도 이미 10년 가까이 여기에 살고 있다. 그리고 둘 다 백목련만큼, 아니 야생이기 때문에 그 이상으로 봄을 알리는 아오모지꽃을 사랑한다. 그런데도 코앞에 있는 그 나무를 이제껏 둘 다 전혀 모르고 있었다니 이게 무슨 조화인가. 비에 젖어 있는 만큼 그 담황색의 꽃은 한껏 싱싱한 모습으로 멍청했던 우리들의 오랜 세월을 향해 환한 웃음을 짓고 있는 듯했다. 보고 느끼는 인간의 힘이란 자연의 생명이 가진 무한한 힘의 관점에서 보면 없는 것과 마찬가지라는 것을 그 꽃은 일러 주는 듯했다. 내년부터는 백목련과 함께 그 아오모지가 우리에게 이대로 더 바랄 것이 없는, 밑바닥으로부터의 삶에 대한 긍정의 한순간을 우리에게 가져다줄 것이 틀림없다.'

40억 년이란 생명의 흐름 안에는 백목련과 아오모지 외에도 우리에게 '공명 현상'의 감동을 일으켜 주는 존재가 무한하게 널려 있다.

그때도 장마가 지고 있었고, 나는 우산을 쓰고 쏟아지는 빗속에 서 있었는데, 아무 생각 없이 고개를 들었더니 흰 꽃을 활짝 피운 섬배롱나무가 비를 맞고 서 있는 모습이 눈에 띄었다. 그 모습이 내게 보여 준 것은, 비를 맞으며 흠뻑 젖어 있는 지금 이 순간이야말로 내가 가장 꽃피어 있는 시기라는, 지극히 단순한 위로였다. 5분 정도 나는 깊은 위로를 받으며 그 나무에 홀려 있었다. 그 일이 있은 뒤로 그 나무는 몇만 그루가 있는지 몇십만 그루가 있는지 알 수 없는 야쿠 섬의 수많은 나무 속에서 조몬삼나무에 이어 두 번째 내 나무가 되었고, 가미가 되었다.

섬에서 그는 하루 중 반나절은 농사일을 하고, 나머지 반나절은 명상하고 연구하고 책을 읽고 글을 쓰는 생활을 한다. 농사엔 농약과 화학비료를 일절 사용하지 않는다. 화학비료 대신 음식물 쓰레기, 똥오줌, 나뭇재를 밭에 낸다. 잡초는 베어 낸 다음 그대로 밭에 덮는다. 잡초는 끝도 없이 나지만, 그는 잡초를 미워하지 않고 "잡초는 베어서 땅에 덮으면 마침내 비료가 되기 때문에 밭에 잡초가 무성해 있으면 실은 비료가 무성해 있는 셈이다."라고 한다. 그의 밭은 좋게 말하면 자연농법이고, 나쁘게 말하면 아무 일도 안 하고 내버려 둔 밭 같다. 그는 이따금 작물 주위의 풀을 낫으로 벤 다음, 벤 풀을 작물 주위에 덮어 주는 일만 할 뿐이다. 목욕탕 아궁이에서 생기는 나뭇재를 퍼다 뿌리는 일 외에는 비료도 주지 않는다. 나날이 부엌에서 나오는 음식물 쓰레기를 밭에 파묻어 주는 일 정도가 그가 하는 전부이다.

야마오는 지금 이 자리, 곧 '여기'가 곧 교회인 삶을 살고자 했다. 따로 사원을 짓지 않아도 되는 그런 삶을 추구했다. 그리고 그곳이 어디든 언제나 다음 두 가지 것을 지키려고 했다.

'서두르지 않는다. 집중한다.'

이를 통해 그는 자신 속에서 피어나기를 간절히 바라는 생의 근원적인 충동, 곧 생명의 충족감과 내밀함을 손에 넣을 수 있다.

　석기 문화, 혹은 석기시대라고 하면 사람들은 두 번 다시 돌아갈 수 없고, 또 돌아가고 싶지 않은 과거의 일로 받아들인다. 하지만 이 섬에서의 내 20년 생활에서 보자면 그 문화는 현대에서도 충분히 가치 있는 문화다. 석기 문화를 생활 속에 받아들임에 따라 우리들은 이 문명사회에서는 맛볼 수 없는 새로운 풍요로움과 기쁨을 손에 넣을 수 있다.

　핵과 석유에너지에 의지한 문명은 그것이 배출하는 유독물질이나 대기오염을 포함해 절망적인 미래밖에 보여 주지 못한다. 하지만 야마오가 생각하기에, 태양에너지를 비롯한 재생 가능 에너지나 자원에 의지하는 석기시대 문명은 태양계가 존재하는 한 끝없이 이어져 갈 문명의 가능성을 증명한다. 지구의 주민은 단지 인간만이 아닌 것이다. 무기물을 포함한 모든 생명체가 지구에 소속되어 있다. 인간은 카메라의 눈이나 상상력을 통해서밖에 지구를 볼 수 없지만, 자신이 사는 지역에서라면 자신의 몸과 마음을 가지고 직접 무슨 일이든 할 수 있다. 이는 지역이라는 현실을 통해 이 지구 전체와 관계 맺음을 의미한다.

　인간은 본래 물과 빛, 흙과 공기에 속한 생물이다. 제아무리 인류 문명과 문화를 뽐내며 독립된 개인임을 자랑하고, 의식을 가진 존재인 점을 내세운들 그 생명의 본질은 물과 빛에 속하고, 흙과 공기에 속해 있다는 사실에서 벗어날 수 없는 것이다. 20세기 문명은 좋은 측면도 많지만 인류가 억 년 단위의 시간에 속해 있고, 암석에 속해 있고, 물에 속해 있고, 공기에 속해 있다는 시야가 빠져 있다.

　어느 날 야마오는 섬에서 태풍으로 쓰러진 2,000년 묵은 삼나무 한 그루를 발견한다.

붓다가 열반에 임박했을 때 시자였던 아난다는 아직 수행이 끝나지 않은 상태였다. 그래서 붓다로부터 울지 말라는 말을 듣고도 붓다의 열반을 슬퍼하며 많이 울었다고 전해진다. 쓰러진 그 거목에서 전달돼 오는 것은 수명을 마친 자의 편안함이자 자연으로 돌아가려는 자의 고요함 그 자체였고, 거기엔 한 점의 슬픔도 깃들어 있지 않았는데, 내 가슴에는 깊은 슬픔이 복받쳐 올라와 나도 그만 아난다처럼 울고 말았다.

언뜻 보기에 우리의 2천 년 문명은 왕성하게 자라고 있는 듯하며, 아직 어디까지고 발전해 갈 것 같지만 그 뿌리는 극히 짧고 작다. 특히 본래 자연에 속해 있는 인간의 문명을 자연에서 분리하는 방향으로 발달해 온 산업혁명 이후의 근대 문명은 자신의 뿌리를 짧고 작게 만드는 쪽으로만 일방적으로 발전해 왔다고 해도 무방하지 않은가.

옆으로 쓰러진 나이 2천 살의 '뱀 문양 삼나무'가 우리에게 말하고 있는 것은 자연의 안쪽으로 더 깊고 넓게 뿌리를 뻗는 새로운 인간 문명을 찾으라는 메시지였다.

인류를 자연에서 억지로 떼어 놓는 방향으로, 도시 공간으로 상징되는 인류 독자의 문명 구조가 만들어졌다. 물론 그 방향 역시 큰 성과를 거두기는 했지만 인류는 결코 행복해지지 않았다. 야마오는 '인간의 외로운 문명은 앞으로는 반드시 이제까지와는 다른 방향으로 전개되지 않으면 안 된다.'고 주장한다. 지금까지처럼 개인과 개인이 대립하며 문명과 자연이 상반하는 전개가 아니라, 모든 사람이 밑바탕으로부터 조화를 이루고 문명과 자연이 혼연일체가 된 새로운 발전이 되어야 함은 말할 것도 없다.

결국 〈여기에 사는 즐거움〉에는 그가 일생을 걸고 일관되게 꿈꾸며 바라 왔던 평화로운 세계를 조용하게 그리고 깊게 실천해 가기 위한 방법이 쓰여 있다. 야마오의 아내는 이렇게 덧붙인다.

"'여기에 사는 즐거움'이란 '여기에 사는 슬픔'이자 '여기에 사는 괴로움'인 동시에 '여기에 사는 기쁨'이자 그것들을 넘어서 '모든 것은 즐거움'이라고 하는 삶에 대한 찬가입니다. 그것을 엮은 것이 이 책입니다."

1960년대 후반 야마오는 20대에는 들끓는 마음으로 '영혼의 자유', '대지로 돌아가자', '자기 자신의 신성 실현', 이 세 가지를 주제로 한 대안문화 공동체 '부족'에 참여했고, 네 명의 동지들과 함께 '원시공산제의 직접적 실현'이란 목표 아래 일본 최초의 록음악 카페 '소라고둥'을 열기도 했다. 그들은 "모든 장소에 대해서도 같은 말을 할 수 있다. 우리 것은 아무것도 없다. 자아조차도 내 것이 아니다."라고 소라고둥에 대해 이야기한다. 부족 시절 결혼한 야마오는 1973년 가족을 데리고 인도와 네팔로 1년간 순례 여행을 떠나고 돌아와서는 1975년부터 지쳐 있는 도시인을 구하기 위해 도쿄에 호빗토란 이름의 '모든 사람들이 꿈꾸는 살기 좋은 마을' 만들기에 참여한다. 그리고 1977년.

이제까지 몇십 번 이상 태풍과 직면해 왔지만 그때마다 배우게 되는 것은 태풍은 사람의 죽음과 같아서 올 때는 아무리 발버둥을 쳐도 온다고 하는 단순한 사실이다. 오지 말았으면 좋겠다고 바라고, 그래도 조금씩 가까이 다가오면 10킬로미터든 20킬로미터든 옆으로 빗나가 달라고 바라게 되는 게 태풍의 통로에 사는 우리들의 마음이다. 하지만 올 때면 그것은 마치 미리부터 예정돼 있는 것처럼 반드시 닥쳐온다. 죽음도 그처럼 다가올 것이 틀림없으므로 태풍의 한복판에 선 나는 이중의 의미에서 죽는 연습을 한다.

별들이 가득한 밤하늘 아래 자신의 원초의 영혼을 보낼 별을 찾던 야마오는 결국 2001년 자신의 이름 산세이三聖와 같은 발음인 '오리온의 세 별三星', 곧 그의 영혼의 별로 육체와 태양계라는 틀을 떠나 자유를 얻어 귀향한다. 10여 개월간의 투병 생활 끝에 맞은 조용한 죽음이었다. 마지막까지도 그는, '지금 여기'의 삶을 실천적으로 살면서 헌법 9조(제2차 세계대전의 승전국에 의해 만들어진 것으로, 1946년 11월에 공포되어 현재까지 개정되지 않았다. 흔히 평화헌법이라 불리며, 일본의 전력 보유 금지와 국가 교전권 불인정을 주요 내용으로 한다)를 지켜 달라며, 가족에게 "당신들은 당신들의 방식으로 세계를 사랑하면 됩니다."라는 유언을 남긴다. '여기에 사는' 여행의 시작부터 끝까지 그는 직접 농사를 지으며 시인이자 구도자로 살았다. 결코 서두르지 않고 천천히, 잡담을 삼가고 침묵을 지키며, 될 수 있으면 가미를 만날 생각으로 그것을 찾으며 걸었던 것이다.

숲, 강, 바다, 풀, 벌레, 꽃, 도시, 그리고 인간은 지금 그 존망이 의심스러울 정도의 위기에 직면해 있다. 그러나 인간이 만물의 영장이라는 어리석은 생각을 버리고, 삼라만상의 일원으로서 여기 살 수 있다면 작은 혹성이지만 전쟁이 일어나지 않는 한 적어도 앞으로 천 년이나 2천 년의 문명을 이 지구는 우리에게 허락해 줄 것이다.

그것이 마지막 희망이다.

야마오 산세이는 일본에서 소로우에 버금가는 인물로 평가받고 있다. 소로우가 월든의 호숫가로 들어가 오두막 한 채에 의지해 자연주의자의 삶을 살았듯이 야마오 산세이는 야쿠 섬에서 문명을 등지고 특별한 삶을 영위했다. 법정 스님은 1992년 강원도 산골 화전민이 버리고 간, 전기도 수도도 없는 오두막으로 들어가면서 이런 글을 썼다.

"처음 그 오두막을 찾아갈 때는, 사람이 거처할 만한 집인지, 둘레가 어떤지 내 눈으로 살펴보고 한 이틀 쉬었다가 돌아올 생각이었다. 그런데 하룻밤 쉬어 보니 그대로 눌러 있고 싶어졌다. 다음 날 30리 밖에 있는 장에 내려가 필요한 연장들을 구해 왔다. 우선 땔감을 마련하려면 톱과 도끼가 있어야 했다. 처음 이삼 일은 전기가 없어 어둠이 좀 답답하게 여겨졌지만 이내 아무 불편도 없었다. 촛불이 훨씬 그윽해서 마음을 아늑하게 다스려 주었다. 문명의 연장에 길이 든 우리는 편리하다는 그 한 가지만으로 많은 것을 빼앗기고 있구나 하는 생각이 문득문득 들었다. 나는 문패도 번지수도 없는 그 두메산골의 오두막에서, 이다음 생에는 그 어디에도 소속되지 않고 앞뒤가 훤칠하게 트인 진정한 자유인이고자 원을 세웠다."

🌸 〈여기에 사는 즐거움ここで暮らす樂しみ〉은 야마오 산세이가 1996년 7월호부터 1998년 6월호에 걸쳐 월간 〈아웃도어〉에 연재한 글을 모아 야마토케이코쿠샤에서 1999년 1월 1일 발행한 책이다. 이를 도솔에서 최성현의 번역으로 '시인으로 농부로 구도자로 섬 생활 25년'이라는 부제를 달아 2002년 5월 출간했다. 함께 읽을 만한 야마오 산세이의 작품으로는 20세기, 특히 그 후반기 50년의 문명이 지닌 특징을 메뚜기 떼에 비유한 〈더 바랄 게 없는 삶〉과 "우리는 내일을 향해 걸을 수 있는 것처럼 어제를 향해서 걸을 수 있다. 우주 식민지를 향해 걷는 것도 가능하지만 석기 문화를 향해서 걸을 수도 있다. 시간이 한 방향만으로 흐르고 있다는 것은 이 시대의 큰 착각이자 선전에 지나지 않는다."고 쓴 〈어제를 향해 걷다〉가 있다. 이 책들도 모두 최성현이 번역했다.

걷기는 집의 반대다. 걷기는 어떤 거처를 향유하는 것의 반대다. 우연히 내딛는 걸음걸음이
저 너머의 나그네로 변모시키기 때문이다.

나는 걷고 싶다

다비드 르 브르통 〈걷기 예찬〉

걷기는 자신을 세계로 열어 놓는 것이다. 발로, 다리로, 몸으로 걸으면서 인간은 자신의 실존에 대한 행복한 감정을 되찾는다. 발로 걸어가는 인간은 모든 감각기관의 모공을 활짝 열어 주는 능동적 형식의 명상으로 빠져든다. 그 명상에서 돌아올 때면 가끔 사람이 달라져서 당장의 삶을 지배하는 다급한 일에 매달리기보다는 시간을 그윽하게 즐기는 경향을 보인다. 걷는다는 것은 잠시 동안, 혹은 오랫동안 자신의 몸으로 사는 것이다. 숲이나 길, 혹은 오솔길에 몸을 맡기고 걷는다고 해서 무질서한 세상이 지워 주는 늘어만 가는 의무들을 면제받지는 못하지만, 그 덕분에 숨을 가다듬고 전신의 감각들을 예리하게 갈아 호기심을 새로이 할 수 있는 기회를 얻게 된다.

몸을 이용한 운동 중에서 가장 기본이 되는 것은 '걷기'이다. 이 단순한 동작이 그토록 다양한 즐거움을 주다니! 저자는 수많은 여행서, 인문서, 소설 등으로부터 '걷기의 즐거움'을 인용한다. 인간이 불행해진 것은 속도전의 광풍에 휘말려 이 '걷기의 즐거움'을 잃어버렸기 때문이라고나 할까. 따라서 '걷기'는 단순한 운동 차원이 아니라 자기 자신에게 충실할 수 있는 방편이며, 제어장치 없이 돌아가고 있는 현대의 속도로부터 벗어나기 위한 휴식이다.

다비드 르 브르통은 건강을 위해 걷기를 권장하는 것이 아니라, '걷기'야말로 삶의 예찬이며 생명의 예찬인 동시에 인식의 예찬이라고 말한다. 그렇기에 이 책은 여느 말랑말랑한 수필집과 다르다. 사회학 전공 교수인 저자는 '걷기'라는 수단을 통해 현대사회에서 우리가 잃어 가고 있는 것, 가져야 하는 것들을 설득력 있게 들려주고 있다.

걷기를 즐긴 사람들 중에는 날마다 월든 호숫가를 걸어다닌 헨리 데이비드 소로우, 젊은 시절의 장 자크 루소, 〈느리게 산다는 것의 의미〉의 저자 피에르 쌍소, 방랑을 즐긴 시인 랭보, 걸어서 일본 각지를 여행하며 많은 시와 기행문을 남긴 하이쿠 시인 바쇼 등이 있다. 이들은 여행을 즐겼으며, 걷는 동안 일어나는 모든 일들을 사랑했다.

굳이 저자의 표현을 빌리지 않아도, 오솔길은 물론이고 세상의 모든 길은 땅바닥에 새겨진 기억이며 오랜 세월을 두고 그 장소를 드나들었던 무수한 보행자들이 땅 위에 남긴 잎맥 같은 것, 여러 세대의 인간들이 풍경 속에 찍어 놓은 어떤 연대감의 자취 같은 것이다. 그리로 지나가는 행인 한 사람 한 사람의 지극히 작은 서명이 바로 거기, 알아볼 수 없는 모습으로 찍혀 있다.

걷기는 세계를 느끼는 관능에로의 초대다. 걷는다는 것은 세계를 온전하게 경험한다는 것이다. 이때 경험의 주도권은 인간에게 돌아온다. 기차나 자동차는 육체의 수동성과 세계를 멀리하는 길만 가르쳐 주지만, 그것과 달리 걷기는 눈의 활동만을 부추기는 데 그치지 않는다. 우리는 목적 없이 그냥 걷는다. 지나가는 시간을 음미하고 존재를 에돌아가서 길의 종착점에 더 확실하게 이르기 위하여 걷는다. 전에 알지 못했던 장소들과 얼굴들을 발견하고 몸을 통해서 무궁무진한 감각과 관능의 세계에 대한 지식을 확대하기 위해서 걷는다. 걷기는 시간과 공간을 새로운 환희로 바꾸어 놓는 고즈넉한 방법이다. 그것은 오직 순간의 떨림 속에만 있는 내면의 광맥에 닿음으로써 잠정적으로 자신의 전 재산을 포기하는 행위다. 걷기는 어떤 정신 상태, 세계 앞에서의 행복한 겸손, 현대의 기술과 이동 수단들에 대한 무관심, 사물에 대한 상대성의 감각을 전제로 한다. 그것은 근본적인 것에 대한 관심, 서두르지 않고 시간을 즐기는 센스를 새롭게 해 준다.

철학자 키에르케고르는 편지에서 이렇게 쓰고 있다.

"나는 걸으면서 내 가장 풍요로운 생각들을 얻게 되었다. 걸으면서 쫓아 버릴 수 없을 만큼 무거운 생각이란 하나도 없다."

니체는 한 아포리즘에서 잘라 말한다.

"나는 손만 가지고 쓰는 것이 아니다. 내 발도 항상 한몫을 하고 싶어 한다. 때로는 들판을 건너질러서, 때로는 종이 위에서 발은 자유롭고 견실한 그의 역할을 당당히 해낸다."

〈차라투스트라는 이렇게 말했다〉에서 그는 이렇게 적었다.

"심오한 영감의 상태. 모든 것이 오랫동안 걷는 길 위에서 떠올랐다. 극단의 육체적 탄력과 충만감."

루소에게 있어서 걷기는 고독한 것이며, 자유의 경험, 관찰과 몽상의 무한한 원천, 뜻하지 않는 만남과 예기치 않은 놀라움이 가득한 길을 행복하게 즐기는 행위였다. 젊은 시절의 토리노 여행을 추억하면서 루소는 걷기의 향수와 행복을 말한다.

"나는 내 일생 동안 그 여행에 바친 칠팔 일만큼 일체의 걱정과 고통으로부터 해방된 틈을 가져 본 기억이 없다. 그 추억은 그 여행과 관련된 모든 것, 특히 산들과 도보 여행에 대한 가장 생생한 맛을 내게 남겨 놓았다. 나는 오직 행복한 날에만 늘 감미로운 기쁨을 만끽하며 걸어서 여행했다. 머지않아 온갖 책무들, 볼일, 들고 가야 할 짐보따리 때문에 나는 하는 수 없이 점잔을 빼면서 자동차를 타야 했다. 전과 달리 내가 여행에서 느낄 수 있었던 것은 오로지 가는 기쁨과 도착하는 기쁨뿐이었다."

걷는다는 것은 지극히 본질적인 일에만 이 세계를 사용한다는 것을 뜻한다. 가지고 가는 짐은 얼마 안되는 옷가지, 방향을 가늠하는 도구 등 가장 기초적인 것으로 제한해야 한다. 그 이상의 군더더기는 괴로움과 땀과 짜증을 가져올 뿐이다. 걷는 것은 헐벗음의 훈련이다. 걷기는 인간을 세계와 정대면하게 만든다. 소로우는 산책sauntering이라는 말의 어원을 근거로 걷는 기술은 상징적으로 성스러운 땅에 도달하려는 데 그 목적이 있으며 길의 자력에 발을 맡기는 것이라 한다. "이는 마치 강물이 구불구불 흘러가긴 하지만 그렇게 흐르는 동안 줄곧 고집스럽게 바다로 가는 가장 짧은 지름길을 찾고 있는 것이나 마찬가지다." 걷기는 시선을 그 본래의 조건에서 해방시켜 공간 속에서뿐만 아니라 인간의 내면 속으로 난 길을 찾아가게 한다. 걷는 사람은 모든 것을 다 받아들이고 모든 것과 다 손잡을 수 있는 마음으로 세상의 구불구불한 길을, 그리고 자기 자신의 내면의 길을 더듬어 간다.

프랑스 출신으로 아프리카 팀북투를 밟은 두 번째 유럽인 르네 카이예는 10대 때 마을 사람들이 돈을 모아 사 준 신발 한 켤레만으로 세네갈의 항구도시인 생루이를 출발해 팀북투까지 걸어갔다. 그리고 팀북투에서 사하라를 횡단해 탕헤르와 툴롱을 거쳐 파리까지 사선을 넘는 고난의 여정은 그 자체로 전설이 되었다. 당나라의 승려 현장은 많은 의문을 풀기 위해 직접 제작한 지게처럼 생긴 배낭을 짊어지고 서기 627년 인도를 향해 걷기 시작해 고비 사막을 건너 꿈에 그리던 서역에 도착했다. 그의 〈대당서역기〉는 각지의 지리와 역사, 전설, 풍속 등을 전함은 물론, 지리역사학, 고고학, 언어학의 귀중한 자료가 되었다.

〈그리스인 조르바〉의 니코스 카잔차키스는 청년 시절 '걷기'에 대한 자신의 신념을 열광적으로 토로한다.

"젊다는 것, 스물다섯 살의 젊은이라는 것, 신체가 튼튼하다는 것, 자신의 가슴을 쪼그라들게 하거나 만사를 한결같이 무사무욕하게, 한결같이 열정적으로 사랑하는 것을 방해하는 사람이라면 그가 남자든 여자든 결코 사랑할 수 없다는 것, 봄철이든 여름철이든 상관없이 등에 륙색을 짊어지고, 가을이건 여름이건 비를 맞으며 혹은 과일을 짊어지고 이탈리아의 이 끝에서 저 끝으로 혼자 걸어서 여행한다는 것, 분별없는 사람이 아니고서야 그보다 더 큰 행복을 바랄 수는 없을 것이다."

순례자란 무엇보다 먼저 발로 걷는 사람, 나그네를 뜻한다. 그는 여러 주일, 여러 달 동안 제집을 떠나 자기를 버림과 동시에 스스로에게 자발적으로 부과한 시련을 통해 속죄하고 어떤 장소의 위력에 접근함으로써 거듭나고자 한다고 저자는 말한다. 이러한 순례는 신에 대한 항구적인 몸 바침이며 육체를 통하여 드리는 기나긴 기도이다.

〈걷기 예찬〉은 이 책을 읽는 행위조차 '혼자 걷는 것'과 같은 즐거움을 준다. 철학적인 저자 다비드 르 브르통이 안내하는 문학과 산문, 인문학, 사람들의 숲으로 나 있는 오솔길들을 따라 걷다 보면 어느새 한 권의 책을 다 읽게 된다.

지구는 둥글다. 그러므로 그 지구를 태연한 마음으로 한 바퀴 돌고 나면 우리는 어느 날 출발점으로 다시 돌아올 것이다. 그리하여 또 다른 여행의 준비를 할 것이다. 그토록 많은 길들, 마을들, 도시들, 산과 숲들, 바다와 사막들이 있는 한, 그곳에 이르고 그곳을 느끼고 그곳에 도달한 기쁨 속에서 우리의 기억을 껴안기 위한 그토록 많은 코스들이 또한 열려 있는 것이다.

법정 스님은 〈홀로 사는 즐거움〉의 '걷기 예찬'이란 글에서 이 책이 들려주는 걷기를 즐긴 다른 사람들처럼 자동차에 의존하지 않고 기꺼이 걸었던 즐거운 경험을 회상한다. 아울러 본문의 구절을 직접 인용하면서 무엇에도 얽매이지 않는 그 걸음걸음들에 마주해 걷는 일의 의미를 생각한다.

"사람이 일반 동물과 크게 다른 점은 꼿꼿이 서서 두 발로 걷는 기능에 있다고 인류학자들은 말한다. 그런데 요즘에 와서 사람들은 자동차에 너무 의존하면서 직립보행 기능을 잃어 가고 있다. 내 경우만 해도 먼 길을 오고갈 때 어쩔 수 없이 자동차를 이용하기 때문에 시간상으로는 걷는 일보다 타는 일이 더 많다. 그때마다 내 몸이 퇴화되어 가는 느낌이다. 자동차로 인해 행동반경은 넓어졌지만 내 다리로 땅을 딛고 걸을 때의 그 든든함과 중심 집합이 소멸되어 가는 듯싶다.

산에 들어와 살면서 나도 많이 걸었다. 행자 시절에는 미륵산에서 통영 시내까지 왕복 30리 남짓 되는 자갈길을 걸망을 메고 장을 보아 날랐다. 1950년대 중반 지리산 쌍계사 탑전에 살 때는 이따금 왕복 80리가 넘는 구례장까지 다녀오곤 했었다. 해인사 시절에는 몇 개의 산을 넘고 개울을 건너고 다시 가파른 목통령을 건너 경북 금릉군에 있는 청암사를 찾기도 했다. 아마 50리도 넘는 산길이었을 것이다. 그리고 통도사에서 살 때는 한여름 영축산을 넘고 재약산을 넘어 밀양 표충사에 가기도 했었다. 지금이라면 누가 걸어서 가겠는가. 차로 가면 한 시간 안에 닿을 수 있는 거리인데. 그러나 그 시절은 다행히 자동차에 의존하지 않았기 때문에 즐거운 마음으로 걸을 수 있었다.

걷는다는 것은 침묵을 횡단하는 것이다. 걷는 사람은 시끄러운 소리에서 벗어나기 위해 세상 밖으로 외출하는 것이다. 걷는 사람은 끊임없이 근원적인 물음에 직면한다.

'나는 어디서 왔는가? 나는 어디로 가는가? 나는 누구인가?'

이 산하대지는 자동차의 타이어를 위해서보다는 우리의 두 발을 위해서 예부터 있어 온 것임을 알아야 한다. 자연 속에는 미묘한 자력이 있어 우리가 무심히 거기에 몸을 맡기면 그 자력이 올바른 길을 인도해 준다고 옛 수행자들은 믿었다. 자동차에 의존하지 않고 두 발로 뚜벅뚜벅 걷는 사람만이 그 오묘한 자연의 정기를 받을 수 있다."

🌙 〈걷기 예찬 Eloge de la marche〉은 프랑스 메텔리 출판사에서 2000년 출간되었다. 프랑스 여행길에 서점에서 골라 온 이 책을 감명 깊게 읽은 불문학자 김화영 교수는 2001년 3월부터 월간 문예지〈현대문학〉에 10개월 동안 이 책을 번역 연재하였으며, 이를 묶어 현대문학사가 2002년 1월 출판하였다. 유려한 번역과 정성스레 가려낸 40여 컷의 흑백사진이 매력적이다. 18세기 조선의 지리학자 신경준은 말했다. "무릇 사람에게는 그침이 있고 행함이 있다. 그침은 집에서 이루어지고 행함은 길에서 이루어진다. 집과 길은 중요함이 같다. 길에는 주인이 없고, 그 길을 가는 사람이 주인이다." 걷기라는 행위가 세계를 향해 자신의 존재를 열어 내보이는 것임을 보여 주는 또 다른 책으로 베르나르 올리비에의 〈나는 걷는다〉가 있다.

이 책에서 제가 내세운 문제나 해결 방안은 반짇고리에 처박힌 바늘과 실만큼 낡았을 것입니다. 그러나 우리 몸 안의 유전정보는 그보다 훨씬 더 낡지 않았나요? 우리의 생명은 그 낡고 오래된 정보에 바탕을 두고 있지 않은가요?

아프더라도 한데 어울려서
윤구병 〈가난하지만 행복하게〉

도시의 공간화된 시간, 시계에 의해서 측정되는 인위적인 시간은 앞당길 수도 뒤로 늦출 수도 있지만, 싹트고 자라 꽃피는 생명의 시간은 앞당길 수도 늦출 수도 없습니다. 그렇게 하면 자연의 순리를 거스릅니다. 좀 더 가난하게 사는 길, 좀 더 힘들게 사는 길, 좀 더 불편하게 사는 길은 자연의 순리에 따르는 길이기도 합니다. 그것은 공생의 길입니다. 제가 가난하게 살면 그만큼 이웃이 가난을 덥니다. 제가 힘들게 일하면 그만큼 이웃의 이마에 흐르는 구슬땀이 걷힙니다. 제가 불편하게 사는 만큼 이웃이 편해집니다. 다 좋다 쳐도 가난은 지긋지긋하다고요? 강요된 가난은 그렇겠지요. 그러나 스스로 선택하는 가난한 삶은 그렇지 않습니다. 가난은 나눔을 가르쳐 줍니다. 잘 사는 길은 더불어 사는 길이고, 서로 나누며 더불어 사는 길만이 행복에 이르는 길입니다.

서울시 마포구에 위치한, 가난한 사람들을 위해 유기농 식사를 파는 '문턱 없는 밥집'. 이곳에는 정해진 가격이란 게 없다. 여유가 있는 사람은 돈을 더 내면 되고, 없는 사람은 천 원부터 형편에 맞추어 내면 된다. 대신 고춧가루 한 톨이라도 남기면 벌금을 물어야 한다. '문턱 없는 밥집'에는 정말 문턱이 없다. 이 '문턱 없는 밥집'의 유기농 식사는 '변산공동체'가 공급하는 농산물로 만들어진 것이다.

변산공동체는, 1995년 윤구병이 전라북도 부안에 꾸린 공동체이다. 변산공동체는 농업생산 공동체이면서 대안교육을 함께 실시하는 교육 공동체이기도 하다. 이 학교의 학생들에게는 삶터와 일터 그리고 배움터가 하나이다. 선생님은 아이들을 가르치는 한편으로 농사를 지으러 논밭에 나가고, 모심는 철에는 아이들도 '농번기 방학'을 맞아 학교를 쉬고 모내기에 매달린다. 어떠한 경제적 지원을 마다하고 완전한 자립을 추구하는 변산공동체는, 논농사 밭농사를 짓고, 젓갈 효소 술 같은 것을 만들어 자급자족하며 더불어 살아가고 있다. 20가구 50여 명이 모여 사는 이 공동체는 벌써 10여 년째 건강한 삶의 모습을 유지해 가는 중이다.

변산공동체의 지도자 윤구병은 아홉 형제의 막내로 태어나 이름이 '구병'이 되었다고 한다. 월간 〈뿌리깊은나무〉의 편집장을 지내기도 했던 그는, 1980년대와 1990년대의 절반을 충북대학교의 철학과 교수로 보냈다. 그가 강단에 서기 시작할 당시는 전두환 정권의 집권 초기라 대학가 내에도 살벌한 분위기가 감돌고 있었다. 교단에서의 강의로는 올바른 비판 의식을 학생들에게 심어 줄 수 없다는 생각을 하게 된 그는 제도권 교육에 회의를 품기 시작했다. 그는 '경쟁'이 전제된 상품경제 사회의 제도 교육은 아이들로 하여금 스스로 '무엇을 할 줄 아는' 사람이 아니라 그저 '머리를 쓰는' 사람으로 만든다는 생각을 했다. 그는 재직 중에도 제도 교육의 틀과 내용을 바꾸기 위해 무던히 애를 썼는데, 〈어린이 마을〉〈달팽이 과학동화〉〈개똥이 그림책〉 같은 어린이를 위한 그림책을 쓰고 기획한 것도 그러한 노력의 소산이었다.

일찌감치 학교를 그만둘 생각이었으나 주위 사람들의 만류에 못 이겨 15년 동안 교직 생활을 한 뒤, 1995년에 그는 홀연히 교수직을 내

놓고 재산을 사회에 환원한 후 산과 들과 갯벌이 있는 변산에 터를 잡았다. "죄다 놓아 버리자, 손에 쥔 것도 머릿속에 든 것도 다 놓아 버리고 바람처럼 떠돌거나, 돈 없는 세상에 '짱 박혀' 죽은 듯이 엎드려 있다가 핫바지 방귀 새듯이 그렇게 가자." 변산에서 자연과 공동체의 삶을 실천하고 있는 그는, 이제 자신을 '시골 사는 늙은 농사꾼'이라고 소개한다.

젊어서 고생은 사서도 한다. 백번 옳은 말입니다. 늙어 고생도 사서 할 만하다. 제가 섣부르게 덧붙이는 말입니다. 저 같은 철부지 중늙은이가 시골에서 사람 이웃과 '같이' 살고, 사람 아닌 다른 이웃들과도 '더불어' 살기 위해서는 어차피 고생이 뒤따르는 배움의 과정이 필요합니다. 전에 말씀드린 적이 있던가요? 밭을 갈지 않고 한 해 묵히면 망초와 쑥 세상이 되고, 두 해 묵히면 곁다리로 칡넝쿨이 끼어들고, 세 해 묵으면 억새가, 네 해 묵으면 가시덤불이 이사를 온다는 이야기요. 사실 그래요. 밭이 오래 묵으면 그 밭에 '더불어' 함께 '같이' 살려고 이사 오는 식구들이 해마다 늘어나요. 그리고 눈썰미가 좋은 사람은 묵은밭에 무엇이 자라는지만 보고도 "아, 이 밭은 세 해째 묵었어.", "으흠, 묵힌 지 십 년 가까이 되었군." 한눈으로 척척 알아맞히게 되지요. 생명의 시간이 어떻게 흐르는지 헤아릴 수 있다는 말은 바로 이런 경우를 두고 하는 말입니다.

그는 변산공동체를 생활과 노동과 교육이 하나가 된 공동체로 만들고자 했다. 흔히 가정은 사회의 기본단위라고 말하지만, 오늘날의 가정은 진정한 의미에서 기본단위로써의 기능을 상실했다. 핵가족화된 가정에는 오늘을 사는 부모와 내일을 살 아이들만이 있고 과거의 지혜를 가진 할머니 할아버지들은 찾아보기 어렵다. 가정과 일터와 학교는 장막을 치듯 따로 분리되어 자식은 부모가 일터에서 무엇을 하는지, 부모는 자식이 학교에서 무엇을 배우는지 알 길이 없다. 가정이 '먹고 씻고 쉬는' 장소로 고착되어 버린 것이 오늘의 현실이다. 윤구병은 삶터와 일터와 배움터를 구분하는 울타리를 거두어 낼 때, 비로소 인간다운 균형을 찾게 된다고 생각했다. 무엇보다 참교육에 대해 끊임없이 고민해 온 그는, 공동체에서 이러한 교육철학이 구현되기를 바랐다.

인간은 다른 동물들과는 달리 독특한 진화의 길을 걸어왔다. 동물들의 경우 생존에 필요한 지식이 태어날 때부터 유전자 속에 새겨져 있지만, 인간은 생존을 위한 지식을 학습을 통해 배워 나간다. 본능적으로 아는 지식만으로는 인간의 손길로 빚어낸 복잡한 사회를 인식하고 유지할 수 없기 때문이다. 윤구병이 교육만이 사람을 사람답게 만드는 유일한 길이라고 믿었던 이유가 여기에 있다. 그러나 인류 역사의 어느 시대보다 더 훌륭한 교육자와 교육제도와 교육설비가 갖추어졌다고 자부하는 상품경제 사회에서 인류는 미래의 존속 가능성에 대한 확신을 잃어버렸다.

인간은 두 발로 걸어다니고 손과 머리를 쓴다. 따라서 사람이 사람답게 사는 길이 어디에 있느냐 하는 물음은 손과 머리를 어떻게 쓰느냐 하는 문제로 단순화할 수 있다고 윤구병은 말한다. 원시적인 자연 속에서라면 인간은 손만 쓰거나 머리만 쓰면서 살아남기 어렵다. 그러나 오늘날의 제도 교육은 인간의 활동을 '머리로 하는 일'과 '손으로 하는 일'로 구분하고, '손으로만 일하는 사람', '머리로만 일하는 사람'을 양산해 냈다. 윤구병은 한쪽 능력으로만 일하는 우리 시대의 아이들을 반쪽이라고 말했다. 어느새 머리만 쓰는 반쪽이들이 손만 쓰는 반쪽이들을 짓밟고 제 마음대로 하는 세상이 되어 버렸다.

　현대의 학교는 아이들의 몸과 마음과 머리를 제대로 자라게 하는 데는 관심이 없다. 오직 두뇌, 그것도 왼쪽 두뇌에 낡은 정보를 억지로 주입하여 왼쪽 뇌가 이상비대증에 시달리도록 골몰할 뿐이다. 사람은 저마다 동시에 경제의 주체이고, 정치의 주체이고, 문화예술의 주체이며 노동의 주체이다. 그런데 현재 제도화한 학교교육은 모든 인간이 저마다 자기 안에 구현해야 할 이러한 주체적 능력을 소외시켜, 이 세계를 경제인 따로 있고, 정치인 따로 있고, 문화예술인 따로 있는 기괴한 세상으로 바꾸는 온상이 되고 있다. 한 개인에게서 정신노동과 결합하지 않은 육체노동은 맹목이고, 육체노동과 결합하지 않은 정신노동은 공허하다. 사회와 격리되어 육체와 정신을 가두는 감옥으로 변질되고 있는 학교의 울타리는 무너져야 한다.

　사람의 머리와 손은 다 같이 소중하다. 윤구병은 말한다. "누구나 머리와 손을 제대로 쓸 수 있어야 사람답게 살 수 있고, 사람답게 사는 사람들이 함께 모여 손을 맞잡고 머리를 맞대야 모두가 사람답게 사는 세상이 오고, 그런 세상에 살 때만 사람도 생명 공동체의 일원으로 살아남을 길이 열린다."
　그래서 변산공동체에서는 논밭에서 농사를 짓는 어른들이 학교에서 '사람 농사'도 짓는다. 아이들은 산이나 들에 나가 뛰놀고 구김살 없이 뒹군다. 국어 시간에는 〈옛이야기 보따리〉를 펴놓고, 민요가 나오면 구성지게 불러 가면서, 새소리 짐승 소리가 나올 땐 실감 나게 따라 해 가며 책을 읽는다.
　윤구병은 '철없음'에 대해서 독특한 지론을 펼친다. 천지창조의 시절, 따뜻한 적도지방에서 벌거숭이로 살던 아담과 이브는 스스로 일하지 않아도 도처에 먹을 것이 널려 있기에 철이 들 필요가 없었을지 모른다. 그러나 에덴동산에서 쫓겨나 스스로 밭을 일구지 않으면 살아남을 수 없는 온대지방으로 흩어지면서 아담과 이브의 후손은 철이 들기 시작한다. '철없이 태어나 철몰라서 스스로 제 앞가림을 할 수 없는 긴 성장의 과정을 거쳐 철이 나고 철이 들면서 한 사람의 몫을 하는 것이 사람으로 살아가는 길'임을 알게 되는 것이다. 한 해, 한 철을 나면서 인간은 철이 들어 간다.

그러나 철없던 낙원 시절에 대한 그리움은 자연이나 신의 도움 없이 지상의 낙원을 만들어 보자는 열망을 낳았고, 그 열망이 인류 역사에서 끊임없이 바벨탑을 쌓게 하는 원동력으로 작용했다. 오늘날의 인류 문명은 '철없는' 세상, 현대판 인공의 에덴동산을 빚어내기에 여념이 없다. 다른 생명체들과의 상생관계 속에서 살길을 찾던 문화의 시간에서 벗어나 다른 생명체들을 오직 정복과 약탈의 대상으로 보는 문명의 시간, 도시인들의 삶의 양식이 나타났다.

윤구병은 모든 것을 교환가치로 환원시키는 자본주의 세계경제가 삶을 피폐하게 몰아갔으며 인간을 점점 '철없게' 만들었다고 말한다. 거대 기업이 유전공학을 이용해 어떤 제초제와 농약에도 끄떡없는 콩을 만들고 그 종자를 전 세계로 퍼뜨려 놓고는, 그 사용료를 지불하라며 으름장을 놓고 있는 것이 오늘의 형편이다.

문명의 시간이 생명의 시간을 대체하는 사회에서, 철없는 것은 도시내기들뿐만이 아니다. 도시 사람들의 요구에 맞춰서 소득이 되는 것이라면 제철을 거슬러서라도, 환경을 파괴하면서라도 재배하려는 농촌, 어촌, 산촌 같은 기초 공동체도 철없기는 마찬가지라고 그는 지적한다.

윤구병은 나누고 베푸는 것만이 깨어진 삶을 회복할 수 있는 유일한 길이라고 믿는다. "여러 생명체가 더불어, 함께 살아야 나도 우리도 사는 것이다." 이것이 바로 그가 말한 '더불어 삶'이요, 유기적 생명관이다. 그는 이 철학을 굵어진 손마디와 시커멓게 탄 얼굴로 직접 보여 주었다. 윤구병은 앙리 베르그송의 말마따나 "사는 게 먼저고, 철학 하는 일은 그다음."이라고 말한다. 그는 삶에서 철학을 하는 사람이고 그에게 있어 철학은 곧 실천이었다.

'생명창고의 열쇠'를 쥐고 있는 농민은 '살림꾼', 다시 말해 '살림', '살리는 일'에 통달한 일꾼을 가리킵니다. 윤봉길 의사가 농사짓고 살던 시절 우리 농민은 모두 그런 살림꾼이었습니다. 재순환이 불가능한 공장제 제초제, 농약, 화학비료에 의지해서 농사지을 일도, 대기와 수질과 토양을 오염시키는 비닐제품이나 기계를 동원해서 농사를 짓는 관행도 없었습니다. 그 대신에 끊임없이 재생산이 가능한 생명에너지에 의지해서 맑은 공기, 맑은 물, 지렁이와 구더기가 우글거리는 땅이 유지될 수 있는 그런 농사를 지었습니다. 제가 농촌이라는 인류의 생명창고 가까이 살고, 지렁이도 우렁이도 민물새우도 미꾸라지도 함께 사는 논과 밭을 가꾸기에 애쓰고, 제가 사는 마을에 흐르는 냇물에 버들치나 피라미나 메기가 함께 살기를 바라는 까닭은 사람은 혼자 살 수 없을 뿐만 아니라 사람만 모여서도 살 수 없다는 것을 뒤늦게나마 깨우쳤기 때문입니다. 공생의 길, 상생의 길이 인류와 모든 생명체가 살아남을 유일한 길이라고 믿습니다.

〈가난하지만 행복하게〉는, 윤구병의 삶, 특히 변산공동체와 그 이후의 10여 년을 생생하게 기록한 글 모음이다. 그는 지난 10여 년간 일구어 온 공동체 생활이 행복하다고 얘기한다. 공동체 생활이 마냥 즐겁고 기뻤다는 의미는 아니다. 처음 5년 동안은 유기농 농사에 익숙하지 않아 적자를 면치 못했고, 옆 논에 병충해가 옮아가 "농약을 치든지, 손해액을 변상하라."며 이웃이 달려온 일도 있었다. 도시의 개인적인 삶에 익숙해져 있다가 공동체의 삶으로 들어온 사람들 간에도 갈등이 있을 수밖에 없었다.

그렇지만 자연에서 생활의 지혜를 발견하고 농사에 '일머리'가 쌓이면서, 공동체의 사람들은 도시의 시간을 벗어나 생명의 시간에 익숙해져 간다. 또한 모든 안건을 공동체의 의견을 물어 해결함으로써 갈등을 미운 정, 고운 정으로 녹여내게 된다. 정은 사랑보다 너그러우며, 행복은 기쁨보다 크다. 즐거움과 슬픔, 힘겨움을 고맙게 끌어안을 수 있는 마음이 바로 행복이다.

당신은 저에게, 우리 마음속에 웅크린 채 서로에게 상처를 입히는 고슴도치의 바늘을 '이념'의 주입으로, '종교'의 신앙으로, '철학'의 재정립으로 단칼에 끊어 낼 수 있고, 또 그래야만 한다고 소리 높여 외칩니다. 세월 속에서 엉키고 꼬인 실타래를 시간을 두고 풀어내는 대신 가위로 싹둑싹둑 잘라 내어 다시 이으면 되지 않느냐고. 본디 하나였던 것이 엉켜서 제구실을 못하는 건데, 그것을 여럿으로 나누어 다시 하나로 만들면 되지 않느냐고 제 굼뜨고 무딘 손길을 나무랍니다. 그러나 저는 그 실로 연을 띄우려는 게 아닙니다. 제 앞에는 기워야 할 바느질감이 쌓여 있습니다. 끊어서 다시 이은 실로는 바느질을 할 수 없습니다.

중요한 것은 물질적 풍요가 아니라 생명의 시간에 순응하면서 더불어 사는 삶이다. 윤구병은 그것을 '좀 더 가난하게, 좀 더 힘들게, 좀 더 불편하게' 살면서 구할 수 있다고 믿는다. 그리고 그는 과거의 기억만이 남아 있는 이 농촌마을에 변산공동체 학교에서 자란 아이들이 다시 돌아와 농촌공동체의 미래를 만들어 주기를 기대한다. 스스로 선택한 가난은 행복하다. 그는 현재 공동체 살림을 잠시 다른 이들에게 맡기고, 세계를 떠돌며 공동체들을 찾아다니고 있다.

법정 스님은 법문집 〈한 사람은 모두를, 모두는 한 사람을〉에 실린 원불교 초청 강연에서 내면적 가난함의 의미를 이렇게 말했다.

"종교적인 사람은 물질적인 빈부와는 상관없이 마음이 가난한 사람이다. 마음이 가난하다는 것은 탐욕을 부리지 않는 맑은 상태이다. 마음이 사회로부터 자유로울 때, 가난은 미덕이 된다. 흔히 우리는 가난을 악덕으로 생각하는데, 마음이 어디에도 매이지 않고 자유로울 때 가난은 미덕이 된다. 여기에서 꼭 물질적인 빈부를 연상하지 말라. 맑은 마음을 말하는 것이다. 분수 밖의 욕심을 부리지 않는 마음을 이야기하는 것이다. 특히 신앙인들은 내면적으로 가난해야 한다. 안으로 가난해야 한다. 그래야 아무 욕구도 욕망도 없다. 내면적인 가난을 통해서 삶의 진실을 볼 수 있고, 그때 거기에는 아무 갈등도 없다. 이와 같은 삶은 어떤 교회나 사원에서도 발견할 수 없는 축복이다."

🌿 '자연과 공동체 삶을 실천한 윤구병의 소박하지만 빛나는 지혜'라는 부제가 붙은 〈가난하지만 행복하게〉는, 윤구병이 지난 10여 년간 틈틈이 써 놓은 글을 정리한 책으로, 2008년 12월 휴머니스트에서 출간되었다. 함께 읽을 책으로는, 윤구병의 교육 이야기를 담은 〈조그만 내 꿈 이야기〉와 〈실험학교 이야기〉가 있다. 그는 〈실험학교 이야기〉에서 "나를 미쳤다고 하더라도 고생해서 마을마다 아이들의 웃음소리가 꽃피어 난다면 한 번쯤 미쳐 볼 만도 하지 않은가."라며 공동체 학교에 대한 신념을 풀어 놓고 있다. 그 밖에 변산공동체의 초창기 이야기가 담긴 〈잡초는 없다〉와, 변산공동체 학교가 10여 년간 이루어 온 결실을 묶은 김미선, 윤구병 공저의 〈변산공동체 학교〉 등이 있다.

나는 아무것도 원치 않는다. 나는 아무것도 두려워하지 않는다.
나는 자유.

신에게로 가는 길 춤추며 가라

니코스 카잔차키스 〈그리스인 조르바〉

"조르바 씨, 이야기는 끝났어요. 나와 같이 갑시다. 마침 크레타엔 내 갈탄광이 있어요. 당신은 인부들을 감독하면 될 겁니다. 밤이면 모래 위에 다리를 뻗고 앉아서 먹고 마십시다. 내겐 계집도 새끼도 강아지도 없어요. 그러다 심드렁해지면 당신은 산투르도 치고……."

"기분 내키면 치겠지요. 내 말 듣고 있소? 마음 내키면 말이오. 당신이 바라는 만큼 일해 주겠소. 거기 가면 나는 당신 사람이니까. 하지만 산투르 말인데, 그건 달라요. 산투르는 짐승이오. 짐승에겐 자유가 있어야 해요. (……) 나한테 윽박지르면 그땐 끝장이에요. 결국 당신은 내가 인간이라는 걸 인정해야 한다 이겁니다."

"인간이라니, 무슨 뜻이지요?"

"자유라는 거지!"

조르바는 본능에 충실하고, 말보다는 몸짓에 익숙한 사람이다. 질그릇을 만들려고 물레를 돌리는데, 새끼손가락이 거슬린다고 도끼로 잘라 버렸다는 조르바. 주인공인 '나'는 조르바를 만나 그의 언어를 배운다. 약간은 미친 듯한 그의 삶의 방식을 배우고, 그의 춤을 배운다. 이제까지의 인생을 깡그리 씻어 내고 조르바에게서 배운 것들로 다시 채우기를 소망한다. 조르바라는 학교에 들어가 위대한 알파벳을 새로 배우기 원한다.

'나'는 글을 쓰고, 불교서적을 읽으면서 영혼의 구원을 찾는 사람이다. 동시에 죽은 활자를 먹고 관념을 살찌우는 지식인의 무력감에 사로잡혀 있는 사람이다. 터키와 대립하고 있는 자국 그리스의 상황 때문에 무엇인가 하지 않으면 안 될 것처럼 느끼지만, 정작 아무 행동도 할 수가 없다. '나'는 이제 인생의 그림자가 아닌 본질로 뛰어들고 싶다. 마침 지중해 크레타 섬의 갈탄광 하나를 빌리게 되었고 거기서 새 생활을 시작해 보려 한다.

조르바를 만난 것은 크레타 섬으로 가는 배를 기다리는 항구의 카페 안에서다. 방금 '나'는 이 카페에서 코카서스로 가는 친구와 작별을 했다. 위험에 처한 그리스 동포를 구하러 가는 그 친구는, 서운한 감정을 산뜻하게 표현할 수 없어 '나'에게 이런 인사말을 남긴다.

"잘 가게, 이 책벌레야!"

이제까지 살아온 인생이 그 한 단어 속에 집약된 기분이 들어 '나'는 불쾌하다. 그 말은 지식인의 창백한 얼굴과 섬약한 손을 부끄럽게 여겨 왔던 '나'의 열등감을 자극한다. 끝없는 활자의 세계와 진리를 더듬던 이야기들은 책장을 덮는 순간 현실과는 먼 것이 되어 버린다.

'나'는 이제 크레타 섬으로 간다. 새롭게 시작될 인생에 책 부스러기가 끼어들기를 원하지 않는다. '더 이상 책 따위에 인생을 바치지 말자.' 그러면서도 배를 기다리며 단테의 문고판에 고개를 파묻는다. 그런데 '나'가 단테의 지옥과 연옥으로 빠져들 수 없도록 방해하는 눈빛이 있다. 한 노인이 유리창에 코를 누르며 '나'를 뚫어져라 쳐다보고 있었던 것이다. 그가 바로 조르바다.

"날 데려가시겠소?"

조르바가 들어와 말을 건다. 움푹 들어간 뺨, 튼튼한 턱, 튀어나온 광대뼈, 잿빛 고수머리에 눈동자가 밝고 예리한 사람이다. 닥치는 대로 일을 해 왔지만 바로 전까진 괜찮은 광부였다고 자신을 소개하는 조르바의 한쪽 겨드랑이에는 그리스의 현악기 산투르가 끼워져 있다.

조르바는 내가 오랫동안 찾아다녔으나 만날 수 없었던 바로 그 사람이었다. 그는 살아 있는 가슴과 커다랗고 푸짐한 언어를 쏟아 내는 입과 위대한 야성의 영혼을 가진 사나이, 아직 모태인 대지에서 탯줄이 떨어지지 않은 사나이였다.

"물레방앗간 집 마누라 궁둥짝, 인간의 이성이란 그거지 뭐."
'이성'이라는 단어의 고상함을, '물레방앗간 집 마누라 궁둥짝'이라는 단어로 단숨에 날려 버리는 조르바. 조르바는 '나'를 본질로 데려가 줄 새로운 여정에 썩 어울리는 사람처럼 보인다.
그리스인이면서도 크레타인으로 불리길 좋아했던 니코스 카잔차키스. 크레타에 있는 그의 기념관에는, 조르바가 작가에게 보낸 자필 편지가 전시되어 있다. 조르바는 실존 인물이었다. 니코스 카잔차키스는 호메로스와 베르그송, 니체를 탐독했고, 여러 나라를 떠돌아다니며 생의 진리를 깨닫고자 했다. 그러나 돌에 글자를 새기듯 무엇보다도 그의 삶에 깊은 자국을 남긴 이는 조르바였다. 니코스 카잔차키스는 〈영혼의 자서전〉에서 조르바를 이렇게 추억한다.

주린 영혼을 채우기 위해 오랜 세월 책으로부터 빨아들인 영양분의 질량과 겨우 몇 달 사이에 조르바로부터 느낀 자유의 질량을 돌이켜 볼 때마다, 책으로 보낸 세월이 억울해서 나는 격분과 마음의 쓰라림을 견디지 못한다.

조르바의 얼굴은 뱃사람 신드바드 같다. 여기저기 굴러다닌 사람처럼 풍상에 찌들어 있다. 그는 수많은 직업을 전전하며 살아왔다. 조르바는 말한다. "닥치는 대로 하죠. 발로도 하고 손으로도 하고 머리로도 하고……. 하지만 해 본 일만 가지고 어디 성이 차겠소." 조르바는 세상 경험이 많지만 그것들이 낳은 편견에 묶여 있지 않다. 그는 매 순간 살아 있는 사람이다. 순간순간을 바로 어제 태어난 사람처럼 경이와 찬탄으로 마주한다.

사면을 내려가면서 조르바가 돌멩이를 걷어차자 돌멩이는 아래로 굴러 내려갔다. 조르바는 그런 놀라운 광경을 처음 보는 사람처럼 걸음을 멈추고 돌멩이를 바라보았다. 그러다 나를 돌아다보았다. 나는 그의 시선에서 가벼운 놀라움을 읽을 수 있었다.

"두목, 봤어요?"

"……"

"사면에서 돌멩이는 다시 생명을 얻습니다."

조르바는 신이 있다면 신도 자신과 다르지 않을 것이라 생각한다. 다만 그보다 더 크고 힘이 더 세고 머리가 더 돌았을 뿐이다. 신은 손에 저울을 들고 있는 게 아니라 스펀지 한 덩어리를 들고 있다. 이윽고 겁에 질린 영혼이 들어와 자신의 죄를 조목조목 읊으며 자비를 구하면, 신은 하품을 하며 혼령의 말을 끊고는 물 묻은 스펀지로 죄를 지워 버리고 이렇게 말한다.

"가거라, 천당으로 썩 꺼져라. 여봐라, 베드로. 이 잡것도 넣어 줘라!"

신은 인간의 관습과 규율을 초월하는 용서하는 이, 관대한 왕이다.

그러니 삶과 우주를 대하는 데는 이것저것 따지고 잴 필요가 없다. 오직 자신의 목소리에 귀 기울이고, 자신이 이해한 바를 그대로 믿으며 충실히 살아 내면 되는 것이다.

"두목, 인간이란 짐승이에요. (……) 나는 아무도, 아무것도 믿지 않아요. 오직 조르바만 믿지. 조르바가 딴것들보다 나아서가 아니오. 나을 거라고는 눈곱만큼도 없어요. 조르바 역시 딴 놈들과 마찬가지로 짐승이오! 그러나 내가 조르바를 믿는 건, 내가 아는 것 중에서 아직 내 마음대로 할 수 있는 게 조르바뿐이기 때문이오. 나머지는 모조리 허깨비들이오. 나는 이 눈으로 보고 이 귀로 듣고 이 내장으로 삭여 내요. 나머지야 몽땅 허깨비지. 내가 죽으면 만사가 죽는 거요. 조르바가 죽으면 세계 전부가 나락으로 떨어질 게요. (……) 확대경으로 보면 물속에 벌레가 우글우글하대요. 자, 갈증을 참을 거요, 아니면 확대경을 확 부숴 버리고 물을 마시겠소?"

조르바는 일할 때는 갈탄이 되고 산투르를 연주할 때는 산투르가 된다. 순간을 온전히 사느라 어디에 있든지 그 속에 물들어 버린다. 가장 자연스러운 인간이다. 아프리카인들이 뱀을 섬기는 이유는, 온몸을 땅에 붙이고 있는 뱀이야말로 대지의 비밀을 잘 알 것이라 믿기 때문이다. 뱀은 배로, 꼬리로, 그리고 머리로 대지의 비밀을 안다. 조르바 역시 늘 어머니 대지와 접촉하고 동거한다.

"일할 때는 말 걸지 마슈! 뚝 부러질 것 같으니까. (……) 나는 일에 몸을 빼앗기면 머리꼭지부터 발끝까지가 잔뜩 긴장하여 이게 돌이 되고 석탄이 되고 산투르가 되어 버린단 말입니다. 두목이 갑자기 내 몸을 건

드리거나 말을 걸면 돌아봐야죠? 그럼 꼭 부러져 버릴 것 같다는 말입니다. 이제 아시겠어요?"

조르바가 목재 운반 계획을 꺼내던 날, 그는 '나'에게 춤을 추자고 청했다.

"춤추시겠소? 춤춥시다!"

"싫습니다."

"그럼 나 혼자 추겠소. 두목, 멀찌감치 떨어져 앉으시오. 받아 버리지 않게 말이오."

'나'는 춤을 추기 싫다. '펜대 운전사'인 '나'는 춤을 출 줄 모른다. 조르바는 혼자서 오두막을 박차고 나가 음악도 없이 춤을 추었다. 조르바는 복잡한 이야기를 춤으로 말하는 재주를 가졌다.

이윽고 그는 춤에다 몸을 맡기고, 손뼉을 치는가 하면 공중으로 뛰어올랐고, 발끝으로 도는가 하면 무릎을 꿇었다 다리를 구부리고 다시 공중으로 뛰어올랐다. 흡사 고무로 만든 사람 같았다. 그는 갑자기 자연의 법칙을 정복하고 날아가려는 듯이 공중으로 펄쩍 뛰어올랐다. 그를 보고 있노라면, 늙은 육신 속에 그 몸을 들어다 어둠 속에 유성처럼 던져 버리고 싶어 안달을 부리는 영혼이 하나 있는 것 같았다.

(……) 나는 그의 늙은 육신이 그 난폭한 폭력을 견디지 못하고 공중에서 수천 조각으로 찢어져 바람에 사방으로 날릴 것만 같아 두려웠다.

크레타 섬으로 떠나온 가을로부터 시간이 흘러, '나'와 조르바는 이듬해 새해를 함께 맞이한다. 오두막으로 돌아와 화덕에 커피를 끓이고는, 바다를 바라보면서 담배에 불을 붙여 차분하게 빨아들이는 조르바의 모습을 보며 '나'는 생각한다.

    달빛을 받고 있는 조르바를 바라보며 주위 세계에 함몰된 그 소박하고 단순한 모습, 모든 것(여자, 빵, 물, 고기, 잠)이 유쾌하게 육화하여 조르바가 된 데 탄복했다. 나는 우주와 인간이 그처럼 다정하게 맺어진 예를 일찍이 본 적이 없었다.

    하지만 갈탄광에 목재 운반 케이블을 설치하겠다는 조르바의 계획이 불확실해지고, 마을의 한 청년이 젊은 과부를 사랑해 자살하는 사건이 일어나면서 '나'와 조르바가 가지고 있던 평화에도 피로의 그림자가 드리운다. 결국 분노한 동네 사람들이 젊은 과부를 칼로 찔러 살해하는 것을 목도할 때, 조르바의 애인 부불리나도 병이 들어 가엾은 죽음을 맞이한다.

  4월, 광산 케이블의 개통식 날, 베어 낸 통나무가 케이블을 타고 내려오는 광경을 보기 위해 마을 사람들이 모인다. 밑에서는 양고기를 굽고 있다. 하지만 불꽃을 일으키며 급강하하는 통나무는 급기야 공중으로 날아가 숯이 된다. 목재의 낙하 속도를 조절하는 데 실패한 것이다. 설치한 케이블과 철탑이 모두 무너지고, '나'는 빈털터리가 되고 나서야 비로소 해방감을 느낀다. '나'는 미친 사람처럼 조르바를 향해 외친다.

    "조르바! 이리 와 보세요! 춤 좀 가르쳐 주세요!"
    조르바가 펄쩍 뛰어 일어났다. 그의 얼굴이 황홀하게 빛나고 있었다.
    "춤이라고요, 두목? 정말 춤이라고 했소? 야호! 이리 오쇼!"
    "조르바, 갑시다. 내 인생은 바뀌었어요. 자 놉시다!"

(……) 우리는 함께 춤을 추었다. 조르바는 내게 춤을 가르쳐 주고, 엄숙하고 끈기 있게 그리고 부드럽게 틀린 부분을 고쳐 주었다. 나는 차츰 대담해졌다. 내 가슴은 새처럼 날아오르는 기분이었다.

"브라보! 아주 잘하시는데!" 조르바는 박자를 맞추느라고 손뼉을 치며 외쳤다. "……브라보, 젊은이! 종이와 잉크는 지옥으로나 보내 버려! 상품, 이익 좋아하시네. 광산, 인부, 수도원 좋아하시네. 이것 봐요, 당신이 춤을 배우고 내 말을 배우면 우리가 서로 나누지 못할 이야기가 어디 있겠소!"

그는 맨발로 자갈밭을 짓이기며 손뼉을 쳤다.

갈탄광을 뒤로하고 조르바와 '나'는 헤어진다. 조르바는 '나'에게 엽서를 보내지만 '나'는 조르바를 두 번 다시 보지 못한다. '나'가 마지막으로 받은 엽서는 조르바가 죽기 전 머문 어느 마을의 교장이 보낸 것이다. 조르바는 죽는 순간까지도 힘이 넘쳤으며, 산투르를 우정의 정표로 남겼으니 나중에 들를 일이 있으면 찾아가라는 내용이었다. '그는 창틀을 거머쥐고 먼 산을 바라보더니 눈을 크게 뜨고 웃다가 말처럼 울었습니다. 이렇게 창틀에 손톱을 박고 서 있을 동안 죽음이 그를 찾아왔습니다.'

인간은, 춤추는 자유이다. 조르바는 '나'에게 춤추는 법을 가르쳐 주면서 말한다.

"두목, 사람을 당신만큼 사랑해 본 적이 없소."

조르바는 내 삶의 길잡이요, 나의 사랑하는 사람이다.

1883년, 터키 지배하의 크레타 섬에서 태어난 니코스 카잔차키스는, '장차 주교가 될 아이'라는 산파의 예언을 믿고 어린 시절부터 성직자처럼 살고자 갖은 노력을 했다. 조르바는 먹는 걸로 무엇을 하는

지 보면 그 사람이 어떤 사람인지 알 수 있다고 했다. 첫 번째 사람은 먹은 음식으로 비계와 똥을 만들고, 두 번째 사람은 일과 좋은 유머에 쓰고, 세 번째 사람은 하느님께 돌린다. 조르바는 자신은 먹은 것을 일과 좋은 유머에 쓰는 사람이고, '나'는 먹은 걸 하느님께 돌리려고 애쓰지만 그게 잘 안되는 사람이라고 말한다. 조르바에 따르면 '나'의 모델인 니코스 카잔차키스는 세 번째 사람, '육신을 부처로 만들려고 피눈물 나는 노력을 기울이고 있던 이'였다.

아테네 법과대학에 입학한 카잔차키스는 아토스 산에서 신과의 만남을 시도하기 위해 6개월간의 순례를 떠났다. 하지만 신이 만든 세상을 악으로 배척하고 산속에서 정신과 몸을 학대하는 고행자들의 실체를 보고 이제까지의 세계관을 수정한다.

내 영혼을 처음으로 뒤흔든 것은 공포나 고통이 아니었고, 쾌감이나 장난도 아니었으며, 자유에 대한 열망이었다. 나는 자유를 찾아야 했지만, 무엇으로부터, 누구로부터 자유가 된다는 말인가?
(……) 성자들이 너무 온순하다는 생각이 들었다. 그들은 신 앞에서 자꾸 머리만 조아리며 설설 길 뿐이었다. 내 몸속에서는 크레타의 피가 끓어올랐다. 크레타의 피를 확실히 염두에 두지는 않았지만, 나는 참된 인간이란 아무리 곤경에 처했어도 신의 앞에서까지도 저항하고, 투쟁하고, 두려워하지 않아야 한다는 단정을 내렸다.

그때부터 카잔차키스는 프랑스와 스페인, 영국, 러시아, 이집트, 팔레스타인, 그리고 멀리 중국과 일본 등지를 떠돌아다니며 니체에서 붓다로, 붓다에서 레닌으로, 레닌에게서 오디세우스로 진리를 좇다 마침내 다시 그리스도에게로 돌아온다. 카잔차키스는 "내 영혼 전체는 외침이요, 내 모든 작품은 그 외침에 대한 설명이다."라고 말했다. 생애 동안 영혼의 '오름'을 위해 투쟁을 계속해 온 카잔차키스는, 그의 작품 속에 진실과 환상을 섞어 그 오름길을 기록하고자 하였다.

카잔차키스, 아니 조르바는 신으로부터 구원받기를 바라지 말고, 인간이 수도원에 갇힌 신을 구해 내야 한다고 외쳤다. 그는 그리스도에 대한 독창적인 해석으로 교황청과 그리스정교회의 노여움을 사〈최후의 유혹〉,〈미할리스 대장〉등이 금서 판정을 받고 파문당한다.

〈그리스인 조르바〉의 무대인 크레타 섬을 직접 찾아가기까지 한 법정 스님은 산문집 〈텅 빈 충만〉에 이렇게 썼다.

"산중에서도 태풍은 매년 한두 차례씩 거쳐야 하는 일이다. 이런 날 다락에 올라간 내 손에 잡힌 책이 니코스 카잔차키스의 〈그리스인 조르바〉다. 책장을 펼치자 거기에도 비바람이 불고 있었다. 크레타 섬으로 가는 배를 타려고 항구에 나가 있을 때, 북아메리카에서도 남유럽 쪽으로 부는 세찬 비바람이 유리문을 닫았는데도 파도의 포말을 카페 안에 가득히 날리고 있었다. 화자인 나는 그 항구에서 기타 비슷한 악기를 끼고 있는 조르바를 만나 이야기를 나누고 있었다. 한참 지나 끼니때가 되었지만, 거센 비바람에 밖에 나갈 엄두가 나지 않아 버너를 켜서 차만 한 잔 마신 다음 밥 대신 조르바를 홀린 듯이 먹으면서 배고픈 줄 몰랐다. 조르바가 물었다.

'우리가 어디서 와서 어디로 가는지, 그 이야기 좀 들읍시다. 요 몇 해 동안 당신은 청춘을 불사르며 마법의 주문이 잔뜩 쓰인 책을 읽었을 겁니다. 모르긴 하지만 종이도 한 50톤쯤 씹어 삼켰을 테지요. 그래서 얻어 낸 게 도대체 무엇이오?'

이것은 우리 모두에게 묻는 준엄한 질문처럼 들렸다. 우리가 읽고 쓰고 하는 뜻은 어디에 있는가. 우리가 지금껏 그토록 많은 종이를 씹어 삼키면서 얻어 낸 게 무엇인가. 어디서 와서 어디로 가는지? 삶의 본질과 이어지지 않으면 우리는 한낱 종이벌레에 그치고 만다.

이 책을 읽고 나서 그가 살았던 크레타에 한번 가 보고 싶다는 생각을 하다가 1995년 여름 볼일로 파리에 갔다가 그리스로 날아갔다. 다시 그리스에서 크레타로 가려면 밤배를 타야 했다. 에게 해의 물 빛은 짙은 감청색, 석양에 비친 바다 빛은 듣던 대로 포도주 빛이었다. 지중해의 물 빛은 투명한데, 에게 해는 신화를 잉태하고 있는 듯 신비롭고 어둡다. 항구가 내려다보이는 전망 좋은 성루에 니코스 카잔차키스의 묘가 있었다. 묘비에는 이런 글이 새겨져 있었다.

나는 아무것도 원치 않는다.
나는 아무것도 두려워하지 않는다.
나는 자유."

🌿 니코스 카잔차키스는 1946년 그리스어로 한 권의 책을 발표한다. 제목은 〈알렉시스 조르바의 삶과 모험〉. 1952년 런던과 1953년 뉴욕에서 〈그리스인 조르바 Zorba the Greek〉라 번역된 이 책을 통해 그야말로 그는 세계적인 명성을 얻게 되었다. 1957년에 노벨문학상을 받은 카뮈는 "카잔차키스야말로 자신보다 백번은 더 노벨문학상을 받았어야 했다."고 말했다. 1964년 안소니 퀸 주연으로 동명의 영화가 제작되어 엄청난 인기를 모으기도 했다. 1969년 삼성출판사의 세계문학전집 제40권에 박석기가 번역한 〈희랍인 조르바〉가 실리고, 1981년 12월 고려원에서 카잔차키스 전집 가운데 제2권으로 이윤기가 번역한 〈그리스인 조르바〉가 출판된 뒤에, 몇 권의 한국어판이 더 출간되었다. 여기에서는 2000년 4월 이윤기가 1981년의 번역을 손질해 열린책들에서 새롭게 출판한 것을 기준으로 삼았다. 열린책들은 〈영혼의 자서전〉〈최후의 유혹〉〈성자 프란체스코〉 등의 작품들을 모아 니코스 카잔차키스 전집을 펴내고 있다. 이윤기는 1999년 2월 크레타에 위치한 '니코스 카잔차키스 공항'에 내린다. 그는 작가의 무덤을 찾아 큰절로 참배했고, 자신이 도착하기 일주일 전 조르바의 딸이 다녀갔다는 말을 들었다.

풍요가 넘쳐 나는 행성에서 날마다 10만 명이 기아나 영양실조로 인한 질병으로 죽어 간다. 다른 사람의 아픔을 내 아픔으로 느낄 줄 아는 유일한 생명체인 인간의 의식 변화에 희망이 있다.

한쪽의 여유는 다른 한쪽의 궁핍을 채울 수 없는가
장 지글러 〈왜 세계의 절반은 굶주리는가〉

　브라질 세아라 주의 크라테우스라는 곳을 방문했을 때의 일인데, 그곳에서 아빠는 가톨릭교회의 묘지 옆에 작은 봉분들로 뒤덮인 넓은 지대를 본 적이 있어. 아빠에게 숙식을 제공한 농가의 한 친구는 그곳을 가리키며 '이름도 없는 작은 이들의 묘'라고 말했지. 태어난 지 며칠 혹은 몇 주 되지 않아 배고픔과 쇠약, 설사, 탈수 등으로 숨진 이름 없는 아기들의 무덤이라는 거야. 법적으로는 출생신고를 하는 것이 의무지만 그 아기들의 부모는 너무 가난해서 그럴 형편이 못 돼. 출생신고를 하려면 1~2레알을 내야 하거든. 그래서 아기가 죽으면 부모나 다른 가족이 죽은 아기의 유해를 '이름도 없는 작은 이들의 묘'에 묻는다는 거야.

　국제연합 식량농업기구FAO의 집계에 따르면, 2005년을 기준으로 열 살 미만의 어린아이가 5초에 한 명씩 굶어 죽어 가고 있으며, 비타민A의 부족으로 시력을 상실한 사람은 3분에 한 명꼴이고, 세계 인구의 7분의 1에 이르는 8억 5천만 명이 심각한 영양실조 상태에 놓여 있다고 한다. 그러나 현재 인류가 비축한 식량으로는 60억 세계 인구의 두 배를 거뜬히 먹여 살리고도 남는다. 이러한 모순은 어디서 기인하는가. 통계대로라면, 기아의 원인은 식량의 절대적 부족이 아니라 기아를 조장하는 다른 무언가에 있는 것이 분명하다.

"아빠! 우리나라에는 먹을 것이 넘쳐 나서 사람들이 비만을 걱정하고 한쪽에서는 음식 쓰레기도 마구 버리고 있잖아요? 그런데 아프리카나 아시아, 라틴아메리카의 많은 나라들에서는 아이들이 굶어 죽어 가고 있다니 정말 기막힌 일 아니에요?"

어느 날 아이는 아빠에게 질문을 던진다. 한쪽의 여유는 왜 다른 한쪽의 궁핍을 채울 수 없는가. 이 질문을 받은 아버지는 프랑스의 사회학자 장 지글러. 그는 빈곤을 조장하는 사회구조를 비판하는 기아 문제 연구자이며 현장에서 아동 구호와 식량 지원을 펼치는 국제연합 식량특별조사관이다. 논리적으로는 도저히 이해될 수 없는 이 문제와 마주하여 아이가 던진 질문은, 비단 한 어린이의 호기심 어린 질문만은 아니다. 우리가 이 현실을 향해 던져야 하는 질문이며 또한 부조리에 맞서 느껴야 할 공분公憤이다.

세계의 저편에서 기아를 조장하고 있는 것은 무엇인가. 장 지글러는 그 물음에 답하기 위해 복잡하게 얽힌 기아와 구조의 실타래를 하나씩 풀어 나간다.

"기아라고 해도 원인에 따라 여러 형태가 있는 건가요?"

그래. 국제연합 식량농업기구는 '경제적 기아'와 '구조적 기아'로 구분하고 있어. 대략 설명하자면 '경제적 기아'는 '돌발적이고 급격한 일과성의 경제적 위기로 발생하는 기아'를 말한단다. 국제적인 도움의 손길이 재빨리 미치지 않으면 많은 사람들이 굶어 죽게 되지. '구조적 기아'는 '장기간에 걸쳐 식량 공급이 지체되는 경우'를 말하지. 그 나라의 경제 발전이 더딘 데 따른 생산력 저조, 급수설비나 도로 같은 인프라의 미정비, 혹은 주민 다수의 극도의 빈곤 등이 원인이 되어 발생한단다. 그러니까 '구조적 기아'는 간단히 말해서 외부적인 재해로 발생하는 것이 아니라 그 나라를 지배하고 있는 사회구조로 인해 빚어지는 필연적인 결과란다.

장 지글러는 기아를 '경제적 기아'와 '구조적 기아'의 두 가지 측면에서 바라본다. 아이는 아빠에게 "경제적 기아를 해결하는 것은 간단한 일 아닐까요? 그 사람들에게 되도록 신속하게 충분한 식량을 배급하면 되잖아요!"라며 천진난만하게 묻는다. 하지만 아쉽게도 아빠는, 아이의 희망찬 물음에 긍정적인 대답을 되돌려 줄 수가 없다. 경제적 기아든 구조적 기아든 그것을 해결하는 길은 그리 단순하지 않다. 장 지글러가 우리에게 일깨워 주고자 하는 사실도 바로 이러한 모순과 닿아 있다. 기아가 발생하는 원인에서부터 기아를 해결하기 위한 구호 활동에 이르기까지 사실상 그 모든 과정을 결정하는 것은 그 어떤 개인도 아닌, 인간의 어긋난 욕망과 그 욕망을 부추기는 신자유주의 체제였던 것이다.

아프리카의 소말리아에는 과거 이탈리아 식민정부가 건설해 놓은 모가디슈 항이 있다. 인도양에 면한 항구 중에서 가장 현대적인 모가디슈 항은 좋은 설비를 갖추고 있어서 하루에 수만 톤의 물량을 처리할 수 있다. 모가디슈 항은 기아가 심각한 지역에서 그리 멀지 않은 곳에 위치해 있다. 하지만 이 모가디슈 항은 폐쇄 상태에 있다. 동부의 군벌들이 전투를 벌이는 바람에 국제 원조를 전혀 받아들일 수 없는 실정 때문이다. 약탈에 대한 공포로 어떤 외국 선박도 그곳에 정박하려 하지 않으며, 선원들은 목숨을 잃을까 봐 두려워한다. 소말리아는 납치나 인신매매가 빈번하게 행해지는 나라이다.

"자기 민족을 망치는 범죄자는 바로 그 군벌 우두머리들이로군요?"

"그렇단다."

끊임없는 내전과 부정부패, 권력투쟁으로 아프리카의 많은 나라들은 이미 구호 활동조차 받아들일 수 없는 지경에 이르렀다. 권력을 지닌 자들은 자신의 권력을 유지하기 위해 동족의 굶주림을 무참히 묵살한다. 굶주린 자들의 몫으로 돌아가야 할 구호물품들로 자신들의 배를 불리는 것은 다반사며, 심지어는 군대를 조직하고 유지하는 데 사용하기도 한다. 그 군대가 동족들에게 또다시 총을 겨누리라는 것은 이제 별로 놀랍지도 않은 사실이 되고 말았다.

"그게 옳은 일일까요?"

뭐가? 원조가? 아니면 구호품을 가로채는 것이?

"원조를 계획하는 거요."

아빠는 구호단체의 방침에 동의해. 구호단체는 극단적인 조건에서 활동하고, 갖가지 모순들과 싸워야 해. 그러나 어떤 대가도 한 아이의 생명에 비할 수는 없어. 단 한 명의 아이라도 더 살릴 수 있다면 그 모든 손해를 보상받게 되는 것이지.

어쩌면 아이가 던지는 질문이 보다 현실적인 것일 수 있다. 하지만 장 지글러의 믿음은 우리가 기아라는 문제를 어떠한 가치관을 가지고 바라보아야 하는지를 잘 보여 준다. 구조를 변화시키기에 앞서 감정과 이성을 지닌 우리 인간이 먼저 변해야 한다는 것은 장 지글러가 시종일관 놓지 않는 믿음이다.

밑 빠진 독에 물 붓기와도 같은 현실 속으로 많은 구호단체가 목숨을 걸고 뛰어들어 보지만 상황은 좀처럼 나아질 기미를 보이지 않는다. 기아에 대한 깊은 이해와 식견을 지닌 장 지글러조차도 그러한 상황에 대해서는 뭐라 쉽게 말할 수 없다.

"국제연합은 할 수 있는 모든 일을 다 했고, 지금도 소말리아에는 수백 명의 국제연합 직원들이 상주하고 있지. 매일매일 목숨을 걸고 활동하고 있는 참으로 용감한 사람들이야."

어디 한 군데 쉽사리 풀리지 않는 갈등의 매듭 앞에서 장 지글러가 할 수 있는 일은 용감한 사람들을 기리는 일뿐일지도 모른다. 대신 그는 갈등의 이면에서 욕망을 부추기고 비인도적 행위를 조장하는 신자유주의에게로 책임의 화살을 겨눈다.

서구의 부자 나라 사람들을 사로잡고 있는 신화가 있어. 그것은 바로 자연도태설이지. 이것은 정말 가혹한 신화가 아닐 수 없어. 대부분의 사람들은 인류의 6분의 1이 기아에 희생당하는 것을 너무도 안타까워해. 하지만 일부의 적지 않은 사람들은 이런 불행에 장점도 있다고 믿고 있단다. 그러니까 점점 높아지는 지구의 인구밀도를 기근이 적당히 조절하고 있다고 보는 거야. 너무 많은 인구가 살아가고 소비하고 활동하다 보면 지구는 점차 질식사의 길을 걷게 될 텐데, 기근으로 인해 인구가 적당하게 조절되고 있다는 얘기지. 그런 사람들은 기아를 자연이 고안해 낸 지혜로 여긴단다. 산소 부족과 과잉인구에 따른 치명적인 영향으로 인해 우리 모두가 죽지 않도록 자연 스스로 주기적으로 과잉의 생물을 제거한다는 거야.

그의 비판은 맬서스의 인구론으로 대변되는 자연도태설의 신화를 선진국들이 확신하고 있다는 것에서부터 출발한다. 식량은 산술급수적으로 증가하지만 인구는 기하급수적으로 증가한다는 맬서스의 이론은 식량 과잉 상태의 현대사회를 놓고 본다면 틀린 것이 분명하다.

하지만 기아를 초래했다는 윤리적 책임으로부터 자유로워지기 위해 선진국들은 이미 유효기간이 지난 이론을 들이대며 정당성을 찾으려 한다고 장 지글러는 말한다. 그의 눈에는 스스로 현실을 왜곡하여 심리적 도피처를 찾는 데 급급해하는 거대 자본과 선진국들의 탐욕스런 모습만 보일 뿐이다.

현실 왜곡의 현장 정반대 편에서도 놀라운 일들은 계속 벌어지고 있다. 장 지글러는 아프리카의 한 난민캠프에서 조금이라도 더 살 가망이 있는 생명을 선별해 내는 충격적인 작업을 눈앞에서 목도한다. 더욱 놀라운 사실은 그가 목격했던 곳뿐 아니라 소위 말하는 제3세계 거의 모든 지역의 난민캠프에서 그러한 비극적인 상황이 연출되고 있다는 것이다. 그 이유는 단순하다. 모두를 살리기에는 식량과 정맥주사, 비타민제, 프로테인이 충분하지 않기 때문이다. 한편에서는 120억 인구를 먹여 살릴 식량이 썩어 가는데 다른 한편에서는 그 식량의 극히 일부를 제공받기 위해 눈물겨운 '선택'의 과정이 벌어지고 있는 것이다.

"그러니깐 세계시장에는 곡식이 모자라는 모양이군요. 그래서 세계식량계획WFP은 식량을 마음대로 확보하지 못하는 건가요?"

그것은 반쪽짜리 진실이야. 또 다른 문제는 세계시장에 비축된 식량의 가격이 종종 인위적으로 부풀려진다는 데 있어. 세계시장에서 거래되는 거의 모든 농산품 가격이 투기의 영향을 받는다는 것은 알고 있니? 미국 시카고의 미시간 호숫가에는 위압적인 건물이 솟아 있어. 바로 시카고 곡물거래소야. 세계의 주요 농산물이 거래되는 곳이지. 이곳은 몇몇 금융 자본가들이 좌지우지하고 있어. 사실 거래는 몇 안되는 거물급 곡물상의 손에서 결정돼. 그들의 상업함대가 세계의 바다를 누비며 전 세계 곡물의 매매가를 결정하고 있단다. 토마스 상카라는 그들 곡물 메이저를 '화이트 칼라 강도들'이라고 부르기도 했지.

시카고 곡물거래소는 전 세계 곡물 거래를 좌지우지하는 곳으로, 장 지글러는 그것을 금융자본이 지배하는 신자유주의의 첨병으로 생각한다. '금융'이라는 눈에 보이지 않는 손은 몇몇 기업의 배를 불리기 위해서만 바쁘게 움직이고 있으며 그 돈놀이의 결과로 빚어지는 갖가지 상황은 고스란히 굶주린 사람들이 떠맡게 된다. 다름 아닌 그들의 생명을 지불하면서 말이다. 사실 시카고 곡물거래소는 세계의 식량난을 초래하는 요인 중에서 그 일부분만을 담당한다. 다국적기업의 정책과 일부 선진 농업국가들의 정치 원리가 신자유주의의 원리와 결부하여 비극적인 결과를 낳고 있는 사례는 이제 제3세계 어디에서나 찾아볼 수 있게 되었다. 장 지글러는 범세계적인 기아의 문제를 해결하기 위해 가장 우선적으로 해야 할 일은 신자유주의가 지닌 허구적 이상을 무너뜨리는 일이라고 단호하게 말한다. 개별적 구호 활동 역시 중요한 작업으로서 지속되어야 하겠지만 비극이 악순환되는 구조부터 개혁에 나서야 한다고 그는 주장한다. 장 지글러는 자신이 만난 토마스 상카라라는 인물에 대해 아들에게 들려준다. 상카라의 사례는 기아 문제를 구조적으로 접근해야 하는 이유를 단적으로 보여준다.

상카라는 서부 아프리카에 위치한 부르키나파소라는 작은 나라의 개혁가이다. 이곳에도 한때는 가난을 해결하려는 움직임이 존재했다. 1983년부터 1987년에 걸쳐 정치개혁이 일어났고, 그 선두에 상카라 장교가 있었다. 그는 국민들에게 막중한 부담을 지우던 인두세를 없애고, 개간할 수 있는 토지를 국유화했다. 상카라의 개혁 정책에 힘입어 부르키나파소는 4년 만에 식량을 자급자족할 수 있었다. 하지만 상카라가 자신의 동지이자 참모였던 콤파오레에 의해 살해됨으로써 그의 시도도 미완의 혁명으로 끝난다. 그 배후에는 인접 국가들에 파급효과가 미칠 것을 두려워한 프랑스의 정치 세력이 있었다. 부르키나파소는 다시 예전으로 돌아갔다.

그렇다면 희망은 어디에 있는가? 희망은 서서히 변화하는 공공의식에 있다. 얼마 전까지만 해도 수천만 명이 기아로 사망하고, 수억 명이 만성적 영양실조에 시달리는 것이 아주 자연스런 일로, 피할 수 없는 숙명으로 여겨져 왔다. 그러나 현재는 그 주범이 살인적이고 불합리한 세계 경제 질서라는 사실을 점점 더 많은 사람들이 명확하게 인식하고 있다. 현실은 살인적인 부정의로 물들어 있다. 풍요가 넘쳐 나는 행성에서 날마다 10만 명이 기아나 영양실조로 인한 질병으로 죽어 간다. 그렇지만 인간의 의식은 이런 상태를 오래 참지 못할 것이다. 변화된 의식은 지구상의 모든 사람들이 충분한 식량을 확보하고 인간다운 삶을 누리기를 원한다. 기아로 인한 떼죽음은 참으로 끔찍한 반인도적 범죄이다. 다른 사람의 아픔을 내 아픔으로 느낄 줄 아는 유일한 생명체인 인간의 의식 변화에 희망이 있다.

장 지글러는 인간에게 내재한 순수한 동정심에 최후의 희망을 건다. 그는 역사가 질적 도약을 이룩하고 있다고 생각한다. 인류가 국가를 성립하여 다른 사람들과 연대하면서 함께 어울려 사는 법을 깨달아 왔듯, 기아 문제를 해결하는 데 있어서도 전 인류적 연대를 이끌어 낼 수 있으리라 믿는다. 그 과정의 첫 단계로 맬서스적 선입견을 몰아내는 것이 급선무다. 〈왜 세계의 절반은 굶주리는가〉는 비인도적 사상들, 즉 맬서스적 선입견과 신자유주의적 세계관에 대한 믿음을 극복하기 위한 장 지글러의 꿈이다.

〈한 사람은 모두를, 모두는 한 사람을〉에서 법정 스님은 '적은 것으로써 넉넉할 줄 알며, 적게 앓고 적게 걱정하라.'는 '소욕지족 소병소뇌少慾知足 少病少惱'란 법문을 통해 맑은 가난의 의미를 되새긴다. 남이 가진 것을 부러워하지 않고 자신에게 주어진 현실에 만족할 줄 아는 것, 곧 불필요한 것을 갖지 않고 불필요한 것으로부터 자유로워지는 게 맑은 가난이라 거듭 강조하면서 스님은 그렇기 때문에 "무엇을 갖고자 할 때, 갖지 못한 사람들의 처지를 먼저 생각할 수 있어야 한다."고 덧붙인다. 나 홀로 사는 세상이 아닌 까닭이다.

"나만 다 차지하고 살 수 있는 세상이 아니다. 서로 얽혀 있고 서로 의지해 있다. 아무리 자기 것이라 하더라도 그 근원을 추적해 보면 다른 누군가가 가져야 할 것을 도중에 가로챈 것이나 다름없다. 날마다 지구촌에서 하루에 3만 5천 명의 어린이들이 굶어 죽어 가고 있다. 또 세계 전역에서 10억 명의 사람들이 하루 1달러, 우리 돈 천 원으로 하루를 살아간다. 이것이 이 지구별의 현실이다. 그렇기에 우리가 무엇을 갖고자 할 때 갖지 못한 사람들의 처지를 배려해야 한다."

🌙 일상 풍경이 된 굶주림. 8억 5천만 명의 굶주리는 사람들의 문제를 다룬 장 지글러의 〈왜 세계의 절반은 굶주리는가〉는, 프랑스 쇠이유에서 〈세계의 기아에 대해 내 아들에게 들려주다 *La faim dans le monde expliquée à mon fils*〉라는 제목으로 1999년에 출간되었다. 국내에서는 2007년 3월에 갈라파고스에서 유영미의 번역으로 출간되었다. 이 책의 국내 번역본에는 〈88만 원 세대〉의 저자 우석훈의 추천글과 주경복의 부록 '신자유주의를 말한다'가 함께 실려 있다. 같이 읽을 만한 책으로는 장 지글러의 또 다른 저서 〈탐욕의 시대〉가 있다. 이 책에서 그는 〈왜 세계의 절반은 굶주리는가〉에서 한 걸음 더 나아가 기아와 빈곤의 문제를 객관적인 통계자료와 논리적인 분석으로 심도 있게 다룬다.

불꽃이 일기 시작하면 숲 전체가 불타기 전에 곧바로 불을 꺼야 하는 것과 마찬가지로
우리의 생각이 마음을 침범하기 전에 생각을 통제해야 한다.

마른 강에 그물을 던지지 마라
장 프랑수아 르벨 · 마티유 리카르 〈승려와 철학자〉

고통은 심원한 불만족 상태로서, 육체적 고통을 뜻할 수도 있지만 그보다는 정신적 체험이라고 말씀드릴 수 있습니다. 분명한 건 동일한 상황 앞에서도 사람마다 느끼는 방식이 다르다는 사실입니다. 고통은 우리가 소중히 여기는 자아가 위협받거나 원하는 것을 얻지 못했을 때 일어납니다. 가장 강렬한 육체적 고통도 정신 자세에 따라 매우 다른 방식으로 체험될 수 있습니다. 또한 삶의 목적인 권력, 부, 쾌락, 명예 등은 일시적인 만족을 가져다줄 수는 있으나 결코 지속적인 만족의 원천은 될 수 없기에 얼마 지나지 않아 곧 불만으로 바뀝니다. 일시적인 만족은 외적인 상황에도 손상되지 않는 내면의 평화를 가져다주지 못합니다. 사는 동안 줄곧 세속적인 목적을 추구하면, 물이 마른 강에 그물을 던지는 어부만큼이나 진정한 행복에 도달할 가능성이 없습니다.

장 프랑수아 르벨은 문학과 철학을 전공한 대학교수로서 여러 해 동안 철학을 가르치다가 언론인이 되었으며, 몇 권의 주목받는 철학서를 출판했다. 〈마르크스도 예수도 아닌〉은 전 세계적인 베스트셀러가 되기도 했다. 최고의 지성이 모인다는 프랑스 한림원의 정회원이기도 한 그는 모든 형이상학은 공허하다고 생각해 왔다. 마티유 리카르는 프랑스에서 분자생물학 박사학위를 받은 후 파스퇴르 연구소의 연구원으로 일하던 중 모든 것을 버리고 떠나 히말라야에 정착했다. 35년 전부터 네팔에 거주하면서 위대한 티베트 승려들 아래서 수행자로서 살아가고 있으며, 달라이 라마가 프랑스를 찾았을 때는 통역을 맡기도 했다.

이처럼 서로 다른 길을 걷고 있는 두 사람이 만나 대화를 나눈다. 철학자와 승려의 대화이자, 서양과 동양의 열흘간의 만남이다. 또한 이 두 사람은 아버지와 아들이다. 부자는 1996년 5월, 카트만두의 어느 외딴 산장에서 20년 만에 만난다. 대조적인 가치관으로 인해 영원히 평행선만 그을 것 같던 두 사람은 히말라야 풍경을 바라보며 마주 앉는다. 그동안 의절한 상태는 아니었지만, 서로의 세계관에 대해서는 깊이 대화해 본 적이 없었다. 그런데 최근 서양 사회에서 불교가 급속도로 확산되는 것을 계기로 자연스럽고 체계적인 대화로써 서로에 대한 생각을 허물없이 나누어 보기로 한 것이다.

"무신론자인 나는 맛있는 포도주와 즐거운 인생을 사랑한다. 그래서 내 아들 마티유가 승려가 되겠다고 말했을 때 미쳐 버리는 줄 알았다."고 고백하는 아버지 장 프랑수아. 그는 최우수 평점으로 이학 박사학위를 받은 아들이 유럽 최고의 과학 문명에 몸담고 있다가 갑자기 결코 경력에 도움이 되지 않을 것 같은 불교에 입문한 이유를 첫 질문으로 던진다.

"제가 불교에 귀의한 것은 흥미진진한 과학 탐구에 대한 거부가 아니라, 과학 탐구가 삶의 근본적인 문제를 해결할 수 없다는 깨달음의 결과였습니다. 생물학과 물리학이 생명의 기원과 우주의 형성에 있어 놀랄 만한 지식을 낳은 것은 사실입니다. 그러나 이러한 지식들로 행복과 고통의 근본적인 메커니즘을 규명할 수 있습니까? 과학은 그것이 아무리 재미있다 해도 제 삶에 어떤 의미를 부여하기엔 충분치 않았습니다. 반면에 티베트 스승들은 존재 자체에 그들이 가르치고자 하는 바가 반영되어 있는 듯이 보였습니다."

아들 마티유는 출가 전 위대한 철학자나 예술가, 시인을 만나고 세계적인 과학자들을 사귀었지만, '저것이 진정으로 내가 추구하는 모습인가?'에 대해선 의문을 가져야만 했다.

"너는 과학과 구도가 양립할 수 있다고 생각하지는 않았느냐?"

"물론 그 두 가지가 근본적으로 양립되지 못할 이유는 없습니다. 그러나 제게 있어서 구도의 삶은 과학보다 더욱 중요했습니다. 또한 두 개의 의자에 앉아 있을 수 없고, 양 끝이 뾰족한 바늘로 바느질을 할 수 없다는 생각이 들었지요. 저는 제게 가장 필요한 것에 제 시간을 모두 바치고 싶었습니다. 저의 진짜 문제는 인간적인 삶의 잠재력을 잘 사용하지 못하고 제 삶의 하루하루가 부서져 나간다는 느낌이었습니다. 결국 저는 지금껏 결코 후회해 본 적이 없는 결단을 내렸습니다. 바로 제가 있고 싶은 곳에 있겠다는 것이지요."

아버지는 서구 철학자를 대변해 비판적 질문을 던지고 아들은 불교의 내밀한 가르침에 대해 풍부한 비유를 들어 답변한다. 육체와 정신, 선과 악, 삶과 죽음 같은 철학적 문제에서부터 안락사와 인종 갈등, 유전자 복제 같은 현대적 쟁점들까지 넘나들며 대화가 계속된다.

"서양철학은 실험적 검증을 통해 근대과학의 모태가 되었다. 불교에서는 왜 이런 발전이 없었는가?"

"물론 불교에도 실험적 검증이 존재합니다. 그런데 그것은 불교의 목적을 염두에 두고 바라봐야 합니다. 불교의 목적은 이 세계에 물리적 작용을 가함으로써 외부 세계를 변화시키는 것이 아니라, 인간으로 하여금 내적인 앎을 발전시키게 하여 보다 훌륭한 인간을 만듦으로써 세계를 변화시키는 것입니다. 불교에서는 육체적이고 정신적인 고통은 부정적인 행위와 말과 생각의 결과로 봅니다. 부정적인 생각은 자아를 애지중지하고 그것을 온전히 보호하고 싶어 하는 마음에서 생겨납니다. 우리가 집착하는 자아가 실체 없는 허깨비임을 깨닫고 현상의 확고부동함에 대한 우리의 집착을 내려놓을 때 비로소 고통의 악순환은 끝납니다."

이 대화는 불교가 말하는 삶의 궁극적인 목적이 무엇인가에 대한 마티유의 결론과 연결된다.

불교는 우리가 인생에서 궁극적으로 추구하는 것이 행복이라는 사실을 상기시킵니다. 여기서 행복이란 단지 어떤 기분 좋은 상태가 아니라 우리 존재의 가장 깊은 본성과 완전히 조화를 이룰 수 있도록 삶을 실현하는 것입니다. 행복은 우리 모두가 내면에 가지고 있는 잠재력을 발휘하는 데 우리의 인생을 사용할 수 있으며, 마음의 참된 그리고 궁극적인 본성을 이해할 수 있다는 사실을 아는 것입니다. 인생에 의미를 부여하는 방법을 아는 사람들에게 있어서 모든 순간은 과녁을 향해 날아가는 화살과 같습니다.

아버지가 묻는다.
"죽음은 두려운 것이냐?"
아들이 대답한다.
"죽음은 친구 같은 존재, 삶의 한 단계, 단순한 옮겨 감일 뿐입니다."
우리가 알고 싶어 하는 삶의 무수한 비밀과 의문들에 대해서 두 사람은 체계적으로 묻고 구체적인 답을 보여 준다. 부자의 대화는 '환생과 윤회' 부분에서 서로의 간극을 재차 확인하게 된다.

"우리가 본 세 살짜리 아이가 네 스승 키엔체 린포체의 환생이라고 하는 근거는 무엇이냐? 불교에는 윤회가 있다고 하던데."

"불교는 계속적인 삶의 단계들에 대해서 말하고 있습니다. 모든 것은 현재의 삶으로 끝나는 것이 아닙니다. 우리는 이미 현생 이전의 다른 삶의 상태들을 체험했고, 죽음 이후에도 다른 상태들을 체험하게 될 것입니다. 이때 우리는 '그렇다면 육체와 별도로 비물질적인 영혼이 존재하는가?'라는 질문을 갖게 됩니다. 이 육체와 영혼 사이의 관계를 분석하지 않고는 환생에 대해 설명할 수 없습니다."

승려는 계속적인 윤회를 통과하는 것은 동일한 '인격'이 아닌, 조건으로 제약된 '영혼의 흐름'이라고 설명한다. 문제가 되는 것은 연속체, 다시 말해 그 흐름을 관통하는 어떤 고정되고 자율적인 실체가 없는 '영속적인 영혼의 흐름'이다. 마치 흐름을 따라 내려가는 나룻배가 없는 강물, 혹은 연속적으로 다음 등잔으로 옮겨 가는 불꽃에 비유하면서 마지막에 가면 그 불꽃은 처음 등잔의 불꽃과 같은 것도 아니고 다른 것도 아니라고 답한다.

마음의 지혜이자 유일신을 거부하는 불교의 정체성은 대화의 중요한 화두이다. "불교는 종교인가, 철학인가?"에 대해 마티유는 달라이 라마를 인용해 이렇게 대답한다.

> 불교는 참 안됐다! 종교인들은 불교가 무신론적 철학이자 마음의 과학이라 하고, 철학자들은 불교를 종교라고 하여 철학에 끼워 주지 않는다. 그러므로 불교는 어디에도 시민권이 없다. 그러나 어쩌면 바로 그것이 불교가 종교와 철학을 잇는 가교가 될 수 있게 만드는 이점이다.

자기 내면을 온전히 바라보는 명상을 통해, 자아를 비롯한 만물이 사실은 '비어 있음'을 깨달아야 한다는 것이 불교 가르침의 출발이다. 그런데 개인적 체험과 성찰의 영역인 마음을 과학으로 측정할 수 있을까? 첨단 과학인 분자생물학 분야에 몸담았던 마티유. 그러나 그는, 인간의 마음과 의식까지도 '검은 상자 안의 유령'이라 비유하며 신경 세포망 내의 화학적이고 전기적인 현상으로 설명하려는 과학의 시도를 비판한다.

불교에서는 유물론적 관점과 관념론적 관점 사이의 대립, 정신과 물질 사이의 대립을 잘못 제기된 문제로 봅니다. 대부분의 철학자와 과학자의 생각에서 문제가 되는 부분은 '확고부동한 물질'을 '비물질적인 정신'에 대립시키는 것입니다.

유한성에 바탕을 둔 철학과 순수한 종교적 이상 사이에서 벌어지는 이 아름다운 전투는 잘 조율된 평행선을 달리는 것과도 같은 긴장미를 연출한다. 두 입이 뿜어내는 장광설은 불교 입문서로 읽기에는 다소 까다로울 수 있지만, 다 읽고 난 후에 주어지는 배움의 기쁨이 상당하다.
때로는 일치하고 때로는 대립하는 긴 대화는 합일된 결론을 억지로 요구하지 않는다. 단지 각자의 결론을 통해 입장을 확인할 뿐이다. 아버지와 아들은 각자 '철학자의 결론'과 '승려의 결론'으로 열흘간의 대화를 마무리한다. 철학자의 결론은 이것이다.

나는 지혜로서의 불교에 대해 더욱 감탄하게 되었고, 형이상학으로서의 불교에 대해 더욱 회의적이 되었다. 또한 서양에서 불고 있는 불교 열풍의 이유를 더욱 명확히 이해할 수 있게 되었다. 서양에서 과학은 승리를 거두었지만 사람들이 납득할 수 있는 지혜나 도덕은 더 이상 가지고 있지 않다. 반면 동양은 우리에게 자신의 도덕과 삶의 행동 지침을 가져다줄 수는 있지만 거기에는 이론적 토대가 없다.

철학자는 불교의 가르침들이 우리에게 많은 깨달음을 가져다준다는 사실에 공감한다. 하지만 아들 마티유가 불교적인 지혜의 이론적 배경을 자신에게 충분히 납득시키지 못했다고 지적하며, 불교를 단순한 철학으로, 서양의 빈 공간을 점유하는 고도의 지혜 철학으로 결론짓는다. 지혜의 전통을 잃어버린 서양에 때마침 제시된 불교는 지혜 자체로서는 높이 평가될 수 있지만, 쾌락주의나 금욕주의와 마찬가지로 실용적인 형태로서만 받아들여질 수 있다고 판단한다.

마티유에 견해에 의하면 불교의 구도는 다른 위대한 정신적 전통처럼 우리가 더 나은 인간이 되도록 돕는 것이다. 그러나 과학은 이러한 목적에 도달하려는 의도나 수단을 가지고 있지 않다. 과학의 목적은 우선 가시적인 현상들의 성격을 밝히고 이러한 발견을 통하여 그 현상들을 변화시키는 것을 목적으로 한다. 과학은 삶의 조건들을 개선할 수 있다. 하지만 인생의 질이 어떠한가에 대한 문제는 여전히 과제로 남는다. 진정으로 질 높은 삶을 살아가는 유일한 방법은 인생에 내적인 의미를 부여하는 것이다. 그리고 존재에 내적인 의미를 부여하는 유일한 방법은 우리의 마음을 알고 변화시키는 것이다. 〈타임〉은 이 책에 대해 다음과 같은 인상적인 서평을 남겼다.

이 책의 두 저자조차도 이 책의 성공을 보며 깜작 놀랐다. 스티븐 호킹의 〈시간의 역사〉의 경우와 마찬가지로 평론가들은 이 책이 대중의 인기를 얻으리라고는 전혀 예상치 못했다. 그러나 이 책은 현재 전 세계 16개국의 언어로 번역 출간되었다. 철학이 소르본 대학 강의실이 아닌 공항 대합실에서도 쉽게 읽히게 된 것이다.

〈르몽드〉와 〈뉴욕타임스〉도 이 책이 "풍부한 대화로 이루어져 있으며, 이 책에 수록된 대화가 다소 난해하게 느껴진다면 그것은 대화를 나누는 두 주인공이 보여 주는 진지함과 지적인 깊이 때문일 것이다. 아버지는 이따금 회의적인 시각으로 아들의 신념을 넌지시 시험해 보려 한다. 특히 윤회에 대한 아들의 설명에 예리하게 반박한다. 해박한 지식을 가진 아들은 각각의 주제를 명쾌하면서도 비유적인 표현으로 설명한다."고 보도했다.

승려와 철학자가 미루어 둔 결론은 앞으로도 긴 대화와 이해를 요구하는 두 세계에 맡겨진 과제이다. 서구의 지적 전통을 대변하는 철학자들이 동양의 지적 전통을 대변하는 불교와 만나는 일도 더 이상 낯설게 느껴지지 않는다. 일찍이 쇼펜하우어는 인도철학에 깊은 관심을 표방했고, 카를 융과 엘리아데의 경우도 마찬가지였다. 에드워즈 콘즈는 서구 출신의 유명한 불교학자이며, 벽안의 위대한 승려들도 많이 있다. 특히 티베트의 영적 스승 달라이 라마가 세계 여러 종교 지도자들과 철학자들을 만나면서 교류의 장이 활짝 펼쳐지고 있다. 이 책은 승려와 철학자의 대화이지만, 물질문명 속에서 살아가는 현대인들의 일상적인 고민을 담고 있기도 하다. 지금 우리가 진정으로 열망하는 것은 무엇인가. 진정한 행복은 어떻게 다가오는가. 두 사람의 대화는 그 궁극적인 질문에 다가서는 하나의 단서가 되어 준다.

법정 스님은 〈한 사람은 모두를, 모두는 한 사람을〉의 한 법문에서 이야기했다.

"불교는 깨어 있음의 종교이다. 어둠과 무의식으로부터 깨어나 한 치의 흔들림 없이 세상과 자신의 마음을 주시하는 수행이다. 부처님은 길을 갈 때 매우 천천히 걷곤 했다고 한다. 사람들이 그렇게 천천히 걷는 이유를 묻자 부처님은 말한다.

'걷는 것 자체가 하나의 가르침이다. 언제나 한겨울 개울물 속으로 걸어 들어가듯 걸으라. 물이 아주 차갑기 때문에 천천히 깨어서 걸어야 한다. 물살이 아주 빠르기 때문에 정신을 차려야 한다. 개울의 돌에 미끄러질 수 있기 때문에 한 발 한 발 지켜보아야 한다.'

인생은 빠르게 흘러가는 차가운 물살과 같다. 우리는 그 물살 속을 걸어가고 있다. 욕망과 번뇌의 돌에 미끄러지지 않도록 깨어 있으라는 것이다. 우리가 부처님의 가르침을 배우는 목적이 무엇인가? 삶의 불만족에서 벗어나는 길을 찾기 위한 것이다. 마음을 괴롭히는 이 성가신 불만족의 실체가 무엇인가를 이해하고 그 원인을 제거하기 위함이다. 고통은 원인이 있어 생겨난다. 그 원인을 찾아나가는 것이 수행이고 종교적인 탐구이다. 그렇게 해서 발견한 평화와 행복을 모든 존재들과 나누기 위한 자비의 노력이다."

🍃 1996년 5월 네팔의 수도 카트만두를 굽어보는 산 위 외딴 지역에서 열흘 동안 이루어진 두 사람의 대담은 1997년 프랑스 닐 출판사에서 처음 출간되었다. 서구에 불고 있는 불교 열풍과 맞물려 〈승려와 철학자 Le Moine et le philosophe〉는 프랑스에서 6개월 동안 베스트셀러 1위를 차지했으며 16개국에 번역 출간되었다. 1999년 창작시대에서 이용철의 번역으로 처음 소개하였고, 2004년 5월 이끌리오에서 다시 출간했다. 한편 미국에서 나온 번역본에는 내용이 새롭게 첨가된 부분이 있었는데, 이 사실을 확인한 번역자는 미국판을 참고해 첨가된 내용을 새로 번역하여 넣는 등 정성을 기울였다. 함께 읽을 만한 책으로는 마티유 리카르가 쓴 〈행복 요리법〉 〈손바닥 안의 우주〉 〈행복을 위한 변명〉이 있다.

아아리가아 이누우루니! 나쿠우루크 마니 누나!
살아 있다는 건 좋은 일이야! 여기는 좋은 곳이야!

당신은 내일로부터 몇 킬로미터인가?
이레이그루크 〈내일로부터 80킬로미터〉

나날의 삶은 모험이었고 우리 모두는 아니그니크, 곧 삶의 숨결을 즐겼다. 많은 이들이 간간이 죽을 고비를 겪기는 했지만 죽음을 두려워하는 사람은 아무도 없었다. 우리는 매일 아침마다 큰 기대감을 갖고서 하루를 맞았다. 오늘 날씨는 어떨까? 몇 마리의 뇌조를 집 안에 들여놓을 수 있을까? 운 좋게 몇 마리를 쉽고도 빠르게 잡을 수 있을까? 여우가 덫에 걸렸을까? 농어 그물을 다시 들여다볼 때가 되지 않았을까? 누가 개들을 데리고 가서 가문비나무 단을 실어 오는 일을 맡을까? 양식과 생필품을 들여놓기 위해 마을에 갈 때가 되지 않았을까?

일만 번의 여름이 알래스카에 왔다가 갔다. 그곳 사람들은 이미 또한 번의 겨울을 위한 준비를 마쳤다. 연어를 말려 훈제하고, 물범기름을 정제하고, 사냥한 북미순록고기들을 말리고, 풍성한 베리 열매의 수확을 기대하면서. 이누피아트족이 사는 알래스카 북부의 겨울은 아홉 달이나 계속된다. 그래서 한겨울이면 하루 스물네 시간 내내 밤만 계속된다. 기운 없는 싸늘한 태양은 지평선 위로 고개도 제대로 내밀지 못하고 그냥 넘어가 버리고 만다. 또 겨울철에는 거센 바람이 자주 불어 밖에 나갈 엄두도 낼 수 없는 날이 많다. 이누피아트족은 그런 날을 이트랄리크라 부르는데, 그건 '살점이 떨어져 나갈 만큼 혹독한 추위'를 뜻한다.

알래스카 땅이 공식적으로 알래스카 주가 된 것은 불과 오십 년 전의 일이다. 그러나 누가 자신에 대한 권리를 주장하든 간에 상관없이 그 땅은 늘 얼음으로 뒤덮인 광대한 자연 속에 뭇 생명을 품어 왔다.

'알래스카와 참사람들에 대한 기억'이란 부제가 붙은 〈내일로부터 80킬로미터〉의 저자 이레이그루크(윌리엄 헨슬리)는 북부 알래스카 해안의 이누피아트족 가정에서 태어났다. 어린 그는 어머니를 따라 신흥 도시인 놈에서 빈곤하게 살다가 형편을 딱하게 여긴 외가 쪽 친척 집에 양자로 들어간다. 그곳에서 어린 이레이그루크는 전통적인 이누피아트족의 방식에 따라 살기 시작한다. 그것은 그의 원주민 조상들이 수천 년간 영위해 온 반유목민적인 생활로, 추위와 끊임없는 노동이 수반된 삶이었지만 이레이그루크와 그의 가족들은 자연이 제공해 주는 풍성한 산물을 누리며 살아간다. 영하 40도까지 내려가는 알래스카의 겨울들 속에서 어린 시절을 보내며 이레이그루크는 자연이 지닌 힘들을 경외해야 함을, 낭비가 큰 적임을 배운다. 더불어 노력하는 것이야말로 꼭 필요한 일임을, 오로지 더불어 일함으로써만이 생존할 수 있다는 것을 배운다.

우리는 우리 선조들이 수천 년간 영위해 왔던 전통적인 삶이자 반유목민적인 삶을 살았기에 늘 살아남아야 한다는 심각한 명제와 맞닥뜨렸다. 생존이야말로 우리의 최우선적인 관심사였다. 얼음이 깨지는 바람에 물속에 빠질 수도 있고, 개썰매를 몰고 가다 사고를 당할 수도 있고, 발을 헛디뎌 치명적인 오발 사고를 저지를 수도 있고, 도끼로 나무를 패다가 제 몸을 잘못 찍어 중상을 입을 수도 있고, 칼로 짐승 가죽을 벗기다가 제 몸을 찌를 수도 있었다. 우리는 맹렬하게 포효하는 눈보라 속에서 길을 잃을 수도 있고 보트에서 떨어져 물에 빠져 죽을 수도 있었다. 곰의 공격을 받거나 성난 큰사슴의 뿔에 받혀서 죽을 수도 있었다.

걸을 수 있는 나이가 되면 누구나 다 일을 해야만 했다. 나이가 어려도 생존하는 데 꼭 필요한 간단한 일들에는 참여해야 했다. 세 살배기 아이도 땔나무를 아궁이 속에 집어넣는 일은 할 수 있었다. 어린 이레이그루크는 몸에 약간의 힘이 생기자마자 나무를 패고, 우물에서 물을 길어 오고, 연장들을 날라 오고, 배에 들어온 물을 퍼내고, 개들에게 먹이를 주고, 어망을 손질하거나 물고기를 말리기 위해서 매달아 두는 일을 돕고, 심지어는 흰돌고래의 지방과 고기를 요리하는 일을 거들기까지 했다.

그것은 강추위 속에서 끊임없이 노력해야 하는 삶이었다. 하지만 그들은 자연이 베풀어 주는 풍요로운 결실을 거둬들였다. 바다에서 물고기들을 잡고, 산에서 짐승들을 잡고, 하늘에서 새들을 잡고, 툰드라에서 야생 딸기들과 그 밖의 식용식물들을 채취했다. 그리고 무시무시한 강추위 때문에 사냥을 하거나 낚시하는 일이 불가능해지고 이듬해 봄이 올 때까지 식물이라고는 구경도 할 수 없는 계절이 올 때를 대비해서 그렇게 거둬들인 모든 먹을거리를 잘 저장해 두었다. 이레이그루크가 새 가족과 합류했던 그 유년 시절에 그의 뇌리에 깊이 새겨졌던 가장 중요한 교훈은, '땅과 바다야말로 우리 삶의 중심'이라는 것이었다. 이레이그루크는 그 땅과 바다의 품 안에서 생동감 넘치는 어린 시절을 보낸다. 그리고 어른들과 함께 얼음 덩어리 위에 서서 먼 수평선을 향해 외친다.

아아리가아 이누우루니! 나쿠우루크 마니 누나!(살아 있다는 건 좋은 일이야! 여기는 좋은 곳이야!)

　모든 것이 중요해지는 순간, 삶이 생생해지는 때가 바로 그런 순간들이다.

　이누피아트 세계에서 가족의 중요성은 아무리 강조해도 지나치지 않을 정도였다. 원주민들이 알래스카 너머 지역들에 사는 사람과 접촉하기 전 시대에는 자기네 부족의 전통적인 경계선을 넘어갈 경우 그 당사자는 즉각 목숨을 잃을 위험에 처했다고 한다. 가족의 따뜻한 품 안에 안겨 있다는 것은 그들을 둘러싼 극한의 세계 안에 온갖 위험 요소가 도사린다 할지라도 언제나 보호와 도움을 받을 수 있음을 뜻했다. 그리고 그보다 더 중요한 것은 가족이 제공해 주는 시간과 공간의 연속성이었다.

　하지만 학교에 다니면서 이레이그루크는 뜻밖의 현실에 부딪힌다. 그 현실은 어린 그에게 자신이 이누피아트 사람임을 부정하라고 강요한다. "과거를 돌이켜 볼 때마다 나는 학교 수업 과정에서 우리 민족이 철저히 배제되었다는 사실을 결코 잊을 수가 없다."고 그는 말한다. 초등학교에서 8년을 보내는 동안 이누피아크어로 교내 활동을 한 적이 한 번도 없었다. 교실에 있을 때는 마치 그의 민족이 존재하지 않는 것 같았다. 학교 교사들은 나이 든 분을 모시고 인생 체험을 듣는다는 생각 자체를 하지 못했다.

　우리를 서양 사람으로 만들기 위해 필사적으로 노력했던 교사들의 의식 속에는 겸허함, 협동, 가족애, 고된 노동, 인생살이에서의 유머 같은 인간적인 가치들이 존재하지도 않았다. 그들은 만여 년간 땅과 바다, 강과 하늘과 긴밀하게 교류하면서 체득된 우리 이누피아트족의 모든 지혜를 창밖에 내던져 버렸다. 지형과 동물들의 생활 방식, 날씨, 미술, 우주, 음악, 춤, 역사, 건축, 심리학, 육아와 가정교육, 사냥과 관련된 우리의 광범위한 문화적 지식을.

추위와 배고픔, 그리고 인종적인 차별 때문에 이레이그루크는 자살을 심각하게 고려해 본 적이 몇 번 있었다. 총, 칼, 도끼, 얼음같이 싸늘한 물, 광막한 황야가 다 손쉬운 자살 수단이 되어 줄 수 있었다. 하지만 퀴비트, 곧 포기한다는 것은 이누피아트 사람들이 극단적으로 싫어하는 말이었다. 이누피아트 사회에서는 그런 태도가 결코 용납되지 않았다. 그들은 만여 년 동안 북극지방에서 살았던 터라 그런 교훈을 잘 체득해 왔다. 무기력하고 나약한 자는 이런 혹독한 환경에서는 설 자리가 없었다. 누군가가 포기한다면 그와 그의 가족은 살아남을 수가 없었다.

이레이그루크가 열다섯 살이 되었을 때 선교사들은 더 많은 교육을 받게 하기 위해 그를 8천 킬로미터나 멀리 떨어진 미국 본토로 보냈다. 거기서 그는 과거 수천 년 동안 알래스카 원주민들이 차지해 왔고 사실상 소유해 왔던 땅이 강탈당할 위기에 처해 있다는 사실을 발견한다. 그는 이런 움직임과 맞서 싸우기로 결심하고 연어처럼 자신의 고향으로 돌아간다.

우리 이누피아트 사람들 대다수에게 사유재산권이라는 개념은 아주 낯선 것이었다. 우리는 알래스카 전역에 흩어져 살면서 우리 조상들이 그랬던 것처럼 알래스카 땅을 적절히 활용해 왔고, 그 땅이 가끔 우리를 위협하기도 하면서 그런대로 살아남을 수 있도록 허용해 주는 생활 방식에 알맞게 적응해 왔다. 우리는 직선들과 종이쪽지들이 그 땅과 우리의 관계를 적절히 설명해 줄 수 있다고 생각하지 않았다. 우리는 그 땅을 딛고 살았고, 그 안에서 번영해 왔다. 수천 년이나 전승되어 내려온 우리의 유산은 그 땅거죽 바로 밑에 묻혀 있고 그 가운데는 우리 조상들의 뼈도 섞여 있었다. 우리는 맥맥이 살아 숨 쉬는 조상들의 숨결을 거의 느낄 수 있었다.

젊은 이레이그루크가 몇 년 동안 꾸준히 노력한 결과 1971년, 미국 정부는 10억 달러에 가까운 돈과 17만 8천 제곱킬로미터의 땅을 알래스카 원주민들에게 제공하기로 결정을 내린다. 미국 본토의 원주민들과 달리 알래스카 원주민들은 자기네의 경제적, 정치적 운명을 주체적으로 결정할 수 있는 위치에 올라선 것이다.

그런 놀라운 결정이 하룻밤 사이에, 그리고 어느 한 사람만의 노력으로 이루어진 것은 아니었다. 그러나 알래스카 원주민들의 삶과 권리를 세상에 널리 알리고 현실화시킨 이는 바로 이레이그루크였다.

〈내일로부터 80킬로미터〉에서 이레이그루크는 알래스카 원주민 소년이 살아가는 생생한 모습에 모처럼 흠뻑 젖어들 수 있는 드문 기회를 우리에게 제공해 준다. 과거에도 알래스카와 그곳 원주민들에 관해서 쓴 책들이 여럿 나오긴 했지만 그 책들은 하나같이 외지인들, 곧 개척자들이 썼다. 어린 소년 이레이그루크가 툰드라에서 생활한 일들을 직접 기록한 내용은 우리에게 전혀 새로운 시각을 열어 준다. 이 책은 한 개인의 기록에만 그치지 않고 알래스카 정신의 발랄하고 생동하는 힘을 매혹적으로 증언한다. 한 알래스카 원주민 소년의 감동적인 성장 일화이자 우리가 잃어버린, 하지만 아직 가슴 저편에 아리게 남아 있는 순수한 삶을 다시금 일깨운다.

"알래스카는 나의 본향이요 본질이요 삶의 이유."라고 말하는 이레이그루크는 북극권에서 북쪽으로 46킬로미터, 날짜변경선에서 동쪽으로 80킬로미터 떨어진, 베링 해의 바람과 파도에 의해서 형성된 코체부에 만 해안에서 태어났다.

나는 고어텍스가 사향뒤쥐와 늑대 가죽으로 만든 모피 파카를 밀어내고 스노부츠가 물범가죽 장화를 밀어내기 전에, 스노머신 대신 에스키모개들이 썰매를 끌고 싶어 안달이 나서 길게 울부짖던 시절에 그곳에서 살았다. 나는 보트 외부에 장착하는 엔진이 등장하기 전 카약과 가죽배가 수면 위를 고요히 미끄러져 가곤 하던 시절에, 양초와 콜맨랜턴이 우리가 필요로 하는 모든 빛을 제공해 주던 시절에 그곳에서 살았다. 전화기가 등장하기 전이라 사람들이 직접 만나고서야 비로소 자기네의 삶과 꿈을 이야기할 수 있었던 시절에, 텔레비전이란 게 생겨나 사람들이 가족들의 연대기와 전설들을 두고두고 이야기하는 걸 방해하기 전 시절에 나는 그곳에서 살았다. 그리고 나는 미 의회가 알래스카 주를 새로 탄생시키고, 주 관리들이 우리한테서 모든 걸 강탈해 가려고 할 즈음 그곳에서 살았다.

자신이 '석기시대의 황혼'이라 부르곤 하는 어린 시절에 이레이그루크는 북극권의 황야에서 애정 어린 이누피아트 가족 안에서 자랐다. 그는 이 행성의 맨 꼭대기 부근 지역에 널리 퍼져 나가 인간이 살기 어려운 혹독한 기후 속에서도 만여 년간 생존하고 번성해 온 자기 민족의 삶의 방식을 배우고, 또 그에 따라 살았다. 그러다 그는 열다섯 살 때 자신이 잘 알고 사랑하던 모든 것과 모든 사람을 뒤에 남기고 현대 세계로 떠났다.

그가 다시 고향으로 돌아왔을 때 갓 탄생한 알래스카 주 정부는 그의 민족이 수천 년간 물고기를 잡고 짐승을 사냥해 왔던 삶의 터전 몇 십만 제곱킬로미터를 차지하려 하고 있었다. 그는 그 땅을 구하기로 결심하고 '우리 땅을 되찾고 우리 삶을 되찾자!'는 취지의 운동을 이끌었다. 이 운동은 알래스카의 역사, 그의 동료 이누피아트족 사람들과 알래스카에 사는 다른 부족들의 역사를 영원히 뒤바꾸어 놓는 결과를 빚어냈다.

이제 이레이그루크는 자신이 어느새 이누피아트족의 원로가 되어 있음을 깨닫고 은근히 놀라곤 한다. 현재 그는 또다시 알래스카에서 이누이트의 정신을 되살려 내고 가르치는 일을 거들고 있다. 그리고 자신이 성장한 북극권 황야 부근에 땅을 마련했으면 하는 바람을 갖고 있다.

우리 어머니 노운라레이크는 온 세상이 싸늘하게 얼어붙은 미명의 어둠 속에서 일찍 깨어 일어나 한기로부터 몸을 보호하기 위해 재빨리 파카를 걸쳐 입으셨다. 그런 다음 어머니는 순록가죽 매트 위에 조용히 앉은 뒤 먼 곳을 망연히 응시하면서 깊은 생각에 빠져들었다. 물론 그럴 때 어떤 생각을 했는지는 한 번도 말씀하신 적이 없었다. 나는 어머니가 기도를 하신 게 아닐까 생각한다. 어머니는 코체부에서 퀘이커 교도들의 인도를 받아 기독교로 개종한 첫 세대에 속한 분이었으니 아마 기독교 신에게 기도를 드렸을 것이다. 하지만 어머니는 또 우리말로 날씨를 창조한 자연의 힘들을 뜻하는 실라에 관해서도 말씀하시곤 했다. 이렇게 묵상하는 동안 아마 어머니는 이누피아트 우주의 영들인 위대한 영들에게도 기도를 드렸을 것이다.

〈새들이 떠나간 숲은 적막하다〉에서 법정 스님은 이렇게 말했다.

"한 인디언은 침략자인 백인들을 향해 이런 말을 하고 있다.

'당신들은 이 땅에 와서 이 대지 위에 무엇을 세우려고 하는가? 어떤 꿈을 당신의 아이들에게 들려주는가? 내가 보기에 당신들은 그저 땅을 파헤치고 건물을 세우고 나무들을 쓰러뜨릴 뿐이다. 그래서 행복한가? 강가에서 연어 떼를 바라보며 다가올 겨울의 행복을 예상하는 우리만큼 행복한가?'

인간 스스로 만들어 낸 오늘의 문명에 어떻게 삶의 가치를 부여할 수 있을지 암담하다. 항상 새로운 것만을 추구하는 현대인들, 주어진 것에 만족할 줄도 감사할 줄도 모르면서 소모적이고 향락적인 우리들. 단 하나뿐인 삶의 터전인 고마운 이 지구를 거대한 쓰레기장으로 만들어 가는 오늘의 문명에 더 무엇을 기대할 수 있을 것인가."

🌿 알래스카 중에서도 북부 지역은 미국인들조차도 여행하기를 꺼리는 오지 중의 오지이다. 알래스카 원주민들에 대한 서적, 논문, 보고서 등은 수없이 많지만 전부 외지인에 의해 작성되고 쓰인 것들이었다. 하지만 2008년 12월 미국 FSG 출판사에서 출간된, 이누피아트 출신의 이레이그루크가 쓴 〈내일로부터 50마일—알래스카와 참사람들에 대한 기억 Fifty Miles from Tommorrow: A Memoir of Alaska and the Real People〉은 그러한 흐름을 완전히 뒤바꿔 놓았다. 책이 출간되자마자 〈워싱턴포스트〉는 "빛나는 책!"이라는 찬사를 보냈고, 〈뉴욕타임스〉〈퍼블리셔스 위클리〉〈워싱턴타임스〉 등도 앞다퉈 이 책의 가치를 세상에 알렸다. 전미학교도서관저널은 청소년 추천 도서로 이 책을 선정하며 추천사를 쓴다. 2009년 문학의숲에서 김훈이 번역한 〈내일로부터 80킬로미터〉가 발행되었다. 알래스카에 대해 읽을 책으로는 20여 년간 알래스카의 자연 속에 살다가 곰의 습격을 받아 사망한 일본인 호시노 미치오의 〈알래스카, 바람 같은 이야기〉가 있다.

벼는 봄에 씨앗을 뿌리면 생명의 싹을 냈다가, 가을에 베어지면 죽는 것처럼 보이지만 실상은 내년, 후년 이렇게 되풀이해서 살고 있지 않은가? 생명의 기쁨은 죽음으로 끝나는 게 아니라 영원히 계속되는 것이다.

가장 자연스러운 것은 아무것도 하지 않는 것

후쿠오카 마사노부 〈짚 한 오라기의 혁명〉

인간에게 처음부터 목적 따위는 없었네. 존재하지도 않는 목표를 붙잡고 고투하고 있는 것에 불과하다네. 상대도 없는 씨름을 하고 있는 것이지. 진짜 목표(인간만의 것이 아닌)는 전방에 있는 것이 아니라네. 자기 자신을 잃어버린 채 밖으로, 전방으로 목표를 찾으러 나다닐 필요는 없다는 것이지. 인간이 생각하고 찾지 않으면 안 되는 목표 따위는 없다네. 오히려 어린아이들에게 물어보는 것이 좋겠지. 하늘은 텅 빈 것이고 목표 없는 인생은 무의미하냐고. 유치원에 다니기 시작할 때부터 인간의 근심은 시작된다네. 인생은 그냥 그대로 즐거웠던 것인데, 인간 스스로 고통의 세계를 만들고 그 고통의 세계를 탈출하고자 고투하고 있다고 해도 과언이 아닐세.

2008년 8월 16일, 일본 자연농법의 효시이자 사막의 녹지화 운동에 헌신했던 후쿠오카 마사노부가 아흔다섯 살의 일기로 눈을 감는다. 많은 일본인들은, 국내에서는 기인으로 알려져 있는 그가 자연농법의 효시를 연 실천가로서 전 세계의 존경을 받고 있었다는 사실에 다시 한 번 놀랐다.

'4무농법'이라고도 불리는 후쿠오카 마사노부의 자연농법은 땅을 갈지 않고(무경운), 비료를 뿌리지 않으며(무비료), 농약을 쓰지 않고

(무농약), 제초를 하지 않는(무제초) 농업 방식을 가리킨다. 후쿠오카는 자연에 순응하며 무위의 철학으로 이루어 낸 그의 농법을 책 〈짚 한 오라기의 혁명〉에서 소개했고, 이는 29개국에서 번역될 정도로 큰 반향을 불러일으켰다.

농학교를 졸업하고 요코하마에 있는 세관의 식물검사과에 근무하던 젊은 시절의 후쿠오카는, 어느 날 인간의 지식과 과학적 정신이 모두 허상임을 깨달았다. '인간은 아무것도 알지 못한다. 물질에는 아무런 가치도 없다. 그 어떤 일을 했다고 하더라도 그것은 무익하며 쓸데없고 헛된 것이다.' 불현듯 자신에게 찾아온 자각이 혹시 잘못된 게 아닐까 하고 거듭 생각해 봐도 그는 그것을 부정할 증거를 아무것도 찾지 못했다. 그래서 이 사고방식이 옳은지 그른지 확인하기로 결심하고 스물다섯 살에 고향인 에히메 현으로 돌아와 농사를 짓기 시작한다.

농부는 "이렇게 하면 좋다.", "저렇게 하면 좋다."고 말하면서부터 바빠지게 된다. 근대과학의 농법은 온갖 농업기술을 망라하고 있지만, 실상은 농사를 쉴 틈 없이 바쁘게 만들었을 뿐이라고 후쿠오카 마사노부는 이야기한다. 그는 무엇을 해야 좋을까를 고민하지 않고, 오히려 아무것도 하지 않는 것을 목표로, 이렇게 하지 않아도 좋을까 저렇게 하지 않아도 좋을까만을 연구했다. 그는 불필요한 농업기술을 하나씩 버리면서, 정말로 하지 않으면 안 되는 일을 찾다가 일체의 모든 것이 불필요하다는 무위의 농법에 도달하게 되었다. 이후 그는 인간의 지식과 간섭을 거부하는 자연농법의 가능성에 대해 단 한 순간도 의심을 가져 본 적이 없다.

사실 이것은 보통의 농업기술에 지나지 않습니다. 그런데 저의 이 농법은 과학기술의 농법을 부정하고 있는 것입니다. 인간 지혜의 과학적 지식을 송두리째 내버리고 있습니다. 대부분의 사람들이 인간에게 유용하다고 여기는 농기구나 비료와 농약 등을 전혀 사용하지 않는 재배 방법이므로 이것은 인지人知나 인위人爲를 전면적으로 부정하고 있다고 해도 과언이 아닙니다. 농기구나 농약, 비료 등이 없이도 그것과 동일한 수량, 또는 그 이상의 쌀과 보리를 수확한 실천 사례가 여기 이렇게 여러분의 눈앞에 확실히 존재하고 있는 것입니다.

사람들은 농기계를 들여와 비료를 뿌리고 제초를 하며, 농약을 치는 것만이 작물의 생산성을 높일 유일한 방법이라고 여긴다. 그러나 후쿠오카 마사노부는 자연농법을 통해 과학적 농법으로 기른 것보다 더 훌륭한 작물을 거두어들임으로써 이러한 통념을 뒤집어엎었다. 그는 땅을 갈지 않고, 농약도 비료도 일절 사용하지 않고 쌀과 보리를 재배했다. 심지어는 모내기마저도 필요 없었다. 벼를 베기 전에 벼 이삭 위로 보리 씨앗을 뿌리고, 타작하고 난 볏짚을 보리 씨앗을 뿌린 위에다 흩뿌리면 되었다. 벼농사도 마찬가지였다. 보리를 베기 전에 볍씨를 뿌리고, 나중에 베어 낸 보릿짚을 뿌려 주는 것이다.

 모내기를 하지 않고 땅 위에 직접 볍씨를 뿌려 기른 뒤, 수확하기 전에 보리 씨앗을 뿌려 쌀과 보리를 연이어 재배하는 그만의 방식은 끊임없는 개량을 거듭했다. "농부는 거의 아무 일을 하지 않아도 좋습니다. 일사一事가 만사萬事입니다." 그가 생각하는 농부가 해야 할 유일한 일은, 자연이 그 자체로 가지고 있는 생명력을 해치지 않는 것이었다.

 후쿠오카 마사노부는 땅은 저절로 비옥해지기 때문에 아무것도 하지 않는 농법을 쓰더라도 생산력이 떨어지지 않는다고 말한다. 두더

지와 지렁이, 작물의 뿌리가 하는 밭갈이는 자연의 경운기 역할을 한다. 자연농법에는 잡초라는 것이 존재하지 않는다. 자연은 어떠한 풀도 잡초라고 이름 짓거나 뽑아 없애도록 하지 않았기 때문이다. 오히려 우리가 잡초라고 부르는 풀들은 작물들과 함께 살면서 도움을 준다. 그는 논 사이사이에 클로버를 심어 놓았다. 한 종류의 풀이 흙을 전부 차지하는 것은 병충해가 접근하기 쉬운 환경을 만드는 것에 다름 아니다. 잡초는 거미나 청개구리 같은 천적을 만들어 주며 탁월한 거름이 된다.

벼를 벤 다음 날 아침에 가 보면 비단실을 펼쳐 놓은 것처럼 거미집이 논바닥 전면에 덮여 있습니다. 하룻밤 새의 일입니다. 거미줄은 아침 이슬을 받으며 반짝반짝 빛나는데 참으로 아름다운 정경입니다. 가까운 곳에 사는 분들이 제 논을 보고, "마치 비단 그물을 펼쳐 놓은 것처럼 보이는 데 뭘까? 안개 그물을 쳐 놓은 것도 아닌 것 같고, 뭘까?"라며 와 보는 일도 있습니다. 바람이 부는 날에는 사오십 센티미터에서 몇 미터나 되는 비단실이 바람에 날리고 있는 것을 볼 수 있습니다. 도대체 무엇인가 하여 잘 보면, 거미집의 거미줄이 끊겨 날리는 것으로 거기에는 대여섯 마리의 거미가 매달려 있습니다. 마치 솔 씨나 민들레 홀씨가 바람에 날리며 날아가는 모습입니다. 거미줄을 비행기 대신으로 거기에 매달려 거미 새끼들이 멀리까지 비행해 가는 것입니다. 그 정경은 참으로 놀라워 자연의 위대한 드라마를 보는 것 같습니다. 제가 한번은 아궁이 재는 괜찮겠지 하는 생각으로 아궁이 재를 뿌린 적이 있었습니다. 그랬더니 일순간에 전멸해 버리더군요. 거미줄이 끊어져 버린 것입니다. 이삼일 뒤에 가 보니 거미가 더 이상 보이지 않더군요. 전혀 해가 없으리라고 생각했던 아궁이 재조차도, 그것도 얼마 안되는 양을 뿌렸을 뿐인데 몇만 마리 거미를 죽이는 결과가 되고 말았습니다.

그러나 대부분의 이들은 자연농업을 받아들이길 주저했다. '아무 것도 하지 않는 것'은 패배주의이며 생산성을 떨어뜨린다는 선입견 때문이었다. 그러나 후쿠오카는, 자연농법이야말로 가장 생산적인 농업 방식이라는 것을 평균 이상의 수확률로써 증명해 보였다. "저는 과학을 부정합니다만, 과학의 비판을 견딜 수 있는 농법, 과학을 지도하는 자연농법이 되지 않으면 안 된다고 생각합니다."

자연을 따라 산다는 것은 아무것도 하지 않는 것이며, 아무것도 하지 않는 것은 인위적인 일을 하지 않는 것이다. 정원사가 손을 댄 나무는, 그다음 해에 다시 가지치기를 하지 않으면 말라 죽어 버린다. 이것은 '방임'이다. 그러나 처음부터 스스로 자란 나무는 손을 대지 않아도 저절로 잘 자란다. 저절로 자라는 나무는 가지가 엉키는 법이 없으며, 태양은 모든 잎을 비추고, 열매도 해를 거르지 않고 잘 열리게 되어 있다. 스스로 지붕의 기와를 깨 놓고는 비가 샌다, 천정이 썩었다고 당황하며 황급히 고치고 나서 기뻐하는 것처럼, 인간은 무언가를 하지 않으면 안 되는 조건들을 끊임없이 만들어 왔다.

하천 건너편 언덕 위 굴산에는 세 채의 오두막이 있습니다. 그곳에는 도회지로부터 탈출해 온 청년들이 모여서 원시생활을 합니다. 전기도 없고, 수도도 없습니다. 계곡물을 퍼 올리고, 양초 아래서 현미, 채식의 일의일완一依一梡(한 벌의 옷과 한 벌의 그릇)의 생활을 하고 있습니다. 어디에선가 와서 며칠이고 머물다가 아무 때나 자유롭게 떠나갑니다.

대체로 자연의 품에서 조용히 자신을 되돌아보고자 하는 젊은이가 많지만, 농민 지원자, 히피, 여기저기 다니는 철새 여행자, 학생, 학자, 프랑스인 순례자, 현미식의 미국인 등 천차만별입니다.

제 역할은 산기슭의 차 심부름꾼이 되는 것으로, 찾아오는 손님들에게 차를 내고, 논밭일을 도움 받아 가면서 세상 이야기를 즐기는 것뿐입니다. 듣기에는 좋아 보이지만 실제로는 그리 쉬운 일이 아닙니다.

제가 '아무것도 하지 않는 자연농법'을 목표로 하고 있기 때문에, 사람들은 이곳을 누워서 유유자적한 생활을 할 수 있는 이상향으로 생각하고 왔다가 깜짝 놀랍니다. 아침 일찍부터 물을 길어 올리고, 땔나무를 자르고, 진흙투성이가 되는 농사일을 보고는 일찌감치 돌아가는 사람도 있습니다.

어느 날 한 젊은이가 후쿠오카 마사노부의 농장을 찾았다. 그는 자신이 어디에서 왔는지를 밝히지 않고 무엇을 하러 왔는지도 모르겠다고 했지만, 후쿠오카는 차츰 그가 세습 승려의 자식이며 죽은 사람에게 경을 읽어 주는 일이 바보짓같이 여겨져 농부가 되기로 했다는 것을 알게 된다. 그는 후쿠오카에게 물었다.

"석가는 '색즉시공 공즉시색, 즉 정신과 물질은 하나이며 일체가 공이다. 인간은 살아 있는 것도 아니고 죽어 있는 것도 아니다. 생도 없고 사도 없다. 늙음도 없고 병듦도 없고, 늘어나지도 않고 줄어들지도 않는다.'라고 단언하고 있는데 제게는 이것이 완전히 자포자기의 말로 들립니다. 늘지도 않고 줄지도 않는다는 말을 실업가나 벼락부자가 들으면 배꼽을 쥘 일입니다. 병이 없다면 의사가 필요 없게 됩니다. 그런데 석가는 '나의 말은 거짓말이 아니다.'라고 반복해서 보증하고 있습니다. 이것이 거짓말일까요, 진짜일까요?"

이 말에 후쿠오카는 바로 어제 벼를 베면서 든 생각이라며 다음과 같은 이야기를 들려준다.

"벼는 봄에 씨앗을 뿌리면 생명의 싹을 냈다가, 가을에 베어지면 죽는 것처럼 보이지만 실상은 내년, 후년 이렇게 되풀이해서 살고 있지 않은가? 인간은 생을 기뻐하고 죽음을 슬퍼하지만, 풀씨는 봄에 흙 속에서 죽으며 싹을 틔우고, 가을에는 풀잎이나 줄기 따위는 말라 죽어 가더라도 작은 씨앗 속에는 생명의 기쁨이 가득 잠재되어 있지 않은가? 생명의 기쁨은 죽음으로 끝나는 것이 아니고 영원히 계속되는 것일세. 죽음이란 매 순간의 일시적인 외부 현상에 지나지 않는 것이고 말일세. 인간의 육체 속에서도 벼나 보리와 같은 일이 되풀이되고 있지. 하루하루 머리털이 자라고, 손톱 발톱이 자라고, 수만 개의 세포가 죽고 태어나며, 한 달 전의 피는 지금의 내 피가 아닐세. 우리의 세포 하나가 어느 사이엔가 자식이나 손자의 몸속에 증식하고 있다고 생각하면 우리는 날마다 죽고 있고 또한 날마다 다시 태어나고 있다고도 할 수 있지 않겠는가?"

인간은 생과 사로 고통 받지만 자연은 생과 사로 기뻐한다. 후쿠오카는 지나가 버린 과거나 사후의 문제에 매달려 오늘 이 자리의 기쁨을 잃어버리고 멍하니 생을 흘려보내지 말라고 청년에게 귀띔했다. 그는 이처럼 벼를 베면서도 자연으로부터 생의 지혜를 발견했다. 그는 농사가 단순히 작물을 재배하는 것에 그치지 않고 인간 완성을 위한 방편이 되지 않으면 안 된다고 생각했다. 무엇인가를 획득함으로써 기쁨이나 행복이 얻어지는 것이 아니라 살아가는 것만으로도 커다란 기쁨이 있고 행복이 있다고 말이다.

인류의 미래는 무엇인가를 이룩하는 것에 의해서 해결될 수 있는 게 아닙니다. 자연은 더욱 황폐해 가고 자원은 고갈되어 가고 있습니다. 인심은 불안에 떨며 정신분열의 위기에 서게 되었는데, 그 원인은 사람이 무엇인가를 해 왔기 때문입니다. 그리고 무엇인가 해 왔다고 하지만 사실은 아무것도 한 것이 없습니다. 해서는 안 되는 것이었습니다. 인류 구제의 길은 이제 아무것도 하지 못하도록 하는 운동이라도 하지 않고서는 다른 방법이 없는 자리에까지 왔습니다. 발달보다 수축, 팽창보다 응결의 시대가 오고 있습니다. 과학 만능, 경제 우선의 시대는 가고 과학의 환상을 타파하는 철학의 시대가 도래하고 있습니다.

무언가를 하지 않으면 안 되는 것이 아니라, 오히려 아무것도 하지 말아야 한다는 발상의 전환을 보여 준 그의 사상과 삶은, 자기 파괴적인 현대 문명에 대한 대안을 찾으려는 세계인들의 뜨거운 관심과 지지를 받았다. 그를 '현대의 노자'라고 부르기를 마다하지 않을 정도였고, 인도, 미국, 필리핀, 캐나다, 아프리카 등 세계 여러 나라가 그를 초청했다. 죽는 날까지 그의 농원에는 그의 삶의 양식에 공감하는 젊은이들이 자연농법과 철학을 배우기 위해 몰려들었다.

"이 짚은 지극히 가볍고 작아 보입니다. 그러나 저는 짚 한 오라기로도 인간 혁명을 일으킬 수 있다고 믿습니다."

모든 것은 인간의 지혜를 버림으로써 시작된다. 후쿠오카 마사노부의 자연농법은 인간의 어설픈 지식이 초래한 파괴로부터 자연을 회복시키고, 신으로부터 멀어진 인간성을 회복하기 위한 시도였다. 그는 말했다. "한 농부가 자연으로 돌아가고 신에게 가깝게 가고자 그동안 헛된 꿈을 꾸었을지 모릅니다. 그러나 나는 씨앗을 뿌리는 자가 되려고 합니다. 나와 같은 마음을 가진 사람을 만나는 것처럼 나를 행복하게 하는 일은 없을 것입니다." 그의 삶과 자연농법의 정신은 오늘날 현대 문명이 껴안고 있는 문제들에 중요한 시사점들을 던져 준다.

〈버리고 떠나기〉에서 법정 스님은 현대의 농사를 이렇게 질책한다.

"두메산골의 밭에는 약초인 당귀가 꽃을 피우고 요즘 한참 감자를 캐고 있다. 어디를 가나 일손이 달려서인지, 혹은 경제적인 타산에서인지, 감자를 캐기 전에 제초제를 미리 뿌려 줄기를 말려 버린다. 월남전에서 무성한 정글을 황폐하게 만든 그 고엽제, 그때의 피해로 인해 지금까지도 상처로 고생하는 사람들이 많은 그 독한 약을 농경지에 마구 뿌리는 것이다. 그렇지 않아도 화학비료의 남용으로 인해 가뜩이나 산성화되어 가는 이 땅의 농토가 제초제를 함부로 사용하는 데서 받는 피해는 막심하다. 토양에 필요한 미생물이 사라져 갈 것이고, 또한 농작물 자체에도 그 독성이 침투되어 결과적으로 그런 농작물을 먹는 사람에게까지 피해가 미칠 것이다. 자연의 질서와 생명의 신비를 등지고 우선 눈앞의 이윤에만 매달린 반자연적인 오늘의 영농 방법에는 적지 않은 문제가 있다."

🌙 자연농법의 효시 후쿠오카 마사노부가 쓴 〈자연농법 짚 한 오라기의 혁명自然農法わら一本の革命〉은 1975년 가시와기샤에서 펴냈으며, 1983년 슌주샤에서 재발행되었고, 1996년 6월 한살림에서 최성현의 번역으로 출간되었다. 역자 최성현 역시 1980년대 중반에 〈짚 한 오라기의 혁명〉을 읽고 그의 무위철학과 자연농법에 감동해 직장을 버리고 농부가 되었으며 지금까지 충북 제천의 산속에 살면서 자연농법을 실천해 오고 있다. 함께 읽을 만한 책으로는 후쿠오카 마사노부의 〈생명의 농업〉, 최성현의 〈산에서 살다〉 등이 있다.

세균이든 사회체제이든 인간의 건강과 생명을 좀먹는 것이라면 그 대상을 가리지 않고 온몸으로 맞섰던 휴머니스트 노먼 베쑨. 그가 거쳐 간 마을 구석구석마다 그의 죽음을 슬퍼했다.

큰의사 노먼 베쑨

테드 알렌 · 시드니 고든 〈닥터 노먼 베쑨〉

다시는 결코 메스를 들면서 그 어떠한 생명체에 대해서도 단순한 유기체로 취급하지 않으리라. 사람이란 육체가 전부가 아니다. 사람이란 꿈을 가진 것이다. 따라서 이제부터 나의 칼은 육체와 동시에 그 꿈을 구하리라.

제2차 세계대전 중국 북부의 군사지역. 일본군에 의해 완전히 봉쇄된 이곳에서, 게릴라전을 펼치는 중국군 병사들은 이렇게 구호를 외치며 싸우고 있었다. "우리 뒤에는 백구은이 있다!" 그들은 닥터 노먼 베쑨을 그렇게 불렀다. 백구은白求恩. 캐나다인 노먼 베쑨은 전선을 따라 이동하는 기동의무대 의사였다. 그의 기동의무대는 중국군이 일본군과 대치하고 있는 현장을 찾아다니며 환자를 치료했다. 그가 이 게릴라 의료봉사대를 만들 때 채택한 구호는 "의사들이여, 부상자들이 찾아오기를 기다리지 말고, 그대들이 먼저 그들을 찾아가라."였다. 그 마음이 노먼 베쑨의 발걸음을 중국으로 이끌었다. 스페인 내전 현장에서 의료 활동을 펼치고 돌아온 지 얼마 되지 않았을 때였다.

질병을 돌보되 사람을 돌보지 못하는 의사를 작은의사小醫라 하고, 사람을 돌보되 사회를 돌보지 못하는 의사를 보통의사中醫라 하며, 질병과 사람, 사회를 통일적으로 파악하여 그 모두를 고치는 의사를 큰

의사大醫라 한다. 인간의 육체와 꿈을 구한 사람, 노먼 베쑨은 큰의사였다. 그는 자신의 최대 무기인 의술로 폐결핵과, 세계의 가난과, 스페인 내란을 일으킨 파시즘과, 중국의 민주주의를 방해하는 제국주의에 맞서서 싸웠으며, 그에게는 이 모든 것이 동떨어진 고민이 아니었다. 40대 후반이었던 그는 이미 70대 노인의 모습이 되어 있었다. 그는 한 번의 죽음을 경험하고 한쪽 폐로 숨 쉬고 있는 사람이었다.

청년 노먼 베쑨은 의사였던 할아버지를 따라 의대에 진학해 닥치는 대로 일을 하면서 학비를 벌었다. 24세에 제1차 세계대전에 참전하기 위해 프랑스로 간 그는 당시엔 아무런 양심의 가책도 느끼지 않았다. 하지만 전쟁으로 처참해진 프랑스의 풍경을 보면서 전쟁이라는 것이 학살 이외에 아무것도 아님을 실감한다. 부상을 입고 캐나다로 돌아온 베쑨은 전쟁이 지나간 땅에 무엇이 남았는지를 확인하고자 다시 영국에서 군인이 된다. 군을 제대했을 때, 20대를 전쟁과 함께 보낸 그의 귀밑에는 흰 머리카락이 돋아 있었다.

베쑨은 기회의 땅 미국 디트로이트에서 첫 개인병원을 열었다. 가장 붐빈다는 이유로 터를 잡았던 그곳은 알고 보니 홍등가의 중심지였고, 환자들 대부분이 이미 나빠질 대로 나빠진 상태였다. 가난한 환자의 차트에 병명을 '폐결핵'으로 써야 할지 '가난'이라고 써야 할지 모르는 날이 계속되었다. 신통치 않았던 병원이 성공하게 된 결정적인 계기는 그랜트 마틴이라는 성공한 개업의가 자신의 환자들에게 베쑨의 병원을 소개한 후부터였다. 그는 자신에게 물었다. "나의 손은 변한 것이 없는데, 도대체 무엇이 변했는가?" 전에는 두 손이 가난한 사람들만을 상대했었는데, 지금은 부유한 사람들만을 상대하고 있었다. 그는 자신에게 일어나는 모든 일을 냉소적으로 바라보았고, 부자들에게서 번 돈으로 가난한 사람들을 도우면서 간신히 숨통을 틔울 수 있었다.

어느 날 밤, 남루한 차림의 사내가 베쑨의 집 문을 두드린다. 아내가 산고를 겪고 있는데 분만을 도와줄 의사를 구할 수 없다는 것이었다. 사내는 베쑨을 시 외곽에 버려진 박스카로 안내했다. 그제야 사내가 분만을 도와줄 의사를 찾지 못한 이유를 알았다. 베쑨은 영양실조에 걸린 산모에게서 아주 작고 쭈글쭈글한 갓난애를 받아 냈다. 아이는 한 달이 못 가서 죽을 것이었다. '신성한 의술? 이 무슨 개뼈다귀 같은 말인가? 이 남자에게는 불운한 자식의 생사보다도 주급 20달러의 일자리가 더 중요할지 모른다. 인술이라? 거 참 말이 좋군. 그 사기꾼들은 자신의 편안한 잠을 위해서 박스카에 사는 남자의 간청을 거부했지 않은가?' 베쑨은 생각했다. 그리고 자신의 동료 의사들을 향해 거침없는 말을 내뱉는다.

알고 지내는 의사들 중에는 중세의 이발사 자격밖에 없는 사람들이 적지 않아. 그 가운데 반은 카운터나 보아야 할 작자들이지. 그나마 나머지 반에게도 그들이 장사꾼이 아니라 의사라는 사실을 상기시켜 주고 싶은 심정이야. 의사들 가운데 일부는 지독히 권위적인데, 비판을 당하면 견디지를 못해. 그들은 자기들이 절대로 오류를 범할 수 없다고 남들이 생각하기를 바라지. 빈민가 사람들에겐 의사가 필요하지만 돈이 없어서 병원을 찾지 못하고 있어. 말하자면 한 푼도 받지 않고 누군가의 생명을 구했다면 그것은 실패가 되고, 어떤 부인네한테 운동만 좀 하면 될 증세에 대해 강장제 한 첩을 조제해 주고 치료비를 엄청나게 받았다면 그것이 성공이 된단 말야.

피로와 불만이 최고조에 다다랐을 때, 그는 피를 토하기 시작했다.

폐결핵이었다. 당시에 결핵은 치료할 수 없는 병이었다. 그저 요양하면서 자신에게 남아 있는 날의 숫자를 세는 수밖에 없다. 베쑨은 아내에게 이혼을 통지하고 결핵 환자들이 모여 있는 트뤼도 요양소로 들어갔다. 요양소의 규칙을 무시하고 자유분방하게 하루하루를 보내던 그는, 도서실에서 우연히 존 알렉산더라는 사람이 쓴 〈폐결핵 수술〉이란 책을 발견한다. 거기에는 폐결핵 치료 방법으로 인공기흉술에 관한 설명이 적혀 있었다. 그것을 읽는 순간, 그는 자신이 새로 태어나게 되리란 걸 알았다. 의사들이 폐결핵 환자의 외과 수술을 기피하는 바람에 나을 수 있는 결핵 환자들이 죽어 가고 있다는 사실도 알았다. 베쑨은 그 즉시 수술을 요청했다. 위험이 따를 것이라는 의사의 말에 그는 싱긋 웃으며 셔츠를 열어젖힌다.

"신사 여러분, 나는 그 위험을 환영하기로 결심했습니다."

베쑨은 살아났다. 37세. 그는 1년 전에 이혼을 통지했던 아내에게 퇴원 소식을 알리며 기차에 올라탔다. 차창 밖을 바라보며 그는 다짐했다. '이제부터 나의 칼은 육체와 동시에 그 꿈을 구하리라.'

건강을 회복한 베쑨은 흉부외과의로서 두 번째 인생을 시작한다. 이제 그의 유일한 관심사는 폐결핵이었으며, 어느덧 그는 저명한 흉부외과 의사가 되어 있었다. 악성 결핵으로 죽어 가는 젊은 여자 환자가 "내게 키스해 주실 수 있겠어요?"라고 묻자, 그는 곧바로 허리를 굽혀 그녀에게 키스했다. 그런 악성 환자와 키스를 하고서도 괜찮겠냐고 다른 사람들이 묻자, 베쑨은 대답했다.

"의사라는 직업이 의학 지식만 가지고 일하는 게 아닙니다."

문득 그는 결핵 치료술이 발달했는데도 결핵 환자의 발병률이 전혀 줄지 않았다는 사실을 깨달았다. 그는 그 이유를 끈질기게 파고들었고, 세계를 집어삼키고 있는 또 하나의 질병, 결핵균보다도 더 치명적이고 중세의 콜레라보다도 훨씬 급속하게 번지고 있는 질병과 마주하게 되었다. 바로 '가난'이라는 질병이었다. 그는 좌절했다. 차라리 메스를 집어던지고 거리로 뛰쳐나가 지나가는 사람들에게 경고의 말을 외치는 편이 더 낫지 않겠는가 하는 생각마저 들었다. 미국의 대공황이 세계를 휩쓸기 시작할 무렵이었다.

부자들의 결핵이 있고 가난한 사람들의 결핵이 있다. 부자들은 회복되지만 가난뱅이들은 죽음을 면치 못한다. 경제학과 병리학은 이렇게 밀접한 관계가 있다. 앞으로 5년 동안 요양소들을 가득 채우게 될 결핵 환자들이 지금 당장 손을 쓰면 치료가 가능한데도 그 상태 그대로 거리를 활보하며 책상머리에서 일하고 있다. 시간과 돈이 없기 때문이다. 가난한 사람들은 여유가 없어서 치료를 못 받고 죽어 가는 것이다. 이것이 바로 경제학자와 사회학자가 만나는 공통 기반이다.

'모든 사람은 건강할 권리가 있다.' 베쑨은 이익을 따지지 않고 가난한 사람들을 위해 일하는 의료 공동체를 구상했다. 의료 서비스는 가게에서 통조림을 사듯 구입하는 것이 아니라 상수도, 하수도, 오물 수거, 전기 공급처럼 당연히 누려야 할 권리라고 생각했다. 그의 노력으로 캐나다에는 몬트리올 국민보건그룹이라는 단체가 생겨났다.

어느 날 그는 동료와 함께 차를 타고 가다가 시위 중인 사람들이 부상당하는 것을 목격했다. 그들은 "우리 아이들에게 우유를 달라! 부인들에게 빵을 달라! 우리에게 배급이 아닌 일자리를 달라!"고 외치고 있었다. 그는 다친 사람들을 무료로 치료해 주었고 그때부터 실업자, 공산주의자, 자유주의자, 사회주의자들과의 만남이 시작되었다.

1936년, 스페인에서는 좌익정당의 지지를 받던 인민전선이 공화국 정권을 잡자 프랑코 장군이 이끄는 파시스트 군대가 독일과 이탈리아의 지원을 등에 업고 쿠데타를 일으켰다. 캐나다에서 이 내전을 주시하고 있던 베쑨은 캐나다 국민이 모금한 기금으로 스페인에 파견될 의료지원단을 맡아 달라는 제안을 받는다. 그에게 있어 스페인으로 간다는 것은 흉부외과 의사로 결핵과 싸워 온 7년을 정리해야 한다는 것을 의미했다. 하지만 개인적인 진로 문제로 망설일 수는 없었다. 그는 즉시 의료지원단을 이끌고 전쟁터로 뛰어든다.

나는 부상 당한 사람들의 상처를 그들의 셔츠를 찢어서 묶어 주었다. 또 어느 집 앞에서는 한 작은 여자아이가 기둥들 사이에 끼어 끙끙대면서 울고 있었다. 나는 기둥들을 치우고 그 아이를 품에 안은 채 긴급 앰뷸런스를 찾아 이리저리 뛰어다녔다. 마침내 앰뷸런스를 만나게 된 나는 그 아이를 들것에 눕히면서도 차라리 죽는 편이 나은 게 아닌가 하는 생각을 떨쳐 버릴 수 없었다. 아이의 눈빛이 이미 제 빛을 잃고 있었기 때문이었다.

스페인에 도착해 전장을 둘러보며 눈앞에서 폭격의 참상을 목격한 베쑨은 분노했다. 그러나 냉정을 되찾고 가장 시급한 일이 무엇인지를 생각하다가, 현대전의 의료체계가 가진 중대한 결점을 발견한다. 부상병들은 병원으로 후송되고 나면, 심각한 출혈과 그로 인한 쇼크 때문에 더 이상 손쓸 수 없을 정도로 상태가 악화되어 버렸다. 베쑨은 이동수혈부대를 만들어 전쟁터에서 수혈을 시도하기로 했다. 수혈만 해 주면, 출혈로 목숨을 잃어야 했던 부상자들을 살릴 수 있었다.
그의 제안에 따라 최초의 이동수혈부대가 창설되었다. 그러나 충분한 피를 확보할 수 있을지가 의문이었다. 헌혈을 해 줄 사람들이 나타나지 않으면 수혈부대는 아무 의미가 없었다. 3일 동안 신문과 라디오를 통해 마드리드 시민들에게 헌혈에 동참해 달라는 방송을 계속 내보냈다. 사흘째인 마지막 날 초조하게 방 안을 서성이고 있던 베쑨에게 한 의사가 뛰어와 창밖을 가리켰다. 바깥에는 2천 명도 넘는 사람들이 헌혈을 하기 위해 거리를 메우고 있었다. 그 수는 시간이 갈수록 점점 더 불어났다.

베쑨은 부상병이 있는 곳을 찾아다니며 수혈이 필요한 병사들의 목숨을 구했다. 전쟁터란 옛날부터 모든 사람들을 죽이는 곳으로만 알고 있었는데, 한 사나이가 이 스페인의 전쟁터에 나타나 인류의 상식을 바꾸기 시작한 것이다.

베쑨은 마드리드에 전쟁고아들을 위한 어린이 마을을 세우고, 미국과 캐나다 시민들에게 공화국 스페인의 곤경을 호소하고자 아메리카 대륙으로 돌아와 강연 여행을 다닌다.

그 무렵 동아시아에서는 일본의 제국주의 야욕이 팽창하고 있었으며 중국은 일본에 대항해 반침략 투쟁을 전개하던 참이었다. 중국은 스페인보다 더 열악한 조건에서 싸우고 있었다. 강연 여행을 마친 베쑨은 스페인으로 돌아가 의료 활동을 계속할 예정이었지만, 중국의 의료봉사대에 자원하기로 계획을 수정했다. 중국 대륙으로 들어가기 위해 머문 홍콩에서 그는 이혼한 아내에게 편지를 썼다. 홍콩을 벗어나자마자, 그가 일본군에 체포되어 처형되었다는 소식이 특파원들에 의해 보도되었다.

스페인에 갔다 왔다고 해서 이제는 그저 옆에서 편안히 구경이나 해도 괜찮다는 어떤 특권이 내게 있는 것은 아닐 것이오. 그건 어느 누구에게나 마찬가지 아니겠소. 스페인은 내 마음에 커다란 상처를 남겼소.

그 상처는 결코 치유될 수 없을 거요. 평생 동안 나는 당시 목도했던 비참한 일들을 떠올릴 때마다 그 고통을 다시 느낄 것이오. 나는 살인과 부패가 판을 치는 이 세상에서 모순을 묵과하기를 거부하오. 나는 우리가 소극적이거나 태만한 탓에 탐욕스런 인간들이 전쟁을 일으켜 다른 사람들을 살해하는 것을 도저히 묵과할 수 없소. 내가 중국으로 가려는 이유는 그 장소가 가장 절실하게 도움을 필요로 하는 곳이기 때문이오. 또한 나의 능력이 가장 가치 있게 쓰일 수 있는 장소가 바로 그곳이기 때문이오.

하지만 베쑨은 살아 있었다. 말도 통하지 않는 대륙에서, 그는 혼자서 연안을 향해 거슬러 올라가고 있었다. 도중에 철로가 끊어져 나귀에 짐을 싣고 도보 여행을 하지 않을 수 없었다. 돌을 던지면 맞힐 수 있을 것 같은 높이에서 남진하는 일본의 폭격기가 지나갔다. 1938년 3월, 베쑨은 연안에 도착한다. 그곳에서 그는 일본군의 후방에 위치한 진찰기 지구로 파견되었다. "이제 나는 전쟁의 한가운데에 서게 되었습니다. 이제야 나는 이 엄청난 투쟁의 고원하고도 묘한 맛을 온 몸으로 느낍니다."

중국 군인들에게는 투쟁의 의지를 제외한 모든 것이 부족했다. 그들은 일본군에게서 빼앗은 총을 사용하고 죽은 일본인 병사가 입던 옷을 입었다. 무엇보다 부상병들을 치료할 제대로 된 병원시설이 없었다. 수술실도, 수술도구도 없었다. 쓰고 난 붕대도 빨아다가 재차 삼차 사용했다. 상처를 꿰매는 실도 마을에서 쓰는 평범한 실이었으며, 지방의 제조업체에서 만든 의약품들은 효과가 의심스러웠다. 병원 요원들은 최선을 다하긴 했지만 제대로 된 훈련을 받은 사람은 한 명도 없었다.

베쑨은 마을의 절을 개조해 시범병원을 세우고, 간호병과 군의관을 위한 병원 부속학교를 만들어 틈틈이 강의를 했다. 헌혈을 두려워하는 마을 사람들 앞에서 자신의 피를 뽑아 죽어 가는 사람에게 수혈하는 모습을 보여 주었다. 하루에 열 건이 넘는 수술을 하고, 밤에는 의료 요원들을 위한 의학 교재를 집필하는 날이 계속되었다.

몸은 몹시 피곤하다. 그러나 이렇게 행복했던 적이 내게 있었던가? 나는 지금 아주 대만족이다. 하고 싶은 일을 하고 있기 때문이다. 또 지금 나는 얼마나 부자인가? 매 순간을 활기차게 일하는 데다, 모두들 나를 필요로 하고 있지 않은가? 그 이상 무엇을 더 바란단 말인가? 돈 같은 것은 지금 전혀 필요하지 않다. 이곳 사람들은 바로 인류라는 계급에 속해 있는 것이다. 이들은 잔학 행위를 겪었으면서도 온화함을 잃지 않고 있으며, 처절한 쓴맛을 보았으면서도 웃음을 잃지 않고, 지독한 고통을 겪었으면서도 인내와 낙천적 태도와 조용한 지혜를 알고 있다. 나는 정말이지 이들을 사랑하게 되었다. 그리고 이들 역시 나를 사랑하고 있는 것이 아닌가?

시간과의 싸움, 초인적인 활동, 돕고 창조하고 지도하는 기쁨 속에서 베쑨은 열 사람 몫의 일을 해냈다. 부상병들은 아주 짧은 시간 차이로 목숨을 잃고 있었다. 그 시간을 붙잡기 위해서 그는 전투 현장을 직접 찾아다니며 부상병들을 치료하는 기동의무대를 조직했다. 그때부터 군인들 사이에서는 백구은에 대한 전설이 생겨났다. 지칠 줄 모르는 사나이, 죽어 가는 병사들을 살리는 사나이, 처음 만난 부상병에게 '우리 아들'이라는 중국어를 건네는 사나이, 부상병이 있는 곳이라면 어디든 찾아가는 하얀 얼굴의 사나이, 그가 바로 백구은이었다.

그는 편지에 이렇게 썼다. "부탁 한 가지만 드리도록 하겠습니다. 한 달에 책 세 권과 신문과 잡지를 좀 보내 주시기 바랍니다. 몇 가지 사실은 정말이지 궁금합니다. 루스벨트가 아직도 미국 대통령입니까? 프랑스에서는 인민전선정부가 아직도 집권하고 있습니까? 스페인 사태는 어떻게 돌아가고 있습니까?"

해 뜨기 전에 이동해 전장에 도착하는 즉시 검진과 수술을 실시하고 잠깐 눈을 붙인 뒤 다음 행선지로 이동하는 생활이 이어졌다. 베쑨은 과도한 수술로 몸을 혹사시키다가 한쪽 귀의 청력을 잃어버린다.

11월, 그는 수술 중에 손을 베이고 말았다. 빨리 후퇴하라는 보고를 받고도 최후의 순간까지 수술을 감행하다가 생긴 일이었다. 아주 작은 상처였지만 얼마 뒤 그는 쓰러졌다. 패혈증이었다. 감염 부위가 이마까지 번져 있었다. 말 위에 탄 베쑨은 "난 괜찮아."를 연신 반복했지만, 다음 전투지에서 또다시 쓰러진다. 자신이 곧 죽게 될 것임을 예감한 그는 사람들을 방에서 내보내고, 무릎 위에 종이를 올려놓고서 유서를 쓰기 시작했다.

의약품을 구입할 때는 절대로 보정, 천진, 북평 같은 도시에서 사지 말기 바랍니다. 그곳의 가격은 상해나 홍콩보다 두 배나 비쌉니다……. 그들에게 내가 정말 행복했었다고 전해 주십시오. 유감스러운 점이 있다면, 그것은 제가 더 많은 일을 하지 못하게 되었다는 것뿐입니다. 지난 2년은 제 생애에 있어서 가장 중요하고 가장 의미 있는 기간이었습니다. 때때로 외로움도 느꼈지만, 저는 이곳에서 최고의 생활을 발견하게 되었습니다.

유서를 끝마치자, 맥이 풀리면서 뒤로 넘어졌다. 종이들이 바닥으로 흩어져 뒹굴었다. 1939년 11월 13일. 이것이 그의 두 번째 죽음이 었다.

세균이든 사회체제이든 인간의 건강과 생명을 좀먹는 것이라면 그 대상을 가리지 않고 온몸으로 맞섰던 휴머니스트 노먼 베쑨. 그가 거쳐 간 마을 구석구석마다 그의 죽음을 슬퍼했다. 오늘날 그는 모택동, 주은래, 에드거 스노우와 함께 중국 근대사의 위대한 인물 중 하나로 손꼽힌다. 모택동은 그의 동료들에게 "우리는 한 인간의 서거 이상의 것을 통곡합니다."라고 말했다.

법정 스님은 〈버리고 떠나기〉에서 이렇게 썼다.

"〈닥터 노먼 베쑨〉은 이른바 실명 소설인데, 한 의학도의 희생적인 인간애가 수행자인 나 자신을 몹시 부끄럽게 한다. 의학도라면 〈소설 동의보감〉과 함께 꼭 읽어 둬야 할 책이다."

그리고 책 뒤표지의 추천사에 이렇게 썼다.

"요즈음 만나는 사람마다 〈닥터 노먼 베쑨〉을 읽어 보라고 한다. 자신의 직업에 투철한 사명감과 열정을 쏟고 있는 주인공의 삶이 전류처럼 우리 가슴에 전해 온다. 이 책을 읽으면서 나는 내 현재의 삶에 많은 부끄러움을 느꼈다."

🌱 1952년 〈메스, 검—닥터 노먼 베쑨 이야기 The Scalpel, the Sword: The Story of Dr. Norman Bethune〉라는 제목으로 캐나다 리틀브라운앤컴퍼니에서 처음 발행된 이 책은 세르비아어, 히브리어, 중국어를 비롯해 19개의 언어로 출판되었다. 캐나다 역사상 가장 널리 출판된 것으로 알려진 이 책은 실천문학사에서 1991년 12월 천희상이 번역해 〈닥터 노먼 베쑨〉이라는 제목으로 발간되었는데, 출판과 함께 대학가에서부터 먼저 입소문을 타기 시작했다. 2001년 6월 같은 이가 개역하여 재출간되었으며, 실천문학사의 역사인물찾기 시리즈 첫 번째 권에 자리했다. 이 시리즈는 〈체 게바라 평전〉 〈스콧 니어링 자서전〉 〈간디 평전〉 〈비노바 바베〉 〈노신 평전〉 〈밥 딜런 평전〉 등으로 이루어져 있다.

안에 있으면서 밖에 있고, 밖에 있으면서 인간의 무리들 속에 있고, 구슬이 진흙탕에 버무려 있으면서
나오면 그대로 빛을 발하는 그런 사람은 이제 없겠지요.

풀 한 포기, 나락 한 알, 돌멩이 한 개의 우주
장일순 〈나락 한 알 속의 우주〉

나는 가끔 한밤에 풀섶에서 들려오는 벌레 소리에 크게 놀라는 적이 있습니다. 만상이 고요한 밤에 그 작은 미물이 자기의 거짓 없는 소리를 들려주는 것을 들을 때 평상시의 생활을 즉각 생각하게 됩니다. 정말 부끄럽다는 이야기입니다. 이럴 때면 내 일상의 생활은 생활이 아니고 경쟁과 투쟁을 도구로 하는 삶의 허영이었다는 사실을 깨닫게 됩니다. 삶이 삶이 아니었다는 것을 하나의 작은 벌레가 엄숙하게 가르쳐 줄 때에 그 벌레는 나의 거룩한 스승이요, 참생명을 지닌 자의 모습은 저래야 하는구나라는 것을 가슴 깊이 새기게 됩니다.

"농부가 타작한 뒤에 마당에 콩 하나 팥 하나가 있을 때 그걸 집어서 모은다. 그 작은 콩 하나 팥 하나 속에 우주 전체의 힘이 들어 있는 것이다. 만남이 거기 들어 있고, 생명이 있다." '좁쌀 한 알 속에도 우주가 있다.'고 장일순 선생은 말했다. 생명의 진수가 물질 하나에도 다 들어 있다는 말이다. 한 알의 좁쌀이 영글기 위해서는 대지와 태양, 바람, 비 그리고 농부의 손길이 필요하다. 좁쌀 한 알에서 온 우주가 만나고 있기에 그 속에 삼라만상이 다 들어 있는 셈이다. 사람들은 그를 '조한알' 할아버지라고 불렀다.

사회운동가이자 교육자, 그리고 서예가였던 장일순 선생. 1928년 원주에서 태어난 그는 친할아버지 밑에서 글을 **배우며 자랐다.** 어린 시절 그의 할아버지는 한밤중에 배탈이 난 그를 **뒷간에 데려다** 주고는, 밤똥은 닭이 누는 거라며 닭장에 가서 큰절을 세 **번 하도록 했다.** 어린 장일순 선생은 닭에게 큰절을 하면서 '이 점에 있어서는 닭이 나보다 낫구나.' 하고 생각했다고 한다. 미미한 동물까지도 훌륭한 스승이 될 수 있다는 것을 일깨워 준 할아버지의 가르침은, 모든 생명체에 귀를 기울이고 어느 것에도 차등을 두지 않으려 했던 장일순 선생의 삶의 근간이 되었을지 모른다.

보통학교를 졸업한 뒤 서울로 올라가 대학을 다니던 장일순 선생은, 한국전쟁 이후에 학업을 중단하고 원주로 내려가 대성학교를 세워 교육에 힘썼다. 이십 대 초반에는 아인슈타인과 편지를 주고받으며 세계를 하나의 연립정부로 만들고자 했던 '원월드운동'에 참여한 적도 있었다. 몇 차례 국회의원 선거에 출마했지만 정치 탄압으로 뜻을 이루지 못하고, 5·16 군사쿠데타 당시 중립화평화통일론을 주장했다는 이유로 옥고를 치렀다. 집 앞에 파출소가 세워졌을 정도로 그에 대한 독재정권의 감시가 심했지만, 가톨릭 원주교구의 교구장이었던 지학순 주교와 함께 정권의 부패상을 폭로하는 가두시위를 전개하는가 하면 재해 대책 사업과 교육운동, 강원도의 농촌과 광산촌들을 살리기 위한 운동을 펼치며 1970년대를 보냈다.

그의 성품을 잘 보여 주는 일화가 있다. 하루는 이웃에 장사하는 할머니가 원주역에서 중요한 돈을 소매치기당했다. 할머니는 장일순 선생을 찾아와 울며불며 하소연을 했고, 사정을 딱하게 여긴 그는 고민하다가 원주역에 나갔다. 일주일이 넘도록 하루 종일 역 광장에 앉아 있는 선생을 보고, 그를 모르는 사람이 없는 원주에는 금방 소문이 퍼졌다. 일주일째 되는 날, 소매치기가 장일순 선생의 앞에 와서 무릎을 굶었다.

"제가 소매치기를 했습니다. 일부 쓰고 일부 남았습니다. 나중에 벌어서 갚겠습니다."

할머니에게 돈을 돌려준 장일순 선생은 다음 날 또다시 광장에 나왔다. 이번에는 소매치기를 찾으러 나온 것이었다. 그는 소매치기 청년을 소줏집으로 데려가 술을 사 주며 말했다.

"내가 자네 영업을 방해했지? 용서하게."

생전에 옳고 그름을 기준으로 남을 가르치려 들거나 배척하지 말아야 한다고 강조했던 장일순 선생의 인격이 잘 드러나는 일화다. 선생은 큰 나무에 수많은 잔뿌리가 달려 있듯이 이 세상은 유기적으로 연결된 하나의 공동체라고 보았다. 그러므로 사소한 생활에서부터 더불어 나누며 서로를 '모시자'고 했다.

> 사람이 일상생활에 있어서 만 가지를 다 헤아리고 갈 수는 없는 거지요. 그러나 자기가 타고난 성품대로 물가에 피는 꽃이면 물가에 피는 꽃대로, 돌이 놓여 있을 자리면 돌이 놓여 있을 만큼의 자리에서 자기 몫을 다하고 가면 '모시는 것을 다 하는 것'이라고 저는 생각해요. 그렇다고 해서 딴 사람이 모시고 가는 것을 잘못됐다고 할 수도 없지요. 있음으로써 즐거운 거니까. 동고동락同苦同樂 관계거든요. 요샌 본능적으로, 감각적으로 편하고 즐거운 것만 동락同樂하려고 든단 말이에요. 그런데 고苦가 없는 낙樂이 없는 거지요. 한 살림 속에서도 '고'와 '낙'이 함께 있어야 된다고 생각해요. 더불어 함께 있는 것이지요. 즉 공생하는 건데, 공생관계는 각자를 긍정해 주는 것이란 말이에요.

1980년대에 장일순 선생은 운동의 방향을 생명운동으로 전환하여

도농 직거래 조직인 '한살림'을 만들고 생명 공동체 운동을 펼쳤다. 한살림운동은 이전의 노동운동이나 농민운동과는 다른 관점을 가지고 있었다. 운동이 착취와 피착취의 논리에 의해 전개되는 것이 당시의 지배적인 분위기였다. 그러나 장일순 선생은 인간 집단을 이분화하고 이익의 재분배를 외치는 운동에는 반드시 한계가 따른다고 생각했다. 인간에 대한 착취나 억압은 종식되어야 하지만, 계급적 관점만으로는 자연을 약탈하고 파괴하는 산업사회 전반의 문제를 해결하기 어렵다는 것이었다.

장일순 선생은 이러한 비판 정신으로부터 운동의 방법을 '투쟁'에서 '공생'으로 전환했고, 지역사회를 기반으로 한 생태운동을 일구어 냈다. 그는 나날이 힘을 더해 가는 도시의 소비에 농촌이 무조건 따라갈 것이 아니라 도시 사람들과 농민이 함께 사는 법을 궁리했고, 이렇게 해서 한살림이 탄생하게 되었다. 한살림운동은 그 이름이 의미하는 바와 같이 도시와 농촌이, 소비자와 생산자가, 인간과 자연의 모든 생명이 더불어 사는 생명 공동체를 지향하고 있었다.

 자애慈愛라고 하는 것은 나와 하나라고 하는 그런 관계가 아니면 자애라고 이야기할 수가 없고 사랑이라고 할 수가 없지요. 그러면 무위無爲라고 하는 것은 무엇이냐? 무위는 이렇게 하면 이로우니까의 관계가 아니라 그 말이지요. 농사꾼이 씨앗을 뿌렸는데 움이 트긴 텄는데 이것이 말라 죽게 된다고 할 적에 수없이 공을 들이고 물 주고 거기다 거름도 주고 거기에 맞게끔 모든 정성을 다 들인다 이 말이에요. 무위의 극치는 또 어떤 거냐. 배고프다고 하면 그 사람이 날 도운 적도 없고 또 그 사람이 날 죽일 놈이라고 했다고 하더라도 배가 고픈데 밥 좀 줄 수 있을까 했을 적에 밥을 줄 수 있어야 한다 그 말이에요. 또 헐벗어서 벌벌 떨고 있으면 그 사람의 등이 뜨시게끔 옷을 입혀 주는 것이 무위다 그 말이에요. 우리가 얼핏 생각할 때 건들거리고 노는 것을 생각할지 모르지만 그런 것이 아니라 계산 보지 않는 참마음, 그런 것이 무위지요.

그는 한살림운동도 나와 남을 구분하지 않는 마음에서 시작되어야 한다고 생각했다. 이따금 대학가에서 민주화 운동을 하는 젊은 청년들이 장일순 선생을 찾아오면, 그는 저마다 모양이 다른 사과알 몇 개를 소반에 담아 내놓고는 어느 걸 먼저 먹겠냐고 물어보았다고 한다. 예쁜 사과도 있고 찌그러진 사과도 있는데 그중에서 무엇을 고르겠냐는 물음이다. 학생들이 대답을 찾지 못하고 우물쭈물하면, 장일순 선생은 못생긴 사과를 먼저 집고 그러고 나서 맛있게 생긴 사과를 다른 이에게 권하라고 말했다.

오늘날 과학이란 게 전부 분석하고 쪼개고 비교해서 보는 건데, 우리는 통째로 봐야 해요. 쌀 한 말도 우주의 큰 바탕, 뻭이 없으면 생길 수가 없잖아요. 벌레 하나도 이 땅과 하늘과 공기와 모든 조건이 없으면 존재할 수가 없어. 하물며 인간은 어떻겠어요. 아침에 일어나면 말이지, 벌써 땅이 나를 받쳐 주고 있잖아요. 태양이 동쪽에서 떠올라 비춰 주고 있고, 이 맑은 공기가 숨을 쉴 수 있도록 해 줘요. 만물이 있기 때문에, 그리고 일하는 만민萬民이 있기 때문에 모두가 한 몸으로 꿈틀거리고 있어요. 모두가 이 한 몸을 지탱해 주고 있단 말이야.

장일순 선생은 이 한정된 자원을 가진 지구 위에 살기 위해서는 끊임없이 구매 욕구를 촉진하고 새로운 물건을 찍어 냄으로써만 유지되는 상품경제의 굴레로부터 서서히 자유로워져야 한다고 생각했다. 그의 생명 사상은 소비와 무차별 경쟁에 얽매이지 않고 자연과 나누고 사람과 함께하면서 사람다운 삶의 터전을 조금씩 넓혀 가는 길이었다. 〈녹색평론〉의 발행인 김종철은 책의 추천글에 이렇게 썼다.

"무위당 선생은 우리더러 어떤 사람이 되거나, 무엇을 하라고 직설적으로 요구하지 않는다. 또 선생은 우리가 살아남기 위해서 지금 당장 어떤 행동에 나서지 않으면 안 된다고 강하게 설득하려 하지 않는다. 선생은 다만 세상에 살아 있는 존재들과의 근원적인 공감과 대화를 통해서, 개인이 어떻게 참된 행복에 도달하고, 기쁨을 누릴 수 있는지를 자신의 체험에 비추어 부드러운 음성으로 차근차근 말할 뿐이다. 그 가르침은 세상에 대해 나를 주장하기 전에 다른 존재들의 소리에 깊이 귀를 기울여 보라는 말씀일진대, 저마다의 배타적이고 공격적인 자기주장이 넘치고 넘쳐 세상이 온통 화탕지옥火湯地獄이 되어 버린 오늘의 삶의 현실에서 이보다 더 절실한 가르침이 있는지 나는 알지 못한다."

장일순 선생은 자기를 고집하지 않으면서 자기를 잃지 않는 물처럼 살았다. 40여 년간 원주에서 자신이 직접 지은 토담집에 기거하며 사회운동가로 교육자로 생명운동가로 일관했던 장일순 선생은, 현대 한국 정신사의 큰 스승이었다. 많은 사람들이 평생을 맑게 산 그를 따랐는데, 그런 사람들 중에는 김지하 시인이 대표적이다. 김지하 시인은 '말씀'이라는 시에서 "하는 일 없이 안 하는 일 없으시고, 달통하여 한가하시며 엎드려 머리 숙여, 밑으로 밑으로만 기시어 드디어는 한 포기 산속 난초가 되신 선생님."이라고 장일순 선생을 그린 바 있다. 장일순 선생은 1994년에 깊어진 병환으로 눈을 감았지만, 자연과 사람을 지키고 더불어 살아가게 한다는 그의 생명 사상은 지금까지 한살림 모임과 같은 시민단체를 통해 이어지고 있다.

그는 생전에 많은 글을 남기지 않았다. 적게나마 남아 있는 그의 글과 인터뷰, 강연 내용 등을 모아 엮어 낸 이야기 모음 〈나락 한 알 속의 우주〉에서, 사사로운 이익을 따지지 않고 소박하게 살다 간 이의 정신을 구수한 말씨 속에 느낄 수 있다.

산문집 〈산방한담〉에서 법정 스님은 이야기한다.

"산에 살면서 거듭거듭 느껴지는 일인데, 이 우주가 하나의 커다란 생명체라는 사실이다. 그러니 우리들 자신은 그 한 지체다. 우리는 서로가 서로의 덕으로 존재하고 있다. 우리는 서로서로의 한 부분이다. 생명에 대한 외경을 평생의 신조로 살았던 아프리카의 성자 알베르트 슈바이처. 그는 이렇게 말한다.

'인간 의식의 가장 절실한 사실은, 나는 살려고 하는 생명에 둘러싸인 살려고 하는 생명이라는 것이다.'

그렇기 때문에 인간의 진정한 윤리란, 모든 생물에 대해서 끝없이 확산된 책임이다. 사랑의 실천이란 자기와 타인이 서로 대립하고 있을 경우, 자기를 부정하고 타인에게 합일하려는 노력이다. 그것은 '닫힌 나'로부터 '열린 나'로의 비약일 수 있다. 삶은 대결이 아니라 포용이 되어야 한다.

🌱 이 땅의 양심 무위당 장일순의 이야기 모음인 〈나락 한 알 속의 우주〉는, 1997년 5월 녹색평론사에서 출간되었으며, 2009년 6월에 개정증보판이 새롭게 선을 보였다. 함께 읽을 만한 책으로 무위당이 말년에 노자의 〈도덕경〉에 대해 이현주 목사와 나눈 대화를 풀어 쓴 〈노자 이야기〉와, 10주기를 즈음하여 '무위당을 기리는 모임'이 장일순 선생을 마음의 스승으로 삼아 온 이들의 글과 대담을 묶은 〈너를 보고 나는 부끄러웠네〉, 장일순 선생에 얽힌 일화와 글과 그림들을 모은 최성현의 〈좁쌀 한 알〉 등이 있다.

'타인은 지옥이다.'라고 사르트르는 썼다. 나는 마음속으로 그 반대라고 확신한다. 타인들과 단절된 자기 자신이야말로 지옥이다. 그와 반대로 천국은 무한한 공감이 이루어지는 곳이다.

삶은 사랑하는 법을 배우는 과정
아베 피에르 〈단순한 기쁨〉

사람들이 내게 "우리는 왜 이 땅에 태어나는 걸까요?"라고 물으면 나는 그저 이렇게 대답한다. "사랑하는 법을 배우기 위해서이지요." 이 우주 전체가 의미를 지니는 것은 어딘가에 자유를 가진 존재들이 있기 때문이다. 아주 작은 행성에 사는 미미한 존재에 불과한 인간은 우주에 짓눌려 버릴 수도 있다. 하지만 인간은… 자신이 죽는다는 사실을 알기에, 사랑하면서 죽을 수 있기에 우주보다 위대하다. 사랑이 있기 위해서는 태양과 빙하와 별만으로는 족하지 않으며, 자유로운 존재들이 있어야만 한다. 인간의 자유는 때때로 두려움을 줄 수는 있을지언정 소멸될 수는 없다.

"저는 자살하려는 생각에 사로잡혀 있습니다. 이 충동에 굴복하기 전에 만나 주셨으면 합니다. 그저 신부님께서 느끼셨던 대로 삶의 기쁨에 대해 말씀해 주시면 좋겠습니다."
어느 날 낯선 이로부터 받은 한 장의 편지.
'누구나 느끼고 싶어 하는 그런 충만한 기쁨을 내가 경험한 적이 있었던가? 내가 경험한 기쁨이 누군가에게 얘기해 줄 만한 가치가 있는 것인가? 이런 질문을 던진 이 낯선 사람이 기대하는 이야기는 무엇일까?'

며칠째 고심을 거듭하던 피에르 신부의 머릿속에는 오래된 네 편의 기억이 떠오른다. 너무나도 강렬했던 일들이지만, 금세 생각해 내지 못한 것은 자신을 사로잡았던 이 사건들이 이미 자신의 일부처럼 되어 버렸기 때문이다.

1949년, 당시 프랑스 국회 상원의원이었던 아베 피에르 신부는 자신의 담당 관할지를 산책하던 중 목을 매고 죽으려는 전직 목수를 만난다. 죽으려고 하는 그 사람을 붙잡고 피에르 신부는 "죽는 것은 좋지만, 그 전에 나와 함께 집 없는 사람들 집이나 만들어 주고 나서 죽으라."고 말한다. 목수는 자기보다 더 비참한 상태에 놓여 있는 이들을 도와 그 고통을 나누어 짊으로써 스스로 삶의 의미를 발견하고 마침내 자립할 수 있게 되었다. 이것이 바로 집 없는 사람들에게 집을 지어 주는 '엠마우스 공동체'의 시작이었다. 엠마우스 운동은 전 세계로 확산된다.

첫 번째 기억은 엠마우스의 동료가 되고자 찾아온 이들을 처음으로 맞아들였을 때의 일이다. 그는 마당이 내려다보이는 2층 창가에 서서 아래로 지나가는 열 명의 새로운 동료들을 바라보며 가슴속에서 무한한 기쁨이 솟아남을 느꼈다. 떨리는 목소리로 "제가 있을 만한 자리가 있을까요?" 하고 말하던 그들, 제대로 씻지도 못해 냄새가 나고 스스로를 수치스럽게 여기며 기죽어 있던 그들이 이제는 누구보다도 말쑥하고 품위 있게 변모한 것이다. 그들의 표현대로 '당당하게 선 인간'으로 되돌아온 모습을 본 피에르 신부는 단순하고 강렬한 기쁨을 느낀다.

두 번째는, 게슈타포에게 쫓기던 열두 명의 유대인들을 탈출시키기 위해 몰래 스위스 국경을 넘던 기억이었다. 해발 3,200미터가 넘는 가파른 길을 헤치고 마침내 스위스 국경에 도착했을 때 피에르 신부는 벅찬 가슴으로 말했다.

"여러분들은 이제 살았습니다. 저 아래 오두막집에서 한 친구가 여러분을 기다립니다. 여러분을 스위스로 안내하고 도와줄 모든 준비를 갖추고 있습니다."

후에 피에르 신부는 이들과 감격적인 재회를 맞기도 하는데, 그중 한 사람은 이렇게 이야기한다.

"신부님은 저를 알지 못합니다. 저는 독일군 점령 당시 어려움에 처한 친구들을 신부님께 맡겼던 사람입니다. 어느 날 신부님은 친구들의 안내를 받아 산으로 피신하기로 되어 있던 사람들 중 하나가 헌 슬리퍼를 신고 있는 걸 보고는 당신의 구두를 벗어 주고 눈길을 맨발로 돌아갔습니다."

어려움에 처한 이들을 위해 긴급 주택을 지원하고자 정부에 10억 프랑의 대출을 요구하던 시절의 기억이 그 세 번째이다. 정부는 "다음에."라고만 얘기하며 차일피일 답변을 미루었고 그 와중에 어린아이 한 명이 얼어 죽고, 곧이어 집세가 밀렸다는 이유로 다락방에서 쫓겨난 노파가 길에서 동사한다. 이 일로 여론은 급격히 피에르 신부 편이 되었다. 국회의원들은 특별회기를 소집해 허겁지겁 모여들었고, 불과 한 달 전에 10억 프랑의 대출조차 거절했던 이들이 이날 100억 프랑을 가결했다. 그 돈으로 프랑스 전역에 1만 2천 채의 주택을 지을 수 있게 된 것이다. 자신의 의견에 동조하던 두 의원이 사무실로 허겁지겁 달려와 "됐어요! 100억 프랑을 얻어 냈어요!" 하고 말했을 때의 기쁨이란.

피에르 신부는 집을 한 채 지어 주었던 사람도 떠올랐다. "신부님, 아내와 아이들이 사라졌어요." 하며 달려온 한 남자. 사람들을 동원해 24시간 만에 찾아낸 그의 아내와 아이들은 강가에서 오들오들 떨고 있었다. 강에 뛰어들어 목숨을 버리려 했지만 차마 그럴 수 없어서 먹지도 자지도 못한 채 그 자리에 꼼짝 않고 있다 보니 아이들은 거의 얼어 죽기 직전이었다. 여인은 임신까지 한 상태였다. 그들은 지하창고에 살았는데, 창문도 물도 화장실도 없었다. 용변은 신문과 병에다 본 뒤 이웃 건물의 쓰레기통에 버렸다. 신부는 이들에게 작은 집을 하나 선물로 주었다. 그때의 기쁨이 다시금 기억났다.

얼마 후 그 편지를 보낸 사람과의 만남이 이루어졌다. 긴 대화를 나누지는 못했지만, 그는 이틀 뒤에 이런 편지를 남기고 떠난다.

"여기에 오기 전에는 이런 일들이 가능하리라고는 상상조차 못했습니다. 그동안 인간들 간의 사랑에 믿음이 존재한다는 그 어떤 징표도 보지 못했습니다. 그런데 그 믿음은 분명 존재하며, 우리가 시간만 낸다면 세상에서 무엇보다 소박하고 자연스런 그 믿음을 만질 수 있고 느낄 수 있고 호흡할 수도 있습니다. 이 수도원은 사랑의 증거요, 이 순간과 영원의 명백한 증거입니다."

나의 긴 생애를 수놓은 이 현실적이면서 기이한 기쁨들에 대한 기억은, 인간이 광대한 지평과 무한한 공간을 갈구하는 존재인 동시에, 마치 상처 입은 독수리처럼 진정한 비상을 할 수 없도록 구속받는 존재임을 말해 주고 있다.

신부는 이 책 제1부의 제목을 '상처 입은 독수리들'이라 이름 붙였다. 피에르 신부가 시작한 엠마우스는 현재 44개국에 자리 잡았고 400여 개의 공동체가 구성되어 있다. 프랑스에만도 4천 명이 모인 공동체가 110개나 존재한다. 이들은 세가지 원칙을 지킨다. 첫째, 먹을 것은 스스로 노동해서 번다. 둘째, 모든 것은 함께 나눠 가진다. 셋째,

멸시받고 소외받는 주변인들인 그들은 베푸는 사람이 되는 사치를 누리기 위해, 생활하는 데 필요한 정도 이상의 노동을 한다.

이들은 가난하지만 궁핍을 뛰어넘어 베푸는 자들이다. 그렇기에 이렇게 말한다. "가진 게 아무것도 없는 우리도 마음을 담아 나누고 구원을 베푸는데, 필요한 것보다 더 많이 소유하고 부족한 것이라곤 없는 당신들이 못할 게 뭐가 있는가?" 이것이 엠마우스 운동이다.

이 운동은 피에르 신부와 한 자살 미수자와의 만남에서 시작되었다. 조르주라는 이름의, 한 편의 소설보다 더 기구한 운명의 이 인생 낙오자에게 피에르 신부는 말한다.

"당신의 이야기는 정말 딱합니다. 하지만 나는 당신에게 해 줄 게 하나도 없습니다. 내 가족은 부유하지만 나는 수도자가 되면서 모든 유산을 포기했습니다. 난 한 푼도 없습니다. 의원으로서 월급은 받지만 많은 사람들이 내게 찾아와서 그들의 딱한 사정을 호소하기에 그들에게 작은 집이라도 세워 주다 보니 오히려 빚까지 지게 되었습니다. 그래서 당신께 줄 게 아무것도 없습니다. 그런데 당신은 죽기를 원하고 있으니 거치적거릴 것이 하나도 없겠군요. 그렇다면 집이 지어지기만을 기다리는 사람들을 생각해서라도 이 집짓기가 빨리 끝날 수 있도록 죽기 전에 나를 좀 도와주지 않겠소?"

조르주는 그러겠다고 한다. 그는 인생 낙오자였는지 몰라도, 신부가 집을 지을 때 그를 도와 나무판자를 나르는 데는 쓸모가 있었다. 그 일은 그의 인생에 다시금 의미를 부여해 주었다.

"신부님께서 제게 돈이든 집이든 일이든 그저 베푸셨다면 아마도 저는 다시 자살을 시도했을 겁니다. 제게 필요한 건 살아갈 방편이 아니라 살아갈 이유였기 때문입니다."

그 후 그는 자신보다 더 가난하고 불행한 이들을 도우며 살아간다.

절망자에서 구원자가 된 것이다. 엠마우스는 이렇게 만들어졌다. 자살 미수범, 아내 하나에 남편이 둘인 가족, 아내와 아이를 두고 외인부대에 지원해 버린 사람처럼 상처 입은 영혼들과 더불어 탄생했다.

나는 인간의 마음이 상처 입은 독수리와 같다고 여긴다. 그림자와 빛으로 짜여져, 영웅적인 행동과 지독히도 비겁한 행동 둘 다를 할 수 있는 게 인간의 마음이요, 광대한 지평을 갈망하지만 끊임없이 온갖 장애물에, 대개의 경우 내면적인 장애물에 줄곧 부딪히는 게 바로 인간의 마음인 것이다.

피에르 신부는 절망한 사람들을 '당당히 선 사람'으로 바꿔 놓는 변화, 자신들을 위한 작은 집이 완성되면 금세 희망을 되찾는 기적 같은 체험을 겪으며 '세상에는 되는 일이 있고, 안 되는 일이 있다.'는 그동안의 생각이 송두리째 흔들리는 걸 느낀다.

가치관의 혼란을 느끼던 그에게 복음서와 예수는 새로운 희망을 갖게 해 준다. 그는 복음서를 통해, 기도하는 법부터 사회적 관계와 결혼, 가정생활과 예의범절까지 세세하게 종교의 이름으로 통제하려 드는 규정들에 과감하게 반기를 드는 예수를 발견했다. 상처 입은 독수리들을 만나 그들에게 다시 희망을 주던 예수를 보았다. 그가 함께 살고 있는 깨지고 찌부러지고 상처 입은 사람들은, 예수가 만났던 그 사람들과 너무도 닮아 있다.

그렇지만 엠마우스 운동의 공동체들은 종교나 종파와는 무관하다. 그들은 "신자예요, 교회에 다닙니까?"라고 묻지 않는다. "좌파예요, 우파예요?"라고도 묻지 않으며, "진보예요, 보수예요?"라고도 묻지 않는다. 처음 오는 사람이 있으면, 그저 "배고프세요, 졸립니까, 샤워하실래요?" 하고 물을 뿐이다.

분명히 말하지만 그들 가운데 아주 적은 수만이 신앙생활을 한다. 하지만 그들은 우리가 복음서에서 끄집어낸 '이야기들'을 들려주면 좋아한다. 그 이야기들을 통해 그들은 예수께서 건강한 자들과 관례를 잘 따르는 자들을 위해 온 것이 아니라 가난한 자들, 길 잃은 자들, 죄인들, 의심하는 자들을 위해 왔다는 사실을 알게 된다.

피에르 신부는 복음서가 들려주는 내용 또한 우리 모두가 상처 입은 독수리들임을 확인시켜 준다고 본다. 우리는 자유와 존엄과 광대한 지평과 행복과 건강과 형제애를 갈구하지만, 동시에 두려움과 수치심과 낙담과 추위와 전쟁과 질병 속에 살고 있기 때문이다.

프랑스에서는 매년 설문조사를 통해 '가장 좋아하는 프랑스인'을 뽑아 순위를 매긴다. 피에르 신부는 8년 동안 일곱 차례나 1위에 올랐는데, 그에 대한 프랑스인들의 사랑과 존경을 짐작하게 한다. 그는 상류층 가정에서 태어나 열아홉 살에 모든 유산을 포기하고 수도자의 길을 간 사제요, 레지스탕스에 가담한 투사였으며, 50년 넘게 빈민과 노숙자, 부랑자와 함께한 가난한 이들의 대부였다. 피에르 신부의 이런 면모는 '프랑스인들이 뽑은 금세기 최고의 휴머니스트'라는 말로 집약된다.

그는 한평생 행동하고 실천하는 사람이었다. 교회와 성직자의 오류를 지적하고 현행법을 어기면서까지 집 없는 자들에게 집을 지어 주었다. 세상의 빈곤에 맞서 직접 쓰레기를 주운 돈으로 그들을 도왔다. 방송에 출연해 종종 격하게 분노하는 모습을 보이기도 한 그는 "나는 자주 화내는 인간은 아니지만 인간을 무너뜨리는 무언가에 대해 비난해야 할 때가 되면 화를 내기도 한다."며 "이 같은 '성스러운 분노'를 일으키는 것은 사랑이고, 이 둘은 서로 분리할 수 없는 것."이라고 말했다. 그의 삶은 1989년에 세자르 영화상을 수상한 영화 '겨울 54'에서 자세하게 다루어졌다.

그가 사랑을 실천하는 사람이었기에, 그의 메시지들은 원론적이고 단순한 것일지라도 결코 공허하거나 평범하게 들리지 않는다. 그는 이야기한다. "타인은 지옥이다. 라고 사르트르는 썼다. 나는 마음속으로 그 반대라고 확신한다. 타인들과 단절된 자기 자신이야말로 지옥이다." 그리고 또 이렇게도 말한다. "유일한 신성모독은 사랑에 대한 모독뿐이다."

피에르 신부는 희망과 소망을 혼동해서는 안 된다고 이른다. 우리는 온갖 종류의 소망을 가질 수는 있지만, 희망은 단 하나뿐이라고. 사람들은 약속 시간에 맞춰 상대방이 오기를 바라고, 시험에 합격하기를 바라고, 전쟁터에 평화가 찾아오기를 바라는데, 이것들은 개개인의 소망일 뿐이다. 그러나 희망은 다르다. 그것은 삶의 의미와 연관되어 있다. 희망이란 삶에 의미가 있다고 믿는 것이다. 삶의 어두운 곳에서 고난을 겪는 이들에게 구원의 희망을 일깨워 준 피에르 신부. 그는 삶의 궁극적인 답을 주기보다는 공식을 가르쳐 주는 사람이다. 그가 전해 주는 공식에 자신의 삶을 대입해 보면 스스로도 잘 살 수 있겠다는 자신감을 얻게 된다.

피에르 신부는 말한다. 삶이란 지고의 아름다움을 추구하는 작업장과도 같다고. 하지만 거기엔 한 가지 조건이 있다. 사랑을 베풀어야 한다는 조건, 최선을 다해 사랑을 베풀기 위해 있는 힘껏 노력해야 한다는 조건이다.

2007년 1월, 94세의 나이로 피에르 신부는 하느님 곁으로 떠났다.

그의 장례미사가 프랑스 대통령까지 참석한 가운데 파리의 노트르담 대성당에서 엄수되었다. 그의 유언은 이것이다.

"나의 장례식에 화환 따위는 필요 없으니, 이번에 새로 집을 갖게 될 우리 이웃들의 명단과 집 열쇠들을 가져오시오."

타인들 없이 행복할 것인가, 아니면 타인들과 더불어 행복할 것인가. 혼자 만족할 것인가 아니면 타인과 공감할 것인가. 공허한 말에 만족하지 말고 사랑하자. 그리하면 시간의 긴 어둠에서 빠져나갈 때, 모든 사랑의 원천에 다가서는 우리의 마음은 타는 듯 뜨거우리라.

〈무소유〉에 실린 '인형과 인간'에서 법정 스님은 말하고 있다.

"책임을 질 줄 아는 것은 인간뿐이다. 이 시대의 실상을 모른 체하려는 무관심은 비겁한 회피요, 일종의 범죄다. 사랑한다는 것은 함께 나누어 짊어진다는 뜻이다. 우리에게는 우리 이웃의 기쁨과 아픔에 대해 나누어 가질 책임이 있다. 우리는 인형이 아니라 살아 움직이는 인간이다. 우리는 끌려가는 짐승이 아니라 신념을 가지고 당당하게 살아야 할 인간이다."

🕊 〈단순한 기쁨〉은 〈비망록 *Mémoires d'un croyant*〉이라는 제목으로 1997년 프랑스 파야르 출판사에서 처음 출간되었다. 프랑스인들이 가장 사랑하는 인물이라는 명성 그대로 출판과 동시에 온 국민으로부터 뜨거운 주목을 받는다. 2001년 백선희의 번역으로 마음산책에서 펴냈다. 국내에 소개된 피에르 신부의 또 다른 책으로는 아흔의 노사제가 그동안 살아오면서 깨달았던 삶의 교훈들을 사랑, 형제애, 죽음이라는 삶의 근본 주제로 엮은 〈피에르 신부의 고백〉과 세상을 살아갈 이들에게 전하는 마지막 당부를 통해 삶에 대한 깊은 이해와 감사를 되새기게 하는 〈피에르 신부의 유언〉 〈이웃의 가난은 나의 수치입니다〉 〈당신의 사랑은 어디 있습니까〉 등이 있다.

나는 느긋하게 출발한다. 나는 초원을 가로질러 천천히 걸어간다. 때로는 높이 천 미터가 넘는 산을 오르고 내 앞에 놓인 길을 따라 걷는 것만으로도 더없이 기분이 좋다.

두 발에 자연을 담아, 침묵 속에 인간을 담아
존 프란시스 〈아름다운 지구인 플래닛 워커〉

나는 저녁 별이 총총히 박힌 하늘로 걸어간다. 바다에서 따스한 바람이 불어온다. 잠시 멈춰 서서 공기를 들이마시며 바람에 나부끼는 나무를 바라보고, 저 밑에서 우르릉거리는 파도 소리에 귀를 기울인다. 공기는 달콤하다. 여름 향기에 조분석 냄새와 썩어 가는 해초 냄새가 섞여 있다. 나무들은 춤을 춘다. 가지가 날씬한 유칼리나무는 거세게 출렁이고 사이프러스는 천천히 몸을 굽힌다. 바닷물이 바다와 대지를 조각조각 찢어 놓는다. 이 모든 풍경은 하나의 축제다. 다음 도시까지 이동하는 동안 나는 매 순간의 매력을 마음껏 즐긴다. 별이 총총한 하늘을 배경으로 나무들이 윤곽만 보인다.

"우리는 은하수다." 언덕과 산을 넘고 해변을 따라 침묵하며 걸어가는 가운데 문득 떠오른 말이다. "우리는 은하수다." 이 말은 수채화로 바뀌고 다시 음악으로 바뀐다. 내 눈에 눈물이 고였다가 흘러내린다.

배낭을 짊어지고 묵묵히 길 위를 걷는 남자가 있다. 그의 손에는 항상 밴조(동그란 몸통을 가지고 있으며 기타처럼 연주하는 미국 악기)가 들려 있다. 음유시인처럼 악기 연주로 여행 이야기를 사람들에게 들려주기 위해서다. 길 위에서 음악은 훌륭한 친구가 되고, 뜻깊은 변화를 일으키는 매개물이 되기도 한다. 그는 여행 중에 마주치는 장면을 스케치

한다. 지금 자신이 있는 장소를 보다 풍부하게 체험하기 위해서다. 도보 여행 22년, 침묵 여행 17년. 〈아름다운 지구인 플래닛 워커〉는 독특한 충동에 이끌려 놀라운 결단력과 신념으로 자기희생을 감내하는 여행을 떠난 한 남자, 존 프란시스의 이야기이다.

안개에 둘러싸이고 밤의 어둠이 가시지 않은 이른 아침, 유조선 두 척이 샌프란시스코와 마린 반도를 잇는 금문교 밑에서 충돌했다. 오일 84만 갤런이 파도가 심한 샌프란시스코 만으로 흘러들었다. 몇 시간 동안 짙게 끼어 있던 안개가 걷히자 시커먼 타르와 함께 죽어 가는 새와 물고기와 바다표범이 모습을 드러냈다. 한 노인이 모래 위에 무릎을 꿇고 우는 사이, 시커멓게 변한 농병아리 한 마리가 그의 손안에서 죽었다.

1971년 1월 18일의 쌀쌀한 겨울 아침에 벌어진 이 참극은, 한 인간의 삶을 전혀 다른 궤도 위에 올려놓는 계기가 되었다. 싸늘한 주검으로 발견된 농병아리 한 마리는, 존 프란시스에게 어린 시절 처음으로 목격했던 죽음의 기억을 불현듯 상기시켰다. 그는 여섯 살에 처음으로 죽음을 목도했다. 집 앞 도로를 거닐던 개똥지빠귀 한 마리가 자동차 바퀴 밑에 깔리고 만 것이다.

죽음의 기억을 생생하게 되살려 낸 존 프란시스에게 어느 날 또 하나의 죽음이 찾아온다. 둘도 없는 친구 제리 태너의 죽음. 존 프란시스는 친구의 죽음에 그만 할 말을 잃어버린다. 친구를 떠나보낸 존 프란시스는 희미해져 가는 삶의 의미를 일깨우고자 이리저리 애쓰다가, 우연히 산책이 자신에게 활력을 불어넣어 줄 수 있으리라는 생각을 한다. 걷는다는 것은 그에게 삶을 축복하는 의식처럼 다가왔고, 그는 밤길을 걸어 30킬로미터 거리에 떨어져 있는 시내로 나갔다. 밤공기 속에서 이슬에 젖은 잔디가 풍기는 푸릇푸릇하고 향긋한 냄새를 맡으며 그는 왠지 모를 자유를 느꼈다. 집에 돌아온 뒤에야 그 자유가 무엇이었는지 깨닫는다. 그것은 익숙해져 있던 생활 방식으로부터의 자유였다.

아침이 되자 나는 란스를 만나러 간다. 란스는 데비와 함께 정원을 손질하는 중이다. 지난 2년 동안 란스와 나는 서로를 속속들이 알고 지냈다. 그는 내가 뭔가를 구상하고 있다는 사실을 금방 알아차린다.

"나는 더 이상 운전을 하지 않기로 했어. 내가 미쳤다고 생각해?"

란스는 집 외벽에 등을 기대고 멀리 들판 너머를 바라본다. 벌새 한 마리가 윙윙거리며 처마에 매달아 놓은 모이통을 향해 날아오른다. 우리는 말없이 벌새를 바라본다. 벌새가 다시 윙윙거리며 날아가 숲 속으로 사라지고 나서야 란스가 대답한다.

"아냐. 절대 미친 짓이 아냐. 차 운전을 하기 싫으면 안 하는 거지 뭐. 나도 내가 쓰는 연장이나 어떤 물건에 싫증 나면 치워 버리잖아. 내 생각이 바뀌거나 그 물건이 마음을 고쳐먹을 때까지 그냥 두는 거지."

그때부터 존 프란시스는 동력을 사용한 운송 수단을 일절 거부하고 오로지 두 발로만 이동하기로 마음을 먹는다. "당신 한 명이 변한다고 해서 세상을 변화시킬 수 있겠는가?"라는 질문에 답이라도 하듯, 존 프란시스는 자기 자신과 세상을 동시에 변화시켜 나간다.

존 프란시스는 그렇게 22년 동안을 걸어다니며, 산을 오르고 메마른 사막을 건너고 태평양에서 대서양까지 미국을 구석구석 살폈다. 나중에는 쿠바와 브라질을 도보로 횡단하고 알래스카와 남극까지 방문했다. 그리고 그는 환경과 인간, 삶을 둘러싼 모든 것들에게로 한 걸음 한 걸음 내디뎠다.

존 프란시스는 걷는다. 그가 오직 두 발만을 이용해 땅을 밟고자 하는 것은 '그날'에 대한 책임, 나아가 인류가 마땅히 짊어져야 할 환경 파괴에 대한 죄책감을 통감하기 위함이었다. 그는 도보 여행을 시작하면서 여러 사람과 만나게 된다. 어떤 이들은 그에게 공감하며 경의를 표하기도 했지만, 어떤 이들은 강한 적대감을 드러냈다. 그는 환경 파괴에 대한 책임과 삶을 향한 순수한 경외심으로 순롓길에 올랐을 뿐, 자신의 선택을 비난당할 이유는 없었다. 하지만 여전히 많은 사람들이 프란시스의 여행에 불편해했다. 그것이 그들의 양심을 건드렸기 때문인지도 모른다. 그는 자신의 여정을 이해하지 못하는 사람들과의 극단적인 단절을 맛보며 순례자가 되어 가고 있었고, 걷는다는 일상적인 행위 속에서는 점차 영적이고 성스러운 감정이 싹텄다.

내가 다시 길을 떠나기 전에 테젠이 주간 신문에 실린 편지를 전해 준다. 마을에 돌아간 사람 중 하나가 쓴 편지다. 그 사람은 내가 너무 느리게 이동하고 있어서 스스로 정해 놓은 시간인 18년은커녕 평생 걸려도 세계를 일주하지 못할 것이라고 생각한 모양이다. 하긴 벌써 몇 주가 지났는데도 포인트 레이에스 역에서 40킬로미터 떨어진 페탈루마까지밖에 못 왔다.

편지를 읽고 나니 당장 자리를 박차고 나가 순식간에 40킬로미터쯤 이동하고 싶은 기분이 든다. 하지만 시간당 4.5킬로미터밖에 못 간다는 이성적인 사고를 금방 되찾는다. 목적지에 도달하기를 바라는 것은 좋지만, 여행을 하면서 현재의 매 순간에 충실하게 임하려면 명상이 필요하다. 나의 걷기는 이미 명상이 돼 있다. 만약 출발지점으로 되돌아오는 것을 목표로 한다면, 나는 내가 있고 싶은 곳을 이미 떠났을 것이며 지금 가려는 곳에 이미 도착해 있을 것이다. 걷는 내내 '어디쯤 왔나?'라는 생각이 떠나지 않을 것이다.

순례에 관해 〈통과의례〉라는 책을 쓴 아놀드 반 헤네프는, 모든 순례자들이 반드시 거치는 단계를 세 가지로 정리했다. 첫 번째는 익숙한 것으로부터 분리되거나 떨어져 나가는 단계다. 두 번째는 중간기로서 순례자가 고정된 사회구조에 속하지 않는 모호한 상태라고 할 수 있다. 세 번째 단계는 순례가 완성되고 순례자가 사회로 복귀하는 '재결합'이다.

헤네프가 말한 순례의 단계처럼, 프란시스의 순례는 '익숙한 것으로부터 분리되는 과정'으로 시작된다. 익숙하다는 것은 많은 의미를 포함한다. 잠을 자고, 밥을 먹고, 일을 하고……. 그러나 우리는 이런 일상의 단순한 반복만을 익숙하다고 말하지 않는다. 늘 이용하는 자동차 역시 익숙한 것이지만, 그 자동차를 움직이기 위해 사용되는 석유도 우리에겐 익숙하다. 현대사회 어디에서도 쓰이지 않는 데가 없는 석유 역시 익숙한 것이지만, 석유가 개발되는 과정에서 발생하는 환경파괴도 실은 우리에게 굉장히 익숙하다. 다만 몇 개의 연결고리들을 거치며 그것을 망각하고 있을 뿐. 오히려 걷는다는 행위가 오늘날의 우리에게는 더 낯설지 모른다. 그의 순례는 그 연결고리들을 하나하나 끊어 가며 익숙한 것으로부터 벗어나는 과정을 거쳤다.

걷기와 침묵은 나를 구원해 주었다. 걷기와 침묵은 속도를 늦추어 다른 사람들을 쳐다보고 그들에게 귀를 기울이게 해 주었다. 그리고 나 자신을 바라보고 나 자신의 소리에 귀를 기울일 기회를 준다. 침묵은 단순히 내가 입을 다물 때 생기는 말의 부재가 아니다. 침묵은 총체적이면서 독립적인 현상으로, 외적인 요소 없이 그 자체로 존재한다. 나는 침묵 속에서 나 자신을 재발견한다.

얼마 안 가서 그는 세상의 편견에 맞서 침묵으로 일관할 것을 결심한다. 여행 중에 숱하게 경험했던 타인과의 단절은, 그로 하여금 의사소통에 회의감을 갖게 했다. 그는 '말'이란 서로 간의 생각이 오가는 것을 가로막는 반쪽짜리 도구라고 생각하고 거부감을 느꼈다. 프란시스는, 그 자신에게는 너무나 분명한 도보 여행의 이유를 다른 사람에게는 짧은 문장으로밖에 설명하지 못한다는 데 좌절감을 느꼈다. 대신 그는 침묵하는 길을 택했다. '걷기'를 통해 순례의 첫 단계로 들어간 그는, 이제 '침묵'에 의해 고정된 사회구조에 속하지 않는 두 번째 단계로 접어들었다.

하지만 그가 모든 소통을 중단한 것은 아니었다. 그에게는 아직 글자가 있었으며, 밴조가 있었고, 만국 공용어인 웃음이 있었다. 침묵은 표면적으로만 그와 사회를 단절시켰을 뿐, 실제로 그는 침묵을 통해 타인과 진정으로 소통하고 있음을 느꼈다.

"어른이 된 후로 나는 다른 사람의 말에 충분히 귀를 기울이지 않았다. 나는 말하는 사람의 생각이 내 생각과 일치하는지 판단될 때까지만 귀를 기울였다. 일치하지 않을 경우에는 더 이상 이야기를 듣지도 않았고, 반박할 주장을 미리 생각해 내느라 바쁘게 머리를 굴렸다. 말을 하지 않기로 하고 다른 생각이나 입장을 공격하지 않기로 하니 자연히 남의 말을 제대로 듣게 된다. 미처 상상하지 못했던 결과다." 라고 존 프란시스는 이야기한다. 사회와 떨어져 자신만의 길을 가고자 했던 그도 어느덧 내면의 깨달음을 얻어 가는 성숙한 순례자가 되어 가고 있었다. 침묵 도보 여행을 계속하던 어느 날, 그는 주위 사람들에게서 '성자聖者'라는 말을 듣기 시작한다.

침묵과 말은 떨어질 수 없는 사이 같다. 둘이 합쳐야 완전한 하나가 되는 사이. 침묵과 말이 맞닿는 자리마다 새로운 것이 창조된다. 어쩌면 진정한 창조란 아주 가까이에 있는 것인지도 모른다. 그런 창조가 진정한 창조라고 믿기에, 나는 침묵을 동반하지 않는 발언에는 창조적인 의미가 없다고 생각한다. 그런 발언은 공식 연설이나 예의상 늘어놓는 미사여구처럼 사교의 장에서 틈새를 메우는 역할이나 할 따름이다.

토머스 머튼 신부는 "공간을 이동하는 순례는 내면의 여행을 겉으로 드러내는 상징적인 행위이며, 내면의 여행은 외적인 순례에서 발견하는 의미와 신호를 토대로 내면을 알아 가는 과정이다. 두 여행 중 하나만 해도 되지만 둘 다 하는 것이 제일 좋다."라고 말했다. 이제 존 프란시스의 여행도 점점 더 적극적인 의미를 구해 나가기 시작했다. 그는 '모호한 사회적 위치'에 서 있는 자기 처지를 받아들여 환경 보호라는 대의를 촉구하고자 마음먹는다. 여러 대학과 기관을 찾아다니며 배움을 구함과 동시에 자신이 할 수 있는 일에 적극적으로 참여하려 노력한다. 그래서 여행 중에 대학 공부를 마치고, 석사학위와 토지자원 분야의 박사학위를 받았다. 그는 조용히 삶을 즐기려 유랑하는 여행자가 아니라 행동하는 지성이 되어 가고 있었다.

그는 일 년에 한 번씩 침묵을 서약했다. 그는 매년 자신의 생일이 돌아올 때마다 말을 하지 않는다는 서약을 갱신해야 할지를 스스로에게 물었다. 서약을 갱신하는 기준이 무엇인지는 그 자신도 정확히 모르지만, 알 수 없는 힘에 이끌려 17년 동안이나 침묵을 연장해 왔다. 그리고 마흔네 번째 생일에, 비로소 그는 자신을 속박하던 마음의 굴레로부터 자유로워짐을 느낀다. 그는 다시 입을 열었다. "저는 지구의 날을 택해 말을 시작하기로 했습니다. 앞으로는 환경을 위해서 말을 하겠다는 다짐을 기억하기 위해서입니다."

그의 선언은 사회와 '재결합'하는 순례의 마지막 단계였다. 그가 지구의날을 택해 환경보호를 이야기하겠다고 다짐한 데는, 사회 속으로 되돌아가 자신을 희생함으로써 순례를 마무리 짓고자 하는 소망이 담겨 있었다. 그의 '침묵 여행'은 그렇게 일단락되었다. 하지만 인간과 환경 사이의 동반자 관계를 구축하려는 그의 위대한 순례 여정은 아직도 끝나지 않았다.

길을 걸을 때 우리는 자신과 대면한다. 그리고 마지막에 가서는 우리가 편을 갈라 싸울 필요가 없고, 국가의 적이란 존재하지 않으며, 다른 사람과 말다툼을 벌일 필요도 없음을 깨닫는다. 우리를 기다리는 것은 죽음뿐이다. 하지만 우리에게는 이 좁은 행성에서 이 귀중한 순간을 평화롭게 살아갈 기회가 아직 열려 있다. 걷기만 한다면 가능한 일이다.

존 프란시스는 1991년 국제연합 환경계획UNEF의 세계 풀뿌리 공동체를 담당하는 친선대사로 임명되어, 홍보와 환경교육을 위한 프로그램을 개발하기도 했다. 22년이란 세월을 거치며 존 프란시스는 환경 분야의 권위 있는 학자가 되었고, 교육자가 되었고, 지도자가 되었다. 그는 우리 모두가 각자에게 더 나은 환경을 만드는 데 기여할 수 있다고 생각한다. 그는 여러 가지 사회적 활동을 통해 그 작업을 도와주려 할 뿐만 아니라 우리가 우리 자신을 둘러싸고 있는 환경에 대해 한 번쯤 고찰하게끔 영감을 불어넣는다. 존 프란시스의 밴조 연주는 오늘도 잔잔히 울려 퍼진다.

〈한 사람은 모두를, 모두는 한 사람을〉에서 법정 스님은 말한다.

"기상학자들의 말에 의하면 금세기 안에 지구 기온이 지금보다 섭씨 5도에서 8도까지 올라갈 것이라고 한다. 지금 우리가 이런 상태로 산다면, 히말라야를 비롯한 빙하들이 앞으로 40년 안에 모두 사라진다고 한다. 히말라야 빙하가 사라지면 인도의 갠지스 강이나 메콩 강, 양자강 등 큰 강에 물이 부족하게 되고 농사를 지을 수가 없다. 식량 위기를 초래한다. 모든 것은 이같이 한 치의 오차도 없이 서로 상관관계로 이어져 있다. 어떤 현상도 그 자체로 끝나지 않는다. 이 지구상에서 우리가 살아남으려면, 우리 후손들까지도 살아 있으려면, 현재의 생활 방식을 바꿔야 한다. 보다 겸손한 태도로 지구환경을 생각하면서 적은 것으로 만족할 줄 아는 맑은 가난의 미덕을 하루하루 실천해야 한다. 지금 가지고 있는 것만으로도 넘치고 있다. 무엇 때문에 우리가 살고 있는가, 또 우리만 살고 말 것이 아니라 우리 후손들까지도 어떻게 하면 잘 살게 할 수 있을 것인가가 우리에게 주어진 과제이다. 왜냐하면 지금 우리가 받아 쓰고 있는 것은 우리 조상대에 허물지 않고 가꾸어 온 은혜이기 때문이다."

존 프란시스의 실제 이야기를 담은 〈아름다운 지구인 플래닛 워커〉는 2008년 〈플래닛워커Planetwalker〉라는 제목으로 미국에서 출간되었으며, 국내에는 2008년 9월 살림에서 안진이의 번역으로 소개되었다. 이 책에는 존 프란시스가 여행 중에 직접 그린 그림이 곳곳에 실려 있고, 그와 같은 길을 걸어가려는 사람들을 위한 실제적인 충고가 함께 곁들여져 있다. 존 프란시스는 이 책의 한국어판을 태안 기름 유출 사태의 위기를 극복하기 위해 노력했던 주민들과 자원봉사자들에게 바쳤다. 존 프란시스의 일대기는 유니버설 스튜디오에서 톰 새디악 감독의 연출로 영화화될 예정이다.

내가 밤낮으로 애태우며 돌아가고 싶어 하는 것은 너희들 뼈가 점점 굳어져 한두 해 더 지나면 완전히 내 뜻을 저버리고 보잘것없는 생활로 빠져 버리고 말 것만 같은 초조감 때문이다. 작년에는 그런 걱정에 병까지 얻었다.

가을매의 눈으로 살아가라

다산 정약용 〈유배지에서 보낸 편지〉

저녁 무렵에 숲 속을 거닐다가 어린애의 울음소리를 들었다. 숨이 넘어가듯 울어 대며 참새처럼 팔짝팔짝 뛰고 있어서 마치 여러 개의 송곳으로 뼛속을 찌르는 듯 방망이로 심장을 두들기는 듯 비참하고 절박했다. 왜 그렇게 울고 있는지 알아보았더니 나무 아래서 밤 한 톨을 주웠는데 다른 사람이 빼앗아 갔기 때문이란다. 아아! 세상에 이 아이처럼 울지 않는 사람이 몇 명이나 될까? 벼슬을 잃고 권세를 잃은 저 사람들, 재화를 손해 본 사람들과 자손을 잃고 거의 죽게 된 지경에 이른 사람들도 달관한 경지에서 본다면, 밤 한 톨에 울고 웃는 것과 같으리라. -두 아들에게 보낸 편지

1801년 2월 28일, 다산은 멀리 전라남도 강진으로 가는 귀양길에 올랐다. 벌써 세 번째 귀양길이었다. 셋째 형 정약종은 신앙을 지키려다 장형을 감당하지 못해 세상을 등졌고, 신지도로 귀양을 떠나는 둘째 형 정약전과 헤어져 다산 자신도 유배지로 향하는 신세가 되었다. 천주교에 관대했던 정조가 세상을 뜨자, 신유박해가 일어나 천주교회를 탄압하기 시작했다. 종교를 빌미로 개혁 추진 세력인 시파를 몰아내려 한 벽파의 정치 공작이었다. 한때 천주교에 입교한 적이 있고, 정조의 신임을 얻으며 벼슬살이를 했던 다산 역시 이 음모의 표적이

되었다. 왕의 신임을 받으며 이름을 빛내던 시절은 끝이 나고, 그도 '밤 한 톨'을 잃은 채 쓰라린 유배의 길을 떠난 것이다.

강진에 도착한 다산은 초당을 짓고 가족들과 떨어져 홀로 유배 생활을 시작한다. 유배를 떠날 때 첫아들 학연이 열여덟 살, 둘째 아들 학유가 열다섯 살이었으니, 자식의 생활이 궁금하고 염려되는 마음은 미루어 짐작할 만하다. 그래서 다산은 마음을 담아 두 아들에게 편지를 보낸다. 두 아들뿐만 아니라 발이 묶여 만날 수 없는 둘째 형, 그리고 제자들과도 서신을 교환했다. 〈유배지에서 보낸 편지〉는 이들에게 보낸 다산의 편지글들을 엮은 모음집이다.

다산은 편지에서 두 아들에게 세상을 어떻게 살아야 하는지에 대해 일러 주고 있다. 직접 곁에 두고 가르칠 수 없어 노심초사하는 기색이 문체에 그대로 드러난다. 편지 속에는 "내가 밤낮으로 애태우며 돌아가고 싶어 하는 것은 너희들 뼈가 점점 굳어지고 기운이 점점 거칠어져 한두 해 더 지나 버리면 완전히 나의 뜻을 저버리고 말 것이라는 초조감 때문이다. 작년에는 그런 걱정에 병까지 얻었었다."는 기록이 있다. 그는 친구를 사귀는 법, 책을 읽고 쓰는 법, 밭을 가꾸고 생계를 유지하는 방법 등을 세세히 적고, 효를 다하고 검소하게 살아가라고 아들들에게 말한다.

그는 모든 일이 효에서 시작된다고 생각했다. 혼자 계신 어머니를 잘 살펴 드리고 큰아버지를 아버지 모시듯 하라고 신신당부하며, 이를 어떻게 실행할지를 상세하게 적어 놓았다. 다산이 생각하는 효도란, 부모를 기쁘게 하기 위해서 소소한 일에도 정성을 기울이는 것이었다. 다산은 자식들이 그의 말을 듣는 기미가 보이지 않으면 화를 내며 꾸짖는 편지를 다시 보냈다.

"너희 형제는 새벽이나 늦은 밤에 방이 찬가 따뜻한가 항상 점검하고, 요 밑에 손을 넣어 보고 차면 항상 따뜻하게 직접 불을 때 드리되 이런 일은 종들을 시키지 않도록 해라. 그 수고로움도 잠깐 연기 쏘이는 일에 지나지 않지만, 네 어머니는 무엇보다 더 기분이 좋을 것인데, 이런 일을 왜 즐거이 하지 않느냐?"

다산은 자식의 생활 태도 하나하나를 염려했다. 첫째 아들이 강진에 왔을 때 그는 시험 삼아 술을 한잔 마시게 했다. 좀처럼 취하지 않는 첫째를 보고 동생 학유의 주량은 어떻게 되느냐고 물으니 자기보다 곱절은 더 마신다고 대답하는 것이다. 깜짝 놀란 다산은 곧바로 둘째에게 술을 가까이하지 말라는 편지를 써서 보냈다.

"옛날에는 뿔이 달린 술잔을 만들어 조금씩 마시게 하였고 그런 술잔을 쓰면서도 절주할 수 없었기 때문에 공자께서는 '뿔 달린 술잔이 뿔 달린 술잔 구실을 못 하면 뿔 달린 술잔이라 하겠는가!' 라고 탄식하였다. 너처럼 배우지 못하고 식견이 없는 폐족 집안의 사람이 못된 술주정뱅이라는 이름을 더 가진다면 앞으로 어떤 등급의 사람이 되겠느냐? 절대로 입에 가까이하지 말거라. 제발 이 천애의 애처로운 아비의 말을 따르도록 해라."

자식이 술을 배울까 두려워 마시지 말라고 간곡히 말하는 모습이 영락없는 아버지의 모습이다.

다산이 두 아들에게 강조한 것은 독서였다. 그는 정월에 독서 계획을 세운 후 그대로 실천하는 열성적인 독서가였다. 집안이 몰락하면서 아들이 벼슬을 할 수 없게 되자, 책을 읽고 학문을 하기에 더할 나위 없이 좋은 기회라며 부지런히 독서하라고 권한다. 학문으로 영달을 추구하겠다는 사리사욕이 없을 때, 비로소 글의 의미를 있는 그대로 받아들일 수 있다는 것이다. 다산은 독서를 하기 위해서는 먼저 학문에 뜻을 두고 있어야 하며, 독서를 할 때는 세상을 이롭게 하는 글을 즐겨 읽어야 한다고 말한다. 그리고 자식들이 자신의 글을 깊이 이해하고 책으로 엮어 후대에 전해 주기를 바랐다.

    너희 처지가 비록 벼슬길은 막혔어도 문장가가 되는 일이나 통식달리通識達理의 선비가 되는 일은 꺼릴 것이 없지 않느냐. 꺼릴 것이 없을 뿐더러 과거공부 하는 사람들이 빠지는 잘못에서 벗어날 수도 있고, 가난하고 곤궁하여 고생하다 보면 그 마음을 단련하고 생각의 폭을 넓히게 되니 인정이나 사물의 참 거짓을 옳게 알 수 있는 장점을 가지게 되는 것이다. 반드시 처음에는 경학 공부를 하여 밑바탕을 다진 후에, 옛날의 역사책을 섭렵하여 옛 정치의 득실과 잘 다스려진 이유와 어지러웠던 이유 등의 근원을 캐 볼 뿐 아니라 또 모름지기 실용의 학문, 즉 실학에 마음을 두고 옛사람들이 나라를 다스리고 세상을 구했던 글들을 즐겨 읽도록 해야 한다. 마음에 항상 만백성에게 혜택을 주어야겠다는 생각과 만물을 자라게 해야겠다는 뜻을 가진 뒤라야만 바야흐로 참다운 독서를 한 군자라 할 수 있다. 그러한 사람이 된 뒤 더러 안개 낀 아침, 달 뜨는 저녁, 짙은 녹음, 가랑비 내리는 날을 보고 문득 마음에 자극이 와서 한가롭게 생각이 떠올라 그냥 운율이 나오고 저절로 시가 될 때 천지 자연의 음향이 제소리를 내는 것이니, 이것이 바로 시인이 제 역할을 해내는 경지일 것이다. 나보고 너무 현실성 없는 이야기만 한다고 하지 말거라. -두 아들에게 보낸 편지

    다산은 검소하고 부지런한 삶을 살았다. 그는 재물을 메기 같은 물고기에 비유하며, 꽉 쥐면 쥘수록 미끄러운 것이 재물이라고 했다. 이 재물을 가장 잘 보관하는 방법은 가난한 벗에게 나누어 주는 것이다. 자신을 위해 재물을 사용하는 것은 형태를 사용하는 것이고, 다른 사

람에게 재물을 나누어 주는 것은 정신적으로 사용하는 것이다. 즉 형태는 닳아 버리면 그뿐이지만 정신은 없어지지 않으니 재물을 오래 보존하는 가장 좋은 방법은 남에게 베푸는 것인 셈이다. 옷은 입으면 닳게 마련이고, 음식은 먹으면 썩게 마련이고, 재물은 자손에게 물려 준다 해도 결국 탕진되기 마련이니, 한때의 있고 없음에 일희일비하지 말고 소박하게 살아가라고 다산은 충고한다.

　세속에서 밭을 사며 집을 마련하는 자를 가리켜 순박하고 진실하며 든든하다고 한다. 사람들은 논과 밭이라는 것이 바람이 날려 버릴 수도 없고 불이 태울 수도 없고 도둑이 훔칠 수도 없어, 천년만년이 지나도록 파괴되거나 손상될 우려가 없다고 생각하므로 이러한 논과 밭을 가지고 있는 자를 실팍하다고 한다. 그러나 내가 사람들의 논과 밭의 땅문서를 손에 넣어 그 내력을 조사해 보면, 어느 것이나 백 년 동안에 주인이 바뀐 것이 적어도 대여섯 번은 되고, 많은 경우에는 일고여덟이나 아홉 번은 된다. 그 성질이 유동하여 잘 달아남이 이와 같은데, 어찌 유독 남들에게는 가볍게 바뀌었던 것이 나에게만은 오랫동안 남아 있으리라 그것을 믿으매 두드려도 깨어지지 않기를 바랄 것인가.
　가난한 선비가 정월 초하룻날 앉아서 일 년의 양식을 계산해 보면, 참으로 아득하여 하루라도 굶주림을 면할 날이 없을 것처럼 생각된다. 그러나 그믐날 저녁에 이르러 보면, 의연히 여덟 식구가 모두 살아 한 사람도 줄어든 이가 없다. 너는 이러한 이치를 잘 깨달았는가? 누에가 알에서 나올 만하면 뽕잎이 나오고, 아이가 어머니 배 속에서 나와 울음소리를 한 번 내면 어머니의 젖이 이미 줄줄 아래로 흘러내리니, 양식 또한 어찌 근심할 것이랴. 너는 비록 가난하다고 하나 그것을 걱정하지 마라. −제자 윤종심에게 보낸 편지 편지글 속에는 남새밭(채소밭)을 가꾸고 가축을 기르는 시골의 일상이 쓰여 있다. 다산은 농사일을 하면서도 선비의 품위를 유지하고자 했다. 그는 양계를 시작했다는 아들을 격려하면서 "양계를 해도 사대부다운 양계를 하라."고 말한다. 농서를 잘 읽고 나서, 색깔을 나누어도 보고 닭이 앉는 홰를 다르게도 만들어 보면서 다른 집 닭보다 살지고 알을 잘 낳을 수 있는 방법을 궁리하라는 것이다. 때로는 닭의 정경을 시로 짓기도 하면서 짐승들의 실태를 파악해 보고, 닭 기르는 방법을 이론으로 정리해서 〈계경鷄經〉 같은 책을 쓰는 것도 독서한 사람만이 할 수 있는 양계라고 진지하게 조언한다.

다산은 항상 나무를 심고 밭을 가꾸었는데, 시골에 살면서 과수원이나 남새밭을 가꾸지 않는다면 세상에서 버림받는 일이라며 두 아들에게 마음을 기울여 채소를 가꾸어 보라고 권했다.

> 남새밭 가꾸는 데는 땅을 반반하게 고르고 이랑을 바르게 하는 일이 중요하며, 흙은 가늘게 부수고 깊게 갈아 분가루처럼 부드러워야 한다. 아욱 한 이랑, 배추 한 이랑, 무 한 이랑씩 심어 놓고 마늘이나 파 심는 일에도 힘쓸 것이며, 미나리도 심을 만한 채소다. 또한 한여름 농사로는 참외만 한 것도 없느니라. 부업으로 아름다운 결실을 얻을 수 있는 것이 이 남새밭 가꾸는 일이다. ―두 아들에게 보낸 편지

하지만 이렇게 고즈넉한 시골 생활 중에도, 문득 유배당한 자신의 처지를 깨달을 때마다 치미는 억울함과 서러움을 다스리고자 다산은 무던히도 애를 썼으리라. 아버지의 안타까움을 모를 리 없는 그의 큰아들이 다산을 축출하는 데 힘을 보탰던 홍의호와 강준흠, 이기경에게 유배살이를 덜어 줄 수 있도록 간청해 보는 것이 어떻겠느냐는 이

야기를 넌지시 적어 보낸다. 그러나 다산은 다음과 같이 매서운 답장을 되돌렸다. 이 편지를 본 큰아들의 등골에 식은땀이 흐르지는 않았을까.

천하에는 두 가지 큰 기준이 있는데 옳고 그름의 기준이 그 하나요, 다른 하나는 이롭고 해로움에 관한 기준이다. 이 두 가지 큰 기준에서 네 단계의 큰 등급이 나온다. 옳음을 고수하고 이익을 얻는 것이 가장 높은 단계이고, 둘째는 옳음을 고수하고도 해를 입는 경우이다. 세 번째는 그름을 추종하고도 이익을 얻음이요, 마지막 가장 낮은 단계는 그름을 추종하고도 해를 보는 경우이다.
너는 내가 필천 홍의호에게 편지를 해서 항복을 빌고, 또 강준흠과 이기경에게 꼬리 치며 동정을 받도록 애걸해 보라는 이야기를 했는데, 이것은 앞서 말한 세 번째 등급을 택하는 일이다. 그러나 마침내는 네 번째 등급으로 떨어지고 말 것이 명약관화한데 무엇 때문에 내가 그 짓을 해야겠느냐. -큰아들 학연에게 보낸 편지

1818년 5월, 불의와 타협하지 않기 위해 자신의 신념을 지키며 보내 온 다산의 세월은 18년 만에 끝이 난다. 마흔 살에 강진을 찾았던 다산은 쉰여덟 살의 노인이 되었고, 아비의 꾸지람이 가득한 편지를 받던 두 아들은 서른여섯, 서른세 살이 되었다. 둘째 아들 학유는 달마다 달라지는 농가의 풍속을 그린 〈농가월령가〉를 지어 알려졌다. 이 유배 기간 동안 다산은 흑산도에 있던 둘째 형 약전과 막내아들 농아를 죽음으로 잃어야 했다.
한순간에 모든 명예와 권세를 잃고, 눈앞에서 형제의 죽음을 바라보아야 했으며, 사형의 고비를 넘긴 뒤 외롭게 살아야 했던 18년. 그

동안 그가 잃은 것이 정말 어린아이의 '밤 한 톨'에 불과한 것이었을까. 하지만 다산은 상실감과 싸우며 이 시간을 견디어 냈다. 그는 사의재('네 가지를 마땅히 해야 할 방'이라는 뜻으로, 네 가지는 곧 맑은 생각과 엄숙한 용모, 과묵한 말씨, 신중한 행동을 가리킨다)에 머물며 제자들을 가르치고 경전 연구와 집필에 몰두했다. 오늘날까지도 널리 읽히는 〈목민심서〉와 〈경세유표〉도 바로 이 유배 기간 중에 완성된 명저이다. 맑은 눈으로 멀리 보려 했던 사람, 다산은 두 아들에게 이런 편지를 쓴 바 있다.

　　세상을 살아가는 사람은 한때의 재해를 당했다 하여 청운의 뜻을 꺾어서는 안 된다. 사나이의 가슴속에는 항상 가을매가 하늘로 치솟아 오를 기상을 품고서 천지를 조그마하게 보고 우주도 가볍게 손으로 요리할 수 있다는 생각을 지녀야 옳다. -두 아들에게 보낸 편지

　해마다 봄이 되면 다산초당을 직접 찾곤 하는 법정 스님은 산문집 〈물소리 바람소리〉에서 다산을 이렇게 소개한다.
　"영산강 하구언을 지나 강진군 도암면 만덕리 귤동에 이르는 길은 남도 특유의 아기자기한 정겨운 길이다. 귤동 뒷산에 초당이 있다. 다산 정약용 선생이 이곳에서 유배 생활을 하며 10년 동안 제자들에게 강론하고 저술에 몰두, 실학을 집대성한다. 그의 나이 40에서 57세에 이른 사상적으로나 인간적으로 가장 무르익을 기간이다.
　귀양 가던 그해 1801년 겨울, 두 아들에게 보낸 편지에는 이런 사연이 적혀 있다.
　'천지간에 외롭게 서 있는 내가 운명적으로 의지할 곳이라곤 오로지 책과 붓뿐이다.'

그는 이어서 자식들에게 부지런히 독서하라고 간곡히 타이른다.

'너희들이 책을 읽지 않는다면 내 저술은 쓸모없는 것이 되고 말 것이다. 내 저술이 쓸모없다면 나는 할 일이 없는 사람이 되고 만다. 그렇다면 나는 앞으로 눈을 감고 흙으로 빚은 등신처럼 앉아 있어야 된다고 생각해 보라. 열흘이 못 가서 병이 날 거고, 이 병을 고칠 수 있는 약도 없을 것이다. 그러니 너희들이 독서하는 것은 내 목숨을 이어 주는 일이나 마찬가지다. 깊이 새겨 주기 바란다.'

살 줄 아는 사람은 어떤 상황 아래서라도 자신의 인생을 꽃피울 수 있다. 그러나 살 줄을 모르면 아무리 좋은 여건 아래서라도 죽을 쑤고 마는 것이 인생의 과정. 그는 18년 유배 생활에서 260여 권의 저서를 남겼다. 그의 재능과 출세를 시기하여 무고한 죄를 씌워 유배를 보낸 그때의 지배 계층은 오늘날 그 존재마저 사라져 버렸다. 그러나 귀양살이에서도 꿋꿋하게 살았던 다산은 오늘까지 숨을 쉬면서 후손들 앞에 당당하게 서 있다. 참과 거짓은 이렇듯 세월이 금을 긋는다."

❀ 박석무가 번역하여 엮은 〈유배지에서 보낸 편지〉는 1979년 가을 시인사에서 처음 출간되었다. 10·26, 12·12, 5·18로 이어지는 역사의 소용돌이 속에서 다산의 서간문을 담고 있는 이 모음집은 감옥 안의 양심수들이 즐겨 읽는 책이 되는 등 화제를 낳는다. 초판본이 나온 지 13년째 되던 해인 1991년 12월, 창작과비평사에서 내용을 채우고 보완하여 창비교양문고 열일곱 번째 권으로 개역 증보해 발행했으며, 13쇄를 거듭하다가 2001년 5월에 개정증보판이 발간되었다. 다산 연구로 석사학위를 받은 이래 박석무에게 다산은 늘 참다운 스승이었다. 그는 〈다산 기행〉을 펴냈고, 〈흠흠신서〉 〈다산 산문선〉 등을 번역했다. 함께 읽을 다산 정약용의 책으로는 〈다산어록청상〉이 있으며, 정약용과 조선 후기사를 아우른 역사학자 이덕일의 〈정약용과 그의 형제들〉이 있다.

식물은 단순히 살아 숨 쉴 뿐 아니라 영혼과 개성을 지닌 생명이다. 식물이 그저 단순한 자동인형과 같은 존재일 뿐이라고 우겨 대는 것은 바로 무지몽매한 인간들뿐이다.

생명의 문을 여는 열쇠, 식물의 비밀
피터 톰킨스 · 크리스토퍼 버드 〈식물의 정신세계〉

식물학은 현존하는 것이든 멸종한 것이든, 식물들의 용도나 종별, 구조, 생리, 지리적 분포 등을 다루는 학문이다. 그런데 충분히 매력적일 수 있는 이 학문이 어째서 처음부터 끝없는 라틴어의 장례 행렬과도 같은 지겨운 분류학이 되어야 했을까? 그리하여 이 학문이 얼마나 발전했는가 하는 척도는, 밝혀낸 꽃의 숫자가 아니라 시체 같은 분류 언어의 숫자로 가늠되는 듯한 인상을 주고 있다. 아직도 젊은 식물학자들은 중앙아프리카나 아마존의 정글에서 새로운 식물을 찾아내려 악전고투를 벌이고 있지만—그렇게 해서 기다란 이름을 가진 35만 가지 식물들의 명단에 새로운 희생자가 등재되겠지만—정작 무엇이 식물을 살아 있게 하고, 또 그것들이 왜 살아 있는가 하는 문제는 식물학의 관심 밖에 있는 것 같다.

1966년 미국, 뉴욕의 타임스 스퀘어가 내려다보이는 빌딩 안에서 거짓말탐지기 연구를 수행 중이던 백스터는, 불현듯 검류계(인간의 심리 상태나 감정에 따라 바늘이 움직이는, 거짓말탐지기로 사용되는 기구)의 전극을 화초의 잎사귀에 갖다 대 보고 싶다는 충동을 느꼈다. 그는 식물에 검류계를 대고는 화초에 물을 주어 보았다. 실험 결과는 놀라웠다. 바늘의 움직임이 마치 감정의 자극을 받은 사람이 보이는 것과 흡사

했기 때문이다. 혹시 이것은 식물이 스스로 생각하고 느낀다는 증거가 될 수 있지 않을까? 그렇다, 그것은 식물의 지각 능력에 대한 위대한 발견의 시작이었다.

백스터는 이 같은 현상을 이해하기 위해 당시 과학자들과 심리학자들 사이의 논쟁거리였던 초감각적 지각ESP을 주목하였는데, ESP란 인간의 오감을 초월한 어떤 감각을 뜻하는 용어였다. 식물의 지각 능력 연구에 이 개념을 이용한다는 것은 어딘가 석연치 않은 구석이 있었다. 식물에게는 눈, 귀, 코, 입 같은 게 없을뿐더러, 식물에게 신경조직이 있다고 말한 식물학자는 다윈 이래 한 사람도 없었기 때문이다. 고민 끝에 그는 인간의 다섯 가지 감각이란 어쩌면 모든 자연이 공통으로 갖추고 있을 보다 '근원적인 지각 능력'을 가로막는 요소에 불과하다는 가정을 하기에 이른다.

결국 백스터는 인간의 감각기관에 의지한 지각이야말로 제한적일 수밖에 없으며, 식물들은 보거나 듣지 못해도 어떤 근원적인 에너지를 느끼고 이에 반응한다고 결론짓는다. 떡갈나무는 나무꾼이 다가가면 부들부들 떨고, 홍당무는 토끼가 나타나면 사색이 된다는 것을 수차례의 실험을 통해 증명해 낸 것이다.

한편, 캘리포니아에 있는 IBM의 화학 연구원 마르셀 보겔은 백스터의 실험을 재현하다가 식물이 유독 특정 인물에게만 반응을 활발히 보인다는 사실을 발견하게 되었다.

인간이 식물과 교감할 수 있다는 것, 그리고 그렇게 하고 있다는 것은 분명한 사실입니다. 식물은 우주에 뿌리를 둔, 감정이 있는 생명체입니다. 인간의 입장으로 본다면 식물은 장님이자 귀머거리, 벙어리일지도 모릅니다. 그러나 나는 그들이 인간의 감정을 알 수 있는 대단히 예민한 생명체라는 것을 믿어 의심치 않습니다. 그들은 인간에게 유익한 에너지를 방출하고 있으며, 어떤 사람은 그 에너지를 느낄 수도 있습니다.

보겔은 식물과 인간 사이의 교감이야말로 식물의 정신세계에 대한 수수께끼를 풀 수 있는 열쇠임을 깨닫고, 식물에게도 감정이 있다는 사실을 실험을 통해 입증해 보였다. 한 실험에서 보겔은 마당에 있는 나무에서 이파리 두 장을 따다가, 하나는 방치해 두고 다른 하나는 가까이에 두면서 다정하게 바라보고 만져 주었다. 방치해 둔 것은 금방 색이 변하고 말라 버렸지만 가까이에 두고 정성을 기울인 나뭇잎은 시간이 지나도 시들지 않고 싱싱한 상태를 오래 유지했다.

보겔에게 있어 식물에 대한 연구는 새로운 인간 삶의 대안이었다. 지구상의 모든 생명체가 근원에서부터 서로 깊은 연관을 맺고 있다는 이와 같은 깨달음은, 지금껏 만물의 영장을 자처해 온 인간들의 오만과 아집에 경종을 울리는 것이었다.

자연은 자신을 내세우지 않고 조용히 받아들이는 사람에게만 자신의 진리를 보여 준다. 이 진리를 있는 그대로 받아들임으로써 인간은 비로소 전 우주와 조화를 이루게 되는 것이다. 오늘날에 와서 인간은 과학을 위한 확고한 기반을 발견했는데, 그것은 우리가 형태에 있어서만 항상 변화할 뿐 그 본질은 영원히 변치 않는 우주의 한 부분에 지나지 않는다는 사실이다.

20세기에 접어들면서 많은 과학자들이 초자연적인 식물의 정신세계가 실재하는지에 대한 해답을 얻고자 첨단 과학과 물리학 실험을 시도하고 있다. 그러나 이전에도 자연으로부터 들려오는 소리에 귀를 기울인 선구자들이 있었다. 19세기 말엽과 20세기 초에 활동했던 인도인 학자 자가디스 찬드라 보스도 마찬가지였다. 그러나 그의 업적은 당대에는 그다지 조명을 받지 못했다.

보스는 식물과 광물의 움직임을 아주 미세하게 관찰해 보면, 동물의 움직임과 매우 흡사하다는 것을 발견했다. 그는 무생물과 생물, 물리학과 생물학을 분명히 경계 지을 수 없다고 생각하고, 물리학, 생리학, 심리학의 세 분야를 통합해 식물에 관한 무수한 발견을 이루었다.

저는 오늘 밤, 여러분들에게 생물과 무생물의 자극에 대한 반응의 기록을 보여 드렸습니다. 이 둘은 서로 얼마나 닮았습니까? 구별하기도 힘들 정도가 아닙니까! 이 같은 현상을 두고 어떻게 경계선을 그어야 어디서부터가 물리적 영역이고 어디서부터가 생리적 영역이라고 말할 수 있을까요? 그러한 절대적 경계선은 존재하지 않습니다. 이 같은 기록들을 접하게 되면서, 그리고 이 세상 모든 것들—빛 속에 떠도는 먼지, 지구상의 온갖 생명체들, 우리의 머리 위를 비추는 햇빛 같은 것들—에는 서로 삼투되는 통일성이 있다는 것을 알게 되면서, 저는 3천 년 전 우리의 조상들이 갠지스 강변에서 외쳤던 메시지를 조금은 알 것도 같습니다. '이 우주의 천변만화하는 삼라만상이 사실은 하나라는 것을 알아채는 자야말로 영원한 진리를 얻은 자이니라.'라는 말을 말입니다.

괴테는 일찍이 식물의 영혼 불멸이라는 주제에 대해 깊이 사색했다. 그는 사교계의 숱한 여성들과 친구들을 다 포기하고 오직 하인 하나만을 거느린 채 '레몬이 피는 따뜻한 남쪽 나라', 이탈리아로 향한다. 독일에 비해 풍부한 식물이 있는 이탈리아를 여행한 괴테는, 거기서 식물을 연구하고 새로운 인식을 갖게 된다. 그는 자연이 하나의 기관을 변용시켜 여러 다양한 형태를 만들어 내는 것은, 하나에서 여럿을 만들어 내는 힘이 있기 때문이라고 결론을 지었다. "식물 형태의 변화라는 특별한 변천 과정을 오랫동안 연구해 본 결과, 그것은 사전에 확정된 것이 아니라 가변적이고 유동적이라는 생각이 점점 확고해져 간다. 이는 식물이 자연의 여러 가지 조건에 적응하여 여러 가지 형태를 만들어 나간다는 뜻이다." 이것이 그가 식물 관찰과 연구를 통해 얻은 철학이었다.

적잖은 선구자들의 노력으로 식물과 동물, 식물과 인간, 식물과 우주와의 관계가 점차 과학적으로 증명되고 있다. 다윈은 나팔을 불어 미모사(미모사는 잎을 건드리면 이내 닫히며 아래로 늘어진다) 잎이 움직일 수 있는가를 알아보고자 실험했다. 이 실험은 실패로 끝났지만, 〈식물생리학 편람〉이라는 고전적 저서의 저자인 독일의 유명한 식물생리학자 빌헬름 페퍼를 자극했다.

1968년에 도로시 리털랙 부인은 '음악이 식물에게 미치는 효과'에 대해 흥미로운 실험을 시작했고, 이 실험은 장차 큰 논쟁을 불러일으키게 된다. 도로시 부인은 록음악과 클래식, 재즈, 민속음악을 들려줬을 때 식물들이 어떻게 반응하는지 실험했고, 결과는 놀라웠다. 식물은 록음악처럼 시끄러운 음악을 싫어하는 반면 바흐의 클래식 곡을 들려줬을 때는 꽃들이 스피커 쪽으로 고개를 돌리는 것이었다.

〈우주 전기 재배〉라는 책을 쓴 조지 스타 화이트 박사는 철이나 주석 같은 금속 조각을 과일나무에다 매달아 놓으면, 생장이 빨라진다는 것을 발견했다. 1920년대 초, 조르주 라호프스키라는 엔지니어는, 생명의 기초는 물질이 아니라 물질과 관련된 비물질적인 진동임을 시사하는 책들을 펴냈다. 그는 그 책들에서 "모든 생명체는 방사선을 방출한다."라고 강조한 후, 모든 생명체의 본질적인 유기적 단위인 세포는 무전기처럼 고주파를 발사하거나 흡수할 수 있는 전자기 방사체라는 혁명적인 이론을 제시했다.

많은 초심리학자들은 인간을, 지구와 우주에 펼쳐져 있는 '생명의 그물'을 이루는 한 부분이라고 보고 있다. 그들은 인간이 바이오플라스마를 통해 우주와 연결되며, 다른 사람의 기분이나 질병에 반응을 보이는 것처럼 별들의 변화에도 반응을 보인다는 것이다. 초심리학자들은, 인간이 살아 있는 식물들과 직접 교신을 할 수 있는 것은 바로 이 바이오플라스마에 의해서라고 믿고 있다.

식량 생산의 증대는 성공적이었지만 이는 토양을 죽이는 결과를 가져왔다. 지속적으로 지력地力이 약해지자 더 많은 화학비료를 써서 식량을 경작했고, 이로 인해 토양과 식물이 죽고 그것을 먹고 사는 인간들 역시 점점 병과 바이러스에 취약해지게 되었다. 이제 인간들은 토양과 식물을 삶으로 돌려보내 주든지, 혹은 지구 전체가 죽든지 하는 갈림길에 서 있다.

식물은 단순히 살아 숨 쉴 뿐 아니라 영혼과 개성을 지닌 생명이다. 식물이 그저 단순한 자동인형과 같은 존재일 뿐이라고 우겨 대는 것은 바로 무지몽매한 인간들뿐이다. 이 행성을 오염과 부패로부터 구출하여 다시금 푸르른 본래의 낙원으로 환원시키려는 대역사에 있어서 특히 주목해야 할 것은 식물이 인간과 협력할 뜻을 지니고 있으며 또한 그런 능력도 지니고 있다는 사실이다.

식물에 대한 재해석은 괴테의 원형식물 개념이 그러했던 것처럼 터무니없는 생각이라는 인식에서 벗어나 새로이 소생하고 있다. 〈식물의 정신세계〉는, 고대 인도나 아리스토텔레스 시대부터 언급되어 온 '식물의 정신적 능력'에 대한 모든 논의와 쟁점을 정리하고, 이와 관련된 수많은 실험의 결과와 문헌을 치밀하게 소개해 놓은 방대한 저작이다. 저자들은 이 책에서 식물의 놀라운 비밀을 파헤치는 데 그치지 않고 이를 통해 우주 전체를 사색함으로써, 지겨운 분류학이 되어 버린 식물학을 새로운 차원의 생명철학으로 탈바꿈시키고 있다.

법정 스님은 〈새들이 떠나간 숲은 적막하다〉에 실린 '식물도 알아듣는다'에서 긴 글로 이 책을 소개한다.

"최근에 나는 흥미 있는 책을 한 권 읽었는데, 정신세계사에서 펴낸 〈식물의 신비 생활〉이다. 거기 보면 식물도 우리 인간처럼 생각하고 느끼고 기뻐하고 슬퍼한다는 것이다. 예쁘다는 말을 들은 난초는 더욱 아름답게 자라고, 볼품없다는 말을 들은 장미는 자학 끝에 시들어 버린다는 실험 결과를 싣고 있다. 또 어떤 식물은 바흐나 모차르트 같은 클래식을 좋아하고, 어떤 식물은 시끄러운 록음악을 좋아한다고도 했다.

저자도 머리말에서 언급하고 있듯이, 우리가 산에 가거나 나무나 꽃과 함께 있을 때 우리 마음은 차분해지고 아늑한 기분을 느낀다. 그것은 영적인 충만감에 젖어 있는 식물들의 심미적 진동을 인간이 본능적으로 느끼기 때문이다. 더 말할 것도 없이 식물은 우리가 함께 기대고 있는 이 우주에 뿌리를 내린 감정이 있는 생명체다. 인간 처지에서만 보려고 하기 때문에 식물이 지닌 영적인 영역을 놓치는 것이다. 식물은 우리 인간에게 양식과 맑은 공기를 비롯해서 헤아릴 수도 없이 많고 유익한 에너지를 무상으로 공급해 주고 있다.

이 책에서 가장 감동적인 대목은 '제2부 식물의 왕국에 문을 연 선구자'들에 대한 기록이다. 인도의 뛰어난 식물 연구가 찬드라 보스는 한 학술 모임에서 자신의 철학을 다음과 같은 말로 표현하고 있다.

'진리가 머물고 있는 이 광막한 자연이라는 거주지에는 저마다 문이 달린 수많은 통로들이 있다. 물리학자, 화학자, 생리학자들은 자신들만의 전문 지식을 가지고 이 각기 다른 문을 통해 그 안으로 들어간다. 그것이 다른 분야와는 관계가 없는 자기들만의 고유한 영역이라고 고집하면서. 이렇게 하여 우리는 지금 광물의 세계니, 식물의 세계니, 동물의 세계니 하면서 분야를 나누게 된 것이다. 그러나 이러한 태도들은 깨져야 한다. 우리는 이 모든 탐색의 목표가 전체적인 앎에 도달하기 위한 것임을 유념해야 한다.'

식물에도 영혼이 있다고 주장한 19세기 독일의 철학자이며 심리학자인 페히너는 이렇게 말한다.

"인간들이 어둠 속에서 목소리로 서로를 분간하듯이 꽃들은 향기로써 서로를 분간하며 대화한다. 꽃들은 인간들보다 훨씬 우아한 방법으로 서로를 확인한다. 사실 인간의 말은 사랑하는 연인끼리를 제외하고는 꽃만큼 미묘한 감정과 좋은 향기를 풍기지 않는다.'

20세기 최고의 식물 재배가로 일컬어진 캘리포니아의 루터 버뱅크는 한 친구에게 이런 말을 한다.

'식물을 독특하게 길러 내고자 할 때면, 나는 무릎을 꿇고 그 식물에게 말을 건넵니다. 식물에게는 스무 가지도 넘는 지각 능력이 있는데 인간의 그것과는 형태가 다르기 때문에 우리는 그들에게 그런 능력이 있는지 알지 못합니다. 선인장에 관한 실험 이야기인데, 나는 처음 집게로 선인장의 가시를 뽑아 주면서 선인장에게 수시로 말을 걸어 사랑의 진동을 일으켜 보라고 했습니다. 아무것도 두려워할 게 없다. 그러니 넌 이제 가시 따위는 필요 없어. 내가 너를 잘 보살펴 줄

테니까.'

그 결과 마침내 가시 없는 선인장이 이 세상에 태어나게 되었다."

스님은 글을 다음과 같이 끝맺고 있다.

"이 글을 쓰고 있는 나를 물끄러미 지켜보고 있는 난. 꽃대를 재어 보았더니 11.5센티미터, 어제보다 5밀리미터가 더 자랐다. 기특하다."

❧ 1972년 하퍼스매거진 11월호에 내용의 일부가 처음 소개된 〈식물의 정신세계〉는, 〈식물의 신비 생활 The Secret Life of Plants〉이라는 제목으로 미국의 하퍼앤로에서 1973년에 출간되었다. 지은이 피터 톰킨스와 크리스토퍼 버드는 하버드 대학, 소르본 대학에서 생물학 및 인류학을 전공한 저술가들이다. 이 책은 1992년 11월에 〈식물의 신비 생활〉이라는 같은 제목을 달고 정신세계사에서 황금용, 황정민의 번역으로 소개되었으며, 1993년부터는 〈식물의 정신세계〉라는 제목으로 바뀌어 지금까지 꾸준히 읽히고 있다. 함께 읽을 만한 책으로는, 인간의 생각이 물에 전달되면 물이 얼었을 때 그 결정의 모양이 아름다워지거나 추해진다는 주장을 한 에모토 마사루의 책 〈물은 답을 알고 있다〉가 있다.

이제까지 그 누구에게도 그렇게 가까웠던 적이 없었습니다. 그렇게 가까워질 수 있다고 생각지도 못했습니다.
우리의 모든 관계는 내게는 뜻밖의 발견이었으며, 생생한 현실로 다가온 큰 기쁨이었습니다.

우리 두 사람이 함께
헬렌 니어링 〈아름다운 삶, 사랑 그리고 마무리〉

융은 이렇게 썼다.
"두 개성의 만남은 두 화학물질의 결합과 같다.
반응이 이루어지면 둘은 변화한다."
우리도 그와 같았다.

스물여섯 살이던 헬렌 니어링은 스물한 살 위인 스코트 니어링을 만나 서로 존경하는 동반자로 반세기 동안 그들만의 조화로운 삶을 살았다. 그들이 평생에 걸쳐 추구하고 실천한 삶의 철학은 적게 갖되 충만하게 살고, 최대한 욕구를 줄이는 데서 진정한 자유를 찾는 것이었다. 모든 문명을 거부하고 자연이 되어 살다가 준비해 온 죽음을 맞아들인 그들의 삶은 귀한 깨달음을 준다.

스코트는 100세 생일을 앞두고 더 이상 육체가 자신의 기능을 수행하기에는 힘에 부침을 깨닫고 스스로 음식을 끊음으로써 헬렌이 지켜보는 가운데 평화로운 죽음을 맞이한다. 삶에 최선을 다한 사람만이 얻을 수 있는 아름다운 최후였다.

"덜 갖고 더 많이 존재하라."는 말을 화두처럼 삼으며 살아온 두 사람. 영혼의 동반자인 스코트가 세상을 떠나자 헬렌은 자신의 삶을 돌아보며 평화주의자, 채식주의자, 사회주의자로 살다간 스코트의 생각과 삶을 한 권의 책으로 표현한다.

 헬렌은 자신의 삶을 회고하며 이야기한다.

 "내 삶에서 태양은 오직 하나다."

 그 태양이었던 스코트와의 첫 여행을 헬렌은 이렇게 기억한다.

 "우리는 채식주의에 대해 얘기했는데, 그 사람 역시 도살한 짐승의 고기를 먹지 않는다는 말을 듣고 기뻤다. 그 사람은 자신이 평화주의자이고 사람, 새, 짐승을 죽이는 것을 좋아하지 않는다고 말했다. 내가 가장 끌린 점이 바로 이 부분이었다. 그이가 채식주의자가 아니었더라면 함께하지 못했을 것이라 생각한다. 나는 그 사람이 분명히 지적이고 생각이 깊으며, 유머가 있고 솔직하다는 것을 확인하고 그에 호응했다. 그 사람은 참으로 분별 있고 확고하며, 균형 잡힌 훌륭한 품성을 지니고 있었다. 이 모든 것을 나는 우리의 첫 여행에서 느꼈으며, 그 사람에게 끌렸다."

 이상적인 삶은 어떤 대가를 치르기 마련이다. 그 이상이 관례에서 멀어질수록 더 비싼 대가를 치르게 된다. 당신의 이상이 정신적으로 활발하게 움직이며, 정직하고 진리에 따라 살고자 하면, 그 이상을 이루기 위해 의식주마저 희생할 수 있다.

 헬렌이 처음 스코트를 만났을 당시 그는 대학교수였다. 가르치는 일은 그에게 천직이었으며, 특히 사회문제에 있어 지식인으로서 깊은 책임감을 갖고 이에 대한 견해를 제기하고자 노력했다. 그러나 그는 보수적인 사회에서는 반역적인 인물이었기에 결국 11년이나 몸담고 있던 대학에서 해임당하고, 학계에서 추방당했으며, 종래엔 자신의 소신에 동의하지 않았던 가족들에게서도 떨어져 나와야 하는 아픔을 겪었다. 이에 대해 스코트는 말한다.

"사람은 대중의 생활 습관, 도덕 기준을 따라야 하는가, 아니면 자신의 규범을 만들어 가야 하는가? 자신의 규범에 의해 살고 그것을 지키면서 그에 반대되는 사회에 대항하여 거슬러 나아갈 것인가? 아니면 무저항의 길을 따를 것인가? 나는 나에게 닥친 일들을 불행하게 여기지 않으며 조금의 후회도 없다."

그는 사회 경제적으로는 아무것도 가지지 못한 빈자였고 어떠한 지지 기반도 없는 불우한 지식인에 불과했다. 그러나 헬렌을 만나 그의 삶은 지지를 얻을 수 있었으며, 비록 대학 강단에는 서지 못했지만 그를 필요로 하는 곳이면 어디든지 가서 강연을 했다.

삶에서 정말 중요한 것은 당신이 갖고 있는 소유물이 아니라 당신 자신이 누구인가 하는 것이다. 나는 그 사람이 어떤 사람이냐, 어떤 행위를 하느냐가 인생의 본질을 이루는 요소라고 생각한다. 우리가 가지고 있는 것이 아니라 그것으로 우리가 어떤 일을 하느냐가 인생의 진정한 가치를 결정짓는다.

헬렌과 스코트는 나이 차이만큼이나 서로 다른 개성과 많은 상이점을 가지고 있었지만 삶을 통해 그 모든 것들을 훌륭히 조율해 내었다. 차이는 조화로운 관계와 삶 속에서 더욱 빛을 발하고 융화되었으며, 아름다운 선율을 이루었다. 서로를 존중하였고, 보완하였으며, 서로에게 최고의 벗이자 연인이며 인생의 동반자가 되었다. 헬렌은 이야기한다.

"나는 늘 어떤 예술도 삶과 비교할 수 없지 않느냐고 말하곤 했는데, 스코트는 예술은 그 삶에 있다고 대답했다. 스코트는 내가 일찍이 만난 이들 가운데서 가장 훌륭한 사람이며 그 이상 좋은 동반자는 없다. 내 온갖 물음에 해답을 줄 수 있는 현명한 연장자와 사는 일은 끊임없는 즐거움이었다. 나는 여러 가지 내 개인의 성질과 습관을 참을성 있게 받아 주고 이해하는 선생을 가졌다."

헬렌은 스코트의 비서 역할을 하며 가난한 뉴욕 생활을 하다가, 버몬트 숲에 터를 잡고 사탕단풍농장을 일군다. 그들이 도시 생활을 청산하고 시골로 들어간 것은 세상에서 달아나려거나 사회에 관심을 덜 갖기 위함이 아니었다. 그 길은 생계를 꾸리면서도 가치 있는 일에 참여하기 위한 그들만의 생활 방식을 찾으려는 불가피한 선택이었다. 그들은 땅과 그 위의 모든 존재들과 조화를 이루는 삶을 살기 바랐으며, 검소하고 스스로 만족하며 자립하는 삶을 살고자 하였다. 그것은 자신의 이마에 땀을 흘려 생계를 꾸리고, 고용주나 다른 사람에게 의존하지 않는 삶을 의미하는 것이었다. 스스로 먹을 양식을 기르고, 살 집을 지으며, 필요한 나무를 베고, 자신의 생활 수단을 제 손으로 마련하였다. 또한 필요 이상의 돈을 벌지 않고, 물건을 소유하지 않으며, 남는 시간에는 글을 읽고 연구하고 대화하며 악기를 연주하고 여행을 하는 등 여가 생활을 즐겼다. 헬렌은 말한다.

우리는 조화로운 우리 생활이 다른 사람들을 위한 모범이라기보다는 우리 스스로 그릴 수 있는 가장 나은 삶의 방식을 찾아가는 순례의 길이라고 생각했다. 우리는 모든 훌륭한 진취적인 정신과 함께 앞서 가는 삶의 물결에 합류하는 데 기쁜 책임감을 느꼈다. 이것은 긍정하고 기여하는 삶이며, 모든 행위와 나날의 삶에 목적을 갖게 하는 것이었다. 우리는 최선의 삶이란 어떤 주어진 여건에서 우리가 감당할 수 있는 최선의 일을 하는 것임을 알았다.

두 사람은 언제나 일하기를 게을리하지 않았고 매우 검소하게 살았다. 그들의 삶의 과정은 무엇을 얻고 쟁취해 가는 과정이 아닌, 사랑을 키우고 자신의 마음을 키워 가는 과정이었다. 헬렌은 철두철미해 보이기만 하던 사회주의자 스코트를 매력적인 사람으로 변화시켰고, 스코트는 헬렌에게 올바른 삶의 기준을 보여 주었다. 서로에게 늘 무언가를 가져다주었으며, 다양한 흥미 분야들을 서로 나누었고, 그럼으로써 따로 떨어져 있던 관심사들이 공통의 관심사가 되었다. 끊임없는 토론과 동료애로 서로의 특유한 개성을 깊이 이해했으며, 나란히 따뜻하고 충족된 삶 속으로 성장해 갔다.

지속 가능성이 불분명한 현대 물질문명의 위기 속에서 니어링 부부의 조화로운 삶이 하나의 올바른 대안을 제시했다는 것은 매우 중요한 사실이다. 그들의 '아름다운 삶'은 누구에게나 보편적으로 받아들여질 수 있는 삶의 지침을 담고 있다. 그리고 그러한 아름다운 삶의 중심에는 깊은 사랑이 존재하고 있었다.

그러던 중 버몬트 지역이 개발 바람으로 인해 소란스러워지기 시작하고, 두 사람은 20년 동안 뿌리박았던 버몬트를 떠나 새로운 곳으로 가기로 결심한다. 그들은 자신들이 직접 만든 돌집과 익숙한 산 구릉들, 함께해 온 20년이라는 시간의 흔적들이 묻어 있는 곳을 떠나야 한다는 것이 슬펐다. 그럼에도 헬렌은 말한다. "사랑을 쏟을 곳은 반드시 있다. 또한 어디에든 시작과 끝이 있다." 그들은 새로운 시작을 할 준비가 되어 있었다. 스코트도 헬렌도 이 모든 것을 뒤로한 채 손가방을 들고 길을 떠날 준비가 되어 있었다. 그리하여 그들은 메인 지역으로 떠나 다시 새로운 삶의 터전을 일구며 삶을 마칠 때까지 그곳에서 조화로운 삶을 일구어 나갔다.

우리는 어떻게 살 것인가 하는 질문은 많이 하지만 어떻게 죽을 것인가 같은 질문은 거의 하지 않는다. 덜 갖되 충실한 삶을 택한 니어링 부부는 삶, 사랑, 죽음이 결국은 하나의 연속선상에 있음을 말해 준다. 스코트는 스스로 의도한 목적이 있는 죽음에 대해 얘기하곤 했다. 그는 자신이 완전히 무능력해져 다른 사람들에게 짐이 될 때까지 기다리지 않으려고 했다. 요양소에서 두려움에 떨며 오랜 시간에 걸쳐 죽어 가기를 결코 바라지 않았다. 마지막 무렵 누군가가 그에게 "요즈음 무슨 생각을 하십니까?" 하고 물었을 때, 잠시 침묵한 뒤 스코트는 이렇게 대답했다.

"이렇게 오래 살고 많은 일을 경험하면서 운 좋게 무언가를 말할 수 있었던 것은 드문 기회였다. 우리, 헬렌과 나는 반세기 동안 같이 지냈다. 우리는 두 사람이 한 팀으로서 일하는 독특한 방식으로 일해 왔다. 나는 특히 사회에 관심이 있다. 우리가 서구 문명이라고 부르는 특별한 사회 양식은 점점 파괴되어 가고 있다. 거기에 미래가 있는가? 미래가 있기까지 백 년은 걸릴 거라고 나는 어느 정도 권위를 가지고 말할 수 있다. 그렇게 되려면 인류가 철저하고 끈기 있게 그 일을 해야 한다고 깊이 느끼고 있다. 인류가 어떤 일을 해야 할까? 지구는 어마어마한 생명체를 안고 있는 먼지 알갱이이자, 전체로 하나인 의식체이다. 이 드라마에서 인류의 역할은 많든 적든 완전히 그르쳐졌다. 우리는 공을 놓치고 있다. 시간을 찔끔찔끔 낭비하고 있다. 우리가 함께 뭔가 더 가치 있는 일을 다시 벌이고 완성할 수 있을까? 나는 더 나은 세상을 만들고 창조하는 데 기여하고 싶다. 이것이 우리가 여기서 해야 할 일이다. 이런 것이 삶의 마지막 날에 이르러 내 마음을 지배하고 있는 생각이다."

사랑하는 스코트,

우리는 50년 동안 사랑과 동지애 속에서 같이 살아왔습니다. 결혼 생활은 결코 그 사랑의 본질이 아닌 듯합니다. 우리는 관심과 목표와 행동이 일치하는 두 사람으로서 함께 연결되어 있었습니다. 우리는 서로를 좋아하면서 또한 함께 해 온 많은 것들을 좋아했습니다. 지적이고 훈련된 당신의 소양은 나보다 훨씬 위였고, 기술은 더 뛰어났으며, 경험도 더 넓었지만, 우리는 서로 만나서 당신이 나의 부족한 능력을 뛰어넘도록 이끌어 준 이해와 협력의 바탕 위에서 같이 일했습니다. 우리는 어떤 신비로운 작용으로 평등하게 되었고, 하나로 우리의 삶을 살았습니다. 감사드려요, 그리고 영원히 당신에게 최상의 찬사를 보냅니다. —스코트가 세상을 떠난 뒤, 헬렌이 스코트를 생각하며 하늘의 우체통에 부친 편지

아는 것만으로 끝나는, 실천이 없는 삶은 무기력하고 헛된 망상에 불과하다. 그들은 자신들이 살 집을 직접 돌을 이용해 만들었으며, 농사를 지어서 먹을 것을 마련했고, 많은 물건이 없어도 풍요로운 삶을 누렸다. 한낮에 쏟아지는 충만한 햇빛만으로도 그들의 영혼은 충분히 무르익었다. 그들은 그것으로 충분했다. 다른 사람들의 말에 귀 기울이되 거기 휩쓸리지 않았다.

젊은 시절 인도의 영적 스승 지두 크리슈나무르티의 연인이기도 했던 헬렌 니어링과 타고난 비순응주의자로서 미국의 산업주의 체제와 그 문화의 야만성에 끊임없이 도전했던 스코트 니어링이 53년 동안 함께한 '땅에 뿌리박은 삶'은 수많은 이들에게 충만한 삶에 대한 영감을 주었다. 스코트가 100세 생일을 맞던 날 이웃 사람들이 깃발을 들고 왔는데, 그 깃발 하나에는 이런 글귀가 쓰여 있었다.

"스코트 니어링이 백 년 동안 살아서 이 세상이 더 좋은 곳이 되었다."

헬렌은 이 책을 87세에 썼다. 스코트는 세상을 떠나기 전 헬렌에게 말한다.

"당신과 함께 있어서 좋았소. 당신은 매우 훌륭한 동료였소. 매우 사랑스러운. 정말 만족스러운 삶이었소. 이보다 더 나을 수는 없을 거요. 좋고, 또 좋았소……. 당신과 함께 있어서 좋았소."

헬렌 또한 스코트와 마찬가지의 방법으로 생을 마감하고자 했으나 불행히도 그 바람은 실현되지 못했다. 1995년 9월 17일, 교통사고로 그녀는 갑작스럽게 92세의 일기를 마친다. 조화로운 삶, 진정으로 이 세상에 보탬이 되는 삶이란 어떤 것인지 온몸으로 보여 준 두 사람의 사랑은 지금도 끝나지 않았다.

법정 스님은 여러 편의 글에서 〈아름다운 삶, 사랑 그리고 마무리〉를 언급했다. 〈오두막 편지〉에 실린 '두 자루 촛불 아래서'는 헬렌과 스코트에게 바친 글이다.

"이 난롯가에서 몇 권의 책을 읽었는데, 그중에서 헬렌 니어링이 쓴 〈아름다운 삶, 사랑 그리고 마무리〉를 감명 깊게 읽었다. 헬렌은 스코트 니어링을 만나 55년의 세월을 함께 지내면서 덜 갖고도 더 많이 존재하는 아름다운 삶을 살았다. 그들 두 사람 다 지금은 이 세상 사람이 아니지만 그 자취는, 남아 있는 우리에게 빛을 전하고 있다.

백 살을 살면서 세상을 좋게 만들고 지극히 자연스런 죽음을 품위 있게 맞이한 스코트 니어링, 그리고 그를 만나 새롭게 꽃피어 난 헬렌은 그들의 건강과 장수를 위한 생활 태도를 이렇게 말한다.

적극성, 밝은 쪽으로 생각하기, 깨끗한 양심, 바깥일과 깊은 호흡, 금연, 커피와 술과 마약을 멀리함, 간소한 식사, 채식주의, 설탕과 소금을 멀리함, 저칼로리와 저지방, 되도록 가공하지 않은 음식물. 이것들은 삶에 활력을 주고 수명을 연장시킬 것이라고 하면서, 약과 의사와 병원을 멀리하라고 충고한다.

　이 책에서 가장 감명 깊은 대목은 스코트가 '주위 여러분에게 드리는 말씀'으로 기록한 그의 유서다. 그의 소원대로 사후를 마무리한 헬렌 또한 지혜롭고 존경스런 여성이다. 스코트가 죽음을 맞이하는 태도는 어떤 선사의 죽음보다도 깨끗하고 담백하고 산뜻하다. 죽음이란 종말이 아니라 다른 세상으로 옮겨 감인데, 그런 죽음을 두고 요란스럽게 떠드는 요즘의 세태와는 대조적이다. 스코트는 70대에 노령이 아니었고, 80대는 노쇠하지 않았으며, 90대는 망령이 들지 않았다. 이웃 사람들의 말처럼 스코트 니어링이 백 년 동안 살아서 세상은 더 좋은 곳이 되었다. 그의 삶을 우리가 배울 수 있기 때문이다."

〈아름다운 삶, 사랑 그리고 마무리 Loving and Leaving the Good Life〉는 미국 첼시그린에서 1992년 초판이 나왔으며, 2008년 같은 출판사에서 새로운 편집과 디자인으로 개정판이 발행되었다. 보리에서 이석태의 번역으로 1997년 10월 출간된 이 작품에 대해 시인 이문재는 이렇게 썼다. "나는 이 책에 관하여 할 말이 많지 않다. 좋은 영화를 좋은 사람에게 소개할 때 긴 설명이 필요 없는 것과 마찬가지다." 한 귀농인은 "하루 만에 다 읽어 버리기 아까워 책을 읽다 말고 콩 자루를 쏟아부었다. 추수 때 채 고르지 못한 돌을 하나씩 가려내며 신념에 찬 한 부부의 아름다운 삶이 주는 감동을 되씹었다."라며 책 귀퉁이에 소박하고 아름다운 고백을 기록했다. 함께 읽으면 좋을 스코트 니어링과 헬렌 니어링의 책으로는 〈조화로운 삶〉〈조화로운 삶의 지속〉〈스콧 니어링 자서전〉〈스코트 니어링의 희망〉〈그대로 갈 것인가 되돌아갈 것인가〉가 있다.

진정한 삶을 산다는 것은 위험 요소가 있지만 열정을 포기하지 않는다는 의미이다. 열정을 지닐 때만이 우리는 삶에 온전히 투신하게 되고 그곳에서 보다 더 큰 가치를 찾게 된다.

축복은 우리를 자유롭게 한다
레이첼 나오미 레멘 〈할아버지의 기도〉

카발라에 의하면 태초의 어느 시점에서 거룩한 존재가 헤아릴 수 없이 많은 불꽃으로 나뉘어 우주에 흩어졌다고 한다. 모든 사람, 모든 존재 안에는 선을 행할 수 있는 신의 불꽃이 담겨져 있다는 것이다. 우리는 자신 안에 내재하는 신의 현존을 아주 단순하고 평범한 일상에서 만날 수 있다. 카발라는 우주 안에 숨어 있는 거룩한 존재가 매 순간 우리에게 말을 건넨다고 가르친다. 세상이 우리의 귀에 속삭이고 우리 안에 머무는 신의 불꽃이 우리 마음에 속삭인다. 외할아버지는 그것을 어떻게 듣는지 가르쳐 주셨다. 거룩한 존재와의 예기치 않은 만남을 느끼기 위해 우리에게 필요한 것은 축복을 빌어 주는 일이다. 세상 안에는 거룩함을 일깨우는 축복들이 있다. 우리가 누군가에게 축복을 빌어 주는 순간, 하늘과 땅이 서로 만나 인사하고 서로를 알아보게 된다.

히브리 신비철학의 전통을 이어 오는 카발라 학자였던 외할아버지는 어린 손녀딸 레이첼에게 생명의 소중함을 가르치고자 매일 찻잔으로 아파트 창가에 올려놓은 종이컵에 물을 주라고 말한다. 기쁨에 들뜬 손녀가 "할아버지, 그럼 생명을 자라게 하는 게 물이에요?" 하고 묻자, 할아버지는 "생명을 자라게 하는 데 꼭 필요한 것은 성실함이란다."라고 답한다. 마침내 싹이 텄을 때 레이첼은 '우리가 전혀 생각지 못한 곳에도 생명은 숨어 있음'을 깨달았으며, '생명을 소중하게 보살피고 돌보는 일에 대한 가치'를 이해한다.

외할아버지는 레이첼이 일곱 살 때 돌아가셨지만, 그녀의 어린 시절을 함께하며 이 삶에서 가장 소중한 것을 주고 떠나셨다. 그것은 '삶은 축복이며, 모든 생명을 축복할 수 있어야 한다.'는 가르침이었다. 인간은 자기 주변과 자신 안에 있는 생명을 축복할 수 있어야 한다. 진심으로 생명을 축복할 수 있어야 세상을 치유할 수 있다.

철학자 마르틴 부버는 우리의 삶 자체가 거룩한 것이며, 존재하는 자체가 바로 축복이라고 했다. 부버의 말이 사실이라면 우리가 인생의 축복을 받아들이지 못할 어떤 이유도 없다. 하지만 우리는 축복이 주어질 때 그것을 알아보지 못한다. 어째서일까? 우리가 축복을 과거라는 냉동고 속에 집어넣고 꽁꽁 얼려 버렸기 때문이다. 우리는 현재 우리에게 주어지는 무한한 축복을 지나쳐 보내 버린다. 그 때문에 축복의 한가운데 있으면서도 공허함만을 맛보는 것이다. 우리 자신이 축복받았다는 느낌을 가질 때에만 우리는 누군가를 축복해 줄 수 있다. 삶의 축복을 받아들인다 함은 보다 나은 삶을 살아가는 법을 배우는 것이 아니다. 그것은 이 삶을 어떻게 즐기는가 하는 것을 배우는 일이다. 축복을 받기 위해서는 우리의 삶을 있는 그대로 받아들여야 한다. 또한 우리의 삶에서 간혹 일어나는 이해할 수 없는 면을 받아들일 필요가 있다. 이것은 삶에서 기쁨을 발견하는 눈을 키워 나간다는 의미이기도 하다.

어린 레이첼은 삶에 대한 이야기를 들려주던 외할아버지와 포도주를 마시면서 "레치얌!"이라고 외치며 건배하곤 했다. '레치얌'은 히브리어로 '삶을 위하여'라는 뜻이다. 행복하고 아름다운 삶뿐만이 아니라 어렵고 힘들고 때론 부당하다고 느껴지는 삶일지라도, 삶은 여전히 거룩하고 축복받아 마땅하다는 의미이다.

레이첼은 미숙아로 태어났다. 외할아버지는 유리 너머로 인큐베이터 안에 누운 외손녀를 들여다보았다. 아주 오랫동안 그렇게 바라보기만 했다. 침묵 속에 있던 외할아버지가 무언가 중얼거렸다. 레이첼의 어머니는 아이가 너무 작고 여려서 걱정을 하고 있는 것이라 생각했다. 외할아버지는 허약한 외손녀에게서 눈을 떼고 미소를 지으며 히브리어로 말했다.

"나의 하느님, 나의 주님. 당신은 우리에게 생명을 주시고, 그 생명을 지켜 주시는 분이시나이다! 당신은 지금 이 순간 우리에게 온전한 생명을 주시니 찬미드리나이다."

이 축복의 말로 외할아버지는 레이첼과 첫 번째 관계를 맺었다.

삶에는 흠도 필요하다. 삶에서 참으로 소중한 것이 무엇인지 알게 되면 완벽함이 아니라 인간적인 것을 추구하게 된다. 일본의 정원사는 균형미를 이룬 정원의 한쪽 구석에 민들레를 몇 송이 심는다. 이란에서는 아름다운 문양으로 섬세하게 짠 양탄자에 의도적으로 흠을 하나 남겨 놓는다. 그것을 '페르시아의 흠'이라 이른다. 또 인디언들은 구슬로 목걸이를 만들 때 살짝 깨진 구슬을 하나 꿰어 넣었다고 한다. 그것을 '영혼의 구슬'이라고 불렀다. 영혼을 지닌 것은 어떤 존재도 완벽할 수가 없다. 당신이 만들어 가는 삶의 천에 '페르시아의 흠'과 같은 올이 하나 들어갈 수 있다면, 당신이 꿈꾸었던 삶의 천보다 더 멋진 천을 만들어 낼 수 있을 것이다.

미숙아로 태어난 레이첼은 세 살 때까지 말문이 열리지 않았다. 그녀의 부모는 높은 교육열과 지적인 성취를 중시하였으며, 딸이 의사가 되기를 바랐다. 열다섯 살에 6개월간 정신을 잃은 상태로 병원에 입원하게 되는데, 그때 그녀는 크론병에 걸렸다는 이야기를 듣는다. 크론병은 소화관에서 발생하는 만성 염증성 질환으로, 심해지면 배에 인공항문을 삽입해야 하는 난치병이다. 레이첼은 의사로부터 40살까지 살기도 어려울 것이라는 선고를 받는다.

딸이 의사가 되기를 바랐던 아버지는 절망하여 모든 학업 지원을 중단하겠노라고 말한다. 그러나 그녀의 어머니는 딸의 삶에 희망을 주기 위해서라도 학업을 계속해야 한다고 생각해 딸이 공부할 수 있도록 모든 지원을 해 준다. 그녀는 독한 약을 복용하느라 외모가 변하고 자신의 몸을 혼자 가눌 수조차 없을 정도로 병약해지지만, 어머니의 도움과 자신의 삶에 대한 의지로 마침내 스스로 일어선다. 그리고 소아과 의사가 된다.

스스로 고백하듯이 레이첼은 성장해 가면서 조금씩 외할아버지와 멀어졌다. 외할아버지는 마치 과학과 현대 문명이라는 거대한 바다 안에 둥둥 떠다니는 신비의 작은 섬과 같았다. 성공을 향한 치열한 경쟁 속에서 그녀는 어린 시절의 다른 많은 것들과 함께 외할아버지 역시 아스라한 기억 저편으로 밀어 넣었다. 그리고 서른다섯 살까지 그저 의사라는 직업인으로서 살아간다. 자신이 곧 죽을 수 있다는 절망감 속에서. 그러나 수없이 많은 환자들을 만나면서 자신의 절망을 이겨 낸 어느 순간, 삶의 종교성에 눈을 뜨게 된다. 그리고 그것이 어릴 적에 외할아버지가 말씀해 주셨던 가르침과 통하는 것임을 알아차리기에 이른다.

매우 고통스러운 상처를 입었을 때 우리는 진정한 삶과 초대면하는 순간을 만난다. 그 순간, 삶이 어떤 힘을 지니고 있으며 앞으로 어떻게 펼쳐지는가를 성찰하게 된다. 상처를 입은 바로 그 순간, 우리는 삶을 제대로 살 수 있는 지혜를 발견한다. 그리고 전혀 기대하지 않은 방법으로 우리가 누구인지, 삶이 어떤 것인지를 깨닫는다.

외할아버지의 가르침대로, 인간 개개인은 자신의 영혼을 드러내는 과정에서 스스로가 누구인지 성찰하게 된다. 영혼을 향한 과정은 인간을 관념이나 허상으로부터 자유롭게 하고 참지혜로 나아가게 하는 투쟁의 길이다. 인간은 모두 지혜로 나아가고 더욱더 영적으로 성숙해지는 노정에 있다. 이것은 그냥 얻어지지도 않지만 무조건 앞으로 나아간다고 해서 다다르게 되는 것도 아니다. 때로는 비틀거리고 때로는 어둠 속을 헤매면서 삶에서 주어진 모든 상황과 여건들 안에서 영적인 성장을 이루게 된다고 저자 레이첼은 말한다. 그렇기에 우리 인간은 인내심을 가지고 견뎌야 하며, 자신뿐 아니라 타인에 대해 깊은 연민을 지녀야 하는 것이다.

진정한 상실과 고통을 체험한 사람만이 삶의 소중함과 경이를 깨닫고 삶을 축복할 수 있다.

우리는 우리가 아는 것보다 훨씬 더 많이 삶을 축복하고 있다. 가장 단순하고 일상적인 행동이 내 주변의 모든 사람들에게 영향을 미칠 수도 있고 축복이 될 수도 있다. 전혀 기대하지 않았던 한 통의 전화, 가벼운 포옹, 귀를 기울여 들어주는 것, 따스한 미소나 눈인사 등이 그네들에게 활기를 불어넣기도 한다. 우리는 처음 만나는 사람에게 축복의 말을 건네고 축복을 받을 수도 있다. 우리의 작은 행동으로 커다란 메시지를 전달할 수도 있다. 떨어진 귀걸이를 찾아 주거나 장갑을 집어 주는 행동들이 타인에 대한 신뢰와 사랑을 되찾아 줄 수도 있다.

축복을 한다는 것은 하나의 불꽃을 지피는 일이다. 가슴에 있는 영혼의 심지에 신의 불꽃을 피워 올리는 일이다. 한 영혼의 가슴에 불꽃이 일면, 그 불꽃은 곧 다른 영혼에게로 번져 나간다. 인간이 누군가를 섬기면서 축복을 보낼 때, 세상과 자기 주변과 자신 안의 빛은 더욱 밝아진다.

삶을 축복하고 서로를 섬기는 사람들은 서로 간의 깊은 유대 속에서 힘을 얻는다. 권태와 공허뿐인 삶의 방식에서 벗어나 외로움을 극복하고 서로에게 안식처가 되어 준다. 우리가 서로 삶을 축복해 줄 때 더욱 더 친밀해지고, 그 속에서 잊어버렸던 나 자신을 찾게 된다. 우리는 누군가에게 축복을 받음으로써 자신의 삶이 중요하고 자신에게 축복받을 만한 어떤 것이 있음을 발견하게 된다. 마찬가지로 우리가 다른 사람들을 축복할 때 그들에게도 똑같은 일이 일어난다.

스스로가 중증의 지병을 앓으면서도 말기암 환자들을 돌보는 레이첼 나오미 레멘은 현재 캘리포니아 샌프란시스코 의과대학의 임상 교수이다. 그녀는 꾸밈없고 진솔하게 외할아버지와의 추억을 들려주며, 또한 죽음을 눈앞에 둔 사람들의 이야기를 통해 세상을 치유하는 힘은 자기 자신 안에 있음을 강조한다.

나는 의사로서 37년 동안 일해 왔다. 그 경험을 통해 우리 삶의 그 어떤 요소도 봉사와 남을 섬기는 데 쓸 수 있다는 사실을 알게 되었다. 기쁨과 실패 그리고 상실의 체험, 심지어는 병도 봉사하고 섬기는 일에 기여할 수 있다. 나는 많은 이들이 다른 사람을 축복하는 데 이것들을 사용하는 모습을 보았다. 우리의 삶에서 일어난 어떤 일도 아무런 의미가 없는 것이 아니다.

세상을 치유하는 힘이 인간 안에 있다. 누군가가 우리를 축복할 때 우리는 우리 자신의 선에서 끊임없이 우리를 소외시키는 두려움과 무기력함, 불신에서 해방된다는 것을 기억해야 한다. 축복이 인간을 자유롭게 해 준다.

일단 누군가에게 진정으로 삶을 축복받게 되면 거기에는 결코 사라지지 않는 영원성이 있다. 서로가 나눈 사랑은 한 사람의 죽음으로 사라지는 것이 아니다. 지속적으로 상대에게 영향을 주고 죽음 이후에 더욱 강렬해진다. 그리고 그 사랑의 기억은 영혼의 안식처가 된다. 다시 시작할 수 있는 용기를 얻고 감사의 마음으로 삶을 헤쳐 나갈 힘을 얻을 수 있는.

한국에서 출간된 책의 띠지 앞쪽에는 이렇게 적혀 있다.

'법정 스님이 새벽 2시까지 읽으셨다는 책입니다.'

'암환자 복리 증진 프로그램'의 공동 창설자이자, 샌프란시스코 의과대학 임상 교수인 레이첼 나오미 레멘이 자신의 체험과 암 환자들의 사연을 바탕으로 집필한 〈할아버지의 축복의 기도 My Grandfather's Blessings〉는 리버헤드에서 2000년 처음 출간되었다. 감동적인 이야기들은 사람들의 입을 거치며 빠르게 세상 속으로 퍼져 나갔고 베스트셀러를 기록한다. 문예출판사가 그 책의 절반을 2005년 12월 류해욱의 번역으로 〈할아버지의 기도〉란 제목으로 출간했고, 원서의 후반부는 2006년 12월 〈할아버지의 축복〉이라는 제목으로 같은 출판사에서 소개했다. 레이첼 나오미 레멘의 또 다른 책으로는 고통을 통해 삶의 소중함과 축복을 알게 된 사람들의 사연을 소개한 〈그대 만난 뒤 삶에 눈떴네〉가 있다.

인간은 작은 존재이므로, 작은 것이 아름답다. 거대주의를 추구하는 것은
자기 파괴로 나아가는 것이다.

인간의 얼굴을 가진 경제

E. F. 슈마허 〈작은 것이 아름답다〉

여기서 강조하고 싶은 것은 규모가 문제 될 경우 인간의 요구 조건은 이중성을 띠므로, 하나의 답변이 존재하지 않는다는 점이다. 인간은 목적에 따라 다양한 구조를 원한다. 이를테면 작으면서도 큰 것, 어느 정도 배타적이면서도 포괄적인 것이 그것인데, 사람들은 늘 이중적인 요구에 대한 최종적인 해결책을 큰 소리로 갈망하곤 하지만, 이는 마치 실제 인생에서 죽음이 아닌 또 다른 해결책을 발견할 수 있다는 것과 같다. 건설적인 작업을 위해서는 언제나 어떤 종류의 균형을 회복하는 것이 근본적으로 필요하다. 오늘날 거의 모든 사람이 거대주의라는 우상 숭배로부터 고통을 겪는다. 그러므로 작은 것—이것이 적용되는 곳에서—의 미덕을 고집하는 게 필요하다. 또한 만일 주제나 목적에 상관없이 작은 것을 맹목적으로 숭배한다면, 이와 정반대 방향으로 영향력을 행사하고자 노력해야 할 것이다.

제1차 세계대전이 일어나기 3년 전, 독일에서 태어난 한 청년이 영국 옥스퍼드 대학교 장학생으로 선발되어 유학길에 올랐다. 그곳에서 경제학을 전공한 그는 결국 영국으로 이주하는데, 제2차 세계대전이 발발하자 강제수용소에 끌려갔다가 풀려나 농장에서 일하게 되었다. 전쟁이 끝난 뒤, 이때의 경험과 그간의 수많은 경제학 지식을 살려 그는 세계대전 이후 '좀 더 빠르게, 좀 더 높게, 좀 더 강하게'로 내달리기만 하는 피폐해진 지구를 살리기 위해, 궁극적으로 인간의 진정한 행복을 위한 끝없는 여정을 시작한다.

1950년대 후반부터 1970년대 초반까지 그는 대량생산에 의한 대량소비 사회의 진행, 대량생산 체제를 유지하기 위한 자원 소비량의 증가, 생산성 향상을 위한 투자의 대규모화와 거대 조직화의 문제에 대해 논문을 발표하고 여러 나라로 강연을 다녔다. 그는 그것들이 가져다 주는 심각한 결과를 경고했다. 부국과 빈국의 소득과 자원 흐름의 격차, 산업기술 자원의 독점 현상, 자원 고갈과 자연이 수용하는 한계를 넘어서는 인간 욕망의 무한한 확장 등이 그 내용이었다.

1973년 그는 이것들을 모아 한 권의 책으로 발표하는데, 사람들의 반응은 시큰둥하기 짝이 없었다. 심지어 한 강연에서는 영국의 동력자원부 장관이 "지금 벌어지고 있는 논쟁 중에서 가장 엉뚱하고 공헌도가 적다."라고 비난한 적까지 있었다. 그러나 1974년 제1차 석유파동으로 세계경제가 휘청거리고 뒤이은 제2차 석유파동에서 그가 지적한 우려들이 가시화되자, 그의 사상은 제3세계뿐만 아니라 선진 공업국에도 많은 반향을 불러일으키게 되었다.

생을 마감할 때까지 슈마허의 일관된 여정은 '작은 것은 자유롭고 창조적이고 효과적이며, 편하고 즐겁고 영원하다.'였다.

현대사회는 몇 가지 아주 치명적인 오류를 안고 있는데, '생산 문제'가 해결되었다는 신념은 그중 하나이다. 생산에서 멀리 떨어진, 그래서 직업상 생산 현황에 익숙하지 않은 사람들만이 이 신념에 사로잡힌 것이 아니다. 경제 담당 기자는 말할 것도 없고 모든 전문가, 즉 전 세계 산업 지도자와 경제 관료, 학계 안팎의 경제학자들도 마찬가지이다. 이들은 많은 점에서 견해 차이를 보이지만, 생산 문제가 해결되어 인류가 마침내 성숙기에 들어섰다는 점에 대해서는 모두 동의한다. 사람들은 이제 부자 나라에서는 '여가 교육'이, 가난한 나라에서는 '기술이전'이 각기 가장 중요한 과제라고 말한다.

과학기술의 경이로운 성과에 힘입어 무한한 힘에 대한 맹신이 생겨났으며, 이는 동시에 생산 문제가 해결되었다는 환상을 낳았다. 이러한 오류는 소득과 자본의 구분을 하지 못한 데서 비롯되었다. 둘의 구분에 익숙한 경제학자와 사업자들까지도 인간이 아니라 자연에 의해 제공되는 자본이 훨씬 더 크다는 사실을 간과한 채, 그것을 자본으로 인정하지 않고 소득으로 취급한다.

오늘날 훨씬 큰 부분의 자본이 놀라운 속도로 바닥나고 있는데, 생산 문제가 풀렸다고 믿고 그런 신념에 따라 행동하는 것은 어리석게도 자신을 살해하는 오류이다. 자본의 대부분은 자연으로부터 부여받는 것이지 인간이 만들어 낼 수 있는 것이 아니다. 인간은 자신도 모르게 자연이 제공하는 '허용 한도', 즉 특정한 종류의 대체 불가능한 자본 자산을 빠르게 고갈시키고 있다.

번영이 평화의 가장 굳건한 토대라는 판단은 현대사회를 지배하는 신념이다. 현대사회를 지배하는 이 신념은 한 가지 희망사항이 빠르게 실현될수록 또 다른 희망사항에도 좀 더 확실하게 도달할 수 있다고 암시한다는 점에서, 거의 저항하기 힘든 매력을 담고 있다. 더욱이 이 신념은 모든 윤리 문제를 완전하게 피하고 있기 때문에 더욱 매력적이다.

이 이야기는 세 부분으로 나뉜다. 첫째, 보편적인 풍요가 가능하다.

둘째, '너 자신을 부유하게 하라.'는 물질주의 철학에 기대어 거기에 도달할 수 있다. 셋째, 이것은 평화에 이르는 길이다.

슈마허는 먼저 다음과 같은 분명한 의문을 제기한다. 살아가기에 충분한 상태가 존재하는가? 여기서 인간은 곧바로 심각한 난제에 직면한다. '충분하다'는 것은 무엇인가? 나아가 모든 사람이 단순히 '좀 더 많이' 가지려고 노력하는 경우에 전 세계 자원 수요는 어떻게 될 것인가?

우선 중요한 위치를 차지하는 자원 유형인 연료에 대해서만 살펴보아도, 연료 자원은 매우 불균등하게 분포되어 있으므로 그것의 공급 부족은 아무리 소량이라고 할지라도 곧바로 세계를 완전한 경계선에 따라 '가진 나라'와 '갖지 못한 나라'로 나누게 된다. 앞으로 분쟁이 발생한다면 그 불씨는 바로 여기에 있는 셈이다. 결국 평화의 토대는 보편적인 번영으로는 마련되지 않는다.

그렇다면 지금까지 이야기한 문제들에 있어 경제학은 어떤 역할을 하고 있는가? 대부분의 사람들은 비경제적인 것을 하나의 병처럼 생각해서, 경제학자들이 그것을 치유할 수 있다고 믿는다. 그러나 경제학의 판단은 대단히 부분적이며, 어떤 것이 그것을 담당하는 사람에게 화폐 이익을 제공하는가라는 오직 하나의 측면만을 제공할 뿐이다. 다시 말해 경제학의 방법론에는 자연에 대한 인간의 의존성을 무시하는 관점이 깔려 있다.

이처럼 경제학은 인간의 본성 중에서도 탐욕이나 시기심 같은 아주 강한 충동과 관련되기 때문에 경제학의 한계를 이해하고 밝히는, 곧 인간을 환경과 함께 다루는 메타경제학을 이해하는 일이 오늘날 점점 더 중요해지고 있다. 슈마허는 이 메타경제학을 적용해 그 실천 방안으로 불교경제학을 예로 든다.

부의 근본 원천이 인간의 노동이라는 점에는 반론의 여지가 없다. 그러나 경제학자들은 노동을 '필요악' 정도로 여기도록 교육받았고, 고용주 입장에서 노동자는 최소로 줄여야 하는 항목일 뿐이다. 노동자 입장에서 보면 노동은 '비효용'이다. 여가와 편안함을 희생하는 것이며, 임금은 이 희생에 대한 보상이다.

그러나 불교 관점에서 보면, 노동의 역할에는 적어도 세 가지가 있다. '인간에게 자신의 능력을 발휘하고 향상시킬 기회를 부여하는 것, 다른 사람들과 공동의 임무를 수행함으로써 자기중심적인 생각을 극복하는 것, 생활에 필요한 재화와 서비스를 만드는 것.' 이를 어기는 일은 범죄 행위나 다름없으며, 악행으로 여겨진다. 불교경제학은 물질주의 경제학과 커다란 차이를 보이는데, 이는 불교가 문명의 본질을 욕망의 증식이 아니라, 인간성의 순화에서 찾기 때문이다. 물질주의자는 주로 물질에 관심을 보이지만, 불교의 관심은 물질이 아니라 해탈이며 해탈을 방해하는 것은 부가 아니라 부에 대한 집착이며 탐하는 마음이다. 따라서 불교경제학의 핵심은 소박함과 비폭력이다.

오늘날의 경제 개념은 기업가로 하여금 인간 요소를 배제하도록 만드는데, 그 이유는 기계가 인간처럼 실수하지 않는다는 점 때문이다. 그래서 기계화를 서두르고 더욱더 큰 단위만을 추구하게 된다. 이때 생산수단을 소유하지 못한 사람들은 노동으로부터 소외된다. 거대주의와 기계화의 경제학이 인간을 자본의 노예로 전락시키고 있는 것이다. 슈마허는 인간은 서로를 이해할 수 있는 소집단에서만 자신의 정체성을 유지할 수 있다고 말한다. 그러므로 인류는 소규모 단위의 다양성에 대해 긍정하는 법을 배워야 한다.

지난 세기 동안의 고도성장이 실제로 모든 인류의 생활을 편안하게 해 주었는가를 살펴보면 그렇지 않다. 부자는 더 부유해지고 가난한 자는 더 가난해지고 있다. 더 심각한 것은 후진국이 선진국의 생산 소비 패턴에 종속되어 생기는 의존 상태이다. 서구의 경제구조가 원조와 협력의 이름으로 이식되어 벗을 수 없는 종속의 올가미를 씌우는 것이다. 이 역시 거대주의에 대한 우상숭배의 결과이다. 그러므로 작은 것이 합당한 곳에서는 작은 것의 미덕을 강조해야 한다.

나는 기술 발전에 새로운 방향을 제공할 수 있다고 확신한다. 그 방향은 기술을 인간의 실질적인 욕구에 맞게 재편하는 것이며, 이는 또한 인간의 실제 크기에 맞추는 것이기도 하다. 인간은 작은 존재이므로, 작은 것이 아름답다. 거대주의는 자기 파괴로 나아가는 것이다.

현대인은 과학기술의 위력이 전개되는 상황에 흥분해서, 자연을 파괴하는 생산 체제와 인간을 불구로 만드는 사회를 건설했다. 부가 늘어나기만 한다면 모든 게 잘될 것이라고 생각했다. 돈이 있으면 정의, 조화, 미 따위의 비물질적 가치를 대체할 수 있을 것이라 믿었다. 그러나 슈마허는 '작은 것'을 제시하며 경제학의 당면 과제는 성장이 아니라 '인간성의 회복'이라고 주장한다. 현대 환경운동사에서 최초의 '전체주의적 사상가'였던 그는 인간이 자신의 행복을 위해 스스로 조절하고 통제할 수 있을 정도로 자그마한 경제 규모를 유지할 때 비로소 쾌적한 자연환경과 인간의 행복이 공존하는 경제구조가 확보될 수 있다고 믿는다. 이러한 경제야말로 성장을 위해 인간을 지배하고 통제하는 것이 아니라, 인간이 자신의 행복에 맞추어 성장을 조절할 수 있다는 의미에서 '인간의 얼굴을 가진 경제'이다.

법정 스님은 〈물소리 바람소리〉에 실린 '작은 것이 아름답다'를 통해 이 책을 간략히 소개하면서, "작은 것이 아름다움은 굳이 경제적인 영역만은 아니다."라고 이야기했다. "자연스럽게 조화를 이루고 있는 것은 무엇이든지 아름답다."며 1983년 당시 절 안에 거대 건축물을 새로 쌓아 올린 화엄사와 송광사를 예로 들어, 잔잔하고 예스러운 가람을 헤집는 멋없고 거추장스런 부조화에 일침을 가한다. 아울러 스님은 덧붙였다.

"세속적인 거대주의와 물질주의의 허상에서 벗어나, 작고 알찬 데서 진실하고 아름다움을 찾아야 한다.

마하트마 간디의 몸무게는 40킬로그램밖에 안됐다고 한다. 그토록 작은 몸속에 위대한 혼(마하트마)이 깃들 수 있었던 것이다.

작은 것이 아름답다. 그러니 큰 것은 추해지기 알맞다."

독일 출신의 영국 경제학자 슈마허의 에세이 모음집 〈작은 것이 아름답다 — 인간 중심의 경제를 위하여 Small is Beautiful: A Study of Economics as if People Mattered〉는 1973년 블론드앤브릭스에서 출간되었다. '작은 것이 아름답다.'는 말은 "진정한 세계 평화는 내셔널리즘의 괴물인 강대국들이 깨어져 조그마한 나라들로 대체되지 않는 한 기대하기 어렵다."는 주장을 한 그의 스승 레오폴드 코어에게 물려받은 것이다. 〈타임스〉 문학판이 꼽은 제2차 세계대전 후의 중요 저작 100선 안에 든 이 책은 1999년 하틀리앤마크 출판사에서 〈작은 것이 아름답다 — 인간 중심의 경제를 위하여...25년 후의 회고 Small Is Beautiful: Economics As If People Mattered: 25 Years Later...With Commentaries〉라는 제목으로 개정판이 출간되었다. 여기에서는 2002년 문예출판사에서 이상호의 번역으로 출판된 〈작은 것이 아름답다〉를 토대로 하였으며, 그 밖에 1999년 김진욱의 번역으로 범우사에서 나온 것 외에 몇 종의 번역서가 더 존재한다. 슈마허의 또 다른 저작으로 인간 중심의 경제를 조직하자고 제안한 〈내가 믿는 세상〉과 소유를 통해 빈곤을 해결하려 하지 않고 소박함과 검손함으로 진정한 만족에 이르는 길을 찾으려 했던 이들의 노력을 소개한 〈자발적 가난〉이 번역되어 있다.

대지는 우리에게 그 어떤 책들보다도 더 많은 것을 가르쳐 준다. 농부는 자신의 밭을 갈며 자연의 비밀을 조금씩 벗겨 내는데, 그가 캐낸 진리는 절대적이면서도 보편적인 것이다.

바람과 모래와 별 그리고 인간
생텍쥐페리 〈인간의 대지〉

비행을 하다가 밤이 너무 아름다울 적에는 조종간에서 손을 떼고 비행기가 가는 대로 내버려 둔다. 그러면 비행기는 왼편으로 기울어진다. 수평을 유지하고 있다고 생각했는데 오른쪽 날개 밑에 동네 하나가 나타난다. 사막에 동네가 있을 리 없다. 바다에 떠 있는 어선의 무리일 테지. 그런데 사하라 사막에는 어선이 없다. 그렇다면? 그제야 착오를 깨닫고 웃음이 난다. 천천히 비행기를 바로잡는다. 동네도 제자리로 돌아간다. 떨어뜨렸던 성좌를 다시 본래의 액자에 걸어 놓는다. 동네? 그렇다. 별들의 동네다. 그러나 보루 위에서 보면 얼어붙은 듯한 사막 외에는, 잘 걸어 둔 성좌들과 움직이지 않는 모래의 물결밖에는 없다.

우편비행기 조종사였던 생텍쥐페리는 22년에 걸친 비행에서 다섯 차례 사고를 당한다. 하지만 사고를 겪고 난 뒤에는 어김없이 다음 비행에 나섰다. 비행기는 대지의 참모습을 한눈에 바라볼 수 있게 해 주는 탁월한 도구이지만, 기계 성능이 그다지 좋지 않았던 20세기 초반의 조종사들은 매 순간 죽음의 위협과 맞닥뜨려야 했다. 생텍쥐페리도 예외는 아니었다.

그가 멈추지 않고 비행에 나선 까닭이 죽음을 경시했기 때문은 아니다. 오히려 그는 투우사나 노름꾼처럼 죽음을 가벼이 여기는 것을 혐오하는 사람이었다. 자신과 관계 맺고 있는 데 대한 책임을 저버리는 일이라고 생각했기 때문이다. 그렇다면 생텍쥐페리가 죽음의 위험을 무릅쓰고 비행을 계속한 이유는 무엇이었을까. 비행기 조종사는 항상 대지의 미세한 움직임을 관찰하고 위험을 감지해야 한다.

아무리 순조로운 비행이라 할지라도 항로 위를 나는 조종사는 어떠한 풍경도 무심히 넘겨다보지 않는다. 땅과 하늘의 빛깔, 바다 위를 지나가는 바람의 발자국들, 황혼으로 물든 황금빛 구름…… 그는 이런 것들을 감상하는 게 아니라 묵상하는 것이다.

덕분에 생텍쥐페리는 비행기 조종사라는 직업을 통해 자연과 인간을 사색하는 섬세한 촉수를 가질 수 있었다. 그리고 그의 사색은 그대로 글이 되었다. 〈인간의 대지〉 속에는, 생텍쥐페리가 비행기 조종을 하면서 겪었던 일들과 이를 통해 다듬어진 사색의 결과들이 고스란히 녹아 있다. 첫 비행의 고비를 넘기던 순간에 맞이한 환희, 야간 비행의 고독, 길 위에서 만나고 또 작별해야 하는 동료들과 머물렀던 곳에서 만난 사람들, 사막에 불시착해 닷새 만에 구조된 체험들이 세심한 필치로 기록되어 있다.

그의 말대로, '직업이 요구하는 필요성은 세상을 변화시키고 풍요롭게 하는 것'이다. 이것이 그로 하여금 끊임없이 비행을 나서게 한 이유였다. 비행을 도구 삼아, 자연과 교감하며 삶을 사색하는 사람의 깊이는 어디까지인가.

'동료 앙리 기요메, 나는 이 책을 그대에게 바친다.'

생텍쥐페리는 〈인간의 대지〉를 발표하며 절친한 동료 앙리 기요메에게 헌사를 남긴다. 풋내기 조종사 시절, 생텍쥐페리는 자긍심과 두려움에 떨면서 첫 비행의 전야를 맞이하고 있었다. 그날 밤 생텍쥐페리는 자신의 내부에서 한 우편비행기의 책임자, 뇌우와 산악과 대양과 대결할 조종사가 탄생하리라는 것을 예감한다. 앙리 기요메는 그에게 다음과 같은 충고를 들려주었다.

"폭풍우며 안개며 눈…… 이런 것들이 때로 자네를 괴롭힐 걸세. 그럴 때는 자네보다 먼저 그런 것을 겪은 모든 사람들을 생각하게. 그리고 '다른 사람들이 성공한 것은 누구나 언제든지 성공할 수 있는 것이다.'라고, 이렇게만 생각하게."

기요메는 안데스 횡단을 시도하다가 실종된 적이 있었다. 다른 비행사들은 이미 철수하고 난 뒤였는데, 그만이 혼자 남아 다른 항로가 없는지 찾기 위해 안데스의 계곡으로 깊이 들어갔다. 그리고 안데스의 겨울 산이 기요메를 삼켜 버린다. 잠깐 사이에 다른 비행사들로부터 떨어져 혼자만이 눈사태와 가혹한 불운 속에 고립되었음을 안 순간, 그가 느낀 절망은 어떤 것이었을까.

비행기를 타고 수색 작업을 벌이던 생텍쥐페리는 안데스의 겨울은 절대로 사람을 돌려보내지 않으니 탐색 작업을 중지하라는 권고를 받는다. 그는 책 속에 당시의 감회를 솔직하게 적어 놓았다. '내가 다시 안데스의 벽과 기둥 사이로 미끄러져 다닐 때, 나는 이제, 그대를 찾는 것이 아니라 눈으로 된 대성당 안에 조용히 누워 있는 그대의 시체를 지키는 것 같다는 생각이 들었다네.'

하지만 기요메는 바위와 얼음과 눈을 헤치고 닷새 만에 살아서 돌아온다. 얼어서 부풀어 오른 발이 들어갈 수 있도록 신발 밑창을 파내면서 눈 속을 걸어 나온 것이다. 사람이 동사 직전에 이르면 추위에서 포근함을 느끼며 잠을 청하고 싶어진다. 그러나 미끄러져 눈밭에 엎드린 채로 피로와 혹한에 지친 눈꺼풀을 감으려 할 때, 기요메를 다시 걷게 한 것은 아내와 동료에 대한 생각이었다.

병상에 누운 기요메는 생텍쥐페리에게 말한다.

"생명을 구해 주는 건 한 발을 내딛는 것일세. 그리고 또 한 걸음, 언제나 같은 발걸음을 다시 시작하는 것이지."

기요메가 안데스로부터 생환한 사건은, 사막의 신기루와 싸우면서 닷새 동안을 내리 걸었던 생텍쥐페리의 체험과 겹쳐진다. 기이하게도, 5년 뒤의 생텍쥐페리는 사막을 벗어나기 위한 걸음을 걷는다. 생텍쥐페리는 비행 중에 방향감각을 잃고 이집트 사막에 불시착했다. 그와 동료는 낮에는 발을 끌며 최대한 멀리 걸어갔다가, 밤바람이 모래 위의 발자국을 지워 버리기 전에 비행기로 돌아오는 일을 반복한다. '삶을 향해 걸어가고 있는 것인지도 모르는데 발길을 돌이키란 얼마나 어려운 일인가!' 그리하여 마실 것이 모두 떨어졌을 때, 동료 프레모는 울기 시작한다.

생텍쥐페리는 울고 있는 프레모를 위로한다.

"울지 마. 다 틀려먹었으면, 다 틀려먹은 거지 뭐……."

어깨를 두드리는 생텍쥐페리를 향해 프레모는 이렇게 대꾸한다.

"내가 나 때문에 우는 줄 입니까? 난 이곳에서 숙을지도 모르는 당신 때문에 우는 거예요."

생명이 위협받는 극한 상황에서 스스로도 생의 의지를 놓아 버리고 싶을 때, 다른 사람을 생각하며 눈물 흘리는 마음은 사막을 벗어나기 위한 발걸음을 내딛게 해 준다.

아! 벌써 명백한 사실 하나를 깨달았다. 견디지 못할 것은 아무것도 없다. 내일, 또 모레, 나는 역시 견디지 못할 것이란 아무것도 없음을 알게 되리라. 나는 고통이라는 것을 반쯤밖에 믿지 않는다.

밤 동안 낙하산 형겊 위에 받아 놓은 오염된 이슬을 마시고 모래 위를 맴돌며 담즙까지 토해 낸 다음, 그와 동료는 아무것도 없는 줄 알았던 비행기 파편 속에서 오렌지 하나를 찾아냈다. 그것을 반으로 나누어 입에 물고 모래 위에 누워 별똥별을 센다. 그 순간의 오렌지 하나가 주는 기쁨은 무한하다.

불 옆에 누워서 이 반짝이는 실과를 들여다보며 생각한다. '사람들은 오렌지가 무엇인지 알지 못한다…….' 또 이렇게도 생각한다. '우리는 지금 사형을 선고받은 것이다. 그렇지만 이 확실성이 내 즐거움을 빼앗아 가진 못한다. 내가 손에 꼭 쥐고 있는 이 오렌지 반쪽은 내 일생의 가장 큰 기쁨 하나를 내게 선사한다…….' 나는 벌렁 누워서 내 과일을 빨며 별똥을 센다. 나는 지금 1분 동안은 무한히 행복하다. 오늘에야 비로소 형을 선고받은 사람의 담배 한 대와 럼 한 잔을 이해하게 된다. 나는 이제까지 그 사람이 그 비참한 것을 어떻게 받아들이는지 상상하지 못했었다. 하지만 그는 거기에서 무한한 즐거움을 맛본다. 그 사람이 웃으면 사람들은 그가 용감한 줄로 생각한다. 그러나 럼을 마시게 되어서 싱긋 웃는 것이다. 그가 원근을 바꾸어, 그 마지막의 시간으로 인간의 일생을 만들었음을 사람들은 잘 알지 못한다.

눈 위에 엎드려 그대로 눈을 감을까 생각했던 기요메처럼, 갈증으로 목구멍이 오그라든 생텍쥐페리 역시 사막의 모래 속으로 파고들어가 잠을 청한다. 하지만 그가 대지 위에 누워 아내와 동료들을 떠올리자, 자신과 그 동료는 구조대원이고, 자신을 기다리는 사람들은 자신이 구해 주기를 기다리는 사람들로 여겨지는 이상한 주객전도를 경험한다. 그는 하늘의 별빛이 물에 빠져 허우적거리는 사람들의 눈빛으로 보여서 그 아우성을 견딜 수가 없다. 더 이상 눈을 감거나 침묵할 수 없다.

다시 한 번 우리는 자신들이 파선한 사람이 아님을 깨닫는다. 파선한 사람들은 기다리고 있는 그 사람들이다. 우리의 침묵으로 위협을 느끼는 그 사람들이다. 벌써 불길한 생각으로 가슴이 찢어지는 그들이다. 그들을 향하여 달려가지 않을 수 없다. 침묵의 1초 1초가 내가 사랑하는 사람들을 조금씩 죽이는 것이다. 그리고 내 안에서는 큰 화가 부글거린다. 왜 이 사슬들은 더 늦기 전에 가서 저 사람들을 구하지 못하게 나를 방해하는 건가? 왜 우리의 불은 우리들의 부르짖음을 이 세계 끝까지 가져가지 못하는가? 우리는 구조원들이다!

물이 떨어지자 그들은 비행기로 돌아오지 않고 계속해서 사막을 걸어 나아가기 시작한다. 기요메가 안데스에서 쉼 없이 걸어 목숨을 살렸던 그 방향을 지표 삼아 동쪽으로 걷는다.

다시, 다른 사람들이 성공한 것은 누구나 언제든지 성공할 수 있는 것이라는 기요메의 충고를 떠올린다. 그의 갈증이 한계에 다다랐을 때 생텍쥐페리는 돌아가도 다시 비행을 나서리라 생각한다. 닷새째, 사막은 아직 끝나지 않았고, 오아시스도 물을 줄 그 누구도 나타나지 않았는데 그는 다시 비행을 생각하며 살아갈 의지를 느낀다. '사람은 사람다운 일을 하고 사람다운 근심을 알게 된다. 바람의 별들과 밤과 모래와 바다와 접촉하게 된다. 자연의 힘과 재간 겨룸을 하게 된다. 동산지기가 봄을 기다리듯 새벽을 기다리게 된다. 언약된 땅처럼 기항지 비행장을 기다리고 별들에서 자기의 진리를 찾게 된다.'

그리고 그 끝에 베두인족 사람이 서 있다. 그는 신기루인가? 아니면 기적인가? 이제 그가 고개를 돌려 생텍쥐페리와 동료를 바라보는 순간, 목마름과 죽음과 신기루는 지워질 것이다.

내 모든 친구와 내 모든 원수들이 그대를 통하여 내게로 걸어온다. 그리고 이미 이 세상에서 나의 원수는 한 사람도 없다.

여름방학을 앙베리외에서 보내던 열두 살의 생텍쥐페리는, 자전거를 타고 수킬로미터 떨어진 곳에 있는 비행장으로 가 조종사 베드린느의 비행기에 몸을 실었다. 그리고 첫 비행이 펼쳐 보이는 대지의 모습에 깊이 감동한다. 라이트 형제가 최초의 동력 비행에 성공한 9년 뒤의 일이었다.

처음으로 비행을 하던 날, 생텍쥐페리는 시를 썼다. 지금은 마지막 세 행만이 남아 있다. '날개들은 저녁 공기 속에서 몸서리쳤다. 노래하는 엔진은 영혼을 흔들어 잠들게 했다. 태양의 창백한 빛깔은 우리를 살짝 스쳤다.' 어른이 된 그는 비행기 조종사가 된다. 생텍쥐페리는 한때 화가를 꿈꾸었으나 모두가 그의 보아뱀 그림을 이해해 주지 않아 다른 직업을 선택할 수밖에 없었다고 〈어린 왕자〉에 쓰고 있지만, 비행을 향한 그의 열정은 조종사라는 직업을 선택하지 않을 수 없었을 정도로 남다른 것이었다.

군에서 비행기 조종술을 배운 생텍쥐페리는 위험천만한 비행을 계속하려 한다는 이유로 약혼녀 가족들의 반대에 부딪쳐 군을 제대했다. 하지만 타일 제조 회사의 사원, 제품 검사원, 자동차 세일즈맨 등을 전전하면서 취미로 비행기 조종을 했고, 약혼녀와 파혼한 후에는 자신을 위로하기 위해 혼자 비행을 나가는 날이 많았다. 그리고 스물여섯, 생텍쥐페리는 우편비행기 조종사가 되었다.

직업의 위대함은 무엇보다도 사람과 사람의 관계를 연결시키는 것인지 모른다. 사치 중에서 가장 고귀한 사치는 아마도 인간관계일 것이다. 오직 물질적인 재산만을 위해 일한다면, 그건 스스로를 감옥에 가두는 것이나 마찬가지다. 살 만한 가치라고는 전혀 없는 잿더미 같은 돈을 가지고 스스로 고독하게 틀어박히는 것이다.

생텍쥐페리의 비행은 1944년 7월 31일, 제2차 세계대전에 출전한 그가 비행기와 함께 자취를 감출 때까지 계속된다. 그는 이미 비행기 조종사로서는 최고령에 달해 있었다. 마지막 출격 명령이 떨어졌을 때 그는 처음에 약속받은 5회를 초과한 8회 출격을 모두 마친 상태였다. 생텍쥐페리는 마지막 비행을 앞두고 어머니에게 편지를 썼다.

"어머니, 기억하세요? 저는 수레에 날개를 달고 싶어 했지요. 당신은 그런 나를 태양의 왕이라고 부르셨습니다."

생텍쥐페리가 탄 정찰기는 코르시카의 바스티아 북쪽에서 독일군에게 격추되었으리라 추측된다. 2000년에는 지중해 마르세유 근해에서 그가 탔던 P38기의 잔해가 발견되었고, 같은 바다에서는 한 어부가 '생텍쥐'라는 이름이 새겨진 팔찌를 건져 올렸다. 2004년에 발견된 또 다른 잔해에는 생텍쥐페리가 탔던 P38기의 제조번호가 쓰여 있었다.

생텍쥐페리를 사랑하는 사람들은 그의 마지막 행방을 궁금해하며 그 증거들을 찾으려 애쓴다. 그러나 그를 사랑하는 더 많은 사람들은, 어린 왕자가 떠나면서 했던 말처럼 그가 죽은 것이 아니라 단지 사라진 것이라고 믿고 싶어 한다. 이 지구별 위에 그렇게 믿는 사람들이 있는 한 생텍쥐페리는 죽지 않고 대지와 구름 사이의 어디쯤을 비행하고 있을 것이다. 그가 〈인간의 대지〉에서 썼듯이.

그들은 어딘지는 몰라도 어떻든 어디에든지 있다. 말이 없고 잊혀 있지만, 몹시도 충실하게 있는 것이다.

법정 스님의 〈무소유〉에 실린 '영혼의 모음'은 생텍쥐페리의 어린 왕자에게 보내는 편지이다. 스님은 또한 유럽을 여행할 때 〈인간의 대지〉를 비행기 안에서 읽었다고 말한 적이 있다. 〈아름다운 마무리〉에서는 〈인간의 대지〉를 인용하기도 했다.
'물, 너는 생명에 필요한 것이 아니라 생명 그 자체다. 너는 뭐라 표현할 수 없는 기쁨을 우리 가슴속 깊이 사무치게 한다. 너와 더불어 우리 안에는 우리가 단념했던 모든 권리가 다시 돌아온다. 네 은혜로 우리 안에는 말라붙었던 마음의 샘들이 다시 솟아난다.'

1938년 2월 15일. 당시 서른여덟 살이던 생텍쥐페리는 뉴욕에서 남아메리카 남단의 섬으로 비행하던 도중 과테말라에서 속도 상실로 추락, 수일 동안 의식불명이 될 정도로 큰 부상을 입는다. 그해 3월, 다시 뉴욕으로 돌아가 요양을 하며 집필에 전념했는데 이때 탄생한 작품이 〈인간의 대지 Terre des hommes〉이다. 이듬해 생텍쥐페리는 이 원고를 가지고 파리로 돌아가 갈리마르에서 출판했다. 그해 6월, 〈바람과 모래와 별들 Wind, Sand and Stars〉이라는 제목으로 미국에서도 발표되었는데, 출간 즉시 '이달의 좋은 책'으로 선정되며 베스트셀러에 올랐다. 같은 해 9월, 생텍쥐페리는 제2차 세계대전이 발발하자 대위로 군대에 소집되어 비행 교관으로 근무한다. 〈인간의 대지〉는 프랑스 한림원에서 소설 부문 대상을 수상했고, 1967년 몬트리올 만국박람회의 상징으로 사용된다. 이 작품은 1970년대 이후 동서문화사, 문학출판사, 범우사, 신아사, 이른아침, 펭귄클래식코리아 등에서 다양한 번역으로 본격 출판되었으며, 세시는 〈생텍쥐페리의 우연한 여행자〉란 제목으로 발행하기도 했다. 여기에서는 일신서적출판사에서 1991년 1월에 나온 안응렬 번역본을 참고했다. 이 번역본은 2004년 4월 신원문화사에서 재출간되었다.

해충은 살충제 살포 후 생존 능력이 더욱 강해져서 이전보다 오히려 그 수가 많아지게 된다. 따라서 인간은 이 화학전에서 결코 승리를 거두지 못하며 그저 격렬한 포화 속에 계속 휩싸일 뿐이다.

새들이 떠나간 숲은 적막하다
레이첼 카슨 〈침묵의 봄〉

생명이란 인간의 이해를 넘어서는 기적이기에 이에 대항해 싸움을 벌일 때조차도 경외감을 잊어서는 안 된다. 자연을 통제하는 데 있어 살충제 같은 무기에 의존하는 것은 우리의 지식과 능력 부족을 드러내는 증거다. 자연의 섭리에 따른다면 야만적인 힘을 사용할 필요도 없을 것이다. 지금 우리에게 필요한 것은 겸손이다. 생물들이 지닌 힘을 고려하고 그 생명력을 호의적인 방향으로 인도해 갈 때, 곤충과 인간은 납득할 만한 화해를 이루게 될 것이다. 생태계는 한편으로는 너무나 연약해서 쉽게 파괴되고, 다른 한편으로는 믿을 수 없을 정도로 튼튼하고 회복력이 강해서 예상치 못한 방식으로 역습해 온다.

'낯선 정적이 감돌았다. 새들은 도대체 어디로 가 버린 것일까? 새들이 모이를 쪼아 먹던 뒷마당은 버림받은 듯 쓸쓸했다. 주변에서 볼 수 있는 단 몇 마리의 새조차 다 죽어 가는 듯 격하게 몸을 떨었고 날지도 못했다. 죽은 듯 고요한 봄이 다가온 것이다. 전에는 아침이면 울새, 검정지빠귀, 산비둘기, 어치, 굴뚝새를 비롯한 여러 가지 합창이 울리곤 했는데 이제는 아무 소리도 들리지 않았다. 들판과 숲과 습지에는 오직 침묵만이 감돌았다. 예전에 그렇게도 멋진 풍경을 자랑하던 길가는 불길이 휩쓸고 지나간 듯, 시들어 가는 갈색 이파리만 나

무에 매달려 있었다. 생물이란 생물은 모두 떠나간 듯 너무나도 고요했다.'

환경운동의 수호성인으로 불리는 생물학자 레이첼 카슨. 어느 날 그녀는 매사추세츠 주에 사는 친구 허킨스가 보낸 한 통의 편지를 받는다. 조류학자인 친구의 편지에 의하면 지난해 여름, 정부는 북부 해안 지역의 모기를 없애기 위해 살충제 DDT를 살포했다. 그러나 모기는 제대로 없애지도 못하고 새, 방아깨비, 벌들만 죽이는 결과를 낳았다. 허킨스는 DDT를 사용한 당국에 항의했지만, 당국은 이를 묵살했다. 하지만 허킨스는 뉴욕 주 롱아일랜드에서도 살충제 때문에 수많은 물고기, 새, 벌들이 죽은 적이 있다는 사실을 알아내고는, 조사 결과를 항의편지 형식으로 신문에 기고했고 그 사본을 친구인 카슨에게도 보낸 것이었다. 이 문제에 관심을 가지고 있던 카슨은 살충제 사용 실태를 조사하는 한편, 그 심각성을 경고하고자 책을 쓰기로 결심했다. 책은 새로운 생명 탄생이 사라진 암울한 세상을 암시하는 한 편의 우화로 시작한다.

이렇듯 세상은 비탄에 잠겼다. 그러나 이 땅에 새로운 생명 탄생을 금지한 것은 사악한 마술도 아니고 악독한 적의 공격도 아니었다. 사람들 자신이 저지른 일이었다. 불길한 망령은 우리가 눈치채지 못하도록 슬그머니 찾아오며, 상상만 하던 비극은 너무나도 쉽게 적나라한 현실이 된다는 사실을 우리는 알게 될 것이다.

지구 생명체가 만들어지는 데는 수억 년이 걸렸다. 영겁과도 같은 이 긴 시간 동안 생물은 계속 진화하고 분화해 가면서 주변 환경에 적응하고 균형을 이루어 나갔다. 생물들이 살아가는 주변 환경에는 생명체에 도움이 되는 요소뿐 아니라 적대적인 요소도 포함되어 있다. 어떤 암석은 치명적인 방사능을 방출하기도 하고, 모든 생명의 에너지 원이 되는 태양조차도 해로운 방사능을 내뿜는다. 이런 상황에서 생물은 단지 몇 년이 아니라 수천 년에 이르는 시간에 걸쳐 주어진 환경에 적응하고, 그 결과 적절한 균형 상태에 도달해 왔다.

이렇듯 생물의 생존에 있어 시간은 필수 요소이다. 하지만 오늘날에는 그런 충분한 시간이 존재하지 않는다. 인간의 부주의하고 충동적인 행동에 의해 자연의 신중한 속도와는 비교할 수 없을 만큼 빠른 속도로 새로운 변화가 만들어진다. 생물들이 적응해야 할 대상은 태양빛과 암석에서 흘러나와 강을 타고 바다로 흘러들어 가는 광물질만이 아니게 되었다. 이제는 인간이 실험실에서 고안하고 만들어 낸, 그렇기 때문에 자연 상태에서는 한 번도 대응한 경험이 없는 합성물질에 적응해야만 한다.

생명체가 화학물질에 적응하려면 적절한 시간을, 몇 세대에 이르는 오랜 시간을 필요로 한다. 미국에서만도 매년 500여 가지의 화학물질이 등장해 사용되며, 이 놀라운 수치가 암시하는 바는 인간과 동물이 매년 500종의 새로운 화학물질에 적응해야 한다는 사실이다. 이는 생물학적인 한계를 넘어서는 것이다.

이런 신물질 중 상당수는 인간이 자연을 향해 벌이는 전쟁을 위해 만들어진 것이다. 화학제품들은 농장과 정원, 숲과 가정에서 무차별적으로 사용되는데, 해충은 물론 익충에 이르기까지 모든 곤충을 무차별적으로 죽이고 노래하는 새와 시냇물에서 펄떡거리며 뛰놀던 물고기까지 침묵시킨다. 다양한 종류를 자랑하는, 환경 적응력이 강한 곤충들은 인간이 등장하기 훨씬 이전부터 지구의 주인이었다. 인간의 출현 이후 식량을 놓고 경쟁을 벌이거나 질병을 옮기는 등으로 인간 행복에 갈등을 불러온 것은 50만 종의 곤충 중 극히 일부에 지나지 않는다.

카슨이 지적하고 있듯이, 핵전쟁과 더불어 인류를 멸망시킬 수 있는 가장 심각한 문제는, 자연을 향해 독극물질을 뿌려 대는 데서 오는 환경오염이다.

살충제의 선택 같은 사소한 일이 인간의 미래를 결정하게 되다니 정말 믿기 어려운 일이 아닐 수 없다. 무엇 때문에 우리가 이런 위험을 무릅써야 하는가. 아마 미래의 역사학자들은 우리의 왜곡된 균형 감각에 놀라움을 감추지 못할 것이다. 지성을 갖춘 인간들이 원치 않는 몇 종류의 곤충을 없애기 위해 자연환경 전부를 오염시키고, 그 자신까지 질병과 죽음으로 몰고 가는 길을 선택한 이유를 그들은 궁금해할 것이다.

그러나 지금 이 순간에도 그런 일은 계속되고 있다. 농산물 생산량 증가를 위해 살충제 사용이 필수라는 주장도 있다. 하지만 현실에서 정말 문제가 되는 것은 '생산 과다'이다. 이 넘치는 생산 때문에 이제 미국을 비롯한 전 세계 많은 나라에서는 경작지를 줄이고 농사를 짓지 않는다는 조건으로 농부에게 보상금을 지급하고 있다.

거의 반세기 전에 한 카슨의 경고는 여전히 유효하다. 선택을 해야 한다면, 우리는 지금까지 걸어온 길이 아닌, 지금껏 가지 않았던 새로운 길을 찾아야 한다.

우리가 오랫동안 여행해 온 길은 놀라운 진보를 가능케 한 너무나 편안하고 평탄한 고속도로였지만 그 끝에는 재앙이 기다리고 있다. 아직 가지 않은 다른 길은 지구의 보호라는 궁극적인 목적지에 도달할 수 있는 마지막이자 유일한 기회라 할 수 있다. 그 선택은 우리 자신에게 달려 있다.

"지금껏 그 어느 누구보다도, 그리고 아마도 나머지 모든 사람을 합한 것보다도 더 큰 영향을 끼친 사람은 바로 카슨이다."

〈불편한 진실〉에서 지구온난화가 지구와 인류를 어떻게 위기로 몰아가고 있는지 지적한 전 미국 부통령 앨 고어의 말이다. 〈침묵의 봄〉은 출간 즉시 수많은 지성들로부터 '제1의 환경 혁명'이라 불릴 만큼 영향력이 컸으며, 환경운동이 모든 나라와 사회정책에서 중요한 자리를 차지하도록 자극한 책이다. 미국의 한 언론인은 "이 책에 담긴 천여 개의 단어가 전 세계를 새로운 방향으로 이끌었다."고 말했다.

오늘날 우리 사회의 가장 중요한 화두 가운데 하나는 환경과 생태 문제이다. 카슨처럼, 혹은 그녀보다 더 강하게 이 문제를 경고하는 사람은 있을 수 있다. 그러나 그녀가 세계를 향해 메시지를 던진 시점은 지금과 달랐다. 이 책을 펴낸 1962년은 전 세계가 개발과 성장이라는 목표를 가지고 지속적인 발전을 추구하던 시기이다. 기계적이고 화학적인 발명과 발견이 이어지면서 급속한 사회 발전을 추구하던 시대였다. 그 중심에 과학이 있었다. 과학을 통해 인류는 식량문제의 해결에서부터 편의성 확대까지 많은 것을 얻어 냈고 보다 빠르고 효과적인 성과를 얻기 위해 박차를 가하고 있었다. 그런 때에 카슨은 드문 혜안을 가지고 그 역작용을 지적한 것이다.

자연을 통제한다는 말은 생물학과 철학의 네안데르탈 시대에 태어난 오만한 표현으로, 자연이 인간의 편의를 위해 존재한다는 의미로 이해된다. 응용곤충학자들의 사고와 실행 방식을 보면 마치 석기시대로 거슬러 올라간 듯한 느낌을 준다. 그렇게 원시적인 수준의 과학이 현대적이고 끔찍한 무기로 무장하고 있다는 사실, 곤충을 향해 겨누었다고 생각하는 무기가 실은 이 지구 전체를 향하고 있다는 사실이야말로 크나큰 불행이 아닐 수 없다.

창의적인 작가이자 뛰어난 과학자의 마지막 작품인 이 책은, 자연의 모든 구성 요소가 서로 연관되어 있다는 생태계의 가장 중요한 진실을 전해 준다. 이것이 쓰일 당시의 냉전주의 분위기는 카슨에게 상당한 영향을 미쳤다. 카슨은 전문 지식을 지닌 행정공무원이자 환경보호 주의자였는데, 그때는 정부 정책에 대한 합법적인 비판조차 위험한 것으로 여겨지던 때였다. 정부가 반공주의 정책을 채택했고 체제 순응을 요구하는 목소리가 높아지는 가운데 카슨은 연구를 시작했다. 과학과 기술 분야에서 일하는 사람들이 자유세계의 구세주이자 번영의 수호자로 존경받던 시기였다.

〈침묵의 봄〉에서 카슨은 이런 전문가들의 행위를 꼼꼼하게 조사해 대중에게 알린다. 그들이 자신의 임무를 소홀히 했고, 진실을 은폐했다고 밝힌 것이다. 카슨은 자기만족적이고 점점 더 부유해지는 전후 세대를 향해서 "정부가 자신들을 보살펴 주리라 믿어서는 안 되고, 시민 개개인이 정부 정책의 실효성을 살펴야 하며, 자신을 잘못된 길로 이끌려는 의도에 도전해야 한다."고 주장한 최초의 인물 중 한 사람이었다.

그녀의 비판은 존 F. 케네디 대통령에게 깊은 감명을 주었고 케네디는 대통령 과학자문위원회를 소집하여 살충제 오용 문제를 조사하라고 명령했다. 이듬해 봄, 미국의 CBS는 '레이첼 카슨의 침묵의 봄'이라는 특별 프로그램을 방송하는데, 이것은 미국 전역에 커다란 파장을 불러일으켰다. 미 상원에서 청문회가 개최되었음은 물론, 대통령과 과학자문회의 보고서도 카슨의 주장을 옹호했다.

카슨은 살충제로 인한 위험을 가장 먼저 발견한 이도 아니고, 이 문제를 처음으로 언급한 이도 아니다. 하지만 대중을 향해 호소력 있게 메시지를 전한 최초의 인물이고 이와 관련한 사회적 논의를 구체화한 사람이다. 그녀는 진보라는 이름으로 우리가 생명계에 어떤 일을 행하는지 똑바로 보려고 노력했다. 사람들이 생명의 경이와 신비를 잘 알게 되면 자연 파괴 행위가 줄어들 것이라는 낭만적이고 순진한 신념 대신, 생명계를 향한 커다란 애정과 진실을 직시하는 용기가 그녀의 무기였다.

출간을 막으려는 살충제 제조업체들은 이 글을 처음 연재한 〈뉴요커〉와 레이첼 카슨, 출판사, 자연보호 단체를 모두 고소하겠다고 위협했다. 협박이 실패한 뒤에는 25만 달러를 들여 카슨의 과학적 지식을 깎아내리는 홍보 프로그램을 시작했다. 하지만 그것이 책을 더욱 유명하게 만든 계기가 됐다. 박사학위도 없었고, 그 흔한 단체나 기관에도 소속되어 있지 않았던 카슨은 자신을 도와줄 어떤 우군도 없이 스스로의 양심과 과학적 지식에 기대어 그 일을 해냈다.

여성이 학문 분야에서 환영받지 못하고 과학자로나 사회적 대변인으로도 존경받지 못하던 당시, 카슨은 공공과학 분야에서 일한 드문 여성이었다. 여성이라는 불리함과 경제적, 감정적으로 괴롭히는 가족들로 고생하던 그녀는 1960년 암 선고를 받았다. 갑자기 발병한 데다 오진까지 겹쳐서 치료 시기를 놓친 레이첼 카슨은 〈침묵의 봄〉이 출판된 지 16개월 만에 세상을 떠난다.

그녀에게 불리하게 작용한 사실 하나는 '대중을 위해 글을 쓴 과학자'라는 점이었다. 이런 표현은 과학계에서는 상당한 모욕으로 받아들여진다. 비평가들은 카슨의 책이 너무나 쉽게 읽히는 것은 복잡한 생물학과 화학을 부정확하게 설명했기 때문이라고 비판했다. 그리고 신문기자와 평론가들은 카슨을 가리켜 감정에 호소하는 단어를 사용하는 히스테릭한 여성이며 지나치게 섬세한 본성의 소유자이고 그녀가 쓴 책은 자신이 저주하는 살충제보다 더 독하다고 말했다. 그들은 카슨이 비과학적인 우화에 의존해 책을 썼고 사람을 놀래 주려고 소란을 피운다고 주장했다. 고양이를 키웠고 새를 사랑했으며 신비주의자, 낭만주의자이자 감성적인 여성이 자기 능력 밖의 책을 썼다는 것이다.

카슨은 이런 공격 때문에 상처를 받았지만, 방어적으로 행동하는 대신 이성과 평정을 유지한 채 진실을 밝혀야 할 과학이 '이익과 생산이라는 현대의 신을 섬기기 위해' 타협점을 찾고 있다는 사실을 알렸고, 과학계와 산업계가 어떤 관계를 맺고 있는지 자세히 설명했다.

〈침묵의 봄〉과 레이첼 카슨은 침묵하지 않았다. 이 책은 광범위한 인기를 얻었고 대중으로부터 널리 지지를 받았다. 1964년 4월 카슨이 죽기 전까지 거의 100만 부가 읽혔다. 〈타임〉은 카슨을 20세기를 바꾼 100인 가운데 한 사람으로 선정했다. 어린 시절 그녀는 작가가 되고 싶어 했다. 하지만 펜실베이니아 여자대학에서 공부하던 중 전공을 문학에서 생물학으로 바꾼다. 석사학위를 받은 뒤 미국 어류야생동물국에서 해양생물학자로 일했지만, 글을 쓰기 위해 일을 그만두게 된다.

〈침묵의 봄〉은 쉽고도 아름다운 언어로 쓰인 설득력 있는 교양서이며, 환경오염의 위험성을 주장한 뛰어난 저작이다. 책을 끌어가는 힘은 양심과 정의, 그리고 용기이다. 또한 수많은 이익들 앞에서 쉽사리 묵살되곤 하는 인간의 가장 기본적이고도 순수한 권리를 옹호한다.

정부 담당자들은 들꽃에 피해를 주어서는 안 된다며 살충제 살포를 반대했던 한 노파 이야기를 하면서 '터무니없고 우스운 일'이라 비웃었다고 한다. 그러나 목축업자에게 초원을 찾아다닐 권리가 있고 나무꾼에게는 벌목을 할 권리가 있듯, 이 노인에겐 들꽃을 즐기는 것이 도저히 포기할 수 없는 권리이다.

산문집 〈아름다운 마무리〉에서 법정 스님은 〈침묵의 봄〉을 이렇게 소개하고 있다.

"1962년 미국의 생물학자 레이첼 카슨이 쓴 〈침묵의 봄〉은 환경 분야 최고의 고전 중 하나이다. 평화롭고 아름다운 한 시골마을이 어느 날부터 갑자기 원인 모를 질병과 죽음으로 고통 받는다는 우화로 시작하는 이 책에서, 카슨은 살충제 사용으로 파괴되는 생태계와 그로 인해 인간이 치러야 할 엄청난 대가에 대해 낱낱이 고발한다."

🍃 〈침묵의 봄 Silent Spring〉은 1962년 여름 동안 〈뉴요커〉에 연재한 내용을 묶어, 같은 해 9월 호턴미플린에서 처음 발행했다. 출간되자마자 10월에 '이달의 책'으로 선정되었으며, 당시 영향력 있는 지식인이었던 미국 대법원의 윌리엄 더글러스 판사는 〈톰 아저씨네 오두막〉 이후 가장 혁명적인 책이라 평가했다. 이 명저는 1990년 10월 이길상의 번역으로 탐구당에서 출판된다. 1991년 6월에는 이태희의 번역을 참나무에서, 1995년 1월에는 정대수의 번역을 넥서스에서 출판하기도 했다. 여기에서는 2002년 에코리브로에서 김은령이 번역하고 홍욱희 세민환경연구소 소장이 감수해 공식 출판한 것을 토대로 하였다. 이 책은 환경정의시민연대 2003년 추천 도서로 선정되었다. 함께 읽을 만한 책으로는 카슨의 또 다른 저서인 〈자연, 그 경이로움에 대하여〉와 유고집 〈잃어버린 숲〉이 있다. 그녀의 삶을 소개한 두 종의 평전이 있으며, 어린이들을 위한 책도 나와 있다. '침묵의 봄'이라는 제목은 영국 시인 존 키츠의 '무자비한 미녀'에서 영감을 얻었다고 한다.

이 책을 쓸 때 나는 내 수감번호만 밝히고 익명으로 하려 했다. 그러나 내 신념을 공개적으로 이야기하기 위해 용기가 필요했다. 그래서 자신을 드러내는 것을 극도로 싫어함에도 불구하고 나는 문장 하나에도 세심한 주의를 기울였다.

빼앗기지 않는 영혼의 자유

빅터 프랭클 〈죽음의 수용소에서〉

빙판에 미끄러져 넘어지고 수없이 서로를 부축하고 한 사람이 또 한 사람을 일으켜 세우면서 몇 킬로미터를 비틀거리며 걷는 동안 우리는 한 마디도 하지 않았다. 그러나 알고 있었다. 우리 모두가 지금 아내 생각을 하고 있다는 것을……. 내 생애 처음으로 나는 그렇게 많은 시인들이 자기 시를 통해서 노래했고, 그렇게 많은 사상가들이 최고의 지혜라고 외쳤던 하나의 진리를 깨닫게 되었다. 그 진리란 바로 사랑이야말로 인간이 추구해야 할 궁극적이고 가장 숭고한 목표라는 것이었다. 그때 나는 이 세상에 남길 것이 무엇 하나 없는 사람이라도 비록 짧은 순간이나마 사랑하는 이를 생각하며 더 말할 나위 없는 행복을 느낄 수 있음을 알게 되었다.

제2차 세계대전. 아우슈비츠에 갇힌 비참한 유대인들 가운데 빅터 프랭클이라는 의사가 있었다. 가지고 있던 소지품과 입고 있던 옷을 빼앗기고, 머리카락과 몸에 난 털까지 모두 깎인 채 나체나 다름없는 몸뚱이 외에 더 이상 잃을 것이 없는 생활……. 하지만 프랭클은 중요한 깨달음들을 얻어 간다. 인간으로서 도저히 견딜 수 없는 이 혹독한 시련 속에서 반드시 육체적으로 강한 사람들이 살아남는 것은 아니라는 사실을 그는 발견한다. 살아남는가 죽는가는 당사자의 내적인 힘, 곧 이 비극적인 경험을 개인의 성장에 이용하는 능력에 좌우된다는 것을. 그리고 무엇보다 인간에 대한 구원은 사랑 안에서, 그리고 사랑을 통해서 실현된다는 사실을.

장면1

수용소에 처음 수감되면 사람들은 비정상적인 정신 상태를 보인다. 이런 반응들은 며칠이 지나면서 상대적인 무감각의 단계로, 정신적으로 죽은 것과 다름없는 상태로 이동하게 된다. 그런 다음에는 혐오감이 찾아온다. 자신을 둘러싸고 있는 모든 것에 대한 혐오감, 심지어는 그저 생긴 모양에서도 혐오감을 느낄 수 있다. 그리고 무언가 비정상적인 상황이 반복되면, 어떤 일에 대해 정상적인 반응을 보이지 않는 현상이 가속화된다.

의사 프랭클은 발진티푸스 환자들을 돌보기 위해 한 막사에서 얼마 동안 보낸 적이 있었다. 환자들은 고열에 시달렸으며, 종종 혼수상태에 빠졌다. 그들 중 상당수는 산송장이나 마찬가지였다. 방금 한 사람이 숨을 거두었다. 하지만 프랭클은 무감정하게 그 광경을 바라본다. 죽음은 그 후에도 계속 이어졌는데 그는 번번이 그러했다.

막사 맞은편 작은 창문 옆에서 그가 얼어붙은 손으로 뜨거운 수프가 담긴 그릇을 들고는 맛있게 먹고 있다. 그러다가 우연히 창밖으로 시선을 던졌다. 방금 전에 밖으로 옮겨진 시체가 동태 같은 눈을 하고 그를 바라본다. 두 시간 전에 함께 이야기를 나누던 사람이다. 이내 그는 다시 수프를 먹기 시작했다.

이런 무감각은 자기를 방어하기 위한 도구이다. 현실이 불확실하면 오로지 한 가지 과제에 모든 노력과 감정이 모아지게 된다. 즉 나 자신의 생명을 보존하겠다는 과제이다. 대다수의 사람들이 원시적인 생활을 하면서 목숨을 부지하는 일에 정신을 집중하려고 노력하기 때문에 그 목적에 도움이 되지 않는 일에 대해서는 철저하게 무관심한 태도를 취한다.

그러나 이런 상황에서도 영적인 생활이 더욱 깊어지는 것이 가능하다. 밖에 있을 때 지적인 활동을 했던 감수성 예민한 사람들은 육체적으로는 더 많은 고통을 겪지만, 정신적인 측면에서 내면의 자아가 다른 사람들에 비해 비교적 덜 손상받는다. 자신을 둘러싸고 있는 가혹한 현실을 초월해 내적인 풍요로움과 영적인 자유가 넘치는 세계로 이동할 수 있는 능력을 가지고 있기 때문이다. 별로 건강해 보이지 않는 이가 체력이 강한 이보다 수용소에서 더 잘 견디는 지극히 역설적인 현상도 이것으로 설명될 수 있다.

장면 2

그날도 수감자들은 참호를 파고 있다. 하늘도 잿빛이고, 창백한 새벽빛에 반사되는 눈동자도 잿빛이다. 사람들이 걸친 넝마 같은 옷도 잿빛이고, 얼굴도 잿빛이다. 프랭클은 또 다시 헤어진 아내와 침묵의 대화를 나눈다. 곧 닥쳐올 절망적인 죽음에 대해 마지막으로 격렬하게 항의하고 있는 동안, 그는 자신의 영혼이 사방을 뒤덮고 있는 음울한 빛을 뚫고 나오는 것을 감지한다. 그는 그것이 절망적이고 의미 없는 세계를 뛰어넘는 것을 느꼈으며, 삶에 궁극적인 목적이 있는가라는 마음의 물음에 어디선가 "그렇다."라고 응답하는 활기찬 음성을 듣는다.

바로 그 순간 수평선 저 멀리 그림처럼 서 있던 농가에 불이 들어왔다. 프랭클은 얼어붙은 땅을 파다 말고 그 자리에 우두커니 서 있었다. 감시병이 지나가면서 욕을 했고, 그는 또 다시 사랑하는 사람과 대화를 나누었다. 그러자 점점 더 그녀가 곁에 있는 듯이 느껴졌다. 그녀를 만질 수 있을 것 같았고, 손을 뻗어서 그녀의 손을 잡을 수 있을 것만 같았다. 그 느낌이 너무나 생생했다. 그녀가 정말로 '거기에' 있었던 것이다. 그는 아내가 아직 살았는지 죽었는지조차 몰랐다. 그러나 그는 말한다. 그것은 더 이상 문제가 되지 않는다고.

나는 아내가 아직 살았는지 죽었는지조차 몰랐다. 그러나 한 가지만은 알고 있었다. 그때서야 비로소 깨닫게 된 그것은, 사랑은 사랑하는 사람의 육신을 초월해서 더 먼 곳까지 간다는 것이었다. 사랑은 영적인 존재, 내적인 자아 안에서 더욱 깊은 의미를 갖게 된다. 사랑하는 이가 실제로 존재하든 존재하지 않든, 아직 살았든 죽었든 그런 일은 하나도 중요하지 않다. 이 세상 그 어느 것도 내 사랑의 굳건함, 내 생각, 사랑하는 사람의 영상을 방해할 수는 없었다. 사실 그때 아내가 죽었다는 것을 알았더라도 나는 전혀 개의치 않고 아내의 모습을 떠올리는 일에 나 자신을 바쳤을 것이다. 나와 그녀가 나누는 정신적 대화 역시 아주 생생하고 만족스러웠으리라.

장면 3

어느 날 저녁, 죽도록 피곤한 몸으로 막사 바닥에 앉아 수프 그릇을 들고 있던 수감자들에게 동료 한 명이 달려온다. 그가 횡설수설 주워섬긴 말은 점호장으로 가서 해가 지는 멋진 풍경을 보라는 것이었다. 밖으로 나간 그들은 서쪽에 빛나고 있는 구름과, 짙은 청색에서 핏빛으로 끊임없이 색과 모양이 변하는 구름으로 살아 숨 쉬는 하늘을 올려다보았다. 진흙 바닥에 팬 웅덩이에 비친 하늘의 빛나는 풍경이 잿빛으로 지어진 그들의 초라한 임시 막사와 날카로운 대조를 이루고 있었다. 감동의 침묵이 흐른 뒤, 누군가가 말한다.

"세상이 이렇게 아름다울 수도 있다니!"

이렇게 내면세계를 극대화시킴으로써 수감자들은 자기 존재의 공허함과 고독감 그리고 영적인 빈곤으로부터의 피난처를 찾을 수 있었다. 만일 어떤 사람이 아우슈비츠에서 바이에른(바바리아) 수용소로 이송되는 호송열차 안에서 작은 창살 너머 석양빛으로 찬란하게 반짝이는 잘츠부르크 산 정상을 바라보는 그들의 얼굴을 보았다면, 그것이 삶과 자유에 대한 모든 희망을 포기한 이들의 얼굴이라고는 절대로 믿지 못했을 것이다. 그런 상황에 처해 있었음에도 불구하고, 아니 어쩌면 바로 그런 상황에 처해 있었기 때문에 그들은 자연의 아름다움에 도취되곤 했다. 프랭클은 수용소에서도 사람이 자기 행동의 선택권을 가질 수 있다는 것을 깨달았다. 가혹한 정신적, 육체적 스트레스를 받는 그런 환경에서도 인간은 정신적 독립과 영적인 자유의 자취를 간직할 수 있는 것이다.

장면 4

강제수용소에 있었던 사람들은 그곳에도 막사를 지나가면서 다른 이들을 위로하거나 마지막 남은 빵을 나누어 준 사람들이 있었음을 기억한다. 물론 그런 사람이 아주 극소수였는지는 모른다. 하지만 이것만 가지고도 다음과 같은 진리가 옳다는 것을 입증하기에 충분하다. 그 진리란 인간에게서 모든 것을 빼앗아 갈 수 있어도 마지막 남은 인간의 자유, 주어진 환경에서 자신의 태도를 결정하고, 자기 자신의 길을 선택할 수 있는 자유만은 빼앗아 갈 수 없다는 것이다.

수용소에서는 항상 선택을 해야 했다. 매일같이, 매시간 결정을 내려야 할 순간이 찾아왔다. 그 결정이란 자신으로부터 자아와 내적인 자유를 빼앗아 가겠다고 위협하는 저 부당한 권력에 복종할 것인가 아니면 말 것인가를 판가름하는 것이었다. 다시 말해, 자신이 보통의 수감자와 같은 사람이 되기 위해 자유와 존엄성을 포기하고 환경의 노리개가 되느냐 마느냐를 판가름하는 결정이었다.

수면 부족과 식량 부족 그리고 다양한 정신적 스트레스를 받는 그런 환경이 수감자를 어떤 방식으로 행동하도록 유도할 가능성이 있음에도 불구하고, 결국 최종적으로 분석을 해 보면 그 수감자가 어떤 종류의 사람이 되는가 하는 것은 그 개인의 내적인 선택의 결과이지 수용소라는 환경의 영향이 아니라는 사실을 프랭클은 발견한다. 근본적으로는 어떤 사람이라도, 심지어는 그렇게 척박한 환경에 있는 사람조차도 자기 자신이 정신적으로나 영적으로 어떤 사람이 될 것인가를 선택할 수 있다는 말이다.

장면 5

이 젊은 여자는 자기가 며칠 안에 죽으리라는 것을 알고 있다. 하지만 이런 사실을 알고 있었음에도 불구하고 프랭클이 그녀에게 말을 걸었을 때, 그녀는 아주 명랑하다.

"나는 운명이 나에게 이렇게 엄청난 타격을 가한 데 대해 감사하고 있어요."

그녀가 이야기한다.

"예전의 나는 제멋대로였고, 정신적인 성취 같은 것에 대해서도 진지하게 생각해 본 적이 없었거든요."

그녀는 창밖을 가리키며 말을 잇는다.

"여기 이 애가 내 외로움을 달래 주는 유일한 친구랍니다."

창을 통해서 볼 수 있는 것이라고는 밤나무 가지 한 개와 그 위에 피어 있는 꽃 두 송이뿐이다.

"나는 저 나무와 자주 이야기를 나눈답니다."

그녀는 프랭클에게 말한다. 프랭클은 한순간 어리둥절해한다. 그녀의 말을 어떻게 받아들여야 할지 몰랐기 때문이다. 헛소리를 하는 것일까? 환각에 빠졌나? 그는 걱정스러운 표정으로 그녀에게 나무가 대답을 하는지 묻는다.

"물론이지요."

나무는 그녀에게 뭐라고 대답했을까? 그녀는 덧붙인다.

"나무가 이렇게 대답해요. 내가 여기 있단다. 내가 여기 있단다. 나는 생명이야. 영원한 생명이야."

장면 6

찢어진 신발 때문에 발에 심한 종기가 생겨 프랭클은 눈물이 날 정도의 극심한 통증을 겪으며 긴 행렬에 끼여 수용소에서 작업장까지 몇 킬로미터를 절뚝거리며 걸어간다. 날이 추웠고, 살을 에는 듯한 바람이 사정없이 내리쳤다. 그는 자신의 누추한 생활과 연관된 끊임없이 자질구레한 문제들을 계속해서 생각하고 있었다. 오늘 저녁에는 무엇을 먹게 될까? 만일 특별배급으로 소시지가 나온다면 그것을 빵과 바꾸어 먹을까? 2주일 전에 상으로 받은 담배 한 개비를 수프 한 그릇과 바꾸어 먹을까? 한쪽 신발끈이 끊어졌는데 끈을 대신할 철사를 어디서 구하지? 시간 안에 작업장으로 가서 평소에 일하던 작업반에 낄 수 있을까? 그렇지 않고 다른 작업반에 들어갔다가 거기서 고약한 감독을 만나면 어떻게 하지?

그러다가 매일같이 시시각각 그런 하찮은 일만 생각하도록 몰아가는 상황이 너무 역겹게 느껴졌다. 그는 생각을 다른 주제로 돌리기로 했다. 갑자기 그는 불이 환히 켜진 따뜻하고 쾌적한 강의실 강단에 서 있었다. 앞에는 청중들이 푹신한 의자에 앉아서 그의 강의를 경청하고 있다. 그는 강제수용소에서의 심리 상태에 대한 강의를 하고 있었던 것이다! 그 순간 그를 짓누르던 모든 것들이 객관적으로 변하고, 일정한 거리를 둔 과학적인 관점에서 그것을 보고 설명할 수 있게 되었다. 이런 방법을 통해 그는 어느 정도 자신이 처한 상황과 순간의 고통을 이기는 데 성공했고, 그것을 마치 과거에 이미 일어난 일처럼 관찰할 수 있었다. 그 자신과 문제는 그가 주도하는 흥미진진한 정신과학의 연구 대상이 되었다.

자신의 미래에 대한 믿음을 잃어버린 수감자는, 그와 더불어 정신력도 상실하게 된다. 그런 이는 자기 자신을 퇴화시키고 정신적으로나 육체적으로 퇴락의 길을 걷는다. 수용소에서 사람의 정신력을 회복시키려면 그에게 먼저 미래에 대한 희망을 보여 주는 데 성공해야 한다. 니체가 말했다.

"왜 살아야 하는지 아는 사람은 그 '어떤' 상황도 견딜 수 있다."

1942년 아내, 부모와 뿔뿔이 흩어져 강제수용소에 갇힌 빅터 프랭클은 3년 뒤 미군에 의해 구출된다. 아내와 부모는 수용소에서 살해되었다. 그 후 그는 재혼했으며, 딸을 낳았고, 빈 대학과 하버드 대학에서 심리학을 가르쳤다. 빈에서 1997년 9월 눈을 감았다.

정말 중요한 것은 우리가 삶으로부터 무엇을 기대하는가가 아니라 삶이 우리로부터 무엇을 기대하는가 하는 것이다. 삶의 의미에 대해 질문을 던지는 것을 중단하고, 대신 삶으로부터 질문을 받고 있는 우리 자신에 대해 매일 매시간 생각해야 할 필요가 있다. 그리고 그에 대한 대답은 말이나 명상이 아니라 올바른 행동과 올바른 태도에서 찾아야 한다.

인생이란 궁극적으로 이런 질문에 대한 올바른 해답을 찾고, 개개인 앞에 놓인 과제를 수행해 나가기 위한 책임을 떠맡는 것을 의미한다.

법정 스님은 산문집 〈산방한담〉에 이렇게 썼다.

"빅터 프랭클은 그의 〈죽음의 수용소〉에서 이런 말을 하고 있다. 모든 소유물을 빼앗기고 온갖 가치를 파괴당한 채 굶주림과 추위와 짐승 같은 학대 속에서 순간마다 죽음의 공포에 떨면서도 생명을 유지할 수 있었던 것은 무엇이었던가. 마음속 깊이 간직한 사랑하는 사람들에 대한 영상과 그가 믿는 종교, 유머, 그리고 나무들이나 저녁노을과 같은 자연의 아름다움이 자신의 비극을 다스려 주는 순간 그는 죽음의 고통에서 벗어날 수 있었다. 삶의 의미를 가지고 있는 사람은 어떤 환경이라도 견뎌 낼 수 있다."

제2차 세계대전 당시 유대인이라는 이유로 3년 동안 아우슈비츠와 다하우 등지의 강제수용소에 수감되어 있던 빅터 에밀 프랭클이 1945년 불과 9일 만에 써 내려간 〈인간의 의미에 대한 탐구 Man's Search for Meaning〉는 맨 처음 〈강제 수용소를 체험한 한 심리학자 Ein Psycholog erlebt das Konzentrationslager〉라는 제목으로 1946년 유겐트운트폴크에서 출판되었다. 그 뒤 미국에서는 수많은 해적 출판사에서 이 책을 번역 출간했고, 독일에서는 1977년 〈…모든 것에도 불구하고 삶에 예스라고 말하라… trotzdem Ja zum Leben sagen〉는 제목으로 퀘젤에서 다시 발행된다. 〈뉴욕타임스〉는 이 작품을 미국인에게 가장 큰 영향을 끼친 열 권의 책 중 하나로 꼽았으며, 전 세계 24개국에서 천만 부 이상 판매되었다. 1960년 정태시가 번역한 〈죽음의 수용소에서—인간의 의미 탐구〉가 제일출판사에서 발행되었으며 이후 문웅출판사와 청아출판사, 청솔출판사, 고요아침에서 여러 종의 번역서가 출간된다. 2005년 청아는 이시형의 번역으로 이 책을 공식 출판하였다. 청아는 〈삶의 의미를 찾아서〉〈빅터 프랭클의 심리의 발견〉〈의미를 향한 소리 없는 절규〉 등 빅터 프랭클의 또 다른 저작들도 함께 펴내고 있다.

공원은 숲이 아니다. 숲은 아무런 대가도 치르지 않고 우리가 누릴 수 있는 자연의 선물이다. 충분한 시간 동안 그냥 내버려 두기만 한다면 바람과 새가 숲을 만들 것이다.

나무는 자연이 쓰는 시

조안 말루프 〈나무를 안아 보았나요〉

반드시 필요한 일조차도 자신의 행위 하나하나가 다른 생명의 안식처를 파괴할 수도 있다는 사실은 우리가 반드시 받아들여야 할 패러독스다. 사실 모든 동물들이 자신의 집을 만들 땐 뭔가를 파괴한다. 어찌 보면 지구에서 삶을 영위한다는 것 자체가 다른 생명을 담보로 시작한 일일지도 모른다. 이러한 패러독스에 대한 유일한 도덕적 해결책은 우리가 미칠 수 있는 영향력을 최소화하고 우리가 그런 영향력을 미쳤다는 사실을 명확하게 인식하려고 노력하는 자세다.

조안 말루프는 나무 위에 올라가 로프로 몸을 묶은 채 잠을 자기도 하고, 너도밤나무 열매를 주워서 먹어 보기도 하고, 말없이 나무를 안아 보기도 한다. 자신의 집인 자연에 대해 좀 더 많이 알고자 할 수 있는 모든 일을 한다. 그녀는 스스로를 생태학자라 소개하는데, 생태학자란 말은 그리스어 '집'에서 유래했다. 이런 과정에서 그녀가 알게 된 것은 자연의 그물망 안에서 모든 생명체들이 유기적으로 연결되어 있다는 사실이다.

〈나무를 안아 보았나요〉는 나무와 숲의 기록이다. 양버즘나무와 너도밤나무, 소나무와 참나무, 단풍나무와 아카시아나무, 호랑가시나무와 낙우송 등 나무의 생태에 대한 정보가 수록되어 있다. 너도밤나무를 가리키며 말루프가 이야기한다.

　너도밤나무는 40년 이상 자라야 비로소 씨앗을 품을 수 있다. 난과 달리 씨앗 안에 영양분을 가득 품고 있는 너도밤나무는 누구의 도움 없이도 혼자 묘목이 될 수 있다. 둥근 삼각형 모양의 너도밤나무 열매는 가시가 돋친 껍질 안에 들어 있으며 하나의 껍질 안에 보통 두세 개의 열매가 들어 있다. 가을에 껍질이 터지면 열매는 저절로 땅에 떨어진다.

　나무에 대한 자연과학적인 사실은 더러 인문과학적인 지식과 행복하게 조우하기도 한다. 예컨대 호랑가시나무의 뾰족한 잎은 기독교 문화권에서 예수의 박해를 상징하는 가시 왕관을 만드는 데 사용되었다. 기독교의 성인聖人을 그린 초상화에 호랑가시나무 가지가 빈번하게 등장하는 까닭은 이런 이유에서다. 또 크리스마스를 상징하는 붉은색과 초록색은 17세기 영국에서 크리스마스 때 호랑가시나무의 가지를 잘라 집 안에 걸어 둔 풍습에서 비롯되었다.

　말루프의 이야기를 그저 나무에 관한 기록이라 단정 짓는다면 이 책의 가치를 절반만 이해하는 것이다. 여기에는 나무 외에도 나무를 중심으로 서식하는 다양한 생명체에 대한 상세한 해설이 담겨 있다. 가령 앞서 언급한 너도밤나무는 붉은등도롱뇽, 비치드롭, 리스테라 오스트레일리스, 버섯파리, 진균류 등에게 서식처를 제공하고, 쥐, 새, 다람쥐, 곰에게는 중요한 식량 공급원이 된다. 양버즘나무는 버즘나무방패벌레, 양버즘나무매미충, 감자애매미충 등의 곤충이 살아가는 터전이자 보금자리이며, 참나무의 열매인 도토리는 다람쥐가 겨울을 나는 식량이 되는 동시에 딱정벌레목에 속하는 바구미들의 산란 장소이기도 하다.

자연과 생태계를 아우르는 이 같은 지식을 바탕으로 말루프는 '모든 생명은 자연이 만들어 내는 그물망 안에서 서로서로 맺어져 있다.'는 깨달음으로 나아간다.

서양측백나무는 새들이 자신의 열매를 먹어 주기를 바란다. 서양측백나무의 입장에서는 그것이 종을 번식시키기 위한 최선의 전략이기 때문이다. 서양측백나무의 열매는 무거워서 바람에 쉽게 날아가지 못한다. 그것들은 나무에서 그냥 땅으로 떨어져 버린다. 씨앗은 나무의 그늘 아래에서는 싹을 틔울 수가 없다. 그래서 서양측백나무는 새들이 자신의 씨앗을 이곳저곳으로 날라다 주기를 바란다. 새들은 그 노동의 대가로 양식을 얻는다. 애기여새, 메추라기, 야생 칠면조, 딱따구리, 찌르레기, 울새, 노랑허리솔새, 꿩, 목도리뇌조 등이 서양측백나무의 열매를 먹고 살아간다. 한편 서양측백나무는 새들에게 양식을 주는 것 이상의 역할을 한다. 서양측백나무는 비둘기, 목도리뇌조, 올빼미 같은 새에게 쉼터를 제공하고, 토끼, 여우, 너구리, 스컹크, 주머니쥐, 코요테 같은 포유동물에게 먹이를 공급한다.

다람쥐들은 참나무 열매인 도토리를 먹고 산다. 도토리에는 타닌 성분이 많이 함유되어 있는데, 이 성분이 도토리가 겨울 동안 저장되는 것을 용이하게 한다. 이런 사실을 잘 알고 있는 다람쥐들은 도토리를 땅속이나 나무줄기 속에 감춰 둔다. 이렇게 여기저기 감춰 둔 도토리 중에는 이듬해 봄까지 땅속에 남아 있는 것들도 있다. 다람쥐들이 도토리를 감추어 놓고도 그 사실을 잊어버린 경우이다. 그런 도토리들은 싹을 틔우게 된다. 다람쥐들은 참나무의 씨앗을 먹어 치우기도 하지만, 그 씨앗을 숲 여기저기에 퍼뜨려서 참나무가 번식하는 데 도움을 주기도 하는 것이다. 한편 도토리 수확이 좋은 해에는 도토리를 먹고 사는 쥐의 개체 수가 증가하고, 쥐는 올빼미를 비롯한 육식 조류들이 좋아하는 먹이인 까닭에, 쥐가 늘어나면 올빼미의 숫자도 많아지게 된다. 이처럼 숲 속의 생명들은 서로가 서로에게 연결되어 있다. 그 연결은 눈에 보이지 않지만 견고하고 확실하다.

따라서 한 그루의 나무를 베어 내는 일은 단순히 나무 하나를 베어 내는 일로 그치지 않는다. 그것은 그 나무를 중심으로 서식하는 다른 수많은 생명체의 생존 터전을 빼앗는 일이다. 말루프는 "우리가 양버즘나무 한 그루를 벨 예정이라면 어쩌면 그 나무 위에서 자신의 꿈을 찾게 될 아이 하나와 최소한 다섯 종의 곤충들을 잃게 된다는 사실을 인식해야 한다."고 말한다.

이런 깨달음의 토대 위에서 말루프는 자본주의적 욕망과 탐욕에 경계의 메시지를 전달한다. 나무를 베어 목재로 만들어 이윤을 추구하겠다는 욕망이 지구에서 숲이 점점 사라지도록 하고 있다는 것이다. 그녀는 소나무 숲을 방문한 자신의 경험을 소개한다.

엘리엇 섬은 길고 좁은 모양을 가진 섬이다. 습지로 둘러싸인 좁은 오솔길이 섬 끝단에 있는 공동체 마을로 통하는 유일한 길이었다. 그 길을 계속 따라 올라가자 최근에 오래된 나무들이 벌목된 가슴 아픈 광경이 나타났다. 아름드리나무의 그루터기와 도끼 자국이 선명한 나뭇조각이 아무렇게나 버려져 있었다. 이것들은 제재소로 운반될 만큼 가치 있지 않았던 것이다. 키가 큰 나무들도 잘려진 채 그냥 서 있었는데 그 모습이 마치 외로운 파수병 같았다.

말루프는 사람들이 원래 있던 나무를 베어 소나무를 심고, 그 소나무를 다시 벌목하는 이유로 자본주의 시장 논리를 제시한다. 소나무의 한 종류인 미송은 종이를 만드는 데 매우 유용할 뿐만 아니라, 인간이 일생 동안에 두 번 심어서 베어 낼 수 있는 몇 안되는 종이다. 그렇기에 사람들은 원래 숲에 있던 나무를 베어 내고 그 자리에 소나무 심기를 주저하지 않는다. 이 소나무들은 충분히 자라 노목老木이 되기 전에 베여 목재상에게 팔린다. 이처럼 시장 논리에 의해 나무를 심고 베는 일을 결정하는 사람들에게 그녀는 충고한다.

땅 주인들이 자신의 숲에 있는 나무를 베겠다고 결정을 내릴 때는 보통 이런 나무는 어딜 가나 많이 있을 테니까 괜찮다고 생각한다. 그리고 자신이 숲이라는 서식지를 파괴한다고 해도 그 숲의 동물들과 식물들은 다른 곳에서 여전히 잘 살아갈 거라고 생각해 버린다. 그러나 환경운동가들은 "이 세상 어느 곳에도 이곳과 같은 곳은 없다."고 잘라 말한다. 어떤 환경운동가는 한마디로 이렇게 말했다. "서식지는 식물과 동물이 사는 곳을 뜻합니다. 서식지를 바꾸거나 파괴하는 것은 그곳에 사는 생물의 생명을 빼앗는 것입니다."

미래를 향한 그녀의 시계는 인간의 사회와 경제 시스템이 현재에만 초점이 맞추어져 있는 세태를 비판한다. 그녀는 아메리카 원주민은 어떤 결정을 내릴 때 7대까지의 후손을 고려했다는 점을 상기시키며, 현대인이 자손의 교육과 노후를 대비하는 데는 많은 돈을 쓰지만, 정작 후대에게 물려주어야 할 숲과 산호초와 강을 보호하는 데는 무관심하다는 것을 지적한다. 이런 현상은 인간의 시계가 미래가 아닌 지금 현재만을 향하고 있기 때문에 발생한다. 그녀는 조애나 메이시의 표현을 빌려 현대인을 '시간이라는 덫에 붙잡힌 사람들'이라고 표현한다. 단기의 목표를 실현하기 위해 빠른 속도로 결정을 내리는 현대인의 풍조를 꼬집은 것이다. 말루프는 인간이 시간에 대해 얼마나 왜

곡된 관념을 가지고 있는지를 이해하고 싶다면, 인간 외에 다른 종들이 시간을 어떻게 사용하고 있는지를 보라고 조언한다.

인간을 제외한 다른 모든 종들의 시계는 오로지 미래를 향해서만 간다. 식물이나 동물이나 모든 종에 있어서 가장 중요한 일은 다음 세대를 위한 만반의 준비다. 식물은 자신의 에너지 대부분을 꽃과 꿀을 만드는 데 쓴다. 그리고 씨앗에 양분을 공급하고 싹을 틔울 수 있도록 퍼뜨리는 일에 최선을 다한다. 식물들이 많은 에너지를 소비하면서까지 후세대를 만드는 데 애쓰는 이유는 자신의 유전자를 후대에 전달하는 것이 그만큼 중요한 일이기 때문일 것이다. 동물들에게도 다음 세대는 아주 중요하다. 동물들은 짝짓기를 할 때 목숨을 건 모험을 감수한다. 전염병의 감염으로부터의 위험, 침입자로부터의 위험, 특히 암컷은 새끼를 낳을 때의 위험을 기꺼이 감수한다. 살아남은 강한 유전자로 다음 세대를 잇는다는 점에서 모든 생물들은 미래지향적이다.

그렇다면 나무와 숲, 나아가 생태계를 보존하려면 어떻게 해야 할까? 그녀가 제시하는 해법은 의외로 간단하다. 인간이 살기 위해 필요한 행위 하나하나가 다른 생명들의 안식을 파괴하는 일일 수 있음을 인식하고 그러한 사태를 최소화하기 위해 노력하는 것이다.

말루프는 그런 노력의 일환으로 재생지 이용을 제안한다. 일반 종이는 10퍼센트의 재생 종이와 90퍼센트의 새 펄프로 만들어지지만, 재생지는 100퍼센트 재생 종이로만 만들어진다. 즉 재생지는 새로 나무를 잘라 내지 않고도 만들 수 있다. 일반 종이와 재생 종이의 가격 차이는 2달러 정도. 2달러는 누군가에게는 큰 금액일 수 있지만, 나무와 그 주위에 사는 많은 생명체들을 생각하면, 또 나무 한 그루가 자라기 위해 필요한 세월을 생각하면 그리 큰 금액은 아니다.

산문집 〈아름다운 마무리〉에 실린 글에서 법정 스님은 이렇게 쓰고 있다.

"솔직히 말해서 나는 사람을 포함한 동물보다 나무와 꽃들을 더 좋아하는 편이다. 식물은 동물에 비해서 그 속이 복잡하지 않고 단순하고 소박하고 지극히 자연스럽다. 30여 년 전 이 암자를 지을 때 손수 심어 놓은 나무들의 정정한 모습을 볼 때마다 뿌듯한 생각이 차오른다. 후박나무, 태산목, 은행나무, 굴거리와 벽오동 등이 마음껏 허공으로 뻗어 가는 그 기상이 믿음직스럽다. 사람은 늙어 가는데 나무들은 정정하게 자란다. 사람이 가고 난 뒤에도 이 나무들은 대지 위에 꿋꿋하게 서 있을 것이다. 내 마음을 전하기 위해 한 아름이 된 후박나무를 안아 주었다. 이 글을 읽는 당신은 지금까지 몇 그루의 나무를 심고 돌보았는가. 나무를 심고 보살피면 가슴이 따뜻해진다."

'나무를 껴안는 사람Tree Hugger'이라는 별명을 가진 조안 말루프는 솔즈베리 대학에서 생물학과 환경학을 가르친다. 나무, 숲, 생태계를 보존하는 데 관심을 기울이며 조용하고 평화로운 방식으로 자신의 소망을 실현한다. 그녀는 "지구상의 무수한 생명체들이 어떻게 서로 연관되어 있는지를 앎으로써 우리는 그들에 대해 더 많은 관심과 애정을 베풀 수 있다."고 이야기한다. 말루프에 따르면 어떤 대상을 '안다'는 것은 곧 그것을 '사랑한다'는 의미이다. 2005년 조지아대학교출판부에서 발행된 나무 교육 – 숲에게 배우는 수업Teaching the Trees: Lessons from the Forest)은 100여 년 전의 릴케의 시와 200여 년 전의 애보트의 삽화가 곁들여져 있다. 같은 해 〈나무를 안아 보았나요〉란 제목으로 주혜명이 번역한 한국어판이 아르고스에서 출판되었다.

용서는 단지 우리에게 상처를 준 사람들을 받아들이는 것만을 의미하지 않는다. 그것은 미움과 원망의 마음에서 스스로를 놓아 주는 일이다. 그러므로 용서는 자기 자신에게 베푸는 가장 큰 자비이자 사랑이다.

용서는 가장 큰 수행

달라이 라마 · 빅터 챈 〈용서〉

다른 사람에 대해 분노와 미움, 적대적인 감정을 가진 채 싸움에서 승리를 거둔다 해도, 그는 진정한 승리자가 아니다. 그것은 마치 죽은 사람을 상대로 싸움과 살인을 하는 것과 같다. 왜냐하면 인간 존재는 모두 유한하며, 결국 죽게 되어 있기 때문이다. 전쟁터에서 죽는가, 병으로 사망했는가는 별개의 문제이다. 어쨌든 우리가 적으로 여기는 사람들은 언젠가는 죽기 마련이고, 그러므로 결국 사라질 사람들을 죽이고 있는 것이나 마찬가지다. 진정한 승리자는 적이 아닌 자기 자신의 분노와 미움을 이겨 낸 사람이다.

달라이 라마는 설문조사에서 전 세계 지성인들이 가장 존경하는 종교인으로 뽑힌 티베트의 영적 지도자이다. 그가 뉴욕 센트럴파크에서 강연할 때면 수만 명의 일반인들이 운집했으며, 하버드 대학과 MIT 등에서 그를 특별 초청해 불교와 인간 존재에 대한 강의를 들을 때면 참석한 학생들은 눈물을 흘리기까지 한다. 그는 왜 그토록 인기가 많은가? 그의 어떤 점이 그토록 많은 사람들을 매혹시키는가?

달라이 라마는 그 자신에 대해 이렇게 말한다.

"마음 깊은 곳에서 나는 누구도 탓하지 않고, 누구에 대해서도 나쁜 마음을 품지 않는다. 또한 나 자신보다 다른 사람들을 더 많이 생각하려고 노력한다. 다른 사람들이 나보다 훨씬 중요한 존재라고 여긴다. 이 피부 아래에는 똑같은 본성, 똑같은 종류의 욕망과 감정이 숨겨져 있다. 나는 늘 다른 사람에게 행복한 느낌을 전달하려고 노력한다."

티베트를 침략해 무수한 사람을 죽이고 불교 사원을 파괴한 모택동이 사망했을 때 달라이 라마는 조전을 보내며, "티베트인들에게 많은 고통을 안겨 주었지만, 티베트 불교를 전 세계에 알린 가장 큰 공로자."라고 애도의 뜻을 표하기도 했다.

나를 고통스럽게 만들고 상처를 준 사람을 향해 미움이나 나쁜 감정을 키워 나간다면, 나 자신의 마음의 평화만 깨어질 뿐이다. 하지만 그를 용서한다면, 내 마음은 평화를 되찾을 것이다. 용서해야만 진정으로 행복할 수 있다. 우리를 힘들게 하고 상처 입힌 누군가가 있기에 우리는 용서를 베풀 기회를 얻는다. 용서는 가장 큰 마음의 수행이다. 용서는 단지 우리에게 상처를 준 사람들을 받아들이는 것만을 의미하지는 않는다. 그것은 그들을 향한 미움과 원망의 마음에서 스스로를 해방시키는 일이다. 그러므로 용서는 자기 자신에게 베푸는 가장 큰 선물인 것이다.

30년 전, 홍콩 출신의 중국인 빅터 챈은 아시아 여러 지역을 방랑하던 젊은 여행자였다. 티베트 난민 정부가 있는 북인도 다람살라에 도착한 챈은 중국인이라는 이유 때문에 달라이 라마가 자신을 적대적으로 대하지 않을까 걱정한다. 하지만 달라이 라마는 챈이 입은 발목까지 오는 검은 망토와 뒤로 묶은 말총머리, 희한하게 자란 염소수염을 보며 연신 웃음을 터뜨렸다. 두 사람의 만남은 금방 따뜻한 우정으로 발전했다.

그 후 챈은 이 따뜻하고, 잘 웃고, 장난 잘 치는 티베트 지도자와 함께 전 세계를 여행했다. 인도에서 아일랜드까지, 둘만의 명상 시간에서부터 세계 지도자들과의 만남에 이르기까지 챈은 달라이 라마와 함께하는 특권을 누렸다. 달라이 라마의 새벽 명상 시간에 동참하고, 달라이 라마가 수많은 특별한 사람들을 만날 때나 아픈 사람들을 위로할 때도 옆에 서 있었다. 챈은 이 긴 세월의 만남의 기록을 〈용서〉에 담았다. 달라이 라마와 그의 절친한 친구의 가슴과 가슴이 통하는 대화가 그 속에 스며 있다.

처음 만났을 때 챈은 달라이 라마에게 물었다.

"당신은 중국인들을 미워하는가?"

달라이 라마는 즉각적이고도 간결하게 대답한다.

"아니다."

잠시 침묵이 흐른 뒤 달라이 라마는 다시 입을 열었다.

"나는 중국인에 대해 어떤 나쁜 감정도 갖고 있지 않다. 우리 티베트인들은 중국의 침략으로 크나큰 고통을 겪었다. 그리고 지금 이 순간에도 중국인들은 계획적으로 티베트의 위대한 사원들을 돌 하나까지 해체하고 있다. 거의 모든 티베트 가정이 슬픈 이야기를 하나씩은 가지고 있다. 하지만 나는 중국 공산당과 투쟁하는 것이지, 일반 중국인들과 싸우는 것이 아니다. 나는 중국인들을 미워하지 않는다. 사실 무조건적으로 그들을 용서한다."

센트럴파크에서 행해진 강연에서 달라이 라마는 말했다.

우리는 인간을 향한 애정을 키우기 위해 모든 노력을 기울여야 한다. 폭력과 전쟁에 반대하면서 다른 해결 방식도 존재한다는 사실을 보여주어야 한다. 비폭력적인 방식이 그것이다. 인류를 하나의 전체로서, 한 생명으로서 바라봐야 한다. 오늘날의 진실은, 전 세계가 마치 한 몸으로 연결되어 있는 것과 같다는 것이다. 어딘가 먼 장소에서 무슨 일이 일어나면, 그 영향은 반드시 우리가 살고 있는 곳까지 미친다. 이웃을 적으로 여겨 미워하고 파괴한다면, 그것은 결국 우리 자신에 대한 미움과 파괴로 돌아온다.

로폰라라는 이름의 티베트 승려가 있다. 중국이 티베트를 침략하기 전부터 달라이 라마가 알고 지내던 사람이다. 달라이 라마는 이 로폰라의 이야기를 자주 예로 든다.

달라이 라마가 티베트를 탈출해 인도로 망명한 뒤, 로폰라는 중국군에 붙잡혀 감옥에 갇힌다. 그는 그곳에 18년 동안이나 수감되어 있었다. 그러다가 가까스로 자유의 몸이 되어 인도로 탈출했다. 달라이 라마는 거의 20년 만에 그를 만났다. 하지만 달라이 라마의 염려와는 달리 로폰라는 옛날 모습 그대로였다. 물론 외모는 더 늙었지만, 몸은 건강했다. 오랜 세월을 감옥에서 보냈음에도 불구하고 그의 이성은 아직도 날카로웠고, 변함없이 부드러운 마음을 지니고 있었다.

로폰라는 달라이 라마에게 말하기를, 중국인들이 그에게 불교를 비판할 것을 강요했다고 했다. 그는 수없이 고문을 당해야만 했다. 달라이 라마는 로폰라에게 두려웠던 적이 없었느냐고 물었다. 그러자 로폰라는 이렇게 대답했다.

"네, 한 가지 가장 두려운 것이 있었습니다. 나 자신이 중국인들을 미워하게 될까 봐, 중국인들에 대한 자비심을 잃게 될까 봐, 그것이 가장 두려웠습니다. 하마터면 큰일 날 뻔했습니다."

달라이 라마는 이 이야기를 전하며 우리에게 말한다.

"로폰라의 경우, 용서하는 마음이 감옥에서 그에게 큰 힘이 되어 준 것이다. 용서 덕분에 중국인들에 대한 나쁜 경험이 더 이상 악화되지 않을 수 있었다. 감옥에 갇혀 모진 고문을 당하면서도 그는 정신적으로나 감정적으로나 그다지 많은 고통을 겪지 않았다."

자신만 생각하고 타인을 잊어버리면, 우리의 마음은 매우 좁은 공간만을 차지하게 된다. 그 작은 공간 안에서는 작은 문제조차 크게 보인다. 하지만 타인을 염려하는 마음을 갖는 순간, 우리의 마음은 자동적으로 넓어진다. 이때는 자신의 문제가 아무리 크다고 해도 별로 크게 느껴지지 않는다.

적이나, 자신에게 상처와 피해를 준 사람을 용서하느냐의 여부는 영적 성장에 큰 차이를 가져다준다고 달라이 라마는 이야기한다. 그것은 한 사람의 삶을 바꿔 놓을 수도 있다. 또 다른 티베트인 롭상 텐진도 이를 경험했다. 그 역시 중국군에 붙잡혀 감옥에 갇혔으며, 아무 이유 없이 모진 고문을 당했다. 하지만 그는 용서로써 미움의 감정을 승화시켰다. 아울러 한 걸음 더 나아가 중국인들에 대한 진정한 자비심을 키웠다. 그런 마음 자세 덕분에 롭상은 정신건강에 거의 아무런 피해를 입지 않고 혹독한 감옥 생활에서 살아남을 수 있었다. 더불어 그는 영적 수행에서 비약적인 발전을 이루게 되었으며, 명상이 신체에 미치는 영향을 연구하기 위해 하버드 대학에서 그를 초청해 실험 대상으로 삼기도 했다.

달라이 라마가 늘 강조하듯이, 모든 생명 가진 존재는 행복을 최대의 목표로 삼는다. 세속적인 행복뿐 아니라 궁극의 행복에 이르는 것이 우리 모두의 이상이다. 그러나 우리들 대부분은 평생에 걸쳐 상처와 고통을 끌어안고 살아가며, 그것은 또 다른 불행을 가져오는 인과 관계로 이어진다. 문제는 우리 안에 있는 미움과 질투와 원한의 감정이다. 이 부정적인 감정들은 행복에 이르는 길을 가로막는 가장 큰 장애물이며, 그 장애물을 뛰어넘는 유일한 길이 용서이다.

중국에서 얻을 수 있는 티베트에 관한 정보는 정부의 통제를 거친 것들뿐이다. 중국 언론과 정치 지도자들은 국민들에게 달라이 라마가 매우 교활한 인물이기 때문에 조심해야 한다고 말한다. 중국 지식인들 중에 티베트 침략을 부당한 일이라고 언급한 사람은 단 한 명도 없다. 그들은 수십만 명을 학살하고 수많은 문화유산을 파괴한 중국 정부의 행동에 오히려 동조한다. 지난 베이징 올림픽 전에도 중국 정부는 자유와 독립을 외치는 티베트인들을 무차별 살상 구금했다.

하지만 달라이 라마는 말한다. "나의 주된 관심은 티베트라는 국가나 티베트 민족에 있는 것이 아니라, 불교와 논리학과 철학이 어우러진 티베트의 전통이다."라고. 티베트 불교 전통은 단지 고대의 문화가 아니라, 오늘날의 삶과도 깊은 관계가 있는 중요한 것이다. 인간의 마음에 대해 더 많이 이해하고, 어떻게 하면 그 마음을 변화시키는가 하는 것이 그것이다. 티베트의 영적 전통을 보호하는 일은 단지 6백만 티베트인들을 위한 것만이 아니라 더 넓은 인류 공동체를 위한 것이라고 달라이 라마는 이야기한다. 특히 자신들의 형제자매인 중국인들을 위해 필요하다고. 중국인들은 자신들의 풍요로운 정신세계를 너무 많이 잃었다. 티베트의 불교 전통이 그 역할을 대신할 수 있을 것이다. 그것을 보존하는 일은 티베트와 중국 양쪽 모두에게 이익이다.

나는 새로운 사람을 만날 때, 굳이 서로를 소개해야 할 필요성을 느끼지 못한다. 그는 나와 같은 단 하나의 사람일 뿐이다. 움직이고, 미소 짓는 눈과 입을 가진 존재를 소개해야 할 필요성을 느낀 적은 없다. 우리는 피부색만 다를 뿐, 똑같은 존재이다. 살아 있는 어떤 존재라도 사랑하고 자비를 베풀 수 있다면, 무엇보다 우리를 미워하는 이들에게 그런 마음을 가질 수 있다면, 그것이야말로 참다운 사랑이고 자비이다. 누가 우리에게 용서하는 마음을 가르쳐 주는가. 다름 아닌 우리의 반대편에 서서 우리를 적대시하는 사람들이다. 그들이야말로 진정한 스승들이다.

모두의 슬픔 속에 지난해 선종하신 김수환 추기경은 이 책의 추천글에서 "살면서 얼마나 많이 용서했는가에 따라 하느님은 우리를 용서할 것이다."라고 썼다. 그분의 임종 전 마지막 메시지도 "사랑하고, 사랑하고, 용서하라."였다. 법정 스님은 "용서는 가장 큰 마음의 수행이다. 상처의 가장 좋은 치료약은 용서하는 일이다."라고 이 책의 추천글을 썼다. 2004년 가을 정기법회에서 스님은 청중에게 〈용서〉를 독서 숙제로 내주었다.

홍콩 출신의 중국인 빅터 챈은 미국과 캐나다에서 물리학을 전공했고, 캐나다 브리티시컬럼비아 대학에서 동양학연구소 교수로 재직 중이다. 그가 달라이 라마와 함께 쓴 〈용서의 지혜 The Wisdom of Forgiveness〉는 미국 리버헤드에서 2004년 발간되었으며, 류시화 번역으로 열림원에서 〈용서〉라는 제목을 달고 같은 해 9월 출간되었다. 달라이 라마는 이 책의 출간 이후 새해를 맞는 한국 독자들에게 용서를 주제로 신년 메시지를 전하기도 했는데, 이를 계기로 〈용서〉는 더욱 화제가 되었다. 함께 읽을 달라이 라마의 또 다른 책으로는 미국의 저명한 정신과 의사 하워드 커틀러와 달라이 라마가 행복을 주제로 나눈 대화를 엮은 〈달라이 라마의 행복론〉, 1999년 8월 달라이 라마의 뉴욕 법문을 엮은 〈달라이 라마의 마음공부〉, 존재, 사랑과 행복, 마음, 인간애, 명상 등으로 주제를 나눠 달라이 라마가 남긴 말과 글들을 수록한 잠언집 〈달라이 라마〉 등이 있다. 중국과의 외교 문제로 인해 번번이 무산된 달라이 라마의 방한은 아직까지도 이루어지지 못하고 있다.

삶은 아름다운 것이다. 내가 이제껏 배운 삶에는 많은 놀라움과 아름다움이 깃들어 있다. 다만 그것을 보기 위해서는 우리 눈을 아름답게 씻어 둘 필요가 있다.

테제베와 단봉낙타

무사 앗사리드 〈사막별 여행자〉

여행은 자기 자신에게로 떠나는 것이며, 또한 그 여행은 타인과의 만남을 통해 이루어진다. 여행을 하는 동안 사람들은 삶이 아름답다고 느낀다. 그 순간에는 소유해야 할 것도 잃을 것도 없기 때문이다. 유목민들은 늘 새로운 초목을 찾아 길을 떠난다. 황폐해진 땅을 피해 달아나는 것이 아니라 새로운 땅과 새로운 날을 향해 앞으로 나아가는 것이다. 그러한 시간들 속에는 배움이 있다. 나는 삶을 여행하며 내가 가진 것들을 다른 이들에게 나누어 주고, 다른 이들이 가진 것들을 나누어 받는다. 알고, 배우고, 깨닫는 것, 그것은 여행이 우리에게 줄 수 있는 가장 큰 선물이며 우리를 살아 있게 하는 이유가 된다.

사하라 사막에는 인디고 빛 두건과 푸른색 베일을 둘러쓴 신비의 부족이 있다. 새로운 물과 풀을 찾아 유목 생활을 하는 투아레그족. 무엇에도 구속되지 않은 채 자유로이 사막을 떠도는 그들의 야영지에 어느 날 파리-다카르 랠리 자동차 경주 대회를 취재하러 온 프랑스의 여기자가 나타난다. 우연히 그녀의 가방에서 책 한 권이 떨어졌고, 사막을 놀이터 삼아 자신들만의 왕국에서 왕자로 살아가던 한 투아레그 소년이 달려가 그 책을 집어 준다. 소년은 여기자로부터 그 책을 선물로 받게 된다. 소년은 책 속의 그림들에 매혹되었고, 그날 이후 오직

한 생각뿐이었다. 학교에 가서 글을 배워 책 속 그림에 나오는 그 꼬마 녀석의 이야기를 알게 되는 것.

소년은 아버지를 졸라 날마다 30킬로미터가 넘는 거리를 걸어 학교에 다닌다. 마침내 글을 배워서 읽게 된 그 책은 생텍쥐페리의 〈어린 왕자〉. 소년은 '어린 왕자'가 태어나고 사라진 그 슬프고도 아름다운 풍경은 바로 사막에 사는 자신들의 모습과 같다는 걸 발견한다. 자신이 태어나는 것을 보았고, 자신의 마지막 숨결을 불어넣을 사막의 풍경. 결말 부분에서 어린 왕자가 죽는다는 내용을 읽은 소년은 자신과 같은 어린 왕자의 형제들이 아직도 사막에 살고 있음을 말해 주기 위해 생텍쥐페리가 이미 고인이 되었다는 사실도 알지 못한 채 프랑스로 가서 그를 만나겠다고 굳게 마음먹는다. 자신의 이야기를 듣고 생텍쥐페리가 떠올릴 미소를 생각하면서.

사막에서 근처 작은 도시로, 그곳에서 좀 더 먼 도시로, 그리고 다시 더 크고 먼 도시로, 그리하여 마침내 스무 살 무렵 극적으로 프랑스에 도착한 이 사하라 사막의 투아레그족 청년 앞에 마술과도 같은 문명 세계가 펼쳐진다.

소설보다 더 극적인 이 실화의 주인공 무사 앗사리드는 도시에 넘쳐 나는 온갖 풍요에 감탄한다. 더불어 그처럼 많은 것을 가졌건만 문명 세계 사람들은 행복하지 못함을 발견한다. 삶의 한 부분 한 부분을 소중하게 음미하지 못하고 앞만 보며 달려가는 문명인, 이웃과 단절되어 고독하게 욕망을 좇으며 살아가는 도시인들은 자신이 누구인지조차 잊은 채 살아가고 있었다. 문명 세계 사람들은 기적으로 가득 찬 많은 것을 소유하지만, 정작 가장 중요한 것, 즉 지금 이 순간의 행복을 소유하지 못하고 있었던 것이다. 이 책은 어린 왕자의 별을 지키던 사막의 유목민 청년이 문명 세계에 사는 우리들에게 전하는 사막별 사람들의 행복 메시지이다.

우리 투아레그인들은 아무것도 가진 게 없지만 저마다 행복하다고 말한다. 문명 세계 사람들은 우리와 반대로 모든 것을 가지고 있다. 우리가 사는 사막과 달리 그들의 세상에는 사계절이 있다. 봄이 있고 여름이 있고, 가을과 눈 내리는 겨울이 있다. 꽃과 산과 풍부한 물과 먹을 것들, 삶을 윤택하게 해 주는 많은 문화적 혜택들과 넘쳐 나는 물질 등 모든 것이 그곳에 있다. 하지만 이렇게 모든 것을 가지고 있으면서도 그들은 언제나 불평불만이 많다. 자식이 하나면 둘을 못 둔 것이 불만이고, 비가 오면 해가 뜨지 않는 것이 불만이다. 더 좋은 집과 자동차, 더 나은 직장을 가지지 못해 불행하다. 투아레그인들은 비가 오면 거기에 감사하고, 보잘것없지만 하루의 양식을 대지로부터 얻은 것에 만족한다.

투아레그족 유목민 무사의 눈에 비친 문명 세계는 허구로 가득 차 있다. 문명인들은 본질적인 것들을 상실한 채, 자연과 너무 멀어진 돌연변이의 삶을 산다. 내일에 대한 걱정으로 불안한 오늘을 살고 꽉 짜인 일정표 속에 스스로를 가두어 버린 삶을 살고 있다.

나는 사막에서 태어나 그곳에서 어린 시절을 보냈다. 가축들과 함께 새로운 초목을 찾아 이동하는 유목민들은 늘 생활에 필수적인 것들만 소유하고 다닌다. 우리가 누리는 문명의 혜택이라는 것은 매우 적은 것들에 국한되어 있다. 그러나 우리에게는 광대한 사막과 끝없이 이어진 지평선, 그 무의 공간에 살아 숨 쉬는 고요, 그리고 자연과의 교감이 있다. 그것들은 문명이 인간에게 줄 수 있는 그 어떤 것보다 크고 깊다.

처음 문명 세계에 와서 내가 받은 문화적 충격은 그래서 매우 큰 것이었다. 돌리기만 하면 물이 펑펑 쏟아지는 수도꼭지와, 낙타를 타고서도 며칠씩 걸려야 갈 수 있는 거리를 단 몇 시간 만에 돌파하는 기차 등 문명 세계에서 본 모든 것은 내가 꿈에도 상상하지 못했던 것들이었다.

사막이 가르쳐 준 지혜와 문명 세계에서의 깨달음 모두를 아우르는 이 책에서, 무사 앗사리드는 단봉낙타가 내딛는 발걸음에 맞춰 한 걸음씩 나아가는 삶과 테제베를 타고도 더 빨리 가지 못해 조급증을 내는 삶에 대해 이야기한다. 사라져 가는 문명과 지속 가능한 발전을 장담하는 거만한 문명, 걷는 사람과 달리는 사람, 자연에 응답하는 삶과 기술에 응답하는 삶, 단순함과 복잡함, 관계 중심적인 삶과 이해 중심적인 삶, 진지함과 가벼움, 본질적인 것에 충실한 삶과 현실적인 것에 충실한 삶의 대비를 보여 준다.

이 책을 통해서 나는 내가 느낀 것, 그중 가장 단순하면서도 또 가장 중요한 것을 말하고 싶었다. 그것은 우리 모두의 정신에 풍요로움을 가져다주는 것이다. 사막에서의 삶은 매우 단순하다. 갖고 있는 것들도 단순하고 생각도 단순하다. 그러나 우리는 우리가 누구인지를 알고 있다. 문명국가에서의 삶은 그렇지가 않다. 너무도 많은 물질과 넘쳐 나는 정보의 홍수 속에서 사람들은 자기 자신을 잃고 복잡한 삶에 이끌려 살아가고 있었다. 사막에서는 자연의 소리에 귀를 기울이고 자연의 의지를 이해하는 것이 더없이 중요하다. 그것은 생명과 직결되는 것이다. 그러나 문명 세계의 사람들은 자연의 목소리에 귀 기울일 줄 모른다. 그들은 그것을 아예 잊어버린 것 같다. 그들이 귀 기울이는 것은 자연보다는 오히려 신문과 뉴스의 기사들이다. 문명 세계의 사람들은 아무것도 하지 않고 있으면 시간을 잃어버린다고 여긴다. 그러나 우리 투아레그인들은 다르다. 우리에게 있어 시간은 잃거나 소유할 수 있는 것이 아니다. 단지 '살아가는' 것이다.

사막의 유목민들은 생명의 온갖 신호에 귀를 기울이며 살아간다. 그들은 대지의 언어를 찾고, 모래 위에서 생명의 문자를 읽는다. 물과 풀을 찾아 새로운 곳으로 이동하며 살아가는 유목민들은 지도나 표지판이 아니라, 별과 은하수를 보고 방향을 잡는다. 문명 세계의 사람들은 자신의 하루를 일정표에 맞춰 계획하고 시간을 분과 초로 나누어 바쁘게 뛰어다니지만, 사막 사람들에게는 오직 아침과 점심, 저녁이 있을 뿐이다.

문명인들은 십 대 시절부터 노후를 걱정하지만, 유목민들은 그렇지 않다. 그들은 자명종 소리에 맞춰 하루를 시작하지 않고 밝아 오는 태양과 함께 자리에서 일어나며, 지상에 어둠이 내리면 주어진 하루에 감사하며 잠자리에 든다. 시간을 재지 않으며, 돈이나 물건의 양을 셈하지 않는다. 양 한 마리는 그대로 양 한 마리일 뿐, 몇 킬로그램의 고깃덩이나 얼마짜리 물건으로 바뀔 수 없다.

생전 처음 서구 문명 세계를 경험하게 된 무사 앞에는 놀라운 일들이 펼쳐지지만 그의 눈에 비친 도시의 마법과 황홀경은 오래가지 못한다. 마법의 세계를 떠받치는 지혜가 부재하는 탓이다.

언제나 떠나야 할 때 이동을 해야 하는 우리는 최소한의 것들만 소유한 채 생활하는 것에 익숙해져 있다. 우리는 단순함과 가벼움을 선호한다. 행복 역시 단순함과 가벼움 안에서 비롯된다고 믿는다. 저승길을 가면서 짐을 이고 가는 사람은 아무도 없다. 오직 우리가 살아온 시간만이 그 길을 동행한다. 하루하루는 신이 우리에게 내린 축복이자 선물이다.

그 축복받은 시간들을, 소중한 그 선물들을, 언제고 우리 곁을 떠나게 마련인 부를 축적하기 위해 자신에게 어떤 즐거움도 주지 않는 일을 하며 소비하는 것은 너무나도 슬프다. 인간은 육체를 가진 존재이기 이전에 영혼을 가진 존재다.

유목민의 오래된 지혜와 사막의 자연이 가르쳐 준 교훈을 토대로 무사는 문명인들의 삶 곳곳에 날카로운 시선을 던진다. 호화롭고 편리한 문명의 이면에 있는 도시인들의 결핍된 열정, 고독을 감춰 버리는 아찔한 마천루와 빌딩 숲, 돈과 쾌락의 노예가 되어 가는 영혼과 육신, 노인들을 외톨이로 가둬 버리는 양로원, 뭐든 빨라야만 직성이 풀리는 조급증에 비판을 가한다.

영혼의 양식을 멀리한 채 하루하루 자신을 소멸시키며 부와 성공을 향해 달려가는 도시인에게, 사막의 유목 부족인 투아레그 청년은 따뜻하고 유머러스한 목소리로 사막의 지혜를 이야기한다. 특히 투아레그족 사람들의 믿음과 이상, 진정한 풍요와 사랑, 가르침, 그리고 고통이 무엇인지 전하면서, 그동안 우리가 잊고 지내던 삶의 가치를 되새기게 한다. 아울러 보이지 않는 신비로운 힘을 지키는 법, 삶의 무한한 다채로움을 구하고자 우연을 위한 빈자리를 남겨 두는 법, 돈이 아니라 삶 자체에 머무르며 인내하는 법을 들려준다.

나는 거울과 같다. 내가 책에서 이야기한 것을 통해 사람들은 스스로의 모습을 돌아볼 수 있을 것이다. 이것은 나 역시 마찬가지다. 나는 여행으로 많은 사람들을 만나며 그들의 모습을 통해 나 자신을 돌아본다. 어머니 대지는 우리를 이곳에 오게 했고, 아버지 하늘은 우리를 성장의 길로 인도한다. 또한 인내로써 우리는 자기 자신과 만나며 사물의 본질을 볼 수 있는 눈을 가지게 된다. 아무리 하찮은 일을 하는 사람이라도, 아무리 못생긴 사람이라도, 아무리 가난한 사람이라도, 우리 모두는 신성한 존재다. 더불어 투아레그족 사람들은 아무리 가진 것이 없다 하더라도 타인과 많은 것을 나누며 산다. 자신이 먹을 음식의 모두를 타인에게 기꺼이 내줄 수 있을 때 우리는 진정한 행복을 느낄 수 있다.

법정 스님은 이 책의 뒤표지 추천글에서 이렇게 썼다.

"사하라 유목민 투아레그족의 열세 살 소년이 어느 날 사막에서 생텍쥐페리의 〈어린 왕자〉를 주워 읽고, 그의 영혼에 커다란 메아리를 불러일으킨다. 비인간적이며 허구적인 삶으로 얽어진 문명 세계. 가난하지만 소박하고 지혜로운 유목민의 삶이, 도시의 사막에서 끝없이 표류하고 있는 오늘 우리들 자신을 돌아보게 한다. 이웃에게 권하고 싶은 좋은 책이다."

무사 앗사리드의 〈사막별 여행자〉는 2006년 프랑스 르네상스 출판사에서 〈사막에는 교통체증이 없다 *Y a pas d'embouteillage dans le désert*〉란 제목으로 출간되었다. 2004년 5월, 사막에서 온 이 푸른 옷의 투아레그족 청년은 다니던 몽펠리에 대학 부근의 한 카페에서 우연히 합석하게 된 한 남자에게 자신의 어린 시절, 사막의 야영지, 단봉낙타와 염소들, 〈어린 왕자〉, 학교 등에 대해 이야기했는데, 남자는 즉시 그 자리에서 명함을 내밀며 말한다. "내 이름은 티에리 파야르이며, 출판사 발행인입니다. 당신의 삶은 한 편의 소설과 같습니다. 내가 그 소설을 책으로 만들어 드리겠습니다!" 몇 주 뒤 파리 샹젤리제 가에서 두 사람은 다시 만났고 출판 계약금으로 4천 유로가 지불되었다. 무사 앗사리드는 그 돈으로 낙타 한 마리와 암소 두 마리, 서른 마리 남짓한 양들을 샀다. 그리고 사막행 비행기 표도 샀다. 글을 쓰기 위해 자신의 사막으로 돌아갔고 글을 완성해 파리로 돌아왔다. 책은 펴내자마자 금방 8천 부가 팔렸고, 이어 짧은 기간에 20쇄를 찍기에 이르렀다. 신선영의 번역으로 문학의숲에서 2007년 8월 출판되었다. 무사 앗사리드의 다음 이야기는 〈모래의 아이들—투아레그의 학교 *Enfants des sables: Une école chez les Touaregs*〉란 제목으로 2008년 프랑스에서 발행되었으며, 한국에서도 출판 예정이다.

자연은 이렇게 마음껏 꽃을 피우는데, 과연 자연 속에 사는 우리들은 어떤 꽃을 피우고 있는지 거듭거듭 살필 줄 알아야 한다. 꽃에게서 들으라.

꽃에게서 들으라
김태정 〈우리가 정말 알아야 할 우리 꽃 백 가지〉

솜양지꽃은 이른 봄 산간의 눈이 채 녹지 않은 때부터, 누렇게 말라 죽은 다른 풀잎들을 헤치고 연약한 꽃대를 올려 노란 꽃을 피운다. 양지 바른 쪽에 노랗게 피어 있는 이들 꽃들은 마치 봄볕을 쬐고 있는 병아리 떼와 같아 귀엽기 짝이 없다. 그러나 길가에 피었다가 사람의 발길에 짓밟히거나 농가의 소먹이 혹은 돼지 먹이로 잘려 나가기 일쑤이다. 그래도 생명력과 재생력이 강해 원줄기가 잘려 나가면 잘려진 부분에서 곧 뿌리가 나와 자라며 줄기가 끊겨 나가면 곧 새순이 나와서 늦게나마 다시 꽃을 피우고 씨를 맺는다.

한국 야생화 연구에 30년을 바친 '걸어다니는 식물도감'이라 불리는 김태정에게 산에 들에 피어나는 작은 들꽃들은 이 세상 어느 것과도 바꿀 수 없는 소중한 존재들이다.

그는 어느 잡지와의 인터뷰에서 말했다.

"비가 와서 땅이 다 쓸려 나가면 아무것도 없을 것 같지만, 자연은 강인합니다. 그 자리에 있던 꽃들은 물론 사라지지요. 하지만 그 2백 년 전, 백 년 전에 살았던 씨들이 햇볕을 보면 세상을 향해 고개를 내밀어요. 생명은 고통을 치렀을 때 더욱 아름답게 변화하고 성장합니다. 화산이 터지면 그 근방에 아무것도 없어지잖아요. 사람들 생각에는 영원히 버려진 땅이 된 듯하지만 거기에는 다시 새 생명이 태어나요. 연씨 같은 건 5천 년의 기다림 끝에 싹을 틔우잖아요."

이 국토 어딜 가나 산하를 파헤치는 포클레인 소리와 굴착기 소리가 들리지 않는 곳이 없다. 언제부터인지 모르지만, 또 언제까지가 될지 모르지만, 인간의 이익과 편리를 위한 자연 파괴의 굉음이 영원한 공사 공화국의 주제가인 양 울려 퍼지고 있다. 그 쇠바퀴 앞에 '이름 없는' 들꽃들은 밟히고 쓰러진다. 못다 핀 생을 저항 한 번 하지도 못한 채로……. 목적 지향적인 거친 행렬이 밀려오면 가장 먼저 스러지는 것은 어디서나 순수하고 연약한 존재들이다. 하지만 어린아이 손길에도 뽑히는 그 들꽃들이 한겨울 동토보다 강하고, 포클레인보다 숭고한 목숨이라는 것을 아는가. 영하 50도까지 내려가는 백두산 정상에서도 개감체라는 연약한 풀은 단단한 얼음을 뚫고 피어난다. 온통 바위로 이루어진 섬 독도에서는 기린초, 섬초롱꽃, 섬노루기 등의 식물들이 모진 바람 속에서 흙만 보이면 뿌리를 내린다.

김태정에 따르면 이 땅은 작지만 야생화들에게는 어마어마하게 넓은 천국이다.

"우리 땅이 엄청 넓습니다. 지도로 보면 조그맣지만 두 발로 걸어다니면 어마어마하게 넓어요. 이곳에 무수히 많은 들꽃들이 그 나름대로 다 저희가 알아서 살아가요. 개발에 밀려나긴 하지만 얘네들은 그래도 다 우리 땅을 지키고 있어요. 어디든지 다 있어요. 멸종됐느니 새로운 발견 했으니 사람들이 말하는데 그렇지 않습니다."

우리가 모르고 있지만, 혹은 눈으로 보면서도 일회적인 감상에 그치고 지나치지만, 이 땅은 '우리의 땅'이 아니라 '우리 꽃들의 땅'이다. 인간의 거친 발길과 땅을 파헤치는 일각수의 횡포 속에서도 우리 꽃들은 흙담 밑에서, 돌 틈에서, 가랑잎들 속에서, 개울 옆에서 엄청난 생명력으로 한해살이의 생을 이어 간다. 어느 날 이 꽃들이 전부 사라진다면 이 국토는 아스팔트와 화학물질로 뒤덮인 불모지가 되어 있을 것이다.

그동안 김태정이 순례의 길 삼아 걸어다니면서 기록한 우리 식물들은 무려 6천여 종 10만 가지에 이른다. 봄에 피는 야생화로는 민들레, 솜다리, 씀바귀, 조팝나무, 솜양지, 노루귀, 보춘화, 금붓꽃, 산괴불주머니, 삼지구엽초 등이 있고 여름에 피는 야생화로는 엉경퀴, 사위질빵, 상사화, 동자꽃, 며느리밥풀꽃, 범의귀, 부들, 체꽃 등이 있다. 각각의 꽃들은 우리 인간과 마찬가지로 그만의 얼굴과 생애와 이야기를 지닌다.

알프스 고산지에서 많이 자라는 에델바이스는 우리나라 이름으로는 '솜다리'이며 제주도 한라산 바위틈에서 주로 자란다. 붓꽃은 프랑스의 나라꽃이고, 제비꽃은 그리스의 나라꽃이다. 동백의 꽃말은 '신중, 허세 부리지 않음'이다. 달개비는 닭장 주변에서 잘 자란다고 해서 그 이름이 붙었고, 쑥부쟁이는 '쑥을 캐러 다니던 불쟁이(대장장이)'의 딸이 죽어서 핀 꽃이다. 그런가 하면 민들레는 추위를 잘 견딜뿐더러 생명력이 매우 강해서 뿌리를 토막 내어 땅에 묻으면 거기서 다시 싹이 튼다. 민들레의 재미있는 특징은 풀잎의 숫자만큼 꽃대가 올라온다는 것이다. 풀잎이 열 개가 나오면 잎과 길이가 거의 비슷한 꽃대도 열 개가 나와 꽃이 핀다. 꽃이 활짝 핀 것보다 피기 전의 터질 듯한 모양이 청초하고 아름다운 옥잠화는 그 꽃봉오리가 마치 선녀가 떨어뜨리고 간 옥비녀를 연상케 한다 하여 옥잠화라는 이름이 붙여졌다. 그렇다면 다음의 설명이 가리키는 꽃의 이름은 무엇일까.

아주 오래전에는 처녀들이 분홍색이나 자주색의 여섯 폭 치마를 즐겨 입었던 모양이다. 꽃이 피고 고개를 숙이고 있을 때에는 동그란 여섯 폭의 치마 모양을 보이는데 마치 처녀가 여섯 폭 치마를 입고 있는 모습과 흡사하다. 이 풀은 생명력이 아주 강하여 가을에 풀잎이 죽지 않고 겨울에 푸른 잎이 땅바닥에 퍼져 누워서 산속의 추위와 눈보라에도 끄떡없이 겨울을 난다.

그 이름은 '처녀치마'이다. 함경도 지방에서는 '성성이치마'라고 부른다. 가랑잎에 묻혀 있는 꽃이 눈에 띄지 않아서 산행하는 사람들의 발길에 밟혀 수난을 당하는 꽃이다.

강원도 산간 깊은 데나 고산지역에서 많이 피어나며 꽃은 모두 산 아래쪽을 향해 피는 동자꽃에는 이런 전설이 어려 있다. 먼 옛날 깊고 깊은 강원도 산골짜기에 조그마한 암자가 있었는데 그곳에 스님 한 분과 어린 동자승이 살고 있었다. 강원 지방에는 겨울이 유난히 일찍 찾아온다. 겨울 채비가 덜 된 것을 걱정한 스님은 어린 동자를 암자에 두고 혼자서 물품을 구하러 마을로 내려간다. 단숨에 다녀온다고 하고 길을 나섰지만 갑자기 폭설이 내려 스님은 도저히 암자로 돌아갈 수 없는 형편이 되었다. 강원 지방에는 겨울에 한번 눈이 쌓이면 늦은 봄 4~5월이 되어야 녹는다.

암자의 어린 동자는 눈이 많이 와서 스님이 못 온다는 것을 알지 못하고 추위와 배고픔을 참으며 스님이 내려간 언덕만 바라보다가 마침내 앉은 채로 얼어 죽고 말았다. 드디어 추운 겨울도 지나가고 쌓였던 눈이 녹기 시작한다. 서둘러 암자에 도착한 스님은 마당 끝 언덕에 오똑하게 앉아서 죽은 동자를 발견하고는 눈물을 흘리며 그 자리에 곱게 묻어 주었다.

그해 여름이 되자 동자의 무덤가에 이름 모를 풀들이 자라났다. 그리고 한여름이 되니 꼭 동자의 얼굴 같은 붉은색 꽃들이 마을로 가는 길을 향하여 피어나기 시작하였다. 이때부터 사람들은 죽은 동자를 생각하여 이 꽃을 동자꽃이라고 부르게 되었다.

한편 전국의 산과 들, 울타리나 구릉지에서 여름에 흔히 볼 수 있는 사위질빵은 덩굴이 3미터 정도 뻗어 나가 주위의 나무를 타고 올라가기도 하지만, 칡덩굴이나 인동덩굴 등의 다른 덩굴식물들을 엮어서 농기구나 세공용품의 재료로 쓰는 것과는 달리 유독 사위질빵 덩굴만은 굵은 줄기에도 불구하고 잘 끊어진다. 옛날 우리 풍습에 가을철이면 사위는 처갓집의 가을 곡식 거두는 일을 도와주는 게 상례였다. 다른 농부들과 같이 사위도 들에서 볏짚을 져서 집으로 들여와야 했다. 그런데 장인 장모는 자기 사위를 아끼는 마음에서 사위에게는 짐을 조금 지게 하였다. 그러자 같이 일하던 농부들이 이를 가리켜 약한 사위질빵 덩굴로 질빵을 해 짐을 져도 끊어지지 않겠다고 비아냥거렸다. 이렇듯 '사위질빵'이라는 이름은 이 덩굴이 길게 뻗어 나가기는 하지만 연약하다는 데서 비롯되었다.

할미꽃은 중부 지방의 들과 야산의 양지바른 곳에서 잘 자라는 미나리아재비과의 여러해살이 풀이다. 이른 봄 다른 풀잎이 아직 누렇게 죽어 있는 풀밭 사이에서 우리에게 봄소식을 먼저 전해 주는 꽃이다. 꽃잎 안쪽을 제외한 모든 곳에 흰색 털이 많이 나 있는 게 특징이다. 이 풀은 지방에 따라 이름을 제각기 다르게 불렀다. 원래 노고초라 불렸던 이 꽃은 후에 백두옹, 호왕사자 등으로 불리기도 했다. 그리고 다시 이 꽃을 할미씨까비, 조선백두옹, 할미꽃, 주리꽃 등으로 불렀다. 할미꽃은 유독성 식물인데 특히 뿌리에 강한 독성이 있다. 옛날에 소독 약품이 귀할 때는 시골의 농사에서 이 할미꽃 뿌리를 재래식 변기 속에 집어넣어 여름철에 벌레가 생기는 것을 예방했다고 한다. 꽃과 가루에도 독성이 있어 옛 어른들은 아이들에게 이 꽃을 만지지 못하도록 했다.

그런가 하면 우리나라에는 여러 종류의 붓꽃이 자라고 있다. 붓꽃 가운데 재배하는 품종으로 꽃창포가 있는데 6~7월에 꽃이 핀다. 노랑붓꽃도 있는데 금붓꽃과는 다른 종이며 희귀종이다. 남부 지방과 중부 지방, 북부 지방 등지의 산에서 자라는데 우리 고유의 식물로 5~6월에 꽃이 핀다. 제비붓꽃은 남부 지방의 지리산에서 자라는데 연자화라고 불리기도 한다. 만주붓꽃은 중부 지방과 북부 지방의 산에서 자라며 5~6월에 꽃이 핀다. 남부 지방의 무등산, 중부 지방과 북부 지방의 들녘이나 낮은 산간의 습기가 많은 곳에 자라고 있는 애기붓꽃은 5~6월에 꽃이 핀다. 이 밖에도 전국의 산과 들, 또는 습기가 많은 지역의 길가 언덕 등에서 많이 자라는 종으로 붓꽃, 난초 등으로 불리는 것과 각시붓꽃 등이 있는데 붓꽃 중에서 전국적으로 제일 많이 피는 종이다. 노랑무늬붓꽃과 금붓꽃은 세계적으로 우리나라의 산에서만 볼 수 있는 희귀종이며, 우리가 가장 자랑할 만한 꽃으로 철저하게 보호되어야 할 것이다.

아름다운 우리 산하에서는 이렇게 계절에 따라 꽃이 피고 열매가 열리기를 수없이 반복하지만 사람들은 그저 봄이 왔으니 꽃이 피고 가을이 되니 열매가 열리는 것으로 알고 더 이상 관심을 갖지 않는다.

꽃이 없으면 우리의 존재도 사라진다. 꽃은 우리 눈을 즐겁게 하는 소도구나 관상용이 아니라 우리 존재의 기반이다. 이 기반이 허물어지면 우리의 삶도 허공꽃이 되고 만다. 법정 스님은 〈한 사람은 모두를, 모두는 한 사람을〉에서 이렇게 말하고 있다.

"'대지는 꽃으로 웃는다.'는 시구도 있다. 꽃의 피어남을 통해서 우리 인간사도 돌아보아야 한다. 내가 지니고 있는 가장 아름답고 맑은 요소를 얼마만큼 꽃피우고 있는가? 얼마만큼 열어 보이고 있는가? 꽃을 통해서 우리 자신의 삶의 모습도 되돌아보아야 한다. 아름다운 세상은 먼 곳에 있지 않다. 바로 우리 곁에 있다. 우리가 볼 줄 몰라서 가까이하지 않기 때문에 이 아름다운 세상을 놓치고 있는 것이다. 자연은 이렇게 마음껏 꽃을 피우는데, 과연 자연 속에 살고 있는 우리들은 어떤 꽃을 피우고 있는지 거듭거듭 살필 줄 알아야 한다. 꽃에게서 들으라."

🦋 김태정은 서른 번 넘게 백두산을 찾았고, 지금까지 촬영한 야생화만 해도 백만 컷이 넘는다. 야생화에 대한 저서는 60여 권. 해외의 이름난 식물학자들이 자문을 구할 정도이다. 들풀에 해박하던 어머니의 영향과 열아홉 살 나이에 두 번의 죽을 고비를 식물의 약효로 넘기면서 약용식물에 관심을 갖기 시작한 그는 약초와 들꽃을 찾아 이 땅 전역을 돌아다니며 기록을 남긴다. 야생화 연구에 기여한 공로로 한국출판문화상, 자랑스런 서울시민상, 환경인상, 녹색예술인상 등을 받았다. 이 땅의 산과 들에 자생하는 노루밥풀, 두메자운 등 우리 꽃 232종의 생태와 쓰임새, 꽃에 얽힌 숨은 이야기를 자세히 풀어 쓴 〈우리가 정말 알아야 할 우리 꽃 백 가지〉는 현암사에서 1990년 10월부터 세 권으로 발행되었으며, 2005년 9월 이후 우리 주변의 꽃을 다룬 1권과 고산지대의 꽃을 다룬 2권으로 나뉘어 개정증보판이 출간되었다. 김태정은 현재 한국야생화연구소 소장이다. 함께 읽으면 좋을 그의 책으로는 〈쉽게 찾는 우리 나물〉〈쉽게 찾는 수생식물〉〈우리 꽃 답사기〉, 그리고 전 12권의 〈한국의 야생화〉가 있다.

당신이 심리학자나 나의 말을 따른다면 당신은 우리의 이론, 우리의 도그마, 우리의 지식을 이해하는 것이지 자기 자신을 이해하는 것이 아니다. 다른 사람들의 이론은 중요하지 않다. 자기 자신에게 물어보아야 한다.

오늘이 마지막 날인 것처럼
지두 크리슈나무르티 〈아는 것으로부터의 자유〉

진리란 살아 움직이는 것이어서 쉴 곳이 없다. 어떤 절이나 교회에도 없으며 어느 종교나 교사, 철학자, 그 누구도 당신을 진리로 인도하지 못한다는 것을 알게 되면, 당신은 이 살아 있는 것이 다름 아닌 있는 그대로의 당신이라는 사실을 깨닫게 될 것이다. 당신은 분노, 잔인성, 폭력, 절망 그리고 고민과 슬픔 속에 살고 있다. 진리란 이 모두를 이해하는 데 있으며, 당신의 삶에 있는 이 모든 것을 바라보는 법을 배워야만 비로소 진리를 이해할 수 있다.

글쓴이의 위치에 '지두 크리슈나무르티'라는 이름이 붙은 책이 수십 권이지만, 실제로 그는 글을 써서 출판한 적이 없다. 다만 진리의 세계를 여행하는 한 사람으로서, 그가 다른 이들과 나눈 대화를 누군가 녹음했다가 받아 적어 책으로 냈을 뿐이다.

남인도 첸나이에서 태어난 크리슈나무르티는 바닷가에서 놀던 열네 살의 어느 날, 신지학회를 이끄는 영국인 애니 베산트와 리드비터에게 발견되어 새로운 메시아로 지목당한다. 이후 그는 영국으로 건너가 인류를 구원할 '세계의 교사'가 되기 위한 교육을 받았으며, 동시에 신지학회 안에 설립된 '별의 교단'의 교조가 되었다. 그러나 이십 대에 스스로 시작한 명상의 결과로 발견한 진리는 특정한 종교나 종파에 소속된다고 해서 얻어지는 것이 아니었다. 18년을 기다려 마침내 메시아로 추앙받으며 미륵불의 화신으로서 세계의 스승으로 즉위하는 날, 크리슈나무르티는 그 자리에서 구세주를 원하는 무수한 이들의 바람을 저버린 채, '별의 교단'을 해체하고 자신 앞으로 모금된 엄청난 재산마저 포기했다. 자신에게 붙여진 구세주, 부처의 화신, 세계의 구루 같은 찬사와, 자기 앞에 엎드려 절하는 수많은 정신적 금치산자들의 나약한 예배를 뿌리친 것이다.

"오늘 아침 우리는 별의 교단 해체를 놓고 함께 이야기를 나누고자 합니다. 어떤 사람들은 기뻐할 것이고 또 어떤 이들은 무척 슬퍼할 것입니다."로 시작하는 그의 '별의 교단' 해체 선언문은 숱한 종교와 교파로 나뉘어 서로 자신의 것만 진리라고 내세우는 현대의 종교인들에게 경종을 울리는 참으로 진실한 선언이었다.

"진리로 통하는 길은 따로 없습니다. 종교나 종파를 통해서는 결코 진리에 접근할 수 없습니다. 진리에는 끝도, 한계도, 접근하는 길도 없습니다. 따라서 진리를 향한 여행은 조직화될 수 없습니다. 조직화하면 진리는 죽어 버립니다. 나는 여러분에게 진리를 안겨 줄 수 없습니다. 그렇기에 별의 교단을 해체하려 합니다. 특정인의 뒤를 따름과 동시에 여러분은 진리 찾는 일을 그만두었습니다. 그래서 나는 이 조직을 해체하려는 것입니다."

이후 크리슈나무르티는 전 세계를 여행하며 진리를 알고자 하는 사람들과 대화를 나누기 시작했다. 그는 자신의 말에 귀를 기울이는 사람들에게 단 한 가지밖에 요구하지 않는다. 즉 관념과 지식의 세계에서 벗어나 스스로를 해방시키고 홀로 진리에 다가서라는 것이다.

오랜 세월 우리는 선생들에 의해, 권위자들에 의해, 책과 성인들에 의해 마치 숟가락으로 떠먹여지듯 양육되었다. 우리는 이렇게 말한다. "모든 것들에 대해 말해 주세요. 저 언덕들과 산 너머 그리고 지구의 저쪽에 무엇이 있는지……." 그러고는 그들의 설명을 듣고 만족해한다. 하지만 이는 우리가 말에 의지해서 살며, 우리의 삶이 경박하고 공허하다는 것을 뜻한다. 우리는 얻어들은 얘기만으로 사는 사람들이다. 늘 들은 바에 따라 살았고, 우리의 의도나 성향에 이끌려 왔으며 여러 조건과 환경에 맞추어 억지로 모든 것을 받아들여 왔다. 우리는 많은 영향을 받아 생긴 하나의 결과이며, 우리 안에는 무엇 하나 새로운 것이 없고, 우리 자신을 위해 발견한 것이 하나도 없다. 독창적이고도 원래 모습 그대로인, 명징한 것이라고는 아무것도 없다.

20세기를 대표하는 영적 교사라 불리는 이 사람의 통찰력에 따르면, 우리 인간은 수백만 년 동안 지금 이 모습 그대로였다. 즉 때때로 기쁨과 애정의 순간을 가지면서도 엄청나게 탐욕스럽고 갈망하고 공격적이고 질투하고 불안해하고 절망한다. 인간은 증오와 공포와 너그러움의 기묘한 혼합이다. 폭력인 동시에 평화다. 달구지에서 비행기에 이르는 외적 발전은 있었으나 심리적으로 개인은 전혀 변하지 않았다. 각각의 인간은 과거로 채워진 창고이다. 개인은 모든 인류인 인간이며, 인간의 모든 역사는 개인 안에 쓰여 있다.

크리슈나무르티는 인간들 각자가 모든 전쟁에 대해 책임이 있다고 말한다. 전쟁은 인간이 지닌 삶의 공격성, 서로를 갈라놓고 있는 편견과 관념으로 인해 발발하기 때문이다. 그리고 인간은 이 현존하는 혼돈과 전 세계에 걸친 비참한 불행에 대해 스스로에게 책임이 있음을 깨달을 때에만 행동하게 될 것이다. 왜냐하면 인간은 일상생활 속에서 이 세계에 기여했으며 전쟁, 분열, 추악함 그리고 탐욕으로 얼룩진

이 기괴한 사회의 일부이기 때문이다.

"나는 변하기를 바란다. 방법을 가르쳐 달라."고 말하는 사람은 일견 매우 진지하고 열성적으로 보이지만, 실제로는 그렇지 않다. 그는 자신 안에 질서를 가져다줄 권위를 원하는 것이다. 그러나 권위가 내적 질서를 가져다줄 수 있을까? 밖에서 부과된 질서는 언제나 무질서를 낳는다. 당신은 이러한 진실을 깨닫고 책의 권위, 교사, 아내나 남편, 부모, 친구 또는 사회 등의 권위에 의존하지 않을 수 있는가. 우리는 언제나 판에 박은 듯한 틀 안에 있어 왔으며, 그 방식은 늘 이데올로기나 권위가 된다. 그러나 "나는 어떻게 변화할 수 있나?"라는 질문이 새로운 권위를 만든다는 사실을 아는 순간, 당신은 권위와 영원히 결별하게 된다.

자신의 것이든 다른 사람의 것이든 모든 권위에서 자유롭다 함은 어제의 모든 것이 죽는다는 뜻이며, 그때 당신의 마음은 항상 신선하고 젊고 천진하고 활력과 정열이 넘치게 된다. 우리가 배우고 관찰하는 것은 오직 그런 상태에서이다.

어떤 사람을 따르지 않을 때 당신은 매우 외롭다고 느낄 것이다. 그렇다면 외로워하라. 왜 외로움을 두려워하는가? 그것은 있는 그대로의 자신과 대면하기 때문이며, 자신이 공허하고 무디고 바보스럽고 추하고 죄스럽고 불안하다는 사실, 즉 왜소하고 겉을 꾸미고 들은풍월로 사는 존재임을 발견하기 때문이다. 사실을 직시하라. 그것으로부터 도망치려 하지 마라. 도망치는 순간 두려움은 시작된다.

크리슈나무르티는 말한다. 이 세상에서 가장 힘든 일 가운데 하나는 어떤 것을 단순하게 바라보는 것이라고. 인간의 마음은 아주 복잡한 까닭에 인간은 단순성이라는 속성을 잃어버렸다. 또한 자신을 이해하려면 상당한 겸손이 필요하다. 만일 "난 나 자신을 알고 있다."라고 말하는 데서 출발한다면, 그 사람은 이미 자신에 관해 배우기를 멈춘 것이다. 혹은 "나는 단지 기억, 관념, 체험과 전통들이 모여 있는 하나의 꾸러미에 불과하기 때문에 나에 관해서는 배울 게 많지 않다."라고 해도 역시 자신에 관해 배우기를 멈춘 것이다. 무언가를 성취하는 순간, 인간은 그 천진성과 겸손이라는 속성을 잃어버린다.

무엇보다 중요한 것은 모든 관념과 과거의 기억으로부터 벗어나, 언제 어느 순간에서나 완전한 깨어 있음으로 전체성을 지니고 존재하는 것이다. 크리슈나무르티는 그러한 깨어 있음을 방 안에서 뱀과 더불어 사는 것에 비유한다. 뱀과 같이 방 안에 살 때 우리는 그것의 모든 움직임을 주시하고, 그것이 내는 극히 작은 소리에도 매우 민감해진다. 그런 주의력의 상태가 바로 존재의 '전체적인 에너지'이다.

생각의 기능 가운데 하나는 항상 무언가에 점령당해 있다는 것이다. 대부분의 인간은 자신의 마음이 계속 무언가에 점령당해 있기를 바라며, 스스로를 있는 그대로 보지 않으려고 한다. 비어 있는 것을 두려워하고, 이 두려움을 보는 것을 두려워한다.

자유란 마음의 상태를 말한다. 그것은 모든 의존, 예속, 순응, 수락을 내던진다. 그런 자유에는 완전히 혼자라는 의미가 함축되어 있다. 고독하려면 과거에 대한 모든 것들을 버려야 한다. 당신이 고독할 때, 즉 어떤 가족에도 속해 있지 않고 어떤 나라에도, 문화에도, 특별한 대륙에도 속해 있지 않고 완전히 고독할 때, 국외자가 된 듯한 느낌을 받게 된다. 이렇게 완전히 자유로운 사람은 천진스러우며 슬픔에서 해방된다.

자유로워지기 위해 먼저 죽어야 한다고 크리슈나무르티는 말한다. 육체적으로가 아니라 심리적으로, 내적으로, 자신이 소중히 품어 온 것들과 쓰러려하는 것들에 대해서 죽지 않으면 안 된다고. 죽는다는 것은 마음을 비우는 것을 뜻하며, 일상적인 소망, 쾌락, 괴로운 감정들을 비우는 것이다. 죽음은 새로 태어나는 것이요 변화이며, 그 안에서 생각은 전혀 기능을 하지 못하게 된다. 왜냐하면 생각은 낡은 것이기 때문이다. 죽음이 있을 때 거기엔 완전히 새로운 어떤 것이 있다. 아는 것으로부터의 자유는 곧 죽음이며, 그러면 우리는 살고 있는 것이다. 결국 안다는 것은 구속이다. 그 구속으로부터 벗어났을 때만, 즉 아는 것으로부터 자유로워졌을 때만 사람은 행복해질 수 있다.

이제 자신에 관해 아는 것을 모두 잊으라. 자신에 관해 지금까지 가졌던 생각을 잊으라. 우리는 아무것도 모르는 듯이 출발하려고 한다. 어젯밤에는 비가 몹시 내렸고, 지금은 개기 시작한다. 새롭고 신선한 날이다. 이 새로운 날이 마치 단 하루밖에 없는 것처럼 만나자. 어제의 기억은 모두 뒤에 남겨 놓고 함께 여행을 떠나자. 그리고 처음으로 우리 자신에 대해 이해하기 시작하자.

크리슈나무르티는 누군가로부터 "당신은 왜 말을 하십니까?" 하는 질문을 받자, "장미꽃이 왜 피겠습니까? 장미에게 물어보십시오."라고 대답했다고 한다. 이 위대한 지성인은 한 사람의 자유인으로서 영국과 인도, 미국, 호주, 스위스 등 전 세계를 여행하며 다양한 단체와 사람들에게 '인간 내면의 근본적인 변화의 필요성'을 알리는 데 일평생을 바쳤다. 그의 일관된 메시지에도 불구하고 그는 자신을 메시아나 구루라고 여기는 매스컴에 오랜 시간 시달려야 했다. 크리슈나무르티는 1986년 2월, 오렌지밭 한가운데 있는 캘리포니아 오하이 밸리의 자신의 거처에서 90세를 일기로 평화롭게 생을 마감한다. 〈아는 것으로부터의 자유〉는 그의 강연을 녹음하여 펴낸 대표적인 책이다.

〈산방한담〉에 실린 '거꾸로 보기'를 통해 법정 스님은 이야기한다.

"내 눈이 열리면 그 눈으로 보는 세상도 함께 열리는 법이다. 인도의 명상가이며 철학자인 크리슈나무르티는 그의 저서 〈아는 것으로부터의 자유〉에서 다음과 같이 말하고 있다.

'우리가 보는 법을 안다면 그때는 모든 것이 분명해질 것이다. 그리고 보는 일은 어떤 철학도, 선생도 필요로 하지 않는다. 아무도 당신에게 어떻게 볼 것인가를 가르쳐 줄 필요가 없다. 당신이 그냥 보면 된다.'

그 어떤 고정관념에도 사로잡히지 말고 허심탄회 빈 마음으로 보라는 것. 남의 눈을 빌릴 것 없이 자기 눈으로 볼 때 우리는 대상을 보다 정확하게 파악할 수 있을 거라는 말이다."

지두 크리슈나무르티의 〈아는 것으로부터의 자유 Freedom from the Known〉는 1969년 하퍼샌프란시스코에서 128페이지 분량의 단행본으로 처음 출판되었다. 6년 뒤인 1975년, 같은 계열의 출판사인 하퍼원에서 개정판이 발행되었는데, 세계와 인간에 대한 깊은 통찰이 담긴 이 아담한 분량의 책은 세계 곳곳에서 수많은 언어로 번역되어 읽히고 있다. 시인 정현종은 1979년 5월 이 책을 번역, 정우사에서 출판해 우리나라에 처음 소개했다. 이후 1988년 8월 이용호의 번역을 문학출판사에서, 1992년 7월 이현복의 번역을 보성출판사에서, 1993년 5월 이인순의 번역을 도솔에서 출판하는 등 우리나라에서도 폭넓은 관심을 끌었다. 여기에서는 정현종의 번역본을 2002년 4월 물병자리에서 새롭게 펴낸 것을 기준으로 하였다. 현재 〈지구별 어디로 가고 있는가〉 〈자기로부터의 혁명〉 〈생활의 기술〉 〈자유에 대하여〉 등 20여 권 가까운 그의 영적 지침서들이 번역되어 있다.

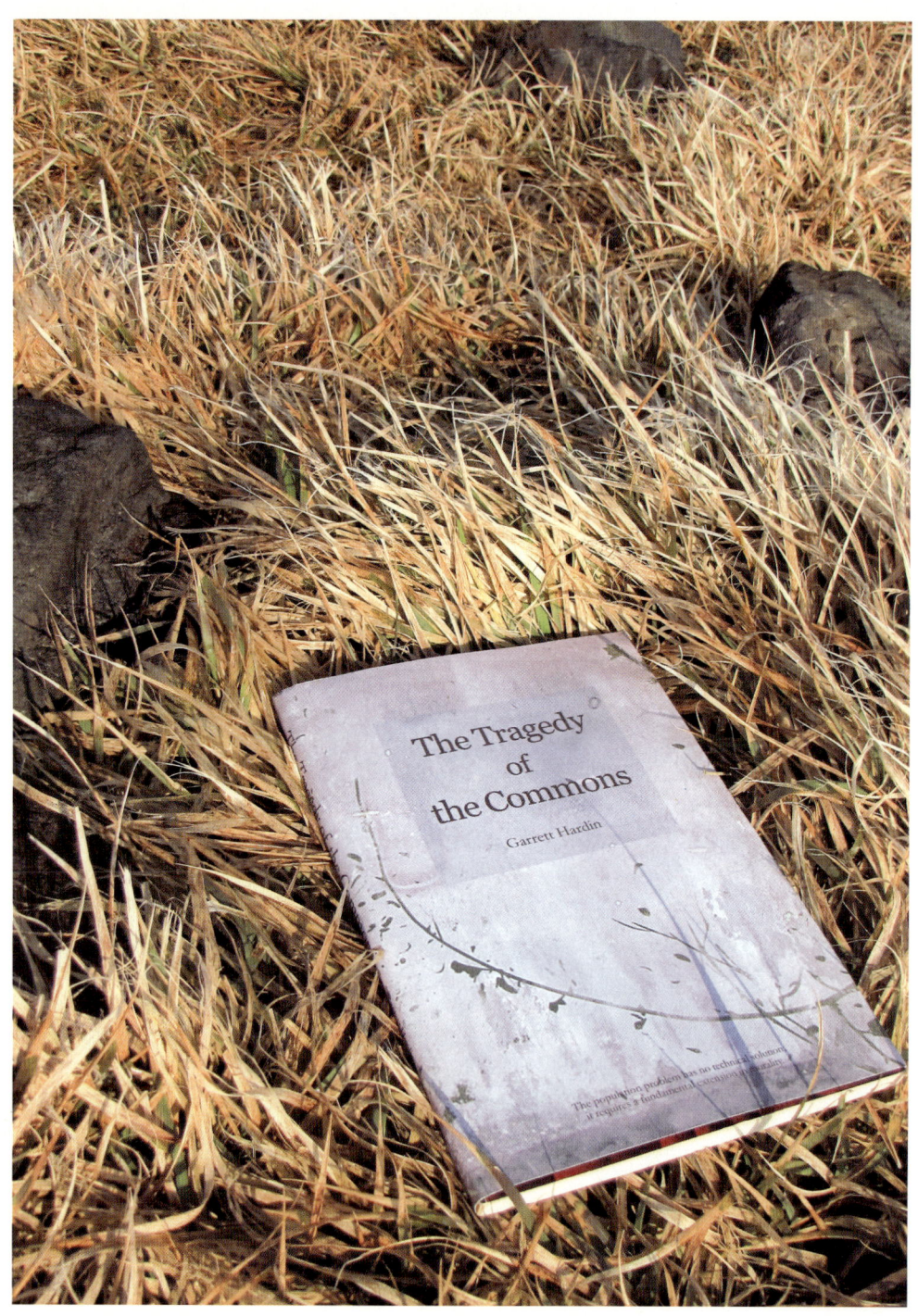

인간의 합리적인 계산은 공유지에 곧바로 내보낸 폐기물이 자신에게 되돌아오는 비용이,
폐기물을 직접 정화하여 내보내는 비용보다 저렴하다는 사실을 손쉽게 파악한다.

우리에게 주어진 이 행성은 유한하다

개릿 하딘 〈공유지의 비극〉

"군비 경쟁을 하는 양측이 마주치는 딜레마는 군사력을 증강시킬수록 국가 안보가 취약해진다는 것이다. 숙고 끝에 우리가 내린 전문적인 판단은 이 문제에 있어 기술적인 해결 방법이 없다는 것이다. 강대국들이 과학기술의 영역에서만 답을 찾는다면 상황을 더욱 악화시키게 될 것이다." 바이스너와 요크가 쓴 미래의 핵전쟁에 대한 글의 결론이다. 여기에서 내가 초점을 맞추고 싶은 바는 글의 주제가 아니라, 그들이 도달한 결론의 모습, 즉 '문제에 대한 기술적인 해답이 없다.'는 것이다. 대개 과학저널에 실리는 논의들은 대상 문제에 있어 기술적인 해결 방법이 존재한다는 것을 가정한다. 기술적인 해답이란, 인간의 가치관이나 도덕관념은 거의 바꿀 필요 없이, 오직 자연과학 기술이 변화하기만 하면 되는 방법이라 정의할 수 있다. 그들이 옳았는지 틀렸는지는 이 글에서 다룰 일이 아니다. 관심을 갖고자 하는 바는, 인간에게 주어진 문제들 가운데 어떤 것은 '기술적 해답이 없는 문제들'이라고 말할 수 있다는 중요한 생각이다.

양을 길러서 먹고사는 마을이 있다. 사람들은 마을 뒷산의 풀밭에 양을 풀어 놓아 풀을 뜯게 한다. 그 풀밭은 누구의 소유도 아닌 공유지이다. 합리적인 존재들이기 때문에 각각의 양치기들은 이 공유지를 통해 자신의 이익을 극대화하고 싶어 한다. 양치기들은 스스로에게 묻는다. '지금 기르는 것에 양 한 마리를 추가하면 나에게 어떤 이득이 더 얻어질까?' 양치기는 긍정적인 부분과 부정적인 부분을 모두 계산한다. 먼저 긍정적인 면에서 보자면 한 마리를 판매했을 때 수익을 모두 혼자서 갖게 되므로 예상 효용은 거의 '플러스 1'이다. 한편 부정적인 면은 늘어난 양 한 마리에 의해 발생하는 과대 방목의 피해인데, 이것은 모든 양치기들이 공유하게 되므로 '마이너스 n분의 1'이다. 여기서 n은 양치는 사람들의 총합이다. 둘을 비교해 보건대 합리적인 양치기는 한 마리를 무리에 추가하는 것이 훨씬 분별 있는 행동이라는 결론에 이른다. 그러면서 한 마리, 또 한 마리, 이렇게 계속해서 양을 추가해 나가기로 한다.

그런데 이것이 이 초원을 공유하는 모든 양치기들이 도달하는 동일한 결론이라면 어떻게 될 것인가. 여기에서 비극이 탄생한다. 공유하는 초원은 유한한데 각자 자신의 양 떼를 무제한으로 늘리도록 만드는 시스템 속에 모든 양치기들이 갇히게 되기 때문이다. 한정된 공유지 안에서 각자 최대의 이익을 추구하는 자유로운 선택을 함으로써 결국엔 모두가 피해자가 되고 마는 것이다. 공유지의 자유를 믿는 사회 안에서는 모든 사람들이 효용을 추구하면서 공동의 파멸을 향해 달려가게 된다. 이것이 '공유지의 비극'이다.

미국 UCSB 생물학과 교수인 하딘이 1968년 12월 13일 자 〈사이언스〉지에 실은 논문의 제목이자 핵심 개념인 '공유지의 비극'은 누구나 아는 당연한 이야기라고도 할 수 있다. 그렇지만 각 개인들은 자신이 속한 사회가 전체적으로 고통을 받더라도 이 같은 당연한 진실을 외면함으로써 개별적으로 이득을 얻어 왔다. 필자는 공유지가 수용할 수 있는 최적의 대안을 찾기 위해서는 보이지 않는 손의 절대적인 힘을 신봉하는 애덤 스미스의 유령을 몰아내야 하며 개인의 자유에 대해서도 다시 생각해 봐야 한다고 말한다.

경제 면에서 〈국부론〉은 '보이지 않는 손'을 유명하게 만들었다. '자신의 이익을 추구하는 개인이 보이지 않는 손에 의해 공공의 이익으로 이끌려 간다.'는 것이다. 그는 개인들의 결정이 모이면 전체 사회를 위한 최선의 결정이 만들어질 것이라고 가정하는 경향에 일조했다. 만약 이 가정이 옳다면 지금의 자유주의적 번식 정책을 지속하는 것이 정당화될 것이다. 이것이 옳다면 사람들이 자신의 생식력을 조절해서 최적의 인구에 도달할 것이다. 하지만 만약 이 가정이 틀리다면 우리는 개인의 자유에 대해 다시 생각해 보고 어떤 자유를 지켜야 하는지 알아봐야 할 것이다.

이 논문은 기하급수적으로 늘고 있는 인구에 초점을 맞추면서 논의를 시작하고 있기에 주요 사례와 용어들은 인구문제와 연관되어 있다. 하지만 그 핵심 개념은 다양한 분야에 고루 적용할 수 있는 통찰력을 제공한다. 필자는 공유지가 유한하다는 사실에 주의를 기울이지 않으면 인류의 불행은 늘어날 수밖에 없다고 지적한다. 실제로 우리에게 주어진 공유지, '지구'라는 자원은 유한하며, 유한한 지구는 유한한 인구만을 지탱할 수 있다. 우리는 늘 최대한의 자원을 원하지만 모두가 최대한의 자유로운 자원 소비를 선택하는 순간 우리 모두는 공유지의 비극을 피할 길이 없게 되는 것이다.

공유지의 논리는 하딘 교수가 이 글을 발표하기 전부터 알려져 있던 개념이었다. 그럼에도 여전히 미국 서부 지역의 국유지에서 방목을 하는 사람들은 토양 침식과 오염, 생태계 파괴가 일어날 위험성에도 불구하고 사육하는 가축의 수를 늘려서 과대 방목을 할 수 있도록 허가해 달라고 당국에 끊임없이 압력을 넣는다. 또한 세계의 바다는 공유지의 원리가 살아 있는 공간인데, 해양국가들은 '자유로운 바다', '무한 자원의 바다' 같은 구호들을 써 가며 다양한 물고기와 고래 종을 멸종으로 몰아가고 있다. 논문에서 예로 드는 요세미티 국립공원도 마찬가지이다.

요세미티 국립공원은 공유지의 비극이 작동하는 또 다른 경우를 보여준다. 현재 그곳은 누구에게나 개방되어 있다. 세상에 요세미티 협곡은 하나뿐이므로 공원 자체는 범위가 유한한 데 반해 방문객은 제한 없이 늘어난다. 방문객들이 공원에서 얻고자 하는 가치는 꾸준히 손상되어 가고 있다. 간단히 말해 공원을 공유지로 취급하는 것을 중단하지 않으면 그곳은 아무런 가치가 없는 곳이 되고 말 것이라는 이야기이다.

공유지의 비극은 공해 문제에서도 그 심각성이 드러난다. 다만 역방향으로 나타나게 되는데 공유지에서 무언가를 가져가는 것이 문제가 아니라, 그곳에 무언가를 집어넣는 것이 문제가 된다. 폐수, 화학 물질을 강물이나 바다에 흘려보내거나 유독한 물질을 공기 중에 내보내는 일, 소음이나 정신 산만하고 불쾌한 광고를 사람들의 시선 속으로 밀어 넣는 일 등이 그것이다.

인간의 합리적인 계산은 공유지에 곧바로 내보낸 폐기물이 자신에게 되돌아오는 비용이, 폐기물을 직접 정화하여 내보내는 비용보다 저렴하다는 사실을 손쉽게 파악한다. 그리고 이에 따라 보다 이익이 되는 대로 자유로운 선택을 하는 순간 '자기 새장을 스스로 더럽히는 새들'의 체제에 갇히게 된다.

사실 공유지를 오수 웅덩이로 사용하는 것은 서부 개척 시대에는 일반 대중에게 해가 되지 않았다. 대중 자체가 존재하지 않았기 때문이다. 하지만 오늘날 대도시에서 같은 행동을 하면 곤란하다. 필자는 공해 문제는 특히 인구 증가와 밀접한 관련이 있다고 본다. "흐르는 물은 15킬로미터만 지나면 저절로 깨끗해진다."고 필자의 할아버지는 말하곤 했는데, 그분이 어렸을 적에는 인구가 적었으므로 그 말은 진실에 가까웠다. 한데 인구밀도가 높아지고 자연적인 생화학 분해 능력이 포화 상태에 이른 지금은 재산권을 재정의할 필요가 있게 된 것이다. 150년 전에는 북미 대평원에서 아메리카들소를 잡은 다음 저녁식사로 혀만 먹고 나머지는 버려도 상관없었다. 그런 행동이 자원 낭비라는 생각조차 들지 않았다. 그렇지만 이제는 겨우 몇천 개체의 아메리카들소만이 남아 있는 오늘날 그것은 끔찍한 일이다.

하딘 교수는 지구상의 자원이 모두 소모되는 것을 막기 위해서 도입한 우리의 사유재산 개념이 오히려 공해를 부추긴다는 사실을 직시한다.

자신의 소유지가 강 가운데까지 뻗어 있는 강기슭의 공장 주인은 자기 문 앞을 지나가는 물을 혼탁하게 만드는 것도 주어진 권리라고 생각하기 쉽다. 항상 시대에 뒤처지게 마련인 법안들은 이렇게 새롭게 인식된 공유지의 측면에 맞게 재단되어야 한다.

논문에서 필자는 공유지의 비극을 해결하기 위해 자유를 제한하는 방법에 대해서도 잠시 언급한다. 현실적으로 법률은 고대의 도덕 형식을 따르고 있으므로 복잡하고 변화하는 세계를 다루기에는 취약하다고 보고, 법령을 행정규칙으로 보완하는 방안을 제안한다. 뒷마당에서 쓰레기를 태워도 되는지, 자동차 배기가스 기준은 얼마인지 등의 세세한 경우를 법으로 모두 정하기란 현실적으로 어렵기 때문에, 세부사항은 행정부에 맡겨 행정규칙을 따를 수 있도록 하자는 것이다. 하지만 이 같은 경우에도 여전히 '누가 이 감시자(행정부)를 감시할 것인가?'라는 문제가 남는다고 필자는 지적한다.

하딘 교수의 경우 공유지의 비극은 인구문제와 관련되어 있다는 관점을 유지한다. 공유지는, 혹시라도 정당화된다면 오직 낮은 인구밀도에서만 가능하며, 인구가 증가하면 어떤 식으로든 폐기되어야 한다고 말한다. 실제로 인간은 인구가 늘어나면서 맨 먼저 음식을 채집하는 공유지 공간을 제한했다. 농지를 구획 짓고 초원과 사냥터와 낚시터를 제한한 것이다. 그리고 이 같은 제약은 아직도 진행 중이다.

공유지의 해악에 관한 인식 수준이 아직도 낮은 부분은 쾌락의 수단과 관련된 것들이다. 공공장소에서 전달되는 음파에 대한 규제는 거의 없는 편이다. 쇼핑센터에서 대중은 원하지 않는 음악의 공격을 받아야 한다. 정부는 수십억 달러를 들여 초음속 운송 수단을 만들고, 그것 때문에 수만 명이 항공소음으로 괴로움을 당한다. 광고주들은 라디오와 텔레비전 채널을 가득 채워 시청자의 눈과 귀를 더럽힌다.

이 글은 적절한 자유의 제한에 대한 인정이 결국은 모두의 더 큰 자유를 가능케 한다는 사실을 상기시킨다. 그리고 스스로에게 묻게 한다. 공멸의 자유를 선택할 것인가, 공존의 자유를 선택할 것인가. 공유지의 논리에 갇힌 개인들에겐 공멸의 자유가 있을 뿐이다.

법정 스님은 뉴욕 불광사 초청 법회 자리를 빌려 공멸의 문제를 이렇게 지적했다.

"우리는 지금 이 순간에도 지구라는 커다란 행성을 타고 해를 중심으로 우주 공간을 비행하고 있다. 이 기체에는 60억이라는 많은 사람들이 타고 있다. 그런데 이 사람들이 자신이 타고 있는 기체를 생각 없이 망가뜨리고 있다. 그래서 이 별이 언제 폭발할지 알 수 없다. 이러한 세계의 소용돌이 속에서는 개인의 의지가 전혀 작용할 수 없다. 블랙홀에 다 같이 휘말린 채 소용돌이 속에서 회전하고 있을 뿐이다.

 자본주의 경제 시스템은 본질적으로 재생 불가능한, 다시 만들어 낼 수 없는 자원을 마구 고갈시킨다. 지구 자원은 한정되어 있다. 그것은 우리 조상으로부터 물려받았고, 우리 역시 후세들에게 넘겨주어야 할 자산이다. 그런데 그것을 우리 시대에 와서 지나치게 탕진하고 있다. 재생 불가능한 자원을 고갈시키고 있다. 자본주의 시스템은 생태계를 오염시킨다. 그것은 매우 심각한 현상이다."

 〈공유지의 비극 The Tragedy of the Commons〉은 미국 UCSB 생물학과 교수인 개릿 하딘에 의해 만들어진 개념으로 1968년 12월 13일 자 〈사이언스〉지에 실렸던 논문의 제목이기도 하다. 이후 경제학과 환경을 포함한 많은 분야의 논문과 저서에서 즐겨 인용되는 중요한 개념으로 자리 잡았다. 공유지의 비극은 '지하자원, 초원, 공기, 바다와 같이 공동체 모두가 사용해야 할 자원은 사적 이익을 주장하는 시장의 기능에 맡겨 두면 결국 모두가 피해자가 되고 만다.'는 사실을 상기시킨다. 이는 시장 실패의 요인이 되며 이러한 자원에 대해서는 자유로운 사용의 제한이 필요함을 역설한다. 공식적으로 전문이 번역 소개된 책은 없으며, 인터넷에는 관심 있는 연구자들이 내용을 공유하고자 번역하여 올린 글들이 부분부분 눈에 띈다. 하딘 교수는 이 개념을 토대로 1993년 〈유한함 속에서 살기 Living within Limits〉라는 제목의 책을 옥스퍼드대학출판부에서 펴냈다. 국내에 번역 소개되지는 않았다.

장목지는 죽계에 숨어 살며 손님이 찾아오면 대나무 울타리 사이로 어떤 사람인가를 엿보아
운치 있고 훌륭한 사람인 경우에만 자기 배에 태우거나 스스로 배를 저으면서 그와 담소하였다.

세상을 등져 세상을 사랑하다
허균 〈숨어 사는 즐거움〉

이태백의 시에, "청풍명월은 일전이라도 돈을 들여 사는 것이 아니다淸風明月不用一錢買."라 하였고, 소동파의 '적벽부'에서는 이르기를, "저 강상江上의 맑은 바람과 산간山間의 밝은 달이여, 귀로 듣노니 소리가 되고 눈으로 보노니 빛이 되도다. 갖자 해도 금할 이 없고 쓰자 해도 다할 날이 없으니, 이것은 조물의 무진장이다."라고 하였으니, 소동파의 뜻은 대개 이태백의 시구에서 나온 것이다. 무릇 바람과 달은 돈을 들여 사지 않을뿐더러, 그것을 가져도 누가 금할 이가 없는 것이니, 태백과 동파의 말이 진실이다.

그러나 맑은 바람과 밝은 달을 즐길 줄 아는 사람은 세상에 몇 사람 되지 않고 맑은 바람과 밝은 달도 일 년 동안에 또한 몇 날도 되지 않는다. 가령 어떤 사람이 이 낙을 안다 할지라도 세속 일에 골몰하여 정신을 빼앗기거나 혹은 장애로 인하여 비록 그를 즐기려 해도 즐기지 못하는 자가 있다. 그렇다면 일없이 한가하게 있으면서 돈을 들여 사는 것도 아니요, 게다가 그것을 가진다 해서 누가 갖지 못하게 금할 이도 없는 이 청풍명월을 보고서도 즐길 줄을 모른다면, 이는 자기 스스로 장애를 만들어 낸 것이다.

사람은 이미 이름 지어진 세상에 새로 이름 하나를 받으며 태어난다. 그리고 그 이름이 세상에 아름답게 남겨지기를 꿈꾸며 살아간다. 그런데 이미 이름 지어진 세상이 답답하여 속세와 불화하는 사람들이 있다. 이름을 남기기보다 이름을 지우는 것이 아름다운 인생이라 느끼는 사람들이 있다. 이런 사람들은 이름 있는 세상에서 이름 없는 여백을 살고자 한다. 그들은 즐거운 은둔을 꿈꾼다.

〈한정록閑情錄〉은 세상에 자유를 그리는 은둔자의 독서장이다. 조선시대에 태어났으나 조선조를 살지 않은 시대의 불화자不和者 허균이 꿈꾼 삶의 그림이자 계획서이며 실천서이다. 은둔隱遁, 고일高逸, 한적閑適, 퇴휴退休에서는 그가 도달하고자 했던 자족하며 살아가는 은둔자의 유유자적한 모습이 그려진다. 유흥遊興, 아치雅致, 숭검崇儉, 임탄任誕, 광회曠懷, 유사幽事, 명훈名訓, 정업靜業, 현상玄賞, 청공淸供, 섭생攝生에서는 산림에서 즐겁게 사는 방법을 구체적으로 옮기고 있다. 그는 깨끗한 글씨로 고서의 은둔자 이야기들을 베껴 두곤 했는데 이것이 후일 〈한정록〉이 되었다.

아 선비가 이 세상에 나서 어찌 벼슬을 더럽다 하여 버리고 산림에서 오래 살기를 바라겠는가. 그러므로 다만 그 도道가 세속과 맞지 않고, 그 운명이 때와 어긋난다 하여 고상함을 빌미로 세상을 피한 자의 그 뜻은 역시 비장한 것이다. 다음날 언젠가 숲 아래에서 속세와 인연을 끊고 세상을 버린 선비를 만나게 될 때 이 책을 꺼내 가지고 서로 즐겨 읽는다면 내 타고난 인간으로서의 본성을 저버리지는 않으리라.

〈숨어 사는 즐거움〉은 〈한정록〉을 읽기 쉽게 한글로 풀고 오늘날의 정서와 지나치게 동떨어진 이야기나 자질구레한 고사 등을 추려 내어, 우리도 허균과 벗하여 독서할 수 있도록 옮긴이가 엮은 것이다.

이 책을 읽다 보면, '우리가 어디에 있는가?'보다 '우리가 어떻게 있는가?'가 진정 중요한 질문임을 발견하게 된다. 은둔은 삶의 태도이다. 속세의 규범들은 하늘이 내린 천성에 따라 자연스럽게 어우러져 있는 사물들에 인위적인 구분을 만들어 가둔다. 그것에서 벗어나 사물들을 자유롭게 하고, 각각이 자유롭되 서로 함께 있어도 해치지 않는 이름 없는 세계를 여는 태도가 바로 은둔이다. 그래서 숨어 사는 자가 된다 함은 무진장한 만물의 다채로움으로 활짝 열린 사람이 되는 것이다.

송나라 사마광이 말하였다.
"정신과 육체가 피로할 적에는 낚싯대를 던져 고기를 낚거나, 옷자락을 잡고 약을 캐거나, 개천물을 돌려 꽃밭에 물을 대거나, 도끼를 들어 대나무를 쪼개거나, 뜨거운 물로 손을 씻거나, 높은 곳에 올라 사방을 관망하거나, 이리저리 한가로이 거닐면서 마음 내키는 대로 즐기거나 하면 좋다. 그때 밝은 달이 제때에 떠오르고 맑은 바람이 저절로 불어오면 움직이고 멈추는 데 구애가 없어 나의 이목폐장耳目肺腸이 모두 나의 자유가 되므로 마냥 고상하고 활발하기만 하여, 이 하늘과 땅 사이에 또다시 그 어떤 낙이 이를 대신할 수 있을지도 잊게 된다."

이름에 사물을 묶어 놓지 않는 자유자적한 삶은 자연을 벗 삼아 자연을 사람같이 대하고, 인간사에 대한 집착을 버리고 사람을 자연같이 대한다. 빛이 소리가 되고 소리가 향이 되는 것에 막힘이 없다. 자유로운 눈으로 사물을 만나면 만물은 본성대로 자기를 바꿔 가며 춤추기 시작한다. 각기 흥에 겨워 들썩여도 다른 이의 흥겨움을 방해하지 않고, 서로의 흥취에 들고 남이 장애가 없다.

임탄편에 나오는 일화를 보면, 왕휘지는 산음山陰에 살았다. 밤에 큰 눈이 내렸는데 잠이 깨자 방문을 열어 놓고 술을 따르라 명한 뒤, 사방을 보니 온통 흰빛이었다. 일어나서 거닐며 좌사左思의 '초은시招隱詩'를 외다가 갑자기 벗인 대규 생각이 났다. 이때 대규는 섬계에 있었다. 그는 작은 배를 타고 밤새 가서 대규 집 문에 이르렀다가는 들어가지 않고 돌아섰다. 어떤 사람이 그 까닭을 묻자, 그는 답한다.

"내가 흥이 일어 왔다가 흥이 다하여 돌아가니, 어찌 꼭 대규를 보아야 하는가?"

만물을 만남도 헤어짐도 없이 저절로 함께 있는 벗으로 사귀니 은둔자의 삶은 외로울 틈이 없다.

예찬의 집에 청비각이 있었는데 깊고 아늑하여 속세의 티끌이 없었다. 그 안에 수천 권의 서책이 있었는데 모두 그가 손수 교정한 것이었고, 경사제자經史諸子로부터 불가와 도가의 글까지 모든 서책을 날마다 읊조리곤 하였다. 집 안에는 예스러운 골동품과 희귀한 거문고가 좌우에 널려 있고, 집 주위에는 송계난죽松桂蘭竹이 빙 둘러 있었다. 집 밖에는 높은 나무와 긴 대나무들이 깊고 울창한 숲을 이루고 있었는데, 비가 그치고 바람이 자면 그는 지팡이와 신발을 끌고 그 주위를 마음 내키는 대로 산보하면서 때로 시구를 읊조리며 즐겼다. 그래서 그것을 보는 사람들은 그가 세속을 벗어난 사람이라는 것을 알았다.

은둔이라고 하면 세상을 원망하여 속세를 등지고 혼자서 살아가는 모습을 떠올리기 쉽다. 그러나 은둔을 위해서 반드시 깊은 산중이나 동굴 같은 은신처가 필요한 것은 아니다. 속세 밖에서 속세를 외면하는 게 아니라, 세상 속에서 새로운 세상을 열기 위한 거리를 두는 것,

삶을 명랑하게 만드는 여백으로서의 세계를 마음에 품는 것이 바로 "세속에 육침陸沈하며 이 세상을 피하노라. 금마문金馬門 안 궁궐 속에서도 세상 피하고 몸 보존할 수 있는데, 어찌 꼭 깊은 산속 쑥대 집 밑이어야 하리."라고 노래한 동방삭의 지혜일 것이다.

조선은 불교를 숭배하는 것 자체가 탄핵의 대상인 유교 사회였다. 그러나 허균은 유가를 멀리하고 불가와 도가를 가까이하였다. 이름 높은 고승 사명당과 형제지간처럼 막역한 사이였으며, 불가를 가까이 한다는 죄목으로 삼척부사로 부임한 지 십삼 일 만에 파직을 당하기도 했다. 그러나 허균은 파직 소식을 접하고서도 "그대들은 그대들의 법이나 써야 할 것이고 나는 내 인생을 나대로 살리라."라고 담담히 밝힌다. 허균은 실제로 서산대사로부터 출가 권유를 받기도 하지만 불가의 법에 몸을 담는 것 또한 택하지 않는다. 그는 유가의 법이 맞지 않는다고 해서 불가의 법 아래 있기를 원한 게 아니라, 법에서 벗어나 본성대로 자유로운 삶을 살기를 원했던 것이다.

그는 세상을 버린 은둔자가 아니라 세상을 사랑한 은둔자였다. 세 번의 귀양과 여섯 번의 파직을 당하는 속에서도, 허균은 세상을 더욱 살고 싶은 곳으로 만들기 위한 진지한 노력을 포기하지 않았다. 그는 지조 높은 숨어 사는 자로서, 자기를 세상에 맞추기보다는 세상을 보다 자유롭게 만들고자 했다. 이 같은 허균의 면모는 〈홍길동전〉뿐만 아니라 〈호민론豪民論〉〈유재론遺才論〉 등의 저술에도 잘 나타나 있다. 이 책들을 통해 그는 인재등용에 있어 신분 제한의 철폐, 자신의 뜻을 이루기 위해 행동으로 나서는 백성인 호민을 두려워할 줄 아는 왕도정치 같은 혁명적인 정치를 주장하였다.

비록 역사는 이 은둔자로부터 달아났으나 그 스스로 그린 세상은 허균을 버리지 않았다. 빼어난 작품들을 저술하는 속에서, 그는 속박

없는 삶에 즐거이 머물 줄 아는 창조적 은둔자였다. 그에게서 탄생한 자유로운 평등 사회는 다른 세상을 꿈꾸는 사람들이 숨 쉴 수 있게 하는 깊은 산중이 되었다.

"보지 못했던 책을 읽을 때에는 마치 좋은 친구를 얻은 것 같고, 이미 읽은 책을 볼 때에는 마치 옛 친구를 만난 것 같다."

그리고 그들과 더불어 은둔을 즐기는 법은 다음과 같다.

사람들의 공통된 병통은 나이가 들수록 꾀만 깊어지는 데 있다. 무릇 부싯돌은 금방 꺼져 버리고 황하의 물은 수백 년 만에 한 번씩 맑아지는 법이다. 그러므로 세속에서 살려 하거나 세속을 떠나려 하거나 간에 모름지기 조화의 기미를 알고 멈춤으로써 조화와 맞서 권한을 다투려 하지 말고 조화의 권한은 조화에게 돌려주고, 자손을 위해서는 복을 심어 자손의 복은 자손에게 물려준 뒤에 물외物外의 한가로움에 몸을 맡기고 눈앞의 맑은 일에 유의할 것이다.

1975년 송광사 뒷산에 불일암을 짓고 홀로 살기 시작한 법정 스님은 세상에 명성이 알려지자 1992년, 다시 출가하는 마음으로 불일암을 떠나 제자들에게조차 거처를 알리지 않고 강원도 산골 오두막, 문명의 도구가 없는 곳에서 줄곧 혼자 생활해 왔다. "내가 산중에서 혼자 지내면서도 기죽지 않고 나날이 새로울 수 있는 것은 무엇인가 나 자신을 받쳐 주고 있기 때문이다."라고 이야기하는 스님은 여러 차례 '곁에서 나 자신을 받쳐 주는 친구' 중의 하나로 이 책을 꼽았다.

산문집 〈오두막 편지〉의 '허균의 시비 앞에서'란 글에서 법정 스님은 허균의 유적지를 돌아다본 경험을 들려주며 몇 번이고 읽었던 책을 또다시 꺼내 들었다.

"요즘 나는 등잔불 아래서 허균의 〈한정록〉을 다시 펼쳐 들고, 옛사람들이 자연과 가까이하며 조촐하게 살던 안빈낙도의 삶을 음미하고 있다. 몇 해 전에 이 책을 처음 읽고 나서부터 허균을 좋아하게 되었다. 우선 사나이다운 그의 기상과 독서량에 압도되었고, 임진왜란을 전후한 파란만장한 생애가 불우했던 지난 왕조사를 되돌아보게 했다. 어느 시대이고 귀재들은 현실에서 받아들여지지 않았다.

'내가 세상과 어긋나 죽거나 살거나 얻거나 잃거나 간에 내 마음에는 조금도 거리낌이 없습니다. 내가 오늘날 미움을 받아 여러 번 명예를 더럽혔다고 탄핵을 받았지만 내게는 한 점의 동요도 없습니다. 어찌 이런 일로 내 정신을 상하게 하겠습니까.'

한 친구에게 보낸 편지의 구절이다. 그는 광해군 10년, 역모를 꾸몄다 하여 처형된다. 그의 나이 50세 때다. 허균은 두 차례나 북경에 사신으로 따라가 가재를 털어 4천 권이나 되는 많은 책을 구해 온다. 그의 탐구 정신과 방대한 독서량의 원천이 여기에 있다."

〈숨어 사는 즐거움〉의 토대가 되는 〈한정록〉은 원래 총 17권 4책으로 이루어진다. 은둔자의 정신적 물질적 생활을 영위하기 위한 교양서로, 중국의 은둔자들에 대한 자료와 농사법에 관한 정보도 수록하고 있다. 이 책은 1961년 성균관대 대동문화연구원에서 영인한 〈성소부부고惺所覆瓿藁〉의 부록으로 실렸으며, 1980년 아세아문화사에서 간행한 〈허균전서〉에도 수록되었다. 1981년 민족문화추진회에서 국역하였다. 1610년(광해군 2년) '은둔' '한적' '퇴휴' '청사'의 4문門으로 나누어 편집하였다가, 1618년 내용을 증보하여 16문으로 구성하고 부록을 덧붙였다. 역자 김원우는 이를 바탕으로 현대의 감각에 맞게 새롭게 추려 옮겼으며, 솔에서 〈숨어 사는 즐거움 — 은둔과 풍류 이야기〉라 이름 붙여 1996년 7월 발행하였다. 허균은 당대 뛰어난 문장가였음에도 역모의 죄로 죽임을 당하여 그 글이 많이 전해지지 않는다. 그러하기에 〈숨어 사는 즐거움〉은 더욱 고마운 책이다. 솔은 1997년 5월 민족문화추진위원회가 번역한 〈한정록 1, 2〉를 펴냈다.

종교가 인간을 위해 있는 것이지 인간이 종교를 위해 있는 것이 아니다. 우리가 고양이나 개만도 못한 취급을 받고 먹을 물을 구할 수도 없는데, 어떻게 내가 이 종교를 나의 종교라 부를 수 있겠는가.

지구에서 가장 뜨거운 심장

디완 챤드 아히르 〈암베드카르〉

선생님은 저에게 조국이 있다고 하십니다만, 다시 한 번 분명히 말씀드리건대 저에게는 조국이 없습니다. 개돼지보다도 못한 취급을 당하면서 마실 물도 얻어먹을 수 없는 이 땅을 어떻게 저의 조국이라고 부를 수 있겠습니까? 그리고 그런 나라의 종교가 어떻게 저의 종교가 될 수 있겠습니까? 눈곱만 한 자부심이라도 갖고 있는 불가촉천민이라면 이 땅을 자랑스러워하지 않을 것입니다. —간디와의 대화에서

'달리트'는 인도 불가촉천민을 가리키는 명칭이다. '하리잔'이라고도 이른다. '하리잔'은 간디가 붙여 준 이름으로 '신의 아이들'이란 뜻이다. 하지만 실제로는 '신도 버린 아이들'이라고 불린다. 인도의 카스트는 4계급으로 나뉘어 있지만, 달리트들은 이 카스트 체제에조차 속하지 못하는 사람들이다. 부정 타는 것이 두렵다는 이유로 신체적 접촉마저 금하는 인간 이하의 존재들. 이들은 인도 전역에 거주하며, 그 숫자는 1억 명에 달한다. 청소, 세탁, 이발, 도살 등 가장 고된 최하층의 일들을 담당하지만 사회 참여는 꿈꿀 수조차 없고, 거주와 직업 등에 있어 엄격한 차별 대우를 받으며, 가난과 무지와 열등감에 찌든 삶을 살아야만 한다.

암베드카르는 인도 중부의 작은 도시 모우에서 불가촉천민인 군인

집안의 막내로 태어났다. 그가 태어난 날은 부처님오신날과 겹친 매우 상서로운 날이었지만, 출신 성분 때문에 그는 어려서부터 온갖 멸시와 수모를 겪는다. 당시 불가촉천민에게는 공동시설을 이용하는 것이 엄격히 금지되어 있었기에 물 한 모금 마시기도 어려웠고, 집에서 가져온 삼베 자락을 깔고 교실 한구석에 앉아 수업을 들어야 했으며, 심지어 일부 교사들은 부정 타는 게 두려워 그에게 질문하거나 공책에 손을 대는 것조차 꺼렸다. 뿐만 아니라 학교 밖에서는 그에게 '저에게 손을 대지 마세요.'란 딱지가 붙어 있는 듯했다. 끝없는 멸시의 그늘 속에서 어린 암베드카르는 존재의 깊은 곳까지 상처 입는다.

어느 날 수학 교사가 암베드카르를 불러내 칠판에 쓰인 수학 문제를 풀라고 했다. 그러자 갑자기 학생들, 특히 상위 카스트 출신 학생들이 목청을 높여 소란을 떨기 시작했다. 만약 암베드카르가 칠판에 손을 대면, 그 칠판 뒤에 넣어 놓은 자기들의 도시락이 부정을 탄다는 것이었다. 결국 학생들이 도시락을 칠판 뒤에서 모조리 끄집어낸 다음에야 암베드카르는 칠판 위에다 수학 문제를 풀 수 있었다.

마침내 암베드카르는 불가촉천민들이 겪는 이 모든 굴욕이 사회적 저주에서 오는 것임을 깨닫고, '나와 똑같은 불운을 안고 살아가는 수많은 민중들을 사회적 노예제도의 멍에에서 해방시키는 일에 몸과 마음을 다 바치겠다.'는 엄숙한 선언을 하기에 이른다. "만약에 불가촉천민들을 이 끔찍한 불의와 비인간적인 차별 대우의 족쇄에서 해방시킬 수 없다면, 나의 삶을 총알 한 방으로 끝내 버리고 말리라."

암베드카르는 이 목표를 이루기 위해 공부에 매진하기 시작했다. 이 과정에서 중요한 역할을 한 사람이 아버지였다. 정신을 집중해서 공부하기에는 사방이 고요한 새벽 시간이 가장 적당하다고 판단한 암베드카르는 매일 새벽 두 시에 일어나 공부를 했는데, 그의 아버지 역시 같은 시간에 잠에서 깨어나 아들의 공부를 거들어 주곤 했다.

이러한 노력에 힘입어 마침내 그는 대학에 입학했다. 당시 매일 저녁 봄베이의 한 공원에 가서 책을 읽으며 공부에 몰두하던 암베드카르에게 호감을 가지고 있던 한 사회사업가이자 교육자가 그에게 바로다 변왕과의 만남을 주선해 준다. 이 만남을 통해 암베드카르는 장학금을 받으며 인도의 봄베이 대학교를 무사히 졸업한 뒤, 미국 컬럼비아 대학교에 입학할 수 있었다. 그는 하루 열여덟 시간을 공부에 쏟아 석사 과정을 마친 후, 런던으로 건너가 변호사 자격 취득을 위해 '영국변호사협회'에 가입한다.

스물여섯 살의 암베드카르는 지금까지 장학금을 받은 대가로 인도로 돌아와 바로다 왕국에서 10년간 봉사를 해야 했다. 그는 불가촉천민의 문제에 지대한 관심을 가진 한 군주의 군사 담당 비서관으로 임명되지만, 그토록 학식이 높고 고위직에 있었음에도 불구하고 불가촉천민이라는 이유만으로 비인간적인 냉대와 멸시를 받아야 했다.

"사람들은 나에게 서류를 건네주는 대신 집어 던지기 일쑤였고, 심지어 내 발이 사무실 카펫을 밟고 있다는 이유로 그 카펫을 모조리 말아 제친 다음에야 출입하려고 하는 사람들도 있었다."

깊은 환멸을 느낀 암베드카르는 결국 사표를 내고 봄베이로 돌아온다. 1년간 온갖 잡동사니 일들을 하다가 봄베이 시드넘 상경대 교수로 취임하게 되지만, 이곳에서도 카스트의 차별은 여전했다. 교수 휴게실에 놓인 주전자에서 냉수조차 함께 마실 수 없었다.

저는 힌두 사회의 최하층민 출신이기 때문에 교육의 필요성을 그 누구보다 절감하고 있습니다. 오늘날 최하층민에게 가장 중요한 것은 결코 의식주 문제의 해결이 아닙니다. 그들에게는 성장 과정에서 물들어

온 노예로서의 열등감을 어떻게 해서든 떨쳐 버리고, 인간으로서의 존엄성과 조국에 대한 사명감을 회복하는 일이 가장 시급합니다. 그러기 위해서 그들에게 필요한 것이 바로 고등교육입니다. 저는 오직 고등교육만이 우리 사회가 안고 있는 문제들을 치유할 수 있는 유일한 처방이라고 믿습니다.

암베드카르는 고등법원 변호사로 실무에 뛰어들면서 '불가촉'이라는 사회적 저주와 정면으로 맞서 싸우기 시작한다. 오랜 시간 인도 사회에 만연해 있던 빈곤과 카스트의 차별을 체험한 그는, 빈곤의 문제를 해결하는 일과 카스트의 차별을 척결하는 일이 무엇보다도 중요하다는 것을 알고 있었다. 그는 "문제는 재산 자체가 아니라 그것의 불평등한 분배에 있다."고 말하면서, 평등한 분배를 위한 사회조직을 갖출 것을 주장했다. 중요한 것은 단순한 생존이 아닌 가치 있는 삶을 사는 것이었으며, 그러기 위해서는 무엇보다도 빈곤의 문제가 해결되어야 한다고 보았던 것이다. 하지만 이 모든 문제의 근본적인 원인은 이 사회를 지배하는 카스트제도에 있음을 그는 익히 알고 있었다. 빈곤 역시 이 카스트제도를 바로잡지 않고시는 해결될 수 없는 문제라고 그는 생각했다.

그러나 불가촉천민들의 인권을 주장하기란 쉽지 않은 일이었다. 그만큼 인도 사회에는 카스트제도가 뿌리 깊이 박혀 있었던 것이다. 상위 카스트들은 불가촉천민들이 사회에서 자신들과 동등한 권리를 가지고 그 권리를 행사하려는 태도에 깊은 모멸감을 느끼며, 그러한 행동들을 온갖 폭력을 동원해서라도 저지하려 하였다.

1923년 봄베이 입법의회는 저명한 사회개혁자 볼레의 제안으로, 불가촉천민들에게도 급수시설, 우물, 학교, 병원 등 모든 공공시설의 이용을 허용하는 법안을 통과시켰다. 당시로서는 매우 급진적인 법안이었다. 그리고 이 법안에 따라 진보적인 성향의 마하드 시 당국자들은 초다르 저수지의 식수 사용을 불가촉천민에게 개방했다.

그러나 상위 카스트 주민들은 불가촉천민이 초다르 저수지에서 물을 떠 가는 것을 허락하지 않았다. 이에 암베드카르는 초다르 저수지를 자유롭게 사용할 수 있는 권리를 천명하기 위해 대중집회를 열기로 결심한다. 그는 1만여 명의 불가촉천민들을 이끌고 공공 급수시설에서 물을 마실 수 있는 권리를 주장하며 마하드에서 초다르 저수지까지 행진했다. 그리고 초다르 저수지에서 직접 물을 떠 마심으로써 불가촉천민들도 물을 마실 권리가 있음을 온 천하에 천명한다. 이어 행진에 참여한 대부분의 사람들도 물을 떠 마시며 자신들의 정당한 권리를 행사해 보였다.

하지만 격분한 상위 카스트 주민들은 마을로 되돌아가고 있던 불가촉천민들을 무자비하게 공격했고, 얼마 지나지 않아 소위 정통파 힌두교인들은 '부정 탄' 저수지를 정화하는 의식을 치른다며, 소의 배설물과 우유가 든 질그릇 항아리 108개를 물속에 담가 두고 만트라를 낭송했다. 결국 마하드 시 당국자들은 초다르 저수지를 불가촉천민에게 개방하기로 한 당초의 결정을 철회하기에 이른다. 이에 암베드카르는 다시 대중집회를 열어, 카스트 계급들 간의 불평등을 정당화하고 있는 힌두교 법전인 마누법전의 사본을 태워 묻는 화형식을 거행하며 불가촉천민들의 인권을 선언한다.

저는 이 초다르 저수지에서 물을 마시지 못한다고 해서 결코 우리가 멸종되지 않을 것임을 우리를 적대시하는 사람들에게 분명히 말해 주고 싶습니다. 지금 우리가 그 저수지로 가는 데에는 다른 이유가 있습니다.

우리가 다른 사람들과 마찬가지로 인간임을 증명하기 위해서입니다. 이 대회가 열린 목적은 이 땅 위에 평등의 시대를 열기 위함입니다.

그 후 암베드카르는 나시크의 칼라람 사원 출입권을 얻기 위한 투쟁에 나선다. 1만 5천여 명의 군중들이 운집한 가운데 칼라람 사원으로의 긴 행렬이 이어졌다. 그러나 그들이 도착했을 때 사원의 문은 굳게 닫혀 있었고, 경찰이 삼엄한 경계를 펼치고 있었다. 다음 날부터 이 운동에 참여한 사람들은 삼삼오오 짝을 지어 사원에 들어가다가 일부러 붙잡혀 가는 비폭력 시위를 벌이기 시작한다. 그러나 이런 운동조차도 소위 정통파 힌두교인들에게는 엄청난 분노를 불러일으켰고, 불가촉천민들은 여러 가지 괴롭힘과 학대에 시달리게 되었다. 이렇게 5년을 끌어 오던 이 운동은 결국 실패로 돌아가는데, 정통파 힌두교인들을 굴복시키는 일은 불가능하다고 판단한 암베드카르는 인근 마을 욜라에서 군중집회를 연다. 그는 힌두교와 결별한 다음, 그들에게 평등하고 안정된 지위와 정당한 대우를 보장해 주는 다른 종교를 선택할 때가 되었다고 선언한다.

불행하게도 저는 힌두교인으로 태어났습니다. 그것은 저로서도 어쩔 수 없는 운명이었습니다. 하지만 저는 지금 여러분 앞에서, 제가 힌두교인으로 죽는 일은 결코 없으리라고 엄숙하게 선언하는 바입니다. 우리들 각자의 행복한 삶을 위해서 반드시 필요한 것이 바로 자유와 평등과 사랑입니다. 여러분의 경험에 비추어, 이 같은 필수 요건들 중 어느 것 하나라도 힌두교가 갖추고 있다고 보십니까?

그는 불가촉천민들이 인간다운 삶을 살기 위해서는 카스트제도와 온갖 계급 간의 모순들을 인정하는 힌두교를 버리고 개종하는 것이 필요하다고 생각했다. 그리고 이때부터 새로운 종교를 선택하려는 모색의 과정이 시작된다. 나아가 그는 불가촉천민들의 정치적, 사회적, 종교적 해방을 위해 자신의 모든 힘과 노력을 기울인다.

힌두교를 중심으로 인도의 통합을 원했던 간디는 불가촉천민들에 대해 연민과 동정심을 가지긴 했지만, 카스트제도에 있어서는 정당성을 인정하며, 각자 타고난 맡은 일에 충실할 것을 주장했다. 간디는 모든 직업은 평등하다고 말하면서, 불가촉천민들을 힌두교의 틀 안으로 끌어들이려고 했다. 그러나 암베드카르는 자신의 경험을 통해 그것이 얼마나 허황된 말인가를 충분히 알고 있었다.

결국 암베드카르는 힌두교와의 결별을 선언한 지 20년 만에 불교로의 개종을 선택한다. 그가 오랫동안 불교 관련 문헌을 연구하며 숙고한 끝에 내린 결론이었다. 그는 불교야말로 인도 사회에서 불가촉천민들의 인권을 회복하고, 의식을 해방시키며, 여느 사람들과 다름없이 자유롭고 평등하게 살 수 있는 철학을 담은 종교라고 보았다.

의심의 여지 없이, 붓다의 길은 억압받는 사람들과 인도 국민, 나아가 인류 전체에게 유익한 길이다. 붓다의 길을 따른다는 것은 곧 노예적인 사고방식으로부터의 해방, 경직된 계급의식으로부터의 해방, 그리고 상하 계층구조에 따른 불평등으로부터의 해방을 의미한다. 이 길을 따르는 사람들은 삶의 모든 부문에서 평등하고 자유롭게 함께 어울려 살 수 있기 때문이다.

마침내 그는 나그푸르에서 개종 의식을 거행했다. 이날 흰옷을 입은 50만 명의 인도인들이 이 의식에 참석해 개종했으며, 그다음 날에는 전날 참석하지 못한 10만여 명의 사람들이 몰려와 불교로의 귀의 서약을 복창하며 대대적인 개종 의식을 치렀다. 이 개종식에서 암베드카르는 말한다.

종교는 인간에게 희망을 갖게 하며 선한 행동을 하도록 올바른 길로 인도합니다. 하지만 힌두교는 인도 민중의 희망을 짓밟아 왔습니다. 이제 우리는 새롭고 희망에 찬 길을 발견했습니다. 이 길은 우리에게 행복과 번영을 약속하는 대로입니다. 그것은 결코 외국에서 들어온 낯선 종교가 아니라, 이미 2,000여 년 전에 이 땅 위에서 번성하던 우리의 종교입니다.

그는 비록 이 역사적인 사건이 있은 뒤 8주 만에 세상을 뜨지만, 불교로의 개종운동은 조금도 굽힘 없이 진행되었다. 인도 마하보디협회는 이렇게 이야기했다.
"붓다의 나라인 이 땅에서 불교가 자취를 감춘 지는 벌써 800년이나 된다. 하지만 암베드카르 박사가 불교로 개종함으로써 인도의 불교는 새로운 생명을 얻게 되었다."
인도인들에게 '아버지'라는 뜻의 '바바 사헤브'라 불리는 암베드카르. 그는 1956년 12월 6일 이른 아침, 잠이 든 채 조용히 세상을 떠났다. 이날 네루 수상을 비롯한 수많은 의원들이 그의 죽음에 조의를 표했다.
암베드카르는 죽기 전까지도 밤늦게 작업을 하며 다양한 주제에 관한 방대한 양의 자료와 책을 연구하고 집필한 것으로 알려진다. 그는 비록 떠났지만 현대 인도 헌법의 기초자이자 탁월한 행정가, 최하층 계급의 지도자이자 용감한 인권 옹호가, 뛰어난 교육가이자 불교 부흥운동의 아버지로, 무엇보다도 불가촉천민들의 바바 사헤브로 오늘날에도 인도인들에게 숭배와 존경의 대상이다.

암베드카르의 불굴의 투쟁으로, 인도에서는 1955년 불가촉천민법이 제정되어 하리잔에 대한 종교적, 직업적, 사회적 차별을 금지하고 있다. 정부에서는 입학이나 취업 시 일정 비율을 이들에게 배정하는 혜택을 주고 있으며, 하리잔 출신의 장관도 배출되었다. 이처럼 법적으로는 차별이 금지되었으나, 인도 전역에는 아직도 계급 차별의 관습이 강하게 남아 있어 하리잔들은 절대적인 차별과 가난 속에 살아가고 있다.

〈암베드카르〉는 2006년 7월 법정 스님의 추천으로 맑고향기롭게 소식지의 '맑고 향기로운 책'으로 소개되었다.

🕊 〈암베드카르 박사의 유산 *The Legacy Of Dr. Ambedkar*〉은 1990년 인도 바라트 라트나 출판사와 미국의 사우스아시아북스에서 발행된다. 이 책을 쓴 아히르는 과거의 찬란했던 불교문화를 현대 인도가 처한 상황에서 이해하기 쉽게 정리함으로써 인도 문화사에 중요한 기여를 한 불교학자이며, 그가 쓴 불교에 관한 탁월한 저술만 해도 20여 권에 달할 만큼 명성이 대단하다. 이 작품 또한 불교 관련 기고와 집필에 몰두했던 그의 삶과 연관이 있다. 이명권이 번역한 〈암베드카르〉는 에피스테메(코나투스)에서 2005년 7월 출간되었으며, 함께 읽을 만한 책으로는 암베드카르가 쓴 〈인도로 간 붓다〉, 카스트제도의 한계에서 벗어나 1억 7천만 불가촉천민의 영웅이 된 자다브 가족의 3대에 걸친 실화를 그린 〈신도 버린 사람들〉이 있다.

가난은 하느님, 자기 자신, 그리고 다른 사람들에게 훨씬 더 주의 깊게 귀 기울이게 해 준다. 그것이 우리로 하여금 우리를 받아들이도록, 최상의 우리를 되찾도록, 본질로 되돌아가도록 이끈다.

바깥의 가난보다 안의 빈곤을 경계하라
엠마뉘엘 수녀 〈풍요로운 가난〉

겨우 여섯 살쯤 되었을 때 나는 짚더미 위에 누운 어린 예수를 보고서 이렇게 소리쳤다. "왜 쟤는 짚더미 위에 누워 있어? 내 동생 쥘로에게는 예쁜 침대가 있는데. 불공평해!" 그러자 어머니는 내게 이렇게 대답하셨다. "저 아이는 이 세상의 많은 아이들이 가난하기 때문에 자기도 가난하길 원한 거야." 이 말은 내게 어떤 신비한 울림을 주었다. 그리고 마치 불로 새긴 글자처럼 내 마음속에 각인되었다.

불과 석 달 전에 사랑하는 아버지를 눈앞에서 잃은 소녀. 사랑의 상처로 고통 받고 있던 소녀는 그 고통에 대해 누구에게도 말하지 않았지만 가슴속에서는 분노가 폭발할 듯했다. '어째서 다른 아이들은 모두 아빠가 있지?' 홀연, 가난한 아이들을 향한 사랑을 가득 품고 짚더미 위에 누운 경이로운 아기가 소녀의 눈앞에 나타난다. 아기는 마치 결여된 사랑을 채워 주려는 양 소녀에게 손을 내밀었다.
　불공평에 대한 분노, 그리고 이를 감싸 안는 사랑을 처음으로 인지한 성탄절의 기억은 훗날 소녀로 하여금 그 아기의 이름으로 수도서원을 하고 평생 동안 사랑으로 가난을 선택해 이웃에게 헌신하게 했다. 아기의 이름인 엠마뉘엘은 '하느님이 우리와 함께하신다.'는 의미이다. 성탄절은 그녀가 새로 태어난 날이자 삶의 등불이 된다.

엠마뉘엘 수녀는 전 세계 곳곳에서 파렴치한 상황들을 직접 눈으로 본 증인이다. 가는 곳마다 잘못되어 있는 이 세상 앞에서 언제나 펄쩍 펄쩍 뛰며 격분한다. "나는 한 마리의 괴상한 오리다. 아흔두 살의 나이에도 부당해 보이는 것만 보면 화가 부글부글 끓어오른다. 꼭 분노의 온천 같다." 그녀는 도무지 스스로를 진정시킬 수 없다. 끊임없이 가난이라는 추한 현실을 소리쳐 울부짖는다. 울부짖는다는 건 항거하는 것이요, 받아들이지 않는 것이요, 무기력한 상태로 머물지 않는다는 걸 뜻한다. 그런 상태로 남아 있기를 거부하는 것이요, 단순히 확인하거나 분노하는 선에 머물지 않는 것을 이른다.

내가 1950년대에 이스탄불에서 확인했듯이 노동자들이 물도 전기도 없는 빈민가에 틀어박혀 살고 있는 걸 보고서 어떻게 침묵하겠는가? 레바논에서 만났던 아이들처럼 눈앞에서 어머니가 강간당하고 살해당하는 걸 목격한 전쟁고아들이 증오와 복수심에 불타는 걸 보고 어떻게 침묵하겠는가? 부자들이 버린 쓰레기와 폐품을 주워 생활할 수밖에 없는 세상 곳곳의 수많은 남자와 여자들을 보고서 어떻게 침묵하란 말인가? 마닐라에서는 쓰레기 더미가 쌓여 만들어진 산이 가스를 내뿜어 때때로 아이들을 산 채로 집어삼킨 일까지 있었다. 어린 사내아이들과 여자아이들의 성적 착취에 대해, 10년간의 섹스관광이 가져온 그 엄청난 폐해에 대해 어찌 침묵하란 말인가?

카이로의 빈민가에서 23년을 보내고 난 뒤 1993년 프랑스로 돌아온 엠마뉘엘 수녀는 세상에서 가장 가난한 장소를 벗어난 셈이었다. 그런데 부유한 나라의 안락함 속으로 떨어진 그녀는 뜻밖에도 눈에 보이지 않는 불만과 곳곳에서 마주치게 된다. 이제껏 제3세계, 즉 개발도상국들을 비롯한 소위 후진국들이 선진국들처럼 살 수 있도록 열심히 싸워 왔는데, 비교도 안 될 정도로 풍요를 누리는 곳에 오히려 가난한 나라에서는 생각조차 못한 갖가지 심각한 문제들이 산재해 있지 않은가? 제3세계에서의 일은 몹시 고되었으나 전혀 생산적이지 못했고, 물도 전기도 없이 낡은 양철집에서 살아야 했다. 그래도 분위기만큼은 즐겁고 유쾌했으며 때로는 기쁨이 넘쳐 나기까지 했다. 여기 프랑스, 들려오는 것이라고는 온통 불평뿐인 패러독스의 한가운데에서 엠마뉘엘 수녀는 혼란에 휩싸인다.

아프리카의 가족들은 일치단결해 있으며, 화목한 분위기 속에서 그들의 주변과 우정 어린 관계를 맺는다. 이것은 가정이 분열되고, 인간관계에서의 믿음의 부재로 인해 침울한 분위기가 야기되는 나라들에서는 찾아볼 수 없는 점이다. 한쪽에서는 '시간은 관계다.' 이곳에서는 함께 있다는 기쁨 안에서 시간이 천천히 흘러간다. 다른 한쪽에서는 '시간이 돈이다.' 여기서는 순간적이고 비싼 쾌락의 원천인 돈을 좇느라 스트레스를 받는다.

프랑스에서 그녀는 갖가지 끔찍한 '신종 가난'을 눈으로 확인한다. 길거리로 내몰린 노숙자들, 분열된 가정의 불행한 아이들, 버림받은 남편과 아내들, 실업자들, 어느 누구도 안전지대에 있지 않았다. 어쨌든 프랑스는 1950년 이후로 유럽에서 가장 큰 성장을 이룩하지 않았던가. 1인당 국민총생산이 4만 프랑에서 15만 프랑으로 오르지 않았는가 말이다.

한 가지 역설적인 의문이 엠마뉘엘 수녀의 앞을 가로막았다. 카이로의 넝마주이가 느끼는 만족감은 어디서 비롯되는 것이며, 유럽의 부자가 느끼는 불안은 어디서 오는 것일까? 부유한 나라 사람들은 삶을 즐기지 못하는 반면, 그 어느 곳보다 가난한 나라의 사람들은 기쁨에 차 있으며 매 순간 삶의 단순한 기쁨을 누리는 것이 마치 한 편의 드라마에 다름 아니었다.

가난이라는 불의가, 무슨 수를 써서라도 뿌리 뽑고 싶을 만큼 그녀를 분노케 했던 이 악이 어떻게 풍요로움의 원천일 수 있단 말인가?

알렉산드리아에 있을 때 나는 베두인족 아이들을 돌보러 종종 사막으로 가곤 했다. 그 유랑민들은 서로 이웃한 텐트 속에서 가족처럼 생활하고 있었다. 그들은 그 누구도 두려워하지 않았다. 왜냐하면 아무도 가진 게 없었기 때문이다. 더구나 텐트라는 것은 자연적으로 모두에게 열린 공간이다. 끊임없이 누가 들어오고 나가는 공간인 것이다. 바로 이 베두인들이 한번은 이득 많은 거래를 하게 되었다. 몇 달 뒤, 그들은 부자가 되었다. 이듬해 바캉스 기간에 내가 다시 방문했을 때 나는 굳게 닫힌 튼튼한 집들을 보고 깜짝 놀랐다. 그들은 서로 갈라져서 불신하고 있었다. 마치 낮과 밤처럼 돌변한 모습이었다.

빈민가에 있을 때는 깊이 생각해 볼 여유가 없었지만 유럽으로 돌아온 뒤로 그녀는 끊임없이 이 모순에 몰두하게 된다. 그리고 또다시 소리쳐 울부짖는다. 이번에는 글로써. 〈풍요로운 가난〉이라는 역설적인 제목의 책을 통해 엠마뉘엘 수녀는 전 지구적인 차원에 걸쳐 부당하지만 결국 받아들여지고 있는 가난이라는 불의에 대해 호소하고, 그러나 가난이 지닌 긍정적인 측면을 물질적 풍요의 폐해를 줄이는 처방전 혹은 행복한 삶의 원천으로 전환시키고야 만다.

엠마뉘엘 수녀는 말한다. "프랑스에서 내가 알게 된 가난의 형태들은 제3세계의 경우와 마찬가지로 전체 인구에 해당하는 것이라기보다는 개인들과 관계된 것이다. 그리고 멸시와 소외라는 공통점을 지니고 있다." 멸시와 소외는 인간에게 그 무엇보다 고통을 안겨 준다.

쓸모없는 폐기물 같다는 느낌을 안겨 주는 것은 소외다. 소외란 사회와 노동의 세계와 가족 바깥에 처한다는 의미다. 그런 상태에서 가난한 이들은 아무런 관계도 갖지 못한다. 그들은 외톨이다. 그들의 빈곤은 사회적 한계상황까지 동반한다. 그들 가운데 많은 이들이 신분증조차 갖지 못하고 있다. 자기 자신이나 타인들의 눈에 그들은 더 이상 존재하지 않는 것이다. 아무런 고려의 대상이 되지 못한다면 인간이 어떻게 살아갈 수 있겠는가? 그것은 빈곤의 최하 단계이다. 이들은 사회에서 아무런 자리도 차지하지 못하고 신분조차 갖지 못하는 것이다.

나의 존재는 보잘것없으며, 앞으로 그 누구에게도 결코 의미 있는 존재가 되지 못할 것이다, 라는 생각이야말로 무엇보다 근본적인 빈곤이다. 그렇다면 실질적으로, 어떻게 가장 가난한 이들을 그 상황에서 건져 올릴 텐가?

어떤 대륙에서건 가난한 이의 가장 절박하고 기본적인 욕구는 존중을 받고자 하는 것이다. 그저 단순히 필요한 물건을 주기만 하는 일은 그들을 걸인의 수준으로 깎아내리는 데 지나지 않는다. 내가 보기에 상대방에게 좋은 일이라 해도 그에게는 거절할 권리가 있다. 압력을 가해서는 안 된다. 우리가 집요하게 고집한다면 그의 삶을 지탱하는 마지막 끈인 선택의 자유를 꺾게 될 우려가 있는 것이다.

나는 항상 시간에 쫓기고, 일이 빨리 진행되도록 밀어붙일 태세가 되어 있는데, 내가 돕고자 하는 상대방은 내가 무언가를 원할 때 '그를 위해서'가 아니라 '그와 더불어' 하기를, 그리고 자신을 이해해 주기를 바란다는 걸 나는 알게 되었다. 그렇게 할 때 상대방은 믿음을 갖고서 기꺼이 자신의 생각을 나와 함께 나누며, 시간이 흐르면 스스로의 힘으로 어떤 가능한 해결책을 향해 나아가게 될 것이다.

깊고 참된 우정은 가난한 이의 기본적인 욕구이다. 이러한 우정은 평등의 감정을 낳고, 상호적인 믿음의 분위기를 불러일으킨다. 우리는 우리 자신을 상황 속에 두어야 한다. 이 말은 어려움에 처한 타인의 입장에 서서 그의 영혼의 상태를 이해하라는 의미이다. 단순히 그의 외면적인 처지만이 아니라, 숨겨진 내면적 고통을 이해하는 게 관건이다. 엠마뉘엘 수녀는 "행동하기에 앞서 생활하고 귀 기울이고 함께 나누면서 빈민가에서 보낸 5년의 세월 덕에 나는 사람과의 새로운 관계를 발견하게 되었다."고 고백한다.

그녀는 우월 콤플렉스를 경계한다. 행동은 우리를 흥분시키고 도취 상태에 빠뜨리는데, 그럴 때 우리는 마치 초인이 된 것 같은 기분이 된다. 가난한 사람들을 자기 운명의 주인으로 만들어 주어야 한다. 그녀는 결핍된 것들에 실용적으로 접근하되, 그들의 자립을 목표로 삼고 원조를 삼갈 것을 강조한다.

가나의 대통령이 지적했듯이, 개발도상국들의 가난한 사람들의 노동을 기반으로 해서 재산을 축적하는 자들이 바로 이 억만장자들이다. 다국적기업들은 제3세계의 자원들을 저가로 장악함으로써 그 나라들이 가난에서 벗어나지 못하게 하고 있는 것이다. 따라서 우리는 아직도 공동의 행복과는 너무도 먼 대척점에 머물고 있으며, 세계의 부당한 비전을 뒤흔들어 놓기에도 한참 멀었다. (……) 그들이 이따금씩 내놓는 후한 기부금은 그들의 양심을 만족시켜 줌과 동시에 좋은 광고가 되어 줄 뿐이다. (……) 여기서 문제가 되고 있는 나눔은 적선이 아니라, 지구 전체에 걸친 부의 정당한 분배를 의미한다.

내가 처한 이곳에서 나는 누구를 도울 수 있는가? 지금 이 순간 내가 차지하고 있는 이 공간에서 나는 내 주변 사람들의 삶에 고통을 덜어 주고 있는가 아니면 고통을 가중시키고 있는가? 내가 만나는 사람들이 나로 인해 더 행복해하는가? 내가 존재하고 관계를 맺고 일하는 방식이 삶의 무게를 더 가중시키고 있는가, 아니면 주변의 분위기를 한결 좋게 만들고 있는가?

어째서 아직도 계속해서 긁어모으기만 한단 말인가? 가난한 이는 내일의 걱정 없이 가벼운 걸음으로 걸어간다. 그것이 반드시 미덕인 것만은 아니지만 그에게는 내일이란 존재하지 않는다. 그는 현재의 순간을 온전히 음미한다. 그의 하루를 장식하며 스쳐 지나는 삶의 순간들을 그는 열린 마음으로 맞이하는 것이다. 말 한 마디, 금세 농담으로 바뀌는 몸짓 하나, 거침없이 터져 나오는 웃음……. 아무것도 아닌 이 작은 것들이 시간의 무게를 가볍게 해 주는 것이다.

가난은 지나친 무거움으로부터의 해방이다. 그렇지만 빈민가의 절대적 빈곤을 추구하자는 이야기가 아니라고 그녀는 덧붙인다. 피상적인 팽창일 뿐인 과도한 축적을 위해 자신의 온 에너지를 쏟자는 것도 당연히 아니다. 이상적인 것은, 우선 타인들과 비교하지 말고 우리가 가진 것과 있는 그대로의 우리의 모습을 참으로 향유할 줄 아는 것이다. 그리고 인간적인 관계, 즉 이해관계를 떠난 교류들을 즐기고, 주변 사람들과 진정으로 함께 나누어야 한다. 이런 존재 방식이야말로 삶의 분출이요 '풍요로운' 것이다. 즉 행복의 길이 열리는 것은 '헐벗음'을 통해서이다.

수련수녀가 된 날의 경험에 대해 엠마뉘엘은 이렇게 고백한다.

이토록 내가 가난의 선택을 강조하는 이유들 가운데 하나는, 내가 가난을 체험한 그날이 지금까지도 내 인생의 중요한 날로 남아 있기 때문이다. 1929년 5월 5일, 그날 나는 멋부리는 아가씨의 모든 장신구를 벗어 버리고 어린 수련수녀의 초라한 검은 드레스를 걸쳤다. 그 행동은 나를 예속시켜 온 무의미한 것들로부터의 해방을 의미했다. 돌연 나는 가벼워진 느낌이었다. 그렇게 나는 날이 갈수록 열정적인 삶 속으로 들어갔다. 자기중심적 인간을 버리고 친애의 인간 속으로 들어선 것이다. (……) 이제 더 이상 우리는 말과 생각과 존재 방식을 강요해 온 어떤 집단성에 젖어 있지 않았다. 부유하고 아름답고 유명한 사람들만을 모델로 하여, 어떻게 옷을 입고 어떻게 행동하고 어떻게 즐겨야 하는지를 지시해 온 지배적 사회 모델에 종속된 자가 이젠 아니었다. 자신의 지성과 의지와 마음의 개인적 분출을 통해, 각자 자기 고유의 독창성을 발전시킨다는 느낌을 가졌다. 개인적인 걱정거리를 넘어 공동의 행복을 선택함으로써 '보다' 생기찬 삶을 경험하게 된 것이다.

인류 속에 들어서는 자는 행복하다. 자기 안의 진짜 인간, 헐벗은 인간, 우애 깊은 인간, 타인과의 관계를 가장 큰 재산으로 여기는 인간이 그 모습을 드러낼 수 있도록 버릴 줄 아는 자는 행복하다. 이 가난은 행복이다. 이는 인간적 삶의 원초 조건이다.

산문집 〈버리고 떠나기〉에서 법정 스님은 '소유의 굴레'를 이야기한다.

"우리에게는 한쪽에서 너무 차지했기 때문에 상대적으로 가난할 수밖에 없는 이웃들이 많다. 너무 긁어모으거나 지나치게 소비를 하는 것은 다른 사람의 몫을 빼앗는 일이나 마찬가지이고, 따라서 사회의 불균형을 초래하기 때문에 악이 되는 것이다. 영어에서 사유를 의미하는 'private'란 말은 '빼앗는다'는 뜻인 라틴어 'privare'에서 온 말이라고 한다.

우리가 무엇엔가 너무 집착을 할 때 그것이 곧 우리 자신을 옭아매는 사슬이 된다는 것은 경험을 통해서 누구나 알고 있을 것이다. 칼 마르크스도 '사치는 가난이나 마찬가지로 악덕이며, 우리들의 목표는 풍부하게 소유하는 데에 있지 않고 풍성하게 존재하는 것이어야 한다.'고 말한 바 있다."

🌀 엠마뉘엘 수녀는 빈민 구호 단체 '엠마우스'의 창시자 피에르 신부와 더불어 프랑스인들로부터 가장 큰 사랑과 존경을 받는 인물이다. 피에르 신부가 자국을 중심으로 활동해 온 데 반해, 엠마뉘엘 수녀는 이집트, 수단, 터키, 튀니지 등 소외되어 있는 나라와 지역을 중심으로 빈민가 사람들과 동고동락해 왔다. 2008년 66퍼센트의 지지를 얻어 프랑스인들이 가장 좋아하는 여성으로 선정되기도 한 그녀는 진정 프랑스의 행동하는 양심이었다. 지난 2008년 10월 100세를 일기로 세상을 떠날 때까지, 한 세기를 통과하는 진정한 서사시와도 같은 그녀의 삶의 이야기는 강렬한 의미를 지닌다. 2001년 필리프 아소 신부의 도움으로 플라마리옹에서 〈풍요로운 가난*Richesse de la pauvrete*〉이 출간되었고, 2001년 백선희의 번역으로 마음산책에서 한국어판이 발행되었다. 카이로의 넝마주이들과 함께 23년을 살며 겪은 체험을 쓴 〈넝마주이 수녀, 엠마뉘엘〉과 자신의 삶의 고백인 〈아듀〉, 그리고 최근 출판된 인터뷰 모음집 〈나는 100살, 당신에게 할 말이 있어요〉 등의 저작이 있다. 엠마뉘엘 수녀의 검은 수녀복, 커다란 안경, 쓰레기산을 뒤지고 다니느라 닳아 빠진 운동화, 호탕한 웃음으로 깊게 팬 주름살, 첫 대면에서 다짜고짜 반말을 던지는 태도 등은 사람들의 기억 속에 오래도록 남을 것이다.

진리란 무엇인가? 그리고 진리 추구자는 어떤 삶을 살아야 하는가? 무릇 부처를 이해하는 것은 곧 나의 삶의 방향을 설정하는 일이다.

내 안에 잠든 부처를 깨우라
와타나베 쇼코 〈불타 석가모니〉

　인도에서는 예전부터 인생을 네 시기로 나눈다. 첫째는 학생기學生期로 스승의 집에 살면서 〈베다〉와 그 밖의 경전을 배운다. 이 시기가 끝나면 두 번째는 가주기家住期인데, 집에 돌아와 결혼하고 가정생활과 사회생활을 해 나간다. 이렇게 살다가 사내아이가 태어나 성장하면, 아버지는 가산을 아들에게 넘겨주고 숲 속에 들어가 검소한 종교생활을 한다. 이것이 세 번째 임주기林住期다. 그리고 네 번째 유행기遊行期가 되면 모든 집착을 떨쳐 버리고 홀가분하게 집이나 소유물 없이, 머리와 손톱과 수염을 깎고 바리때와 지팡이와 물병만을 가지고 걸식으로 생활을 한다. 인도에서는 옛날부터 이처럼 종교적인 의미를 가진 걸식 습관이 있었기 때문에 그런 생활을 당연한 것으로 알았다. 그리고 걸식을 하는 수행자는 세상 사람들에게서 존경을 받는다.

　부처 생존 당시 인도 코살라국의 수도 슈라바스티에 니이다이라는 이름의 천민이 있었다. 인도 사회가 그에게 부여한 임무는 똥을 치는 일이었다. 사람들은 그의 그림자만 지나가도 불결하다고 여겼으며, 손발이 귀족의 몸에 닿기만 해도 잘리게 되는 불가촉천민이었다.
　니이다이는 샤카무니라는 이름의 성자가 계급제도를 부정하면서 "사람은 원래 신분을 타고나는 것이 아니다. 그 사람의 행위가 신분을 결정짓는다."고 가르친다는 소식을 듣고 그를 만나기를 간절히 원했다. 어느 날 니이다이는 똥이 가득한 통을 메고 밭으로 가다가 마침 부처가 제자들과 함께 음식을 먹고 있는 모습을 보았다. 거리에는 많은 사람들이 부처를 만나려고 모여 있었다. 니이다이도 가까이 가서 부처를 만나고 싶었지만 자신의 몰골이 너무 초라해 길모퉁이에 숨어 버렸다. 그런데 부처가 사람들을 헤치고 그에게로 다가왔다.

니이다이는 너무도 당황해 서둘러 피하려다가 그만 똥통이 벽에 부딪쳐 깨어졌다. 똥이 사방에 튀어 자신이 똥물을 뒤집어쓴 것은 물론이고 부처에게까지 그 똥물이 튀었다. 니이다이는 똥이 쏟아진 바닥에 주저앉아 부처에게 울며 용서를 빌었다. 잘못하면 사람들에게 맞아 죽을 수도 있는 상황이었다. 이때 부처는 자비로운 눈으로 니이다이를 바라보며 손을 내밀어 이른다.

"니이다이여, 내 손을 잡고 일어나 나와 함께 강으로 가서 씻자."

부처는 그의 손을 잡아 일으켜 세웠다. 니이다이는 어쩔 줄 몰라 하며 말했다.

"저같이 천한 자가 어찌 부처님과 함께 가겠습니까?"

부처가 말했다.

"염려하지 마라. 나의 진리는 맑고 깨끗한 물과 같아서 모든 것을 받아들여 더러움을 씻어 낸다. 나의 진리 안에서는 부유하고 가난하고 귀하고 천한 것들이 모두 하나다."

니이다이는 훗날 부처의 제자가 되었다.

부처를 어떻게 보는가 하는 것은, 불교 전체에 대한 태도를 결정하는 데 매우 중요하게 작용한다. 불교는 단순히 부처를 숭배하는 종교가 아니라, 부처가 발견한 진리를 부처의 안내에 따라 발견해 나가는 자발적인 추구의 길이다. 부처를 이해하는 것은 곧 나의 삶의 방향을 설정하는 일이다. 부처의 전기 중에서도 가장 뛰어난 작품으로 평가받는 〈불타 석가모니〉의 저자 와타나베 쇼코는 불교의 근본을 '게으름 없는 정진'이라는 한마디에 요약하고 있다. 부처의 마지막 유계도 이것이었다.

"비구들이여, 너희들에게 할 말은 이렇다. 모든 현상은 변천한다. 게으름 없이 정진하라."

미국 인구 가운데 9백만 명이, 그리고 프랑스 인구 중 6백만 명이 스스로를 불교도라 여긴다는 설문 결과가 발표된 적이 있지만, 인류의 스승이며 지난 2천5백 년간 인류의 스승으로서 많은 사람들을 깨달음으로 인도한 불타 석가모니가 어떤 생을 살았으며 또 그의 가르침이 무엇이었는지 정확히 이해하는 이는 드물다. 불교의 문제점인 기복신앙과 잘못된 믿음들은 부처의 생애와 사상에 대한 이해 부족에서 비롯된 것이 많다. 부처는 나의 기도를 들어주는 신앙의 대상으로가 아니라 어렸을 때부터 생로병사에 대한 의문을 품고 그 해답을 찾기 위해 안락한 삶을 포기하고 구도의 길을 떠난 인간의 원형으로 접근해야 한다.

어린 태자는 이렇게 생각했다.

'어리석은 사람들은 자기도 병에 걸리고 병을 피할 수 없는데도, 남이 병에 걸린 것을 보면 싫어하면서 자신의 일을 돌이켜 보려고 하지 않는다. 그러나 나는 나 자신도 언젠가는 병에 걸릴 것이고 병을 피할 수 없다는 사실을 잘 알고 있으므로 남이 앓는 것을 보고 싫어하지 않는다. 나 자신도 마찬가지이기 때문이다. 지금 병에 걸리지 않았다고 뽐내는 사람은 반드시 자멸하고 만다. 또 어리석은 사람들은 자기도 노인이 되고 늙음을 피할 수 없는데도, 남이 늙는 것을 보면 싫어하면서 자신을 돌이켜 보려고 하지 않는다. 그러나 나는 나 자신도 언젠가는 노인이 될 것이고 늙음을 피할 수 없다는 사실을 잘 알고 있으므로 남이 늙는 것을 보더라도 싫어하지 않는다. 나 자신도 마찬가지이기 때문이다. 지금은 젊고 앞길이 창창하다고 뽐내는 사람은 반드시 자멸하고 만다.'

인도의 문화는 과거 3천 년 동안 바라문 문화가 그 중심을 이루었다. 이 바라문 세력은 기원전 1천 년경 인도 서북부에 들어와 처음에는 인더스 강 유역에 펼쳐지다가 수백 년 동안 동쪽으로 나아가면서 갠지스 강 유역에 이르렀다. 이 민족을 아리아 인종이라고 하는데, 피부가 희고 금발이며 코가 높은 것이 특색이다. 민족학이나 비교언어학적 입장에서 보면 이란인, 그리스인, 로마인, 게르만인들과 역사적으로 관련이 깊다.

아리아인은 〈베다〉라는 오래된 경전을 지니고 있었다. 이 〈베다〉에 의지해 세습적인 바라문이 '희생' 등의 종교 의식을 집행함으로써 사람들의 안전과 행복을 지키려 했다. 그렇기 때문에 〈베다〉는 절대 신성하며, 바라문은 나면서부터 최고라고 결정되어 있었다. 아리아인의 생활은 주로 목축이었다. 따라서 우유나 유제품에 의존했으므로 바라문과 함께 소를 신성한 것으로 믿었다.

이들이 들고 온 〈베다〉 경전들에서는 분명하지 않으나 훗날 인도 대륙 안에서 탄생한 〈우파니샤드〉에는 인도 사상 전체의 특징을 이루게 된 윤회사상이 등장한다. 이것이 바라문의 세계 밖에서 발생한 것이라는 점에 있어서는 학자들 간의 의견이 일치한다. 사람은 죽은 후에 그 생전의 행위에 대한 보상으로 신들이 사는 천상에 태어나거나 또는 감옥과 같은 지하의 지옥으로 떨어지거나, 또다시 인간으로 태어나도록 되어 있다. 그리고 이 상태가 한없이 되풀이된다. 선한 과보로 천상에 태어났더라도 언젠가는 또 인간계나 그 이하로도 떨어지므로, 이처럼 죽었다 다시 태어나고 태어났다가 다시 죽는 윤회는 결국 괴로움일 수밖에 없다. 한번 죽어 버리고 모든 것이 다 끝난다면 간단한데, 몇 번이고 생사를 되풀이해야 한다면 생각만으로도 지겹고 끔찍한 일이다.

이런 윤회의 세계에서 벗어나려면 어떻게 하면 좋을까. 이것이 기원전 6세기경 인도 사상계의 중심 과제였다. 사상계라고는 하지만 종교나 철학자들만의 문제가 아니라, 신분이나 교양에 관계없이 적어도 자신의 생활을 반성할 줄 아는 사람이면 누구나 한 번쯤 생각해 보지 않을 수 없는 문제였다.

윤회사상은 바라문교 쪽에서 보면 매우 못마땅했다. 왜냐하면 바라문은 태어나면서부터 신성한 존재라고 뽐냈는데, 윤회사상에 의하면 사람은 자신의 행위 결과에 따라 신도 되고 지옥에도 떨어지며, 또는 사람으로 태어나더라도 다양한 신분을 갖는다고 하기 때문이다. 지금은 바라문일지라도 이다음 생애에는 노예로 태어날 수도 있고 이와 반대일 수도 있다면, 이미 바라문 지상주의는 성립되지 않는다. 그런데 불교와 자이나교를 비롯해 기원전 6세기 이후의 종교는 대부분 윤회사상을 전제로 한다. 바로 이 무렵 인도 북쪽 끄트머리, 지금의 네팔에 속하는 룸비니라는 작은 마을에서 장차 위대한 종교의 창시자가 될 한 아이가 탄생했다. 이 아이와 관련된 모든 사건들은 이 윤회사상을 근간으로 하고 있으며, 마침내 그 윤회의 사슬을 끊고 더없이 높은 해탈에 이르는 것을 정점으로 한다.

〈불타 석가모니〉는 이 아이가 장차 생사윤회에서 벗어난 부처가 되고 사람들에게 가르침을 펴고 최후에 육신을 벗기까지의 과정을 총 38장으로 낱낱이 그려 보인다. 각 장마다 부처의 삶에 일어난 중요한 일들을 다루고 있다. 〈자타카〉에 등장하는 그의 전생 이야기들로부터 시작해 이 생에서의 탄생, 성장, 결혼, 출가, 고행, 그리고 깨달음, 가르침, 열반에 이르기까지 다음 장으로 넘어갈 때마다 부처의 전체적인 삶을 구성하는 핵심적인 사건들이 상세한 해설과 함께 영화처럼 펼쳐진다.

가장 생생한 장면 중 하나는 궁극의 깨달음을 얻기 전 환영의 악마인 마라의 도전을 받는 대목이다. 6년 동안 고행하는 싯다르타의 신변을 엿보며 방해할 틈만 노리던 마라는 끝내 그 목적을 이룰 수가 없었다. 마라는 다음과 같이 부드러운 말씨로 싯다르타를 유혹한다.

"목숨이 있어야만 수행도 할 수 있소. 당신 같은 수행 방법으로는 천에 하나도 성공할 가능성이 없소. 마음을 억제하거나 번뇌를 끊어 버리는 것은 애초부터 무리한 일이오. 그런 짓은 그만두시오. 훨씬 즐거운 방법이 얼마든지 있지 않소. 바라문이 하는 것처럼 불을 섬기고 제물을 바치면 얼마든지 공덕이 쌓일 것이요."

마라의 유혹에 대해 싯다르타는 이렇게 대답한다.

"마라여, 내가 구하는 것은 단순한 이익이 아니다. 목숨은 언젠가 죽음으로 끝날 터이니 나는 죽음을 두려워하지 않는다. 강물이 아무리 많아도 쉴 새 없이 바람이 불면 마침내 말라 버리듯이, 고행을 계속하면 육체나 피는 마르지만 내 마음만은 항상 고요히 가라앉는다. 나는 의욕과 노력과 정신을 통일한 의지를 갖추고 있다. 게다가 지혜도 있다. 헛되이 살아서 무엇할 것인가. 나는 너의 군대를 잘 알고 있다. 제1군은 애욕이다. 제2군은 의욕 상실이고, 제3군은 굶주림과 목마름이며, 제4군은 갈망이다. 제5군은 비겁이고, 제6군은 공포이며, 제7군은 의혹이고, 제8군은 분노다. 그리고 제9군은 슬픔이다. 그 위에 명예욕까지 갖추고 있다. 나는 너의 군대와 싸우겠노라."

싯다르타의 말을 들은 마라는 맥없이 물러갔다.

'연기緣起(모든 현상이 일어나고 소멸하는 법칙)'란 말은 여러 가지 의미로 널리 쓰이는데, 그 기본적인 것이 십이인연이다. 십이인연은 우리들 인간의 상태, 요즘 말로 하면 '실존'에 대해 설명한 것이다. 우리는 태어나고 늙고 죽어 간다. 이는 일반적인 진리인 동시에 또한 우리들 개개인의 운명이기도 하다. 우리들의 인생 문제, 자신의 근본 문제에 생각이 미칠 때면 언제나 우리는 이 벽에 부딪친다.

보리수 아래서 좌선해 최고의 진리를 탐구한 싯다르타에게도 역시 이 문제를 해결하는 일이 최후의 열쇠였다. 늙고 병들고 죽는다는 사실은 무엇에 의해 생기는 것일까. 그것은 '태어난다'는 사실을 원인으로 일어난다. 그리고 그 원인을 점점 거슬러 올라가면 마침내 무명無明(진리를 깨닫지 못한 마음 상태)을 발견하게 된다. 그 무명이 근원적인 원인이다. 그는 이와 같이 살펴 나갔다. 그리고 다음으로 이렇게 생각해 나간다.

늙음과 죽음을 없애려면 어떻게 해야 할까. 태어나지 않으면 늙음과 죽음은 없다. 그럼 태어나지 않으려면 어떻게 해야 할까. 생존有이 없으면 된다. 이와 같이 생존에서 시작해 집착, 갈망, 접촉, 여섯 감각, 모양과 물체, 인식, 현상, 무명에까지 거슬러 올라가 결국은 무명이 없어지면 현상도 없고 현상이 없으면 인식도 없다는 식으로 태어나지 않으면 늙음과 죽음도 없다. 이렇기 때문에 무명을 없애 버리는 것이 인생의 문제를 마지막으로 해결하는 길이다.

첫째, 인간의 실존을 괴로움苦이라고 이해할 것. 이 괴로움은 괴로움과 즐거움으로 대립하는 그런 괴로움이 아니고 인간이 어떤 상태에 있든지, 비록 행복의 절정에 있을 때라도 거기에 반드시 맺혀 있는 괴로움이다. 그러므로 괴로움은 인간적 실존의 다른 이름이라고도 할 수 있다.

둘째, 괴로움의 원인을 밝힐 것. 우리들이 생존하는 바탕에는 욕망과 욕구가 가로놓여 있다. 갈망이라고 할 수도 있고, 맹목적 의지라고 해도 좋을 것이다. 그것은 개인적이고 개체적이기도 한 동시에 집단적 또는 생물적 본능이라고 말할 수도 있다.

셋째, 괴로움의 원인인 갈망을 없앨 것. 이것이 실제적인 해결이다.

넷째, 갈망을 없애기 위해서는 올바른 방법이 필요하다. 이것을 도道라고 부르는데, 불교의 실천 덕목이 여기에 해당한다.

책의 마지막 35장부터 38장은 한 위대한 성인의 최후를 위한 장이며, 다시는 윤회하지 않는 니르바나(열반)에 들어가는 과정이 그려져 있다. 부처는 앞으로 교단을 어떻게 이끌어 가면 좋으냐는 제자 아난다의 질문에 이렇게 답한다.

"아난다여, 현재도 내가 입적한 뒤에도 자신을 등불 삼고 의지처로 삼아 남에게 의지하지 마라. 진리를 등불 삼고 의지처로 삼아 다른 것에 의지하지 않고 살아가는 그런 사람만이 수행에 열정을 가진 수행승으로서 내 뜻에 가장 맞는 사람이다."

부처의 전기 중에서 가장 탁월한 작품이자 뛰어난 불교 입문서이고 인생의 지침서로 일컬어지는 와타나베 쇼코의 〈붓타 석가모니〉. 아널드 토인비는 '불교와 서양의 만남은 20세기의 가장 큰 사건'이라고 말했다. 더불어 현대인이 가져야 할 종교는 진리를 근본으로 한 것이어야 한다고도 했다. 옮긴이 법정 스님은 서문에 이렇게 썼다.

그 사람을 모르고 그의 사상이나 가르침을 이해하기는 어려운 일이다. 붓타 석가모니의 경우처럼 그의 삶이 곧 그의 사상을 나타낸다면 더욱 그렇다. 그가 한평생을 어떻게 살았으며, 그 시대와 사회에 어떤 영향을 끼쳤는가가 곧 그의 가르침을 이해하는 열쇠이다. 그리고 그를 어떻게 보는가 하는 문제는 불교를 이해하는 데 중요한 출발이 될 것이다. 2,500여 년 전에 살았던 한 인간의 생애를 이제 와서 펼쳐 보인다는 것은 결코 쉬운 일이 아니다. 이전의 전기를 보면 대부분 전설적이고 신화적인 데 치우쳐 있었다. 많은 불타 전기 중에서 역자가 선뜻 이 책을 골라 번역한 것은 저자가 확신을 갖고 다른 불타 전기에서는 일찍이 볼 수 없었던 투철한 안목을 열어 보이기 때문이다. 나는 처음 이 책을 구해다 읽으면서 그전에 건성으로 지나쳤던 불교의 몇몇 현상에 대해 새로운 사실들을 알게 되었고, 속으로 깨친 바도 적지 않았다. 그리고 앞으로 내 눈이 더욱 열리고 팔에 힘이 오르면 직접 불타 전기를 한번 써 보고 싶다는 자극도 강하게 받았었다.

🍃 힌두어, 산스크리트어, 팔리어에 능통한 일본의 대표적인 불교학자 와타나베 쇼코는 평생에 걸친 그의 불교 공부의 절정이라 할 수 있는 〈불타 석가모니〉를 탄생시켰다. 이 책은 방대한 자료들을 뒤져 가면서 불타의 일생에 일어난 중요한 사건들을 종교적이면서 실증적이고 객관화된 시선으로 섬세하게 기록하고 있다. 부처의 전기이면서 단순한 한 위인의 생애에 한정되지 않고, 마치 한 권의 흥미진진한 문명 발달론을 읽는 것처럼 부처가 살았던 시대의 사회상과 당시 사상의 흐름, 문화적인 경향에 대해서도 다룬다. 이 책의 원 제목은 〈신석존전新釋尊傳〉이며 다이호린카쿠에서 1966년 초판본이 출간되었고, 2005년 지쿠마쇼보에서 문고판이 간행되었다. 법정 스님의 번역본은 1975년 샘터에서 〈부처님의 일생〉으로 문고판이 처음 나왔으며, 그 후 판형을 바꾸어 〈불타 석가모니〉로 동쪽나라를 거쳐 2010년 문학의숲에서 새롭게 펴냈다. 부처의 또 다른 전기로는 카렌 암스트롱의 〈붓다〉(국내 번역본은 〈스스로 깨어난 자 붓다〉)와 디팩 초프라가 쓴 〈사람의 아들 붓다〉 등이 있다.

우리는 가비오따쓰를 토피아라고 부른다. 우리는 환상에서 현실로, 유토피아에서 토피아로 옮겨 갔다. 언젠가 당신은 그것을 보러 오게 될 것이다.

자연으로 일구어 낸 상상력의 토피아

앨런 와이즈먼 〈가비오따쓰〉

"우리는 계속 꿈을 꾸어야 하오." 파올로가 말했다. "만약 꿈을 꾸지 않는다면 당신은 잠들어 있는 것이오. 진정한 위기는 자원의 부족이 아니라 상상력의 부족이오." 그의 눈에 다시 광채가 감돌았다.

"한번 상상해 보시오." 은빛 수염 사이로 미소를 지으며 그가 말했다.

"만약에 지구상의 모든 사람이 의무적으로 한 사람당 적어도 세 그루의 나무를 심는다면……."

콜롬비아 동부의 나무 하나 없는 열대 평원 가운데에 위치한 공동체 마을 가비오따쓰. 그곳 말로 제비갈매기를 뜻하는 이 마을의 설립자 파올로 루가리는 콜롬비아 열대 황무지의 미래를 계획하는 위원회에 고용되어 있던 중 우연찮게 야노스를 비행기로 둘러보게 된다. 창문을 통해 보이는 광활한 사바나는 어느 게 지평선이고 어느 게 초원인지 모를 정도로 황홀하게 맞닿아 있었다. 파올로는 거의 넋이 나갈 정도로 반해 버렸다. 야노스는 그가 지금까지 다녀 본 장소 중에서 가장 인상적인 풍경이었다. 그는 꿈을 꾸기 시작한다.

파올로는 직접 랜드로버를 타고 야노스를 여행했고, 세계에서 가장 다양한 생태계가 그곳에 밀집되어 있음을 알게 된다. 그는 척박한 토양과 황폐한 원주민들의 생활환경 등을 확인하면서도 생태학적 보고

인 정글 속에서 자신만의 비전이 자라나는 것을 느꼈다.

"당신은 여기서 그저 살아남기만 원하는 게 아니오." 제텔리우스가 모기장 너머에서 말했다. "당신은 유토피아를 창조하려고 하고 있소. 야노스에서 말이오. 확실하오."

파올로는 이 연로한 박사의 눈을 쳐다보기 위해 해먹에서 똑바로 일어나 앉으려 했다. 잠시 애쓰다 포기하고 그가 말했다. "나는 가비오따쓰가 현실이 되기를 바랍니다. 나는 그렇게 완벽해 보이면서도 내용을 현실로 옮기지 못한 것들을 책으로 읽는 데 싫증이 났어요. 단 한 번이라도, 인간이 환상에서 현실로 옮아가는 모습을 보고 싶습니다. 유토피아에서 토피아로 말입니다."

하지만 어떻게? 파올로는 이상적인 사회를 만드는 데 따르는 문제점을 해결하고자 전국의 대학들을 설득하는 일에 착수한다. 정치적으로 소란한 콜롬비아에서 평화롭게 연구하고 학위를 딸 수 있는 기회를 제공해 다양한 전공의 학생들을 끌어모았으며, "광활한 열대 미개척지의 선구적인 기술자들!"이라고 격려했다. 그는 어떤 경우에도 낙천적이었다. 실패는 기회의 다른 이름일 뿐이다.

곧 그들은 순수하게 태양과 미풍과 물을 이용하여 잡동사니들을 재활용한 풍차, 수력발전기, 온갖 형태의 펌프를 완성할 수 있게 되었다. 전 세계가 석유파동으로 인한 에너지 위기를 맞은 와중에 그들은 재생 가능한 에너지라는 새로운 개념을 만들어 낸 것이다.

그때 나는 바야흐로 '제3세계의 기술 개발'이라는 개념이 태어났다는 것을 깨달았습니다. 그때까지 우리는 몇몇 서방 선진국에서 나온 게 아니면 개발이라는 말조차 쓰지 않았지요. 그런데 이제 우리가 처음으로 '개발자'라 불리게 되었습니다.

1976년 국제연합 개발계획은 가비오따쓰를 공동체 모델로 선정한다. 연구 보조금이 주어지고 더 많은 아이디어들을 찾아내기에 이르렀다. 환상이 현실로 옮아가는 시작이었다. 다른 어떤 것도 외부에서 해결책을 찾지 않는 그들은 자연 순수주의자들인 동시에 몽상가였고, 독창적인 성격의 소유자였으며 도전을 좋아했다. 그들의 가비오따쓰는 '상상력이 만발한 오아시스'가 되어 가고 있었다.

"수경재배입니다." 쌉이 말했다. 이 방법은 그들이 채택한 브라질 시스템을 발전시킨 것이다. 배양액으로는 메따 강변의 벼 재배 농가에서 나오는 폐기물을 이용했다. 이제 이 방법은 전국적으로 퍼지고 있었다. 화훼농장에서도 톱밥과 잘게 부순 나뭇조각이 들어 있는 작은 상자 안에서 화초를 싹 틔우는 수경재배법이 사용되고 있었다. "이제 어디서든 식량을 생산해 낼 수 있습니다. 오늘 아침 마신 박하 찻잎도 우리가 재배한 겁니다."

국제연합 평가자는 깊은 생각에 잠겼다. 그러고는 "가난한 사람들에게는 어떻습니까?" 하고 물었다.

"우리 같은 사람들이요?"

"먹을 게 없는 사람들 말입니다. 이 방법을 도시 주변의 빈민가에서도 사용할 수 있습니까?"

"여기서 가능하다면 세계 어디서든 가능합니다."

열대 황무지였던 야노스의 땅에서 해낸 일이다. 세계 어느 곳에서든 도전할 수 있지 않겠는가.

가비오따쓰가 단순히 젖은 사막이 아니라는 것을 보여 주는 사례는 계속 이어진다. 고민하고 도전하기 좋아하는 이들의 머리와 행동으로 열대의 태양에너지가 동력화되고, 물기가 많은 흙은 태양열 펌프를 이용해 점토 관개시설로 개발되었다. 주위를 두르고 있는 모든 자연 에너지가 그들의 도구였고 삶을 바꾸어 놓는 아이디어였다.

그를 감동시킨 것은 루이쓰 로블레쓰가 유치원 마당에 설치해 놓은 놀이기구로서 슬리브 펌프에 달려 있는 시소였다. 어린이들이 시소놀이를 하면서 학교의 물탱크를 채울 수 있도록 고안된 것이다. 따이쓰는 저녁을 먹으면서도 거기에 계속 관심을 보였다. 그는 루이쓰 로블레쓰에게 "어떻게 해서 그런 것을 생각해 낼 수 있었습니까?" 하고 물었다. 그 순간 루이쓰는 테이블 위로 급강하하고 있는 바퀴벌레를 쉬 하면서 내쫓고 있었다.

"제가 생각해 낸 게 아닙니다." 루이쓰가 대답했다. "학교에서 견학 온 아이들에게 펌프 손잡이가 일종의 지렛대라는 것을 설명하고 있는데, 그중 한 아이가 '말하자면 반쪽짜리 시소 같은 거군요.' 하더군요. 그 말을 듣고 그날 오후에 당장 그걸 만들었지요."

야노스 오지에 있는 이 작은 마을과 달리 1970년대 말 콜롬비아에는 제대로 되는 일이 하나도 없었다. 정치적으로 혼란한 시기였기에 정부군과 농민들로 구성된 무장 게릴라의 체포, 고문, 학살이 만연하고 있었다. 가비오따쓰는 그런 무장 세력들에 개의치 않고 의료시설을 운영하고 학교를 열었다. 물론 긴장감을 촉발하는 일도 있었다. 일단의 게릴라 부대가 들이닥쳐 가비오따쓰인들에게 무장투쟁을 요구한 것이다. 그들은 중립을 유지한다. 긴장감 속에 모여 있던 사람들 가운데 하나가 "우리를 인질로 잡아갈 건가요?" 하고 물었다. 그들을 지켜본 게릴라들의 대장은 미소를 지으며 말했다. "여기 있는 사람에게는 아무도 손대지 말라는 명령이 있었소." 가비오따쓰인들은 우리 편과 적이라는 양자 선택뿐인 게릴라의 눈에도 너무나 소중한 일을 하고 있기 때문이었다.

무엇보다 가비오따쓰의 가장 큰 성과 중 하나는 마른풀밖에 없던 황량한 야노스에 소나무를 심기 시작한 일이다.

그것은 가비오따쓰인들이 현실을 개선하느라 이리저리 애쓰다 보니 어느덧 익숙해져 버린 일종의 예측 불가능성이었다. 카리브산 소나무가 야노스에서는 열매를 맺지 않기 때문에 지역의 식생에 결코 해를 끼치지 않는다는 사실을 누가 짐작이나 할 수 있었겠는가? 이 소나무들은 열대의 굶주린 곤충들로부터 자신을 보호하기 위해 나무껍질 진액을 분비하는데, 진액이 하도 풍성하게 흘러서 마치 메이플 시럽처럼, 아니 더 정확하게는 젖소에서 우유를 짜내듯이 나무를 해치는 일 없이 짙은 호박색 진액을 수확하여 생산고를 올릴 수 있으리란 것을 누가 알기나 했겠는가? 여기서는 소나무들이 임학 교과서에서 예측한 것보다 거의 십 년이나 더 빨리 자랄 수 있다는 것도 말이다.

콜롬비아에서만 10년 동안 60만 헥타르의 숲이 사라졌다. 지구의 허파인 열대우림의 소실이 인류에게 큰 위협으로 다가오는 현실 속에서 그들은 4천 헥타르의 열대우림을 만들어 냈다. 이 열대우림은 사라졌던 생태계를 불러들이고 적도의 열기를 막아 주는 역할을 하고 있다. 가비오따쓰인들이 성공과 실패를 거듭하며 만들어 간 인내와 노력, 투쟁의 산물이 아니었다면 불가능했으리라. 이런 그들의 결과는, 인류가 환경을 손상시킨 힘을 그것을 회복시키는 데도 사용할 수 있음을 희망적으로 보여 준다.

가비오따쓰는 단순한 친환경 마을이 아니었다. 적도의 미풍을 에너지로 바꿔 주는 풍차, 식수의 세균 제거를 위해 마련된 태양열 주전자, 수천 년간 볼 수 없었던 열대숲의 부활, 마약조차 자랄 수 없는 땅에서 먹을거리를 기르기 위해 고안한 수경재배법, 공식 통행 수단인 '가비오따쓰형 사바나 자전거', 경찰이나 정치인이 존재하지 않는 곳, 약국이 아닌 약초 전문점 등 주어진 환경에서 생존의 대안을 찾으며 살아가려는 사람들이 만들어 낸 새로운 세상이었다.

  유토피아의 어원은 U+topia이다. 그리스어에서 '유'라는 접두어는 '없다'를 의미한다. 우리는 가비오따쓰를 토피아라고 부른다. 왜냐하면 그것은 현실이기 때문이다. 우리는 환상에서 현실로, 유토피아에서 토피아로 옮겨 갔다. 언젠가 당신은 그것을 보러 오게 될 것이다.

가비오따쓰에는 대학교를 나왔거나 학위를 가진 사람이 인구의 절반도 안된다. 하지만 그들은 삭막하게 비어 있거나 비참하게 병들어 있는 대지 가운데서, 지구상에 남은 마지막 석유 한 방울이 타 없어진 후에도 오랫동안 살아갈 수 있는 방법과 평화를 만들어 냈다. 아무리 동료 인간들이 발아래 돌고 있는 지구를 파괴하는 데 몰두하고 있다 하더라도, 가비오따쓰인들이 품고 있는 희망은 지구를 밝게 비추어 줄 수 있을 정도로 대단하다. 온갖 회의와 난관에도 불구하고 가비오따쓰는 장엄하지만 어두운 땅, 아름답지만 전쟁에 물들어 있는 이 세상에 한 줄기 빛을 던져 주었다.

누군가가 묻는다. "이걸 가지고 무얼 할 수 있습니까?" 그들은 그 질문에 오히려 되묻는다. "최소한 무언가를 배우겠지요. 당신은 당신이 지닌 도구로 무엇을 했습니까?" 여러 가지 아이디어들을 가지고 시도해 보고 실패하면 그것으로 배우게 된다. 창조적이고 유연한 사고를 지닌 사람들이 일구어 낸 아름다운 길은 앞으로도 계속 이어질 것이다.

이제 그들은 가비오따쓰의 가없는 하늘 아래에서 천사의 아리아를 울릴 계획이다. 야노스 주민들과 함께 가비오따쓰의 소나무로 만든 악기를 연주하는 오케스트라를 꿈꾸며 말이다.

공동체와 개인의 의미에 대해 말하면서 법정 스님은 〈산방한담〉에서 트라피스트 수도자가 되고자 하는 지원자에게 당부한 원장 신부의 말을 인용하고 있다.

"당신들 한 사람 한 사람이 이 공동체를 더 좋게 할 수도 있고 더 나쁘게 할 수도 있소. 즐겁게 살되 아무렇게나 살지는 마시오."

앨런 와이즈먼은 미국의 유명 저널리스트이자 애리조나 대학 국제저널리즘 교수이다. 현재 홈랜즈 프로덕션의 선임 라디오 프로듀서이며 다수의 수상 경력을 가진 베테랑 작가이기도 하다. 1998년 첼시그린 출판그룹에서 발행된 〈가비오따쓰—세상을 다시 창조하는 마을 Gaviotas: A Village to Reinvent the World〉은 저자가 출판 10주년을 기념해 새로 쓴 서문을 덧붙여 2008년 재출간되었다. 2002년 황대권의 번역으로 월간말에서 출판했고, 랜덤하우스코리아에서 같은 이의 번역으로 2008년 10주년 기념 서문이 포함된 개정판을 발간했다. 와이즈먼은 역자 황대권과 가진 경향신문사의 대담에서 이렇게 말했다. "지금 우리에게 필요한 것은 '번영'에 대한 새로운 개념이다. 지금까지 크기를 키우는 성장을 번영이라고 했다면 자연과 조화를 이루고 균형을 맞추는 것으로 바꿔야 한다. 인류가 지속적으로 발전할 수 있는 길을 찾아야 한다."

자연 세계에서는 번식력이 지속 가능의 척도이다. 번식력은 삶을 긍정하는 힘이고, 그 목적은 재생이다.
반면에 산업 생산은 죽음의 힘이고, 그 본질은 조작 가능한 물질이며 그 목적은 소비이다.

작은 행성을 위한 식사법
제레미 리프킨 〈육식의 종말〉

곡물로 키운 소의 쇠고기는 불에 탄 삼림, 침식된 방목지, 황폐해진 경작지, 말라붙은 강이나 개울을 희생시키고 수백만 톤의 이산화탄소, 아산화질소, 메탄올을 허공에 배출시킨 결과물이다.

햄버거 하나를 먹을 때마다 아마존의 열대우림이 황폐해지고 지구가 조금씩 뜨거워진다. 중남미산 쇠고기를 사용한 햄버거 한 개에는 75킬로그램에 달하는 생명체의 파괴가 뒤따른다. 여기에는 20~30종의 식물, 100여 종의 곤충, 수십 종의 조류, 포유류, 양서류가 포함된다. 그러나 많은 사람들이 햄버거를 베어 물 때마다 이런 불편한 사실들을 떠올리지는 않는다.

현대의 산업 시스템은 쇠고기를 대대적으로 유통하기 위해 소를 마치 공업 생산품처럼 취급한다. 소들은 대규모 축산단지에서 사육되는데, 축산업자들은 수억 명의 사람을 너끈히 먹여 살릴 만한 양의 곡식으로 소들을 살찌운다. 오늘날 개발도상국에서 생산되는 곡물은 인간의 식량에서 가축사료로 용도를 전환한 지 오래다. 지구에서 생산되는 전체 곡식의 3분의 1을 소와 다른 가축들이 먹어 치우고 있는 동안 아프리카에선 네 명 중 한 명이 영양실조에 시달리고, 남미에선 여덟 명 중 한 명이 매일 밤 굶주린 채 잠자리에 든다.

제레미 리프킨이 쇠고기를 비롯한 육식 문화가 세계의 빈곤과 환경 파괴에 미치는 영향에 주목하기 전까지는 대다수의 사람들은 소가 지구의 생태계와 인류의 운명에 광범위한 영향을 미치고 있다는 점을 알지 못했다. 리프킨은 방대한 자료를 통해 지구촌 곳곳의 축산단지들이 야기하는 해악을 고발하였다. 오늘날에는 소들이 자연적, 인공적으로 생태계에 부과하는 압력이 점점 가중되고 있다. 소는 현재의 지구가 직면한 주요한 환경적 위협들 중 하나이다. 따라서 21세기에 인류가 지구 생태계의 건강과 번영을 다시 회복시키고자 한다면, 지구 생물권을 해치는 소들의 역할부터 검증하고 평가해 보아야 한다고 그는 역설한다.

소가 태어나 짧은 생을 영위하다가 도축과 가공을 거쳐 시장에 나오기까지의 과정은, 동물의 영혼이 무자비하게 말살당하는 과정에 다름 아니다. 소는 살아 있는 동안 잠재적인 고기로 다뤄진다. 태어난 수송아지들은 성질을 유순하게 만들고 육질을 좋게 하기 위해 거세된다. 축산업자들은 소들이 서로 들이받지 못하도록 뿔을 없애는데, 화학연고로 뿔을 태우거나 심하게는 마취제 없이 톱으로 잘라 내는 경우도 있다. 체중이 늘어난 소들은 기계식 비육장으로 옮겨 가 본격적으로 살을 불리게 된다. 비육장 관리자들은 최단시간에 최적의 무게를 얻기 위해 성장을 촉진하는 각종 호르몬을 투여하고, 항생제가 함유된 사료를 먹인다. 소들이 먹는 건초와 옥수수, 콩에 다량의 제초제 성분이 들어 있음은 물론이다. 진열대의 불빛 아래 놓인 포장육을 보면서 그것이 한때 생명을 가졌던 소의 일부라는 사실을 소비자들이 실감하기란 쉽지 않다.

인간이 거대한 자연의 아주 작은 일부로서 삶을 영위하던 시절이 있었다. 그 시절에는 사람과 소가 매우 친밀하고 신성한 관계를 유지했다. 곁에서 땅을 함께 갈고 거름을 제공하며, 우유와 고기와 가죽을 주는 소는 인간의 삶과 궤적을 함께했다. 인간은 소의 모습을 가까이에서 지켜보며 동물들도 사람과 같이 두려움과 기쁨을 느끼며, 스스로를 보호하고 싶어 하는 존재라는 사실을 자연스럽게 이해할 수 있었다. 이것이 인간과 소가 맺었던 첫 번째 관계였다.

미국에서 일어난 인디언 정복 과정에서 토종 들소인 버펄로의 대량 살상이 결정적인 역할을 했다는 것은 이미 잘 알려진 사실이다. 원래 아메리카 서부에 펼쳐진 대평원은 버펄로들의 야생 서식지였다. 서부에서 자라는 풀은 소가 먹기에도 더할 나위 없이 좋았다. 신대륙에 정착한 유럽인들은 이 평원을 거대한 방목지로 개간하고자 했고, 그때부터 대대적인 버펄로 사냥이 시작된다. 버펄로는 순식간에 대평원에서 자취를 감추어 버렸다. 버펄로를 신성한 동물로 섬기고 부족의 생존 수단을 의지하고 있던 인디언들은 버펄로의 멸종에 치명적인 타격을 입고 급속히 무기력해져 갔다.

오늘날 엄청난 양의 육류가 소비되고 있지만, 자세히 들여다보면 그 소비층은 철저히 계층화되어 있다. 육류의 소비는 미국과 유럽, 일본에 편중되어 있으며, 20세기 말부터는 대만과 한국의 육류 소비도 두드러진 증가를 보이기 시작했다. 한 사회 내에서도 권력과 부에 있어서 우위를 차지한 사람들이 육류를 더 많이 섭취하는 경향이 있다. 인위적으로 형성된 '단백질 피라미드'의 정점을 특정 국가와 집단이 차지하고 있는 것이다.

자연과학자들은 먹이피라미드의 각 단계가 올라갈 때마다 에너지 손실이 발생한다고 한다. 먹이를 포식하는 과정에서 약 80~90퍼센트의 에너지는 주변으로 손실되어 버리고, 10 내지 20퍼센트만이 포식자의 세포에 축적된다. 따라서 식물을 통해 에너지를 직접 섭취하는 것이 초식동물을 통해 간접적으로 에너지를 섭취하는 것보다 에너지 낭비가 적은 셈이다. 이는 쇠고기를 얻느라 쏟아붓고 있는 사료곡물의 양과 그로 인해 얻어지는 쇠고기의 양을 어림잡아 비교해 보아도 알 수 있다.

그러나 세계 도처에서 절망적인 기아에 시달리는 사람들이 증가하고 있음에도 식량 곡물에서 사료곡물로의 전환은 역전될 기미가 없이 여러 나라들에서 꾸준히 지속되고 있다. 그리고 그렇게 해서 얻어진 육류는 단백질 피라미드의 우위에 선 사람들에게 돌아간다. 우리가 육류의 섭취를 줄이고 채식을 지향하면, 보다 많은 사람이 생존에 필요한 최소한의 에너지를 섭취하게 될 거라고 이 책은 주장한다.

세계 농업이 식량 곡물에서 사료곡물로 전환된 것은 새로운 형태의 인류악을 나타내는데, 아마도 그 결과는 과거 인간 대 인간이 벌였던 그 어떤 폭력보다도 장기적이고 심각할 것이다. 이런 전환이 인간에게 미친 결과는 1984년 날마다 수천 명이 기아로 목숨을 잃어 가던 에티오피아의 사례를 통해 극적으로 입증되었다. 그 당시 에티오피아가 일부 경작지를 아마인깻묵, 목화씨깻묵, 평지씨깻묵을 생산하는 데 할애했다는 사실을 대중들은 모르고 있었다. 그 작물들은 가축사료로 영국을 비롯한 다른 유럽 국가들에 수출할 목적으로 키워졌다. 현재 수백만 에이커에 달하는 제3세계 토지가 오로지 유럽의 가축사육에 필요한 사료를 재배하는 데 사용되고 있다.

소의 방목은 사하라 사막 이남 및 미국과 오스트레일리아에서 활발히 진행되고 있는 사막화의 주된 요인이다. 사육장에서 흘러나온 축산 폐기물은 지하수 오염의 주요 원인이 되고 있으며, 소가 내뿜는 메탄가스는 지구 대기에서 열기가 빠져나가는 것을 차단한다.

수백만 에이커에 달하는 중남미 고대 열대우림 지역은 소 방목용 목초지로 개간되고 있다. 아마존에 모여든 다국적 개발업자들은 무분별하게 나무를 베어 내고, 그 처리 비용을 줄이기 위해 불을 지른다. 대륙 위를 비행하는 우주비행사들은 아마존을 횡단하면서 수백 개의 불꽃들이 깜빡이는 것을 목격했다고 보고한다. 아마존에 있는 나무 한 그루에는 1,700여 종의 곤충들이 둥지를 틀고 있으며, 1제곱미터의 나뭇잎을 보금자리 삼아 살고 있는 개미만 해도 50종이 넘는다. 앞서 말한 햄버거 한 개당 75킬로그램에 이르는 생명체의 파괴가 뒤따르는 이유가 여기에 있다. 목초지 개간으로 밀어낸 땅 위에 다시 나무가 자라고 동물과 곤충들이 돌아오려면 얼마나 많은 비용과 시간이 걸릴 것인가? 그 빚은 고스란히 다음 세대에 청구될 것이다.

제레미 리프킨은 과도한 육류 소비로 우리가 머지않은 미래에 치러야 할 비용을 감당할 자신이 있는지 묻는다. 우리는 인간과 소의 새로운 관계를 선택할 기로에 서 있다. 한 사람 한 사람이 자발적으로 쇠고기 섭취를 지양함으로써 현대식 초대형 비육장과 도살장으로부터 소를 해방시키는 것. 육식 문화를 초월하는 것은 우리 자신을 원상태로 돌리고자 하는 혁명이다. 지금처럼 고기를 대량으로 소비했던 적은 없었다. 인간의 음식에서 쇠고기를 없앰으로써 우리는 소는 물론 지구를 공유하는 다른 생명체들과 유대감을 다지면서 새로운 인류 의식을 향한 발걸음을 내디디게 될 것이다.

〈새들이 떠나간 숲은 적막하다〉에 실린 '먹어서 죽는다'는 글에서 법정 스님은 제레미 러프킨의 책을 상세히 인용하면서 육식의 위험성을 경고한다. 이 글은 교육인적자원부에서 출간한 중학교 1학년 국어 교과서에 수록되었다.

"미국의 환경운동가로 널리 알려진 제레미 리프킨은 그의 저서를 통해, 개인의 건강을 위해서든, 지구 생태계의 보존을 위해서든, 굶주리는 사람들을 위해서든, 또는 동물 학대를 막기 위해서든, 산업사회에서 고기 중심의 식사 습관은 하루빨리 극복되어야 한다고 역설하고 있다. 그가 인용한 자료에 의하면, 미국에서 생산되는 곡물의 70퍼센트 이상이 가축의 먹이로 사용된다.

오늘날 미국에서 1파운드의 쇠고기를 생산하는 데에 16파운드의 곡식이 들어간다. 곡식을 먹여서 키운 고기 중심의 식사법을 만들어 낸 이런 생산체계가 한정된 지구 자원을 낭비하고 파괴하고 있다. 가난한 제3세계에서는 어린이를 비롯해서 수백만의 사람들이 곡물이 모자라 굶주리며 병들어 죽어 가는 동안, 산업화된 나라들에서는 수백만이 넘는 사람들이 동물성 지방의 지나친 섭취로 인해 심장병과 뇌졸중과 암으로 죽어 가고 있다.

미국 공중위생국의 어느 보고서에 의하면, 1987년에 사망한 210만 명의 미국인들 중에서 150만 명의 경우는 먹는 음식과 관련되는데, 여기에는 포화지방의 과잉 섭취가 주요 원인으로 지적된다. 특히 미국에서 두 번째로 흔한 질병인 대장암은 연구 결과 육식과 직접 관계가 있다고 한다. 한 연구 보고서는, 고기 소비와 심장질환 및 암 발생의 높은 관련성을 보여 주는데, 쇠고기 문화권에서 심장병 발생률은 채식 문화권보다 무려 50배나 더 높다. 그러니 오늘날 미국인들과 유럽인들은 말 그대로 '먹어서 죽는다.'고 할 수 있다.

거세되고 유순해지고 약물을 주입받으며 소들은 여물통에서 옥수수와 사탕수수와 콩 같은 곡물을 얻으면서 긴 시간을 보내는데, 그 곡물들은 온통 제초제로 절여진 것들이다. 현재 미국에서 사용되고 있는 모든 제초제의 80퍼센트는 옥수수와 콩에 살포된다고 한다. 말 못하는 짐승들이 이런 곡식을 먹고 난 다음 그 제초제들은 동물의 몸에 축적되고, 그것은 또 수입 쇠고기라는 형태로 고기를 즐겨 먹는 이 땅의 소비자들에게 그대로 옮겨진다.

미국 학술원의 국립조사위원회에 의하면, 쇠고기는 제초제 오염의 제1위이고, 전반적인 살충제 오염으로서는 제2위를 차지한다. 제초제와 살충제로 인한 발암 위협이 따르는 것은 더 말할 필요도 없다.

이와 같은 리프킨의 글을 읽으면서, 육식 위주의 요즘 우리 식생활이 얼마나 어리석고 위태로운가를 되돌아본다. 일찍이 우리가 농경사회에서 익혀 온 식생활이 더없이 이상적이고 합리적이라는 사실을 깨우쳐 준다. 우리는 그릇되게 먹어서 죽는 어리석음에서 벗어나야 한다."

세계적 경제학자이자 문명 비평가인 제레미 리프킨의 〈쇠고기를 넘어서—축산 문화의 번영과 쇠퇴 Beyond Beef: The Rise and Fall of the Cattle Culture〉는 1992년 미국 더튼에서 발행되었다. 이후 1993년 플룸에서 페이퍼백으로 재발행되는데, 현대적 축산업의 문제를 다각적인 측면에서 체계적으로 분석, 정리함으로써 비상한 주목을 받는다. 1992년 〈녹색평론〉 제5호(7~8월호)에 서문이 실렸고, 같은 글이 〈녹색평론선집 1〉에 수록되기도 했던 이 원고는 신현승의 번역으로 2002년 1월 시공사에서 도서 전체가 출판되었다. 정보화 사회가 창조한 세상에서 오히려 수많은 사람들이 일자리를 잃고 미아가 될 것이라 경고했던 〈노동의 종말〉, 소유가 아닌 접속으로 상징되는 새로운 세상을 어떻게 살아갈 것인지 이야기한 〈소유의 종말〉 등 한국에서 '종말'이라는 키워드로 발행된 리프킨 '종말' 시리즈의 마지막 권이다.

이리저리 섞이는 색의 향연 속에서 고흐는 자연의 위대함과 인간 안에 존재하는 영원을 보았다.
그리고 그것들을 특유의 강렬한 색과 꿈틀대는 선으로 표현했다.

결론을 내렸다, 나를 지배하는 열정에 따라 살기로
빈센트 반 고흐 〈반 고흐, 영혼의 편지〉

지도에서 도시나 마을을 가리키는 검은 점을 보면 꿈을 꾸게 되는 것처럼, 별이 반짝이는 밤하늘은 늘 나를 꿈꾸게 한다. 그럴 때 묻곤 하지. 왜 프랑스 지도 위에 표시된 검은 점에게 가듯 창공에서 반짝이는 저 별에게 갈 수 없는 것일까? 타라스콩이나 루앙에 가려면 기차를 타야 하는 것처럼, 별까지 가기 위해서는 죽음을 맞이해야 한다. 죽으면 기차를 탈 수 없듯, 살아 있는 동안에는 별에 갈 수 없다. 증기선이나 합승마차, 철도 등이 지상의 운송 수단이라면 콜레라, 결석, 결핵, 암 등은 천상의 운송 수단인지 모른다.

늙어서 평화롭게 죽는다는 것은 별까지 걸어간다는 것이지.

1889년 5월 8일 고흐는 한 요양원에 들어간다. 그해 1월 그가 했던 사업 가운데 가장 성공적이었던 고갱과의 협업 관계는 고흐가 자신의 귀를 자르고 그린 자화상 사건으로 깨지고 말았다. 동생 테오에게 경제적 지원을 받아 오고 있었지만, 그 돈으로는 정상적인 생활을 할 수 없었다. 빵마저 살 수 없는 궁지로 내몰리고 있던 그는 식비를 절약하기 위해 질이 안 좋고 딱딱하여 씹기조차 어렵고, 소화도 잘 안되는 빵으로 연명하고 있었다. 그런 상황에서 주거비까지 내는 건 더욱 어려운 일. 요양원에 들어간 가장 큰 이유는 그가 취할 수 있는 모든 방법 중에서 생활비가 가장 덜 들기 때문이었다.

그 요양원에서 6월 9일 고흐는 동생인 테오에게 편지를 쓴다. 지난해 아를에서 그린 '론 강 너머 별이 빛나는 밤'을 곧 있게 될 앙데팡당전에 출품하라며, "이 작품이 어떤 사람에게 내 것보다 나은 밤의 장면을 그리는 데 아이디어를 제공해 줄 것."이라고 했다. 또한 "비록 고갱과 베르나르의 최근 작품을 보지는 못했지만 이 두 습작 '별이 빛나는 밤'과 '올리브 과수원'은 그들의 작품과 유사할 것이라고 생각된다."고 적었다.

7월 7일 고흐는 요양소에 들어오기 전에 생활하던 노란 집으로 자신의 짐과 작품들을 가지러 간다. 그러나 짐을 맡겨 뒀던 친척이 보관 상태도 안 좋았을 뿐 아니라 작품들도 형편없는 쓰레기라고 생각하여 크로키와 스케치 대부분은 버리고, 유화는 인근 고물상에 헐값으로 팔아넘긴 뒤였다. 고물장수는 자신의 친구에게 싼값에 이 작품 몇 점을 넘겼고, 이 친구는 경영하던 호텔에 몇 점을 걸어 놓는다. 또한 고물상에 있던 작품들은 인근의 가난한 사람들이 구매하여 자신의 집에 걸어 놓거나 물건을 싸는 용도로 사용했다.

얼마 지나지 않아 호텔의 투숙객들이 이 작품들을 높이 평가하면서 사 가기 시작한다. 그러면서 작품의 값이 뛰어오른다. 고흐가 그렇게 바라던 '물감 값보다 더 비싼 값에 자신의 작품을 판매하는' 시점이 드디어 오게 된 것이다. 그러나 그 시간 고흐는 이미 이 세상 사람이 아니었다. 몇 해 전 장기 투숙했던 독일의 한 여관 인근 들판에서 권총으로 자살을 시도한 고흐는 곧바로 죽지도 못하고 피를 흘리며 여관까지 왔고, 여관에서 의사와 여관 주인의 극진한 간호에도 불구하고 이틀 만에 세상을 떠나고 만다. '별이 빛나는 밤'은 동생 테오에게 1889년 9월 28일 전달되었고, 테오는 이 작품을 1890년 4월에 열린

앙데팡당전에 출품했다. 카탈로그에는 'No.832, Le Cypres'라고 적힌다.

불평하지 않고 고통을 견디고, 반감 없이 고통을 직시하는 법을 배우려다 보면 어지럼증을 느끼게 된다. 하지만 그건 가능한 일이며, 심지어 그 과정에서 막연하게나마 희망을 보게 될 수도 있다. 그러다 보면 삶의 다른 측면에서 고통이 존재해야 할 훌륭한 이유를 깨닫게 될지도 모르지. 고통의 순간에 바라보면 마치 고통이 지평선을 가득 메울 정도로 끝없이 밀려와 몹시 절망하게 된다. 하지만 우리는 고통에 대해, 그 양에 대해 아는 바가 거의 없다. 그러니 밀밭을 바라보는 쪽이 더 나을지도 모른다. 그게 그림 속의 것이라 할지라도.

빈센트 반 고흐, 그의 그림은 명작이 되었다. 그리고 불행했던 그의 삶은 그림만큼이나 유명해졌다. 자신의 손으로 두 귀를 자른 광기의 화가, 언제나 돈 걱정을 해야 했고 동생 테오의 재정 지원이 없었다면 굶어 죽었을 사람, 마지막에는 반복되는 발작으로 그림마저 뜻대로 그리지 못했던 사람. 지독한 불행은 그의 뜻과는 상관없이 그의 그림의 후광이 되었다.

위대한 예술은 고통 가운데 피어난다고 하지만, 모든 고통 받는 이가 진정한 예술을 창조하지는 않는다. 〈반 고흐, 영혼의 편지〉는 불행과 광기만으로는 설명할 수 없는 고흐의 영혼에 다가가도록 돕는 책이다. '별이 빛나는 밤', '해바라기', '자화상' 등 고흐가 남긴 수많은 작품에는 지상의 고통을 뛰어넘는 무언가가 있다. 강렬한 색과 꿈틀대는 선들이 이끌어 가는 곳에 불행한 예술가의 우울과 신경질은 존재하지 않는다. 이 책은 고흐 그림의 비밀을 제3자의 설명 없이 고흐의 목소리로 전달한다. 동생 테오와 주고받은 편지로 구성된 이 책에는 궁핍한 생활, 동생에 대한 부채감, 계속되는 발작으로 점철된 고흐의 불행한 삶이 고통을 견디며 영원을 꿈꾸는 위대한 영혼과 함께 씨실과 날실로 얽혀 있다.

내가 표현하고 싶은 것은, 감상적이고 우울한 것이 아니라 뿌리 깊은 고뇌다. 내 그림을 본 사람들이, 이 화가는 정말 격렬하게 고뇌하고 있다고 말할 정도의 경지에 이르고 싶다. 어쩌면 내 그림의 거친 특성 때문에 더 절실하게 감정을 전달할 수 있을지도 모른다. 나의 모든 것을 바쳐서 그런 경지에 이르고 싶다. 그것이 나의 야망이다.

그는 스물일곱이라는 늦은 나이에 전업 화가의 길로 들어섰다. 이전에 그는 미술품 상점의 직원으로, 전도사로 일했지만 언제나 주위 사람들에게 제대로 이해받지 못했고 심지어 그의 가족들에게마저 신뢰를 얻지 못했다. 그는 오랜 시간 동안 안정된 직장 없이 방황했고 생계유지를 위해 노력했어야 할 시간을 그냥 흘려보냈다. 세상의 눈으로 볼 때 그는 '최하 중의 최하급'인 사람이었다. 게다가 그는 가난했고 허름한 옷차림을 하고 예의와 관습에서 벗어나는 행동을 하는 사람이었다.

그림을 시작하기 전이나 후에나 죽을 때까지 고흐는 자신에게 찍힌 쓸모없는 사람이라는 낙인에 괴로워했다. 눈에 금세 들어오는 당장의 결과로 사람을 판단하는 세상의 잣대는 고흐의 시대나 지금이나 별반 다르지 않았다. 번듯한 직장을 가지지 않았고, 돈도 벌지 못하는 사람은 그 누구든 쓸모없는 사람이었다. 마음 깊은 곳에서 일어나는 일은 밖으로 드러나지 않으며, 세상은 비밀스럽게 일어나는 그 일을 가늠

할 잣대를 가지고 있지 않기 때문이다. 고흐는 세상이라는 새장에 갇힌 새였다.

해방은 뒤늦게야 오는 법이다. 그동안 당연하게든 부당하게든 손상된 명성, 가난, 불우한 환경, 역경 등이 그를 죄수로 만든다. 그를 막고, 감금하고, 매장하는 것이 무엇인지는 분명하게 지적할 수 없다. 그러나 어떻게 표현하기 어려운 창살, 울타리, 벽 등을 느낄 수는 있을 것이다. 이 모든 것이 환상이고 상상에 불과할까. 나는 그렇게 생각하지 않는다. 그래서 이렇게 묻곤 한다. 신이여, 이 상태가 얼마나 오래 지속될까요? 언제까지 이래야 합니까? 영원히?

하지만 고흐의 영혼은 부조리한 세상에 갇히지 않았다. 도리어 그의 눈은 신의 습작과 같은 세상의 불완전함을 넘어서 별이 빛나는 밤하늘에 닿은 영원을 꿈꾸었다. 생명을 창조하는 예술, 죽지 않고 영원히 살아 있는 예술을 위해 그는 자신의 생명을 던졌다.

다른 사람들 눈에는 내가 어떻게 비칠까. 보잘것없는 사람, 괴벽스러운 사람, 비위에 맞지 않는 사람, 사회적 지위도 없고 앞으로도 어떤 사회적 지위를 갖지도 못할, 한마디로 최하 중의 최하급 사람……. 그래, 좋다. 설령 그 말이 옳다 해도 언젠가는 내 작품을 통해 그런 기이한 사람, 그런 보잘것없는 사람의 마음속에 무엇이 들어 있는지 보여 주겠다. 그것이 나의 야망이다. 이 야망은 그 모든 일에도 불구하고 원한이 아니라 사랑에서 나왔고, 열정이 아니라 평온한 느낌에 기반을 두고 있다.

고흐는 작업실 냄새가 풍기는 그림에서는 사물이 가진 진실보다 화가의 편견이 드러나게 된다고 생각했다. 그렇기 때문에 그는 기차의 대합실과 거리, 그리고 아를의 대자연 속에서 그림을 그렸다. 밭을 갈고 있는 사람을 실제로 보면 화가가 머릿속으로 구상하던 인체의 비율은 간단히 뒤집어진다. 고흐는 도시의 아카데미에서 관습적으로 그려 내는 선과 색은 세련되긴 하지만 농촌의 아낙들이 일하는 모습을 담아내지 못한다고 비판했다. 미켈란젤로와 같은 위대한 화가들이 그랬듯이, 고흐 역시 사람의 관습에 따른 인체의 표현을 넘어서고자 했다. '있는 그대로의 삶과 진실'을 그리는 일이야말로 그가 하고자 했던 일이었다.

당시 주류를 형성하고 있던 화가들에게 농부, 광부, 매춘부와 같은 이들은 더럽고 추악한 사람들이었다. 그들은 보통 그림의 소재가 될 수 없거나, 번지르르한 사람들의 입맛에 맞게 포장되었다. 가령 밭에서 일하는 농부의 모습은 한가로운 농촌의 고요함을 드러내는 장치에 불과했다. 그러나 고흐는 있는 그대로의 삶과 진실을 포착하고 싶었다. 냄새가 나는 밭과 노동에 찌들어 거칠어진 피부, 그리고 그 속에 담긴 역동하는 생명이야말로 고흐가 본 삶의 진실이었다. '감자 먹는 사람들'은 그렇게 탄생했다.

밀레나 드 그루 같은 화가들이 "더럽다, 저속하다, 추악하다, 악취가 난다." 등등의 빈정거림에 귀를 기울이지 않고 꾸준히 작업하는 모범을 보였는데, 내가 그런 악평에 흔들린다면 치욕이 될 것이다. 그렇게 하면 안 되지.

농부를 그리려면 자신이 농부인 것처럼 그려야 한다. 농부가 느끼고 생각하는 것을 똑같이 느끼고 생각하며 그려야 할 것이다. 실제로 자신이 누구인가는 잊어야 한다.

고흐는 자신이 느낀 생명을 색으로 표현하고자 했다. 그는 색을 찾아 1888년 2월 태양이 찬란한 빛을 지상에 던지는 프랑스 남부 지방, 아를로 내려갔다. 그곳에서 체력이 완전히 바닥날 때까지 매일같이 야외로 나가 굳건히 자란 사이프러스, 밀밭, 씨를 뿌리는 농부, 수확하고 있는 농촌의 풍경을 그렸다.

나는 늘 두 가지 생각 중 하나에 사로잡혀 있다. 하나는 물질적인 어려움에 대한 생각이고, 다른 하나는 색에 대한 탐구다. 색채를 통해서 무언가 보여 줄 수 있기를 바라는 것이다. 서로 보완해 주는 두 가지 색을 결합하여 연인의 사랑을 보여 주는 일, 그 색을 혼합하거나 대조를 이루어서 마음의 신비로운 떨림을 표현하는 일, 얼굴을 어두운 배경에 대비되는 밝은 톤의 광채로 빛나게 해서 어떤 사상을 표현하는 일, 별을 그려 희망을 표현하는 일, 석양을 통해 어떤 사람의 열정을 표현하는 일, 이런 건 결코 눈속임이라 할 수 없다. 실제로 존재하는 걸 표현하는 것이니까. 그렇지 않니.

고흐는 아를에서 그의 주요한 작품들을 남겼다. '별이 빛나는 밤', '해바라기', '사이프러스가 보이는 밀밭' 등을. 이리저리 섞이는 색의 향연 속에서 고흐는 자연의 위대함과 인간 안에 존재하는 영원을 보았다. 살아생전 고흐의 절대적인 지지자이자 비평가였던 동생 테오는, 이 시기에 그려진 고흐의 그림을 이렇게 평가했다.

"그 그림들 모두에서 이전에는 형이 얻지 못했던 강렬한 색채의 힘을 볼 수 있었어. 그 자체만으로도 아주 귀한 성과를 거두었다고 할 수 있을 텐데, 형은 거기서 한 걸음 더 나아갔더군. 그 그림들은 형이 자연과 살아 있는 생명체에 대해 갖고 있는 생각을 집약적으로 표현한 것이라 할 수 있을 거야. 형이 생명체 안에 본래부터 내재한다고 강렬하게 느끼는 것들."

고흐가 날 때부터 천재적인 화가는 아니었다. 그보다도 그는 말하려는 것을 더 강렬하게 표현하기 위해 부단한 노력을 했던 사람이었다. 그가 남들보다 뛰어난 점이 있다면 바로 "그래, 내 그림들, 그것을 위해 난 내 생명을 걸었다. 그로 인해 내 이성은 반쯤 망가져 버렸지. 그런 건 아무래도 좋다."라고 스스로 고백할 만큼 열정적이었다는 데 있다.

과정에서 일어나는 실수나 잘못은 있을 수 있는 일이었다. 고흐는 실수를 두려워하지 않고, 확신과 힘과 열정을 가지고 캔버스 앞에 섰다. 잘못을 저지르지 않으면 훌륭하게 될 거라는 착각은 고흐에게는 자신의 침체와 평범함을 숨기려는 시도일 뿐이었다. 고흐는 "작품을 향한 진지한 열정은 실수를 두려워하지 않게 한다."고 썼다. 그의 열정은 습작 시절부터 스스로를 예술가로 정의하게 했다.

고흐에게 예술가란 누군가로부터 부여받는 타이틀이 아니었다. 이미 무언가를 찾아냈다고 인정받은 사람이 예술가는 아니었다. 반대로 찾고 있는 것이 무엇인지는 뚜렷이 모를지라도, 찾기 위해서 열중하고 있는 사람이 예술가였다.

언제쯤이면 늘 마음속으로 생각하고 있는, 별이 빛나는 하늘을 그릴 수 있을까? 멋진 친구 시프리앙이 말한 대로, 가장 아름다운 그림은 침대에 누워서 파이프 담배를 입에 물고서 꿈꾸는, 그러나 결코 그리지 않은 그림인지도 모르지. 압도될 것 같은 자연의 아름다움과 표현할 수 없을 것 같은 완벽함 앞에서 아무리 큰 무력감을 느끼더라도 우선 시작은 해야겠지.

반 고흐가 남기고 간 편지들을 통해, 우리는 고통스러운 현실을 넘어서는 예술가의 위대한 정신을 보게 된다. 그는 이렇게 썼다. "결론을 내렸다. 수도사나 은둔자처럼 편안한 생활을 포기하고 나를 지배하는 열정에 따라 살아가기로." 고흐는 세상과 인간 안에 넘치는 생명, 그 진실을 찾아 자신을 내던졌다.

네덜란드 암스테르담의 반 고흐 미술관에 다녀오기도 했던 법정 스님은 〈오두막 편지〉에서 이야기한다.

"며칠 비워 두었다가 오두막에 돌아오니 뜰가에 해바라기가 피어 있었다. 직접 씨를 뿌려 가꾼 보람이 해바라기로 피어난 것이다. 이 해바라기의 고향은 암스테르담의 고흐 미술관이다. 해바라기를 즐겨 그린 태양의 화가, 반 고흐의 그림을 보고 나오다가 매점에서 파는 씨앗을 샀다. 내가 이 오두막에 들어와 살면서부터 해마다 꽃이 피는 해바라기인데, 처음 피어난 꽃을 대하면 마음이 사뭇 설렌다."

37년의 생애 동안 지독한 가난과 고독에 시달렸던 고흐는 후원자이자 동반자였던 네 살 터울의 동생 테오와 1872년 8월부터 생을 마감할 때까지 편지를 주고받았다. 그가 테오에게 보낸 편지는 668통이나 되고, 그 밖에 어머니, 여동생 윌, 동료 화가 고갱과 베르나르 등에게 보낸 편지가 남아 있다. 이 책은 옮긴이 신성림이 그 편지들을 그의 작품과 함께 엮은 것이다. 고흐의 삶과 예술 세계를 보여 주는 편지를 중심으로 고흐가 그림을 위해 머물렀던 지방별로 시기를 분류해 구성하였다. 1999년 6월 예담에서 초판 발행한 후 2005년 6월 개정판이 나왔다. 함께 읽을 만한 책으로는 〈반 고흐, 영혼의 편지 2〉가 있으며, 고흐가 동시대 화가 라파르트에게 보낸 편지들과 더불어 그의 초기 작품들을 수록한 〈반 고흐, 우정의 대화〉가 있다.

사람과 사람, 사람과 자연 사이의 분열을 치유하고, 공생적 문화가 유지될 수 있는 사회의 재건에 이바지하려는 의도로 발간되는 잡지

성장이 멈췄다, 우리 모두 춤을 추자

격월간지 〈녹색평론〉

이상한 잡지가 있다. 모두가 돈 버는 법을 외칠 때, 고르게 가난해지는 법을 얘기하는 잡지다. 다들 성장과 개발로 내달릴 때, 줄이고 놔두고 나누라고 한다. 세계화 소리가 드높을 때, 우리 동네 소박한 공동체를 예찬한다. 그런데 이런 괴상한 잡지가 나의 생활을, 우리의 삶을 바꾼다. 아주 천천히, 기분 좋게. 세련된 책도 결코 아니다. 디자인도 용지도 장정도 대단치 않다. 하지만 책을 받아 드는 날은 가슴 뿌듯함과 따뜻함이 느껴진다. 나도 무언가 의미 있는 일에 공감하고 있다는 기쁨을 느낀다. 그 세상에는 도전과 성공이라는 논리로 미화되는 이기심과 욕망도, 문명화로 용인돼 온 오염과 파괴도 없다. 무한 경쟁의 논리나 양극화의 불균형도 없다. 그저 사람과 사람, 사람과 자연이 함께 사는 평화롭고 생태적인 삶을 이야기할 뿐이다. −독자의 글

가장 낮은 곳으로부터의 아름다움을 그려 낸 어린이 그림책 〈강아지똥〉의 저자 권정생은 〈녹색평론〉의 원고료를 받지 않음은 물론, 거꾸로 자신이 받은 다른 원고료를 이 출판사로 보내곤 했다. 발행인이 절대 그렇게 하지 말라고 전화를 여러 번 해도 번번이 그 일은 반복되었다. "우리에게 희망이 있는가? 우리 자식들이 살아남고, 사람다운 삶을 누리도록 하기 위해 우리가 할 수 있는 것은 공동체를 만들고,

상부상조를 회복하고, 하늘과 땅의 이치에 따르는 농업 중심의 경제 생활을 창조적으로 복구하는 것 외에 다른 선택이 없다." 1991년 이 말과 함께 세상에 나온 〈녹색평론〉은 권정생의 원고료처럼 세상이 원하는 바와는 조금 다른 방향의 것이었다.

당시는 냉전 체제가 퇴각하고 세계화를 앞세운 미국의 패권 전략이 본격화하고 있었다. 우리 역시 30년 넘게 지속돼 온 군사독재의 틀이 해소되기는 했지만, 그 자리에는 세계에 무방비로 개방된 시장에서 살아남아야 한다는 강박적 경쟁 논리와 모든 것은 상품 가치로 측정된다는 현실주의 경제 논리가 들어서고 있었다. 발행인 김종철을 비롯해 그와 뜻을 같이한 이들은 더 크고, 더 높고, 더 많은 것을 향한 욕망이 아니라 그것과는 근본적으로 다른 것에 대한 소망을 말하고 싶었다. 그들은 비록 작은 목소리로나마 이 작은 잡지가 오늘의 주류 문화에 대해 '아니다'라고 말할 수 있는 용기와 자존심을 가진 사람들 사이의 정신적 연대가 형성되는 데 이바지할 수 있기를 바랐다.

창간 당시 이 잡지가 두서너 해를 넘어 살아남을 수 있으리라고 자신한 사람은 많지 않았다. 그러나 〈녹색평론〉은 10년을 넘어 20년을 향해 계속 그 푸름을 넓히고 있다. 뿐만 아니라 독자들이 지역공동체 안에서 새로운 삶의 방식을 위한 다양한 실험과 실천적 움직임들을 만들어 내고 있다. 황폐화하는 우리 삶과 문명 세계를 위한 희망의 단초이다. 〈녹색평론〉이 일관되게 이야기해 온 것은 끝없이 팽창하는 산업 경제와 산업 문화가 물러나고, 새로운 차원의 농업 중심 사회가 재건되는 것만이 생태적, 사회적 위기와 모순을 벗어나는 유일하게 건강한 길이라는 논리였다. 김종철은 이렇게 말했다.

이 논리가 근본적으로 옳은 것이라면 우리는 지금보다 훨씬 더 가난

해지고, 또 고르게 가난해야 한다. 공존공영이 아니라 공빈공락共貧共樂
이 우리가 추구해야 할 방향이다. -2001년 12월 8일 자 〈중앙일보〉

1995년 발행된 〈녹색평론〉 20호(1~2월호)에는 일본의 저명한 반핵 운동가 다카기 진자부로가 쓴 '생명의 자리에서 본 핵에너지 ― 생명의 자리에서 원자력 발전을 생각한다'라는 글이 실려 반향을 일으킨다. 그는 원자력을 '하늘의 불'로 규정하고, 지구는 그 불에 타고 남은 부스러기로 이루어진 것이라고 했다.

지구가 생성됐을 당시에는 강한 방사능이 남아 있었다. 그때는 지구에 생물이 없던 시대였다. 아주 원시적인 생물이 생기는 데 10억 년쯤 걸렸다. 방사능이 사라진 후에야 마침내 생물이 살 수 있게 된 것이다. 그렇게 생물이 살 수 있게 된 지구에 다시 인공적으로 새 방사능을 만들어 방사능의 불을 일으킨 것이 바로 원자력 발전이다. 하늘의 불을 훔친 것은 인간의 오만이 저지른 잘못이다. ―다카기 진자부로 '생명의 자리에서 본 핵에너지'

다카기는 국제적인 반핵 반원자력 운동에 헌신한 공로로 1997년 '대안적인 노벨상'이라 불리는 '바른생활상'을 수상한 후, 자신과 같은 시민과학자를 양성하기 위해 다카기 학교를 설립한다. 1998년 대장암 진단을 받고, 두 차례나 수술을 받으면서도 2000년 세상을 떠나기 직전까지 자전적 기록인 〈시민과학자로 살다〉와 〈원자력 신화로부터의 해방〉 등을 집필하며 원자력 시대에 종지부를 찍는 데 헌신했다. 〈녹색평론〉은 그의 저서를 여러 종 번역 출간하기도 했다.

1995년 24호(9~10월호)에는 스웨덴 출신의 여성 언어학자이자 녹색운동가인 헬레나 노르베리 호지가 쓴 '재앙을 넘어 공동체로'라는 글이 실려 크게 주목받았다.

> 야채가 공동체 안에서 유통되면 포장이 필요 없다. 그것은 세계 전체에 걸쳐 매일같이 쌓이는, 다시 사용할 수도 없고 썩지도 않는 엄청난 양의 쓰레기가 괄목할 만하게 줄어듦을 뜻한다. 수송거리가 단축되면 화석연료 사용이 줄고, 그만큼 대기 속으로 방출되는 온실가스도 줄어든다. ―헬레나 노르베리 호지 '재앙을 넘어 공동체로'

헬레나는 히말라야 고원에 위치한 라다크가 외부 세계에 개방된 이후 어떻게 파괴됐는지를 기록한 역작 〈오래된 미래〉의 저자이다. 녹색평론사가 국내에 처음 소개한 이 책은 한국 생태운동의 고전이 됐다. 헬레나도 1986년 '바른생활상'을 수상한 바 있다. 헬레나와 발행인 김종철은 서로 '소울메이트'라 부를 정도로 각별해서, 이 책을 번역할 때 계약서도 쓰지 않았을 정도이다. 헬레나는 녹색평론사가 상업적 출판사가 아니라 자신과 뜻을 같이하는 생태학자인 김종철이 번역한다는 사실을 반겼다. 일본에서는 〈라다크, 그리운 미래〉로, 프랑스에서는 〈개발이 빈곤을 낳을 때〉로, 독일에서는 〈라다크의 매혹〉이라는 제목으로 번역된 이 책을 김종철은 〈오래된 미래〉라 번역해 이름을 붙였다. 이후 '오래된 미래'는 한국 생태운동의 상징어가 된다.

1996년 27호(3~4월호)에는 미국 보스턴 지역에서 오랫동안 사회운동가로 일해 온 바바라 브란트의 글이 실렸다. 공동체 중심의 새로운 경제 패러다임을 이야기하는 '공동체의 돈 만들기 운동'이다.

뉴욕 주의 작은 도시 이타카에서 통용되는, 달러 크기로 인쇄된 '이

타카 아워즈'는 1년 만에 물물교환과 이타카 아워즈를 통해 15만 달러의 부를 지역경제에 기여했다. 창립자인 폴 글로버는 말한다. "미합중국 달러는 세계의 가장 큰 빚쟁이가 아무런 실질적 토대 없이도 발행하는 엉터리 지폐이지만 이타카 아워즈는 우리가 악수를 나눌 수 있는 사람들의 시간과 기술에 근거하고 있다. 이타카 아워즈로는 중동의 기름도, 말레이시아의 목재도 살 수 없다. 대신 우리는 지역의 부를 재순환하게 하고, 지역의 가게에서 물건을 사고, 지역의 일자리를 만든다. 이 화폐는 우리에게 힘을 준다." –바바라 브란트 '공동체의 돈 만들기 운동'

지역화폐에 관한 글은 1998년 40호(5~6월호)에도 실렸다. 이 글들은 이후 지역화폐에 대한 관심을 촉발시켰는데 그 실천 사례도 여럿이다. 대전 '한밭레츠', 과천 '과천품앗이', 서울 송파구의 '송파품앗이' 등이 대표적이다. 한밭레츠는 2000년 시작돼 국내 최대 지역통화 운동으로 발전했다. 화폐를 발행하지는 않고 거래소의 계정을 통해 물품이나 서비스를 교환하는 방식이다. 송파품앗이는 자원봉사센터에서 자원봉사의 분야별 수급을 맞추기 위해 시작됐는데, '송파머니'란 화폐를 통해 회원 간 신뢰를 바탕으로 생활 강좌, 집수리, 자녀 교육, 재활용, 가정 도우미 등을 거래하고 있다.

2000년 53호(7~8월호)에서는 영국의 타블로이드 신문 〈더 선〉이 1999년 8월 인도의 수행자 사티쉬 쿠마르를 인터뷰했던 내용을 '땅 위를 걷는 사람'이란 제목으로 실었다.

쿠마르는 핵무기에 반대하기 위해 돈 한 푼 없이 인도에서 모스크바, 파리, 런던 그리고 워싱턴까지 걸어서 갔다. 그는 이렇게 말했다.

"두 다리는 신체에서 가장 창조적인 부분이고, 걷기는 에너지의 가장 창조적인 표현이다. 모두가 자연의 아름다움, 생명과 친밀하게 접촉하며 얻은 것이다. 나는 걸으며 나무, 강, 나비, 딱정벌레 같은 자연과 아주 가까워진다. 그들은 우리에게 어떻게 살아야 하는지 가르쳐 준다. 비폭력의 문화를 건설하는 비법이나 지름길은 없다. 매우 힘들고, 고통스럽게 느린 작업이다." –데릭 젠슨 '땅 위를 걷는 사람'

'살아 있는 간디'라 불리며 '진리를 손에 안고 있는 형제'라는 의미의 이름을 지닌 사티쉬 쿠마르는 녹색평론사 등의 초청으로 2004년 처음 한국을 방문했다. 자동차를 거부하고 항상 걸어다니는 쿠마르. 그가 즐겨 하는 말은 "시간은 무한한데, 서두를 까닭이 무엇인가."이다. 김종철은 "걷기를 선택하는 것은 우리를 더 큰 생명 공동체에 종속시켜 진정한 행복과 자유에 가까이 가고자 하는 시도."라고 했다. 당시 쿠마르는 "인도와 파키스탄의 국경을 넘어 평화의 녹색 순례를 했던 것처럼 남한과 북한을 잇는 걷기 순례를 하고 싶다."고 이야기 했었다.

2000년 54호(9~10월호)에는 김명수 시인의 '가사미산 기슭에서'라는 글이 실렸다. 그는 농토가 부족했던 지리적 조건 때문에 자연스럽게 형성된 안동 사람들의 근면성과 척박한 생존 조건 속에서도 사그라지지 않는 결기, 유난히도 많았던 이념 갈등으로 한국전쟁 이후 지역민에게 깊이 드리워졌던 상처를 문학적으로 형상화한 시인이다. 이 글은 산문임에도 시 못지않은 애틋함으로 독자에게 다가갔다.

아, 이제는 좀체 눈을 씻고 찾아보려 해도 잘 눈에 띄지 않는 안동포. 어느 날 우연히 종로의 한 주단가게 진열장 안에 외롭게 놓여 있는 안동포. 이제는 실용적인 옷감에서 많이 벗어나 버린 안동포. 한때는 그토록 화려한 명성을 지녔던 안동포는 이제 마치 그 베를 짜던 고향 마을 여인들처럼 잊혀져 간다. 그러나 어디 그 안동포의 가치가 정말로 사라져 버린 것일까. 아마도 오늘날, 모든 것이 물량 위주, 속도 위주로 치닫는 이 시대에서 그토록 손이 많이 가고 정성이 많이 드는 안동포는 대접을 못 받는지도 모른다. 그러나 나는 지천으로 흔해 빠진 화학섬유의 범람 앞에 그래도 그때 그 올올이 짜지던 수공의 정성이 그립고, 그리고 또, 베 한 필을 짜기까지 그토록 고생을 하던 시절에 비해 물자를 너무 귀히 여기지 않는 풍조가 안타깝고, 내 고향 아름답던 마을에서 여인네들이 부르던 그 서정적인 민요가 흔적 없이 사라지는 것도 서글프다. -김명수 '가사미산 기슭에서'

2009년에 나온 104호(1~2월호)에는 영국의 신경제재단 연구원인 데이비드 보일의 '자급의 지혜'라는 글이 실렸다. 70년 전 케인스가 쓴 것 중에서 가장 중요하지만, 가장 무시되어 온 〈국가적 자급자족〉이란 강연록을 분석한 것이다. 케인스를 따르는 경제학자들은 이를 불편하게 여겨 카펫 밑으로 치워 버리는 경향이 있지만, 실제로 그 강연은 오늘날 우리가 직면한 문제를 제대로 통찰하고 있다. 거기서 케인스는 지금 우리가 목격하고 있는, 돈이 삶보다 우위를 점하는 세계화를 공격한다. 그는 또 "어떤 나라가 농업을 할 여유가 없다고 말하는 것은 '여유'의 의미를 모르는 것이다."라며 "예술이나 발명, 농업이나 전통을 자급하지 못하는 나라는 사람이 살 수 없는 나라이다."라고 경고했다. 현재 세계적인 식품재벌의 독점 앞에서 쇠퇴일로를 걷고 있는 영국 농업의 현실로써 그의 혜안을 엿볼 수 있다.

〈녹색평론〉의 성과는 매체를 통한 녹색운동의 실천적 움직임을 만들어 내고 있다는 점에서도 높이 평가받는다. 창간 이래 독자들의 입과 입을 통해 알려지면서 〈녹색평론〉은 각 지역의 독자 모임을 비롯해, 지역에 기반을 둔 여러 공동체들과 연대해 다양한 풀뿌리운동 네트워크를 형성하고 있다. 이 네트워크는 여러 차례 폐간 위기를 겪으면서도 〈녹색평론〉이 단 한 번의 결호 없이 100호를 넘길 수 있었던 원동력이다.

2000년 55호(11~12월호)에 실린 김종철의 '발행인의 편지—아름다운 영혼을 기리며'를 보면 그가 〈녹색평론〉을 그토록 정성스럽게 만드는 이유를 엿볼 수 있는 대목이 있다.

> 작년 여름 김해 근처 시골에 방을 하나 빌려 잠시 쉬어 보겠다고 갔다가 하룻밤 자고 도로 대구로 돌아올 수밖에 없었습니다. 시골이 조용할 것이라는 예상이 빗나갔기 때문입니다. 농약 냄새가 사방에서 바람을 타고 들이닥치는 것도 참을 수 없었지만, 고속도로를 달리는 자동차 소음에 무방비 상태였습니다. 한밤중에 천지가 진동하는 듯한 황소개구리의 괴성은 말할 수도 없었고요. —김종철 '발행인의 편지'

2009년 1월 한 강연장에서 나눈 그의 말이다.

> 서울 인사동의 어느 음식점에 갔더니 혼자 왔다고 밥을 팔지 않았다. 1인분은 안 된다고. 그래서 나왔는데, 겁이 나 아무 집에도 못 들어가겠더라. 그래서 광화문까지 걸어와 식당에 들어갔다. 네 사람이 앉는 자리에 이미 두 사람이 식사를 하는데 그 옆에 앉으라고 했다. 다른 자리가 비어 있는데도. 아마 죽을 때까지 이 일을 잊지 못할 것이다. 진짜 걱정해야 할 건 바로 이런 상황이다. 수십 년간의 고도성장 논리가 이를 망가뜨렸다. 필연적이다. 경제가 성장하면서 인심이 좋아졌다? 이런 건

없다. 절대로 양립이 안 된다. -2009년 1월 13일 〈시사IN〉 신년 강좌에서

　김종철은 우리가 진정한 의미의 문명 세상에서 살고자 한다면, 미국적 생활 방식을 재평가해야 한다고 말한다. 그러려면 먼저 우리 자신 속에 도사리고 있는 배타적 탐욕도 함께 들여다보아야 한다며, "인간의 기본 욕구를 충족하는 정도라면 지구는 충분히 풍요로운 곳이지만, 탐욕 앞에서 지구는 극도로 결핍된 곳이다."라는 간디의 말을 인용했다. 이 지상의 평화로운 삶을 위해 이보다 더 간명한 진리는 없을 것이다.

　법정 스님은 맑고향기롭게 초청 대구 특별강연에서 이야기했다.

　"〈녹색평론〉이라는 격월간지가 있는데, 이 책이 대구에서 발행되는 걸로 알고 있다. 〈녹색평론〉은 생태환경 운동 순수지이다. 창간호부터 구독하고 있는데, 나는 생태에 관련된 많은 지식과 정보를 여기서 얻어듣는다. 이런 잡지가 널리 읽힌다면 우리가 사는 세상이 지금보다 훨씬 좋아질 것이다."

　〈녹색평론〉은 1991년 10월 창간된 격월간 잡지이다. 2010년 1월 현재 통권 110호(11~12월호)가 발간되었으며, 발행 부수는 1만 부를 돌파했다. 절반 이상이 고정 독자로, 평범한 회사원과 가정주부에서부터 학생, 농민, 비정규직 노동자, 종교인, 시민운동가, 지식인에 이르기까지 그 독자층도 다양하다. 〈녹색평론〉에는 출판사 광고 이외에는 일반 광고가 없다. 〈녹색평론 선집〉은 창간호부터 각 해에 실린 글들 가운데 그 정수만을 가려 엮은 책이다. 이 잡지의 의도와 지향을 전체적으로 균형 있게 보여 준다. 최근에는 독자들과 함께 엄선한 양서들을 공공 도서관과 학교 도서관에 비치하는 캠페인도 전개하고 있다. 지역 도서관을 살찌우고, 인문학 관련 중소 출판사들을 지원하는 작은 풀뿌리운동의 일환이다.

인간이 품성을 지닌 유일한 동물이 아니라는 것, 합리적 사고와 문제해결을 할 줄 아는 유일한 동물이 아니라는 것, 기쁨과 슬픔과 절망을 경험할 수 있는 유일한 동물이 아니라는 것.

내일의 세계를 구하는 것은 바로 당신과 나
제인 구달 〈희망의 이유〉

데이비드와 그의 친구들에 대한 이해가 커져 가면서 인간이 아닌 다른 생명체에 대해 늘 가져 왔던 경외심도 깊어졌다. 그리고 이 세계 속에서 침팬지뿐만 아니라 우리 자신의 위치에 대해서도 새롭게 이해하게 되었다. 침팬지와 비비, 원숭이들과 함께 새와 벌레들, 활기에 넘치는 숲의 풍부한 생명체들, 결코 멈추지 않고 바쁘게 흐르는 거대한 호수의 물, 셀 수 없이 무수한 별과 태양계의 행성들은 하나의 전체를 형성한다. 모든 것은 하나이며, 모든 것은 거대한 미스터리의 일부분이다. 그리고 나 역시 그 일부이다. 평온이 나를 감쌌다. 여기는 내가 속한 곳이다. 이 일이 내가 이 세상에 태어난 이유이다.

도버 해협의 하얀 절벽을 마지막으로 마침내는 영국의 모습이 사라졌다. 모험, 즉 타잔이 있는 아프리카로의 여행, 사자와 코끼리와 기린과 원숭이의 땅으로 가는 여행이 진짜로 시작되었다. 거의 14년 동안, 즉 여덟 살이나 아홉 살 때부터 아프리카에, 오지의 야생동물 사이에서 살기를 꿈꿔 왔던 이 젊은 여성의 꿈이 현실이 된 것이다.

그녀의 이름은 제인 구달. 어려서부터 온갖 종류의 동물들에 강렬히 매료되었고, 신비로운 야생의 장소를 꿈꾸거나 다른 세계의 이야기를 들려주는 책에 몰두하곤 했다. 구달의 유년 시절은 그녀가 아프리카로 갈 것임을, 평생 자연과 동물에 헌신할 것임을 충분히 예상케 했고 이제 그녀는 여기, 아프리카에 있다.

야생 침팬지를 연구하고자 아프리카의 곰베로 들어간 그녀는 말라리아를 앓으면서도 침팬지에 대한 관찰을 포기하지 않았다. 침팬지들의 행동을 살펴보면서 그들도 인간처럼 소리나 자세, 몸짓 등으로 의사소통을 하며, 어떤 목적을 위해 도구를 사용할 수 있고, 가족 성원과 친한 친구 사이에서는 애정과 유대를 가진다는 것을 알게 된다. 그러는 동안 그녀는 마술적인 숲의 세계와 점점 더 일치를 이루어 간다. 자신이 관찰한 침팬지는 물론이고 생명이 없는 사물들에게도 이름을 붙여 주고 친구로서 인사를 나누었다. 곰베에서 보낸 처음 몇 달은 이후의 그녀를 만드는 데 큰 도움이 되었을 뿐만 아니라 서구 사회의 물질주의적이고 끔찍하게 소모적인 삶에 대해서도 깨닫게 해 주었다.

불행하게도 문화적 종분화는 전 세계에 걸쳐 인간 사회에서 고도로 발전되어 왔다. 선별된 내부 집단들을 만들어 민족적 배경, 사회 경제적 지위, 정치적 확신, 종교적 믿음 등을 공유하지 않은 사람들을 제외시키려는 경향은 전쟁이나 폭동, 갱 폭력, 그리고 다른 종류의 분쟁들을 야기하는 주요 원인 중 하나이다. 내부 집단을 만들어서 자신의 도시나 시골, 마을, 학교, 이웃으로부터 타자들을 배제시키려는 경향을 보여 주는 예는 많다.

어린 시절은 자연의 신비와 가족의 사랑으로 충만했다. 그러나 애정과 안전이 가득한 가정 밖에서는 세계대전이 몰아치고 있었다. 신문과 라디오를 넘어 전해지는 전쟁을 마주하며 인간에 대한 인간의 비인간적인 행위를 알게 된 그녀는 인간의 본성과 끔찍한 현실의 고통에 고뇌한다. 인간의 잔혹함은 그녀가 전 생애에 걸쳐 끊임없이 질문하고 회의하던 문제였다. 이와 같은 그녀의 고민은 침팬지들이 보이는 공격성 연구를 통해 보다 심화된다.

구달은 침팬지들이 공격성과 폭력성을 지니고 있다는 사실을 발견하고는 몹시 괴로워한다. 인간의 공격적인 성향이 유인원적 혈통 속에 깊숙이 내재되어 있음을 알려 주는 까닭이다. 문화적 종분화는 틀림없이 인간의 도덕적이고 영적인 성장을 방해해 왔다. 그것은 사고의 자유를 가로막고, 생각을 제한하고, 인간을 저마다가 태어난 문화속에 가둔다. 그녀는 인간 본성의 어둡고 악한 면이 인류의 오랜 과거에 깊숙이 뿌리박고 있다는 것을 받아들인다. 그럼에도 인류의 미래에 대한 낙관과 인간에 대한 희망을 포기하지 않는다. 그녀의 위대함은 바로 여기에 있다.

우리가 사랑해야만 하는 '자신'은 우리의 자아도 아니고, 아무 생각도 없이 이기적으로, 그리고 때로는 불친절하게 행동하고 돌아다니는 일상인도 아니다. 우리 각각의 내면에 있는 창조주의 일부인 순수한 영혼의 불꽃, 즉 불교도들이 '핵'이라고 부르는 것이다. 나는 사랑받는 것들은 성장할 수 있다는 것을 깨달았다. 우리가 내면의 평화를 얻고자 한다면, 내면에 있는 이러한 영혼을 이해하고 사랑하는 법을 배워야 한다. 그리고 그럴 때만이 개인의 삶이라는 좁은 감옥에서 벗어나 영적인 힘과 합쳐질 수 있는 것이다. 일단 이 목적을 달성하고 나면, 함께 더 나은 세상을 만들기 위해 다른 사람들과 연대하는 힘은 무한히 커질 것이다.

그녀는 인간이 두 가지 상반된 성향을 지니고 있음에 주목한다. 폭력에 끌리는 한편 동정심과 사랑을 느끼는 성향도 동시에 가진다. 인간에게는 유전적으로 타고난 기질을 극복할 능력이 있음을 믿는 그녀는, 그렇기에 개개인의 '내면'과 영적인 성장에 주목했고, 그것의 중요성을 설파하고자 노력한다. 제인 구달은 우리 모두가 평범하고 일상적인 존재로부터 보다 도덕적 존재인 성인으로 진화해야 하며, 그러한 도덕적 진화가 불가능한 일이 아님을 여러 번 강조한다.

인간이 품성을 지닌 유일한 동물이 아니라는 것, 합리적 사고와 문제 해결을 할 줄 아는 유일한 동물이 아니라는 것, 기쁨과 슬픔과 절망을 경험할 수 있는 유일한 동물이 아니라는 것, 그리고 무엇보다도 육체적으로뿐만 아니라 심리적으로도 고통을 아는 유일한 동물이 아니라는 것을 받아들인다면, 우리는 덜 오만해질 수 있다. 또한 인간에게 유용할 가능성이 있다고 해서 다른 형태의 생명들을 무한정 이용할 천부의 권리가 있다고 굳게 믿는 실수를 피할 수 있을 것이다. 물론 우리는 독특하지만, 우리가 지금까지 생각해 온 것처럼 동물 세계의 다른 동물들과 그렇게 많이 다르지는 않다. 이러한 깨달음을 통해 지구에 함께 살고 있는 다른 동물들을 새로운 존중의 눈으로 바라보는 겸손함을 얻을 수 있을 것이다.

구달은 침팬지를 연구하며 인간도 침팬지와 같은 동물이라는 점, 바꿔 말하자면 침팬지도 인간과 동일한 생명이라는 점을 깨닫게 된다. 이는 동물을 사용하는 연구의 윤리적인 의미에 대한 고민으로 이어진다. DNA 구조상으로 인간과 1퍼센트 정도밖에 차이가 나지 않는 침팬지는 혈액 구성이나 면역체계의 측면에서도 인간과 매우 유사하기에 간염이나 에이즈 등의 질병 연구나 백신, 치료제 개발에 이용되어 왔다. 구달은 실험실에서 만난 침팬지들의 참혹한 모습에 충격을 받고 곤경에 처한 그들을 돕기 위해 무언가를 하리라고 마음먹는다.

제인 구달은 우리에게 묻는다. 인간이 이런 식으로 동물들을 착취해도 되는 것이냐고. 우리 인간도 그들과 같은 동물이 아니냐고. 이러한 실험들은 나치 시기에 유럽에서 행해진, 인간을 대상으로 하는 실험과 딱히 다를 게 없지 않은가. 그러므로 동물을 사용하는 실험이 인간의 복지에 기여하는 정도만을 따지는 것은 지나치게 인간 중심적이며 이기적이고 편협한 사고이다. 그녀는 인류가 새로운 시각을 가져야 하고, 또 가질 수 있다고 이야기한다. 인류가 인간과 동물에 대한 잔인함을 사랑과 연민으로 넘어설 수만 있다면 도덕적이고 영적인 시대를 열 수 있을 것이다.

나는 우리 인간들이 충분한 시간이 지나면 도덕적인 사회를 만들어 낼 수 있을 것이라는 점을 전혀 의심하지 않는다. 그러나 문제는, 너무나도 잘 알고 있듯이, 시간은 기다려 주지 않는다는 것이다. 나는 침팬지들을 관찰했고, 내 손으로 오래전 석기시대 조상들의 뼈를 다루어 왔다. 나는 언제부터 우리가 수백만 년의 오랜 세월을 거쳐 여기까지 왔는지를 알고 있다. 그리고 지금 향하고 있는 방향이 어디인지도 알고 있다. 하지만 우리에게는 모든 인간들이 진정한 성인이 될 날을 수백만 년이고 기다리고 있을 여유가 없다. 적어도 지금과 같은 속도로 환경을 파괴한다면 말이다. 그래서 나는 단지 한 사람 한 사람이 조금씩이라도 더 성인다워지도록 노력하는 길밖에 없다고 생각한다. 우리는 분명히 그렇게 할 수 있을 것이다.

제인 구달은 이 책의 끝에서 자신이 노트르담 대성당에서 경험했던 일을 떠올린다. 그때 그녀가 들었던 바흐의 음악 속에는 어떤 특별한 메시지가 들어 있었다. 그녀는 경험과 성찰을 통해 그러한 메시지의 존재와 그것의 의미를 깨닫게 된다. 그 메시지는 인간 각자가 중요하며, 각자 해야 할 일이 있으며, 각자 무엇인가를 바꿀 수 있다는 것이다. 또한 각자는 자신의 삶에 책임을 져야 하며, 무엇보다도 살아 있는 존재들에게 존경과 사랑을 표현해야 함을 알린다. 그녀는 이러한 메시지를 깨닫고 그것을 이 책을 통해 인류에게 전달하고자 한다. 그녀는 인간과 자연 세계, 인간 주위에 있는 영적인 힘을 다시 연결하여 보다 나은 존재로의 진화를 꿈꾼다. 그녀가 생각하는 인류 진화의 마지막 단계는 영적인 진화이다.

우리는 인류가 궁극적으로 도달할 운명, 연민과 사랑이 넘치는 세상을 향해 가고 있다. 그렇다. 나는 정말로 희망을 가지고 있다. 우리의 후손들과 그들의 아이들이 평화롭게 살 수 있는 세계를 기대할 수 있다고 굳게 믿는다. 나무들이 살아 있고 그 사이로 침팬지들이 노니는 세계, 푸른 하늘이 있고 새들이 지저귀는 소리가 들리는, 그리고 원주민들의 북소리가, 어머니인 지구와 위대한 신이 우리와 연결되어 있음을 힘차게 되새겨 주는 그런 세계 말이다. 하지만 계속 강조했던 것처럼 우리에게는 시간이 별로 없다. 지구의 자원들은 고갈되어 가고 있다. 우리가 지구의 미래를 진정으로 걱정한다면, 모든 문제들을 저 밖에 있는 '그들'에게 떠넘기는 짓은 이제 그만두어야 한다. 내일의 세계를 구하는 것은 '우리'의 일이다. 바로 당신과 나의 일인 것이다.

산문집 〈서 있는 사람들〉을 비롯해 법정 스님의 여러 책에서 제인 구달의 메시지와 일치하는 글들을 만날 수 있다.

"이 땅에서 새와 들짐승 같은 자연의 친구들이 사라지고 나면 생물이라고는 달랑 사람들만 남게 되리라. 그때 가전제품과 쓰레기와 자동차와 매연에 둘러싸여 있을 우리들 자신을 한번 상상해 보라. 얼마나 끔찍한 일인가. 그것은 사람이 아닐 것이다. 지금까지 있어 왔던 생물이 아닌 괴물일 것이다.

 사람과 동물이 업에 따라 비록 그 생김새는 다르다 할지라도, 살려고 하는 생명 그 자체는 조금도 다를 바가 없다. 한쪽이 약하다고 해서 죽여야 한다는 법은 없다. 목숨은 어떤 수단이 될 수 없다. 그 자체가 온전한 목적이다. 그것은 단 하나밖에 없는 절대 가치이다. 그러므로 어떤 이유로라도 살려고 하는 생명을 해치거나 괴롭히는 일은 악덕 중에서도 으뜸가는 악덕이 아닐 수 없다. 생물을 포함한 모든 존재는 서로 의지해 살아가고 있다. 끝없이 주고받으면서 우주적인 조화와 질서를 이루고 있다."

 1960년 26세의 제인 구달은 야생 침팬지의 행태를 관찰하고자 여러 위험을 무릅쓰고 탕가니카 호숫가에 위치한 곰베 지역으로 간다. 그 후 30년 넘게 현장 연구를 계속해 온 구달은 야생 영장류 현장 연구 분야에서 기념비적인 업적을 쌓기에 이른다. 뿐만 아니라 그녀가 쓴 책과 그녀의 현장 연구 다큐멘터리 영화 등은 연구에 대한 그녀의 헌신과 삶을 향한 그녀의 깊은 성찰을 잘 보여 주며 우리에게 많은 감동과 깨달음을 선사한다. 〈희망의 이유 *Reason For Hope*〉는 2000년 워너북스에서 발행되었으며 같은 해 박순영의 번역으로 궁리에서 출간했다. 이외에 그녀의 감동적인 삶과 그녀가 전파하는 희망을 만날 수 있는 책으로는 〈제인 구달 — 침팬지와 함께한 나의 인생〉〈인간의 그늘에서〉〈내가 사랑한 침팬지〉 등이 있다.

어떤 모습을 연출하지 않을 때, 우리가 하는 일 속에 에고가 없음을 의미한다. 에고를 보호하거나 강화하려는 목표가 없는 것이다. 그때 우리의 행위들은 훨씬 큰 힘을 갖는다. 지금 이 순간에 온전히 집중하기 때문이다.

내 안의 '인류'로부터의 자유
에크하르트 톨레 〈NOW — 행성의 미래를 상상하는 사람들에게〉

지금 이 순간을 적이 아닌 친구로 만들라. 마음속의 소음을 잊고 침묵 안에서 모든 존재와 모든 사람을 만나는 것은 당신이 우주에 줄 수 있는 최고의 선물이다. 사물들 속에서 자신을 찾는 일은 언제나 실패로 끝난다. 에고의 만족은 수명이 짧고, 당신은 더 많은 것을 찾고 계속해서 사고 소비할 것이다. 더 이상 사물들 속에서 자신을 찾지 않을 때, 그것들에 대한 집착은 저절로 떨어져 나간다. 세상을 단어나 분류표로 덮지 않을 때 경이로운 느낌이 삶 속으로 돌아온다. 자비는 당신 자신과 모든 창조물 사이에 있는 깊은 연결에 대한 자각이다.

한 여자가 있었다. 40대 중반의 학교 교사였는데 암으로 고통 받고 있었으며, 몇 달밖에 못 살 것이라는 의사의 진단을 받았다. 톨레는 상담가로 일주일에 두 번씩 그녀를 찾아가곤 했는데, 어느 날 그녀는 몹시 절망하고 화가 나 있었다. 그녀가 매우 소중하게 간직해 오던, 할머니가 물려주신 다이아몬드 반지가 사라졌다는 것이었다. 그녀는 매일 반나절씩 그녀를 간병하러 오는 여성이 훔쳐 간 것이 틀림없다고 확신하며, 이 무자비하고 냉정한 간병인을 어떻게 대면해야 할지를 물었다.

그때 톨레는 한 가지 명상을 제안한다. 이 시점에 한 개의 반지 또는 다른 어떤 것이 그녀의 삶에서 과연 얼마나 중요한가를. 그녀의 경우는 아마 조만간이겠지만, 언젠가는 두고 떠나야 할 그 반지를 마음에서 내려놓는 일로 인해 당신의 존재가 줄어드는지를 물었다.

그 물음의 순간, 그녀는 반지의 손실로 당연히 자신의 존재가 줄어들었다고 생각했으나, 곧 그 반지에 집착하는 마음을 내려놓는다고 해서 자신의 존재가 줄어드는 것은 아님을 깨닫게 된다. 그리고 불현듯 자신의 순수 존재를 느끼고는 마음이 더없이 평화로워졌다.

생의 마지막 몇 주 동안, 그녀의 육신은 점점 더 허약해져 갔지만 그녀 자체는 더욱 빛을 발했다. 마치 그녀를 통해 빛이 비쳐 나오는 것처럼. 죽기 전 그녀는 자신의 소유물 대부분을 나눠 주었는데, 몇 가지는 반지를 훔쳐 갔다고 의심했던 여인에게도 선물했다. 그럴수록 그녀의 기쁨은 커져 갔다.

그녀가 마지막으로 눈을 감았다고 전화를 하면서 그녀의 어머니는 톨레에게, 죽기 전 그녀가 욕실 약장 안에서 잃어버린 반지를 발견했다고 전한다. 간병하는 여인이 그 반지를 되돌려 놓았는지, 아니면 내내 그곳에 있었는지는 알 길이 없지만, 한 가지 사실만은 알 수 있었다. 삶은 의식의 진화에 가장 도움이 되는 경험만을 우리에게 준다는 것을.

자기 자신 안에서 생각을 초월한 차원을 발견하기 위해 우리는 이곳에 있다. 무엇을 믿고 어느 신을 따르는가가 우리를 영적 존재로 만들어 주는 것은 아니다. 영성은 우리의 내면이 어느 차원에 이르렀는가와 관계가 있다.

이것은 당신의 이야기다. 삶 전체의 여행은 지금 이 순간, 당신의 의식 상태가 결정한다. 두려움과 욕망을 내려놓고 자신의 내면 깊은 곳을 발견해 보라. 그곳에서 경외감과 놀라운 느낌이 솟아날 것이다. 이미 당신 내면에 존재하는 아름다움을 찾아보라. 문이 닫혀 있으면 빛이 들어올 수 없다. 당신이 바로 그 빛이다. 당신이 깨어 있을 때, 과거는 당신이 지금 이 순간에 존재함을 막지 못한다. 깨어날 때 비로소 깨어남의 진정한 의미를 알 수 있다. 지금 이 순간, 당신의 의식 상태가 당신과 행성의 미래를 결정한다.

새롭게 떠오르는 영성가로 일컬어지는 에크하르트 톨레는 1948년 독일에서 태어나 영국으로 건너가서 거의 독학으로 학교를 다녔다. 런던 대학 졸업 후 케임브리지 대학에서 연구원으로 일하다가 29세 이후 그때까지의 모든 학문적인 경력을 포기하고 영적 추구의 길로 들어선다.

톨레는 사춘기 시절부터 끊임없이 자살 충동을 느껴 온 심한 우울증 환자였다. 절망감과 삶의 무의미함에 시달리던 그는 스물아홉 살 생일이 지난 어느 날 밤 깊은 회의를 느끼고 이렇게 말했다.

"나는 더 이상 나 자신과 함께 살 수 없어."

뒤이어 그는 "그럼 나라는 존재가 둘이란 말인가?" 하는 의문에 휩싸이게 되었고, "그렇다면 둘 중 하나는 진짜고 다른 하나는 가짜이겠군." 하고 생각했다. 이러한 깨달음은 그에게 큰 충격이었고, 그것으로 인해 그는 의식이 중지된 상태로 빠져 든다. 그는 자신이 강력한 에너지를 가진 진공상태 속으로 빨려 들어가는 것을 경험했다. 얼마쯤 시간이 지나 정신을 차려 보니 창밖에서 새 한 마리가 지저귀고 있었다. 그때껏 한 번도 들어본 적이 없는 너무나 아름다운 소리였다. 그리고 창문 커튼 사이로 비쳐 드는 아침 햇살이 사랑 그 자체로 여겨졌다. 또 다른 '나'가 있다는 사실을 자각하고 가짜 '나'를 버리는 순간, 그는 생애 최초로 모든 것이 한 번도 느껴 보지 못한 신비 그 자체임을 알아차렸다.

절망의 나락에서 깨달음의 밝은 순간으로 갑자기 솟아오른 이 아름다운 경험은 그의 과거를 녹여 없애고 삶의 행로를 바꿔 놓았다. 자신에게 찾아온 변화를 이해하기 위해 톨레는 마음에 대해 다룬 책들을 읽고 영혼의 스승들을 만나면서 열정적인 내면 여행을 시작한다.

사랑은 다른 사람 안에서 자신을 발견하는 것이다. 성공을 끌어오려면 기꺼이 그것을 환영해야 한다. 이 세상이 원하는 것을 주지 않는다고 생각할 때는 사실, 당신이 세상으로부터 그것을 받아들이지 않고 있는 것이다. 삶과 하나가 되는 것은 지금 이 순간과 하나 되는 것이다. 삶은 춤추는 자이고 당신은 그 춤이다. 모든 힘의 근원은 당신 내면에 있다.

우리들 한 사람 한 사람은 수천 년 동안 고통 받아 온 인류이다. 우리 안의 그 '인류'로부터 벗어나 자유로워지기 위해 우리는 무엇을 할 것인가? 인간이라는 형상은 한계를 의미한다. 우리는 이곳에 한계를 경험하기 위해 있을 뿐만 아니라 한계를 뛰어넘음으로써 의식 속에서 성장하기 위해 있다. 어떤 한계들은 외부 차원에서 극복할 수 있지만, 어떤 한계들은 우리가 함께 사는 법을 배워야 극복 가능하며 오직 의식 속에서만 뛰어넘을 수 있다. 모든 사람이 늦건 이르건 간에 그것들을 만날 것이다. 그 한계들은 우리를 에고의 반응에 갇히게 한다. 이는 심한 불행을 의미한다.

어떻게 하면 지금 평화로울 수 있는가? 지금 이 순간과 화해함으로써 가능하다. 지금 이 순간은 삶의 놀이가 일어나는 장이다. 삶의 놀이는 다른 어느 곳에서도 일어날 수 없다. 오직 지금 이 순간 속에서

만 일어날 수 있다. 과거는 이미 지나갔고 미래는 아직 오지 않았다. 일단 우리가 지금 이 순간과 화해하면 무슨 일이 생기는가. 삶의 기술에 관한 비밀, 모든 성공과 행복의 비밀을 담고 있는 단어가 있다. '삶과 하나 됨'이 그것이다. 삶과 하나 되는 것은 지금 이 순간과 하나 되는 것이다.

당신의 삶에서 가장 중요하고 근본적인 관계는 지금 이 순간과의 관계다. 더 정확히 말하면 지금 이 순간이 취하고 있는 모든 모습과의 관계다. 즉 지금 존재하는 것, 지금 일어나는 것과의 관계다. 만일 지금 이 순간과의 관계가 기능장애를 일으킨다면, 그 기능장애는 당신의 모든 관계, 당신이 마주치는 모든 상황에 반영될 것이다. 에고는 간단히 이런 식으로 정의할 수 있다. '지금 이 순간과 기능장애를 일으키는 관계.' 지금 이 순간과 당신이 어떤 종류의 관계를 맺을지 결정할 수 있는 것은 언제인가. 바로 지금 이 순간이다.

수천 년 동안 인간의 삶을 괴롭혀 온 불행을 끝내려면 자기 자신으로부터 출발하지 않으면 안 된다. 어떤 순간이 주어져도 자신의 내면 상태에 대해 스스로 책임질 수 있어야 한다.

밤에 맑은 하늘을 올려다보는 순간, 당신은 매우 단순하고 또한 매우 심오한 한 가지 진리를 깨달을 수도 있다. 만일 당신이 우주 공간을 바라보면서 경이로움을 경험한 적이 있다면, 그 불가사의한 신비 앞에서 깊은 경외감을 느꼈다면, 그것은 당신이 설명과 이름표를 붙이려는 욕망을 잠시 동안 멈추고, 그곳에 떠 있는 물체들만이 아니라 우주 공간 자체의 무한한 깊이를 자각했음을 의미한다. 고요한 내면으로 들어가 그 헤아릴 수 없이 많은 세계가 존재하는 우주의 광대무변함을 알아차렸음에 틀림없다. 그 경외감은 거기에 수십억 개의 세계가 있다는 데서 비롯되는 것이 아니라 그 모두를 담고 있는 무한한 깊이로부터 온다.

무엇이 이 경외감을 가로막는가. 문제는 에고이다. 에고는 소유와 존재를 동등하게 여긴다. "나는 소유한다. 그러므로 나는 존재한다. 그리고 더 많이 소유할수록, 나는 더 많이 존재한다." 에고는 비교를 먹고 산다. 다른 사람에게 자신이 어떻게 보이는가가 자신이 스스로를 어떻게 보는가로 변해 버린다. 생의 마지막 순간에 이르러 사람들은 또한 깨닫는다. 그들이 전 생애를 통해 더 완벽한 자기 존재감을 찾아다니는 동안, 그들이 실제로 찾아다닌 그들의 순수 존재는 실제로 언제나 그 자리에 있었다는 것을.

당신의 삶 전체의 여행이 궁극적으로 이 순간 당신이 내디디고 있는 발걸음들로 구성되어 있다는 깨달음을 통해서다. 언제나 이 한 걸음만이 존재하며, 따라서 당신은 그것에 완전한 주의를 기울인다. 이는 당신이 어디로 가고 있는지 모른다는 뜻이 아니다. 단지 이 발걸음이 가장 중요한 것이며, 목적지는 이차적이라는 의미다. 그리고 당신이 목적지에 도착했을 때 그곳에서 만나는 것은 이 한 걸음의 성질에 달려 있다. 다른 식으로 표현하면, 미래가 당신을 위해 준비하고 있는 것은 지금 이 순간의 당신의 의식 상태에 달려 있다.

삶은 언제나 지금이다. 우리의 삶 전체는 이 끝없는 '지금'에서 펼쳐진다. 지금 이 순간만이 유일하게 존재하는 순간이기 때문이다. '지금 여기'에서의 현존의 중요성을 일깨우는 내용은 법정 스님의 거의 모든 글과 법문들을 관통하는 메시지이다. 〈새들이 떠나간 숲은 적막하다〉에 실린 다음의 글도 그중 하나이다.

"삶에는 이유도 해석도 붙일 수 없다. 삶은 그저 살아야 할 것, 경험해야 할 것, 그리고 누려야 할 것들로 채워진다. 부질없는 생각으로 소중하고 신비로운 삶을 낭비하지 말 일이다. 머리로 따지는 생각을 버리고 전 존재로 뛰어들어 살아갈 일이다. 묵은 것과 굳어진 것에서 거듭거듭 떨치고 일어나 새롭게 시작해야 한다. 새로운 시작을 통해서 자기 자신을 새롭게 이끌어 내고 형성해 갈 수 있다.

옛 선사는 말한다.

'삶은 미래가 아니다. 과거가 아니다. 또한 현재도 아니다. 삶은 영원히 완성되지 않은 것, 그렇지만 삶은 모두 현재에 있다. 죽음도 또한 현재에 있다. 그러나 명심하라. 자신에게 참진리가 있다면 삶도 없고 죽음도 없다는 것을.'

삶을 마치 소유물처럼 생각하기 때문에 우리는 그 소멸을 두려워한다. 그러나 삶은 소유물이 아니라 순간순간의 있음이다."

38개국에서 번역 출간된 〈새로운 지구 — 당신 삶의 목적에 깨어 있기 A New Earth: Awakening to Your Life's Purpose〉는 2005년 미국 더튼에서 발행되었다. 2008년 1월 이 책이 오프라 윈프리 북클럽 도서로 선정되는데, 오프라는 프로그램 최초로 이 책의 내용을 주제로 한 10주간에 걸친 온라인 독서토론을 저자 에크하르트 톨레에게 제안한다. 총 10장의 목차에 따라 한 주에 한 장씩 전 세계 139개국의 독자들이 동시에 참여한 이 거대한 독서토론은 2008년 3월 3일 시작하여 동시 접속자 수가 50만 명을 넘어서는 관심 속에 진행되었다. 2008년 7월 조화로운삶에서 류시화가 번역한 〈NOW — 행성의 미래를 상상하는 사람들에게〉 초판이 출간되었다. 톨레의 다른 책으로는 〈지금 이 순간을 살아라〉가 있다.

밤과 새벽 사이, 미네르바의 부엉이도 제 둥지로 날아드는 시간. 나는 옥상으로 연결된 비밀계단을 타고, 이 위대한 석학이 잠시 새우잠을 붙이는 동안, 그의 서재인 '방심할 수 없는 고양이 요새' 3층을 살짝 들여다보는 상상을 한다.

어디를 펼쳐도 열정이 넘치는 책
다치바나 다카시 〈나는 이런 책을 읽어 왔다〉

그토록 기대하던 서고 겸 작업실이 마침내 만들어졌다. 집에서 가까운 열 평 정도의 토지에 철근 4층 건물(지상 3층, 지하 1층)의 빌딩을 신축하여 지하 1층은 서고로 꾸미고, 지상 1층과 3층은 작업실, 2층은 사무실로 꾸몄다. 각 방들은 약 7평 정도로 좁다. 그러나 공간을 철저하게 활용하였기 때문에 서가의 총 길이를 합치면 거의 700미터에 이르며, 약 35,000권 정도의 책을 꽂을 수 있다. 또한 서류 등의 자료는 B4판 크기의 행잉 폴더에 분류하여 보관하고 있는데, 안쪽까지의 깊이가 60센티미터나 되는 수납 케이스 28개가 나란히 늘어서 있다.

다치바나 다카시는 야행성이다. 세상 사람들이 잠든 조용한 시간이 그에게는 가장 일의 능률이 오르는 때이다. 이곳, 셰 다치바나(프랑스어로 '다치바나의 집'이라는 의미), 일명 고양이 빌딩은 한밤중을 훌쩍 넘긴 즈음에도 매일같이 불이 밝혀져 있다. 지하 1층에서 지상 3층까지 문자 그대로 책이 산더미처럼 쌓인, 이제는 책 무게를 견디다 못해 집이 내려앉을 걱정은 할 필요가 없는 자신만의 요새에서 그는 수면마저 잊은 채 읽고 또 읽고, 쓰고 또 쓴다. 만약 강도가 심한 지진이라도 발생한다면, 3층에서 일하는 그는 무너지는 책에 깔려 버릴 뿐더러, 계단 밑으로 내려올 수조차 없을 것이다.

"인간은 할 수만 있다면 하고 싶은 일을 하며 살아야 한다. 내 경우, 하고 싶은 일이란 읽고 싶은 책을 읽으면서 조용히 생각에 잠겨 보는 것뿐이다."라고 입버릇처럼 이야기할 정도로 책 읽기를 좋아하는 그는 40여 권 이상의 책을 출간한 전문 저술가이자 저널리스트이다. 취재 혹은 집필을 위해 아침부터 밤까지 자료를 읽고 공부하는 것이 일상이지만, 자신의 일에 별로 스트레스를 받지 않는다. 공부를 하고 있을 때가 가장 즐겁기 때문이다.

저는 공부하는 것이 정말 좋습니다. 젊었을 때에는 왠지 창피하기도 해서 이런 말을 입 밖에 내지 않았지만 최근에는 아무렇지도 않게 말할 수 있게 되었습니다. 삼십 대까지만 해도 영화를 보러 가거나 파친코를 하거나 친구들과 만나 잡담을 하며 지내기도 했지만 지금은 거의 그런 일이 없습니다. 보통 사람들이 즐거움으로 삼는 일들이 이제는 더 이상 재미있지 않습니다. 공부를 하고 있을 때가 가장 즐겁습니다. 놀고 싶은 욕구보다는 알고 싶고 공부하고 싶은 욕구가 훨씬 강한 것이지요.

사실 다치바나는 노는 것과 일하는 것의 경계가 없는 사람이다. 일반인에게는 다소 어렵게 느껴질 수도 있는 그의 저서 〈거악 vs 언론〉이나 〈우주로부터의 귀환〉, 〈뇌사〉 등은 모두 스스로가 '재미있다'고 생각했기에 손을 댄 작업들이다.

이 모든 일을 그는 '그저 알고 싶어서' 하고 있다고 고백한다. '어떻게 해서든 알고 싶다.', '좀 더 자세히 알고 싶다.'는 욕구 때문이라는 것이다. 다치바나는 아리스토텔레스의 '인간은 태어날 때부터 알려고 하는 욕구를 가지고 있다.'라는 말을 빌려 와 인간의 기본적인 욕구로서 지적 호기심을 지적한다. 그는 스스로를 가리켜 '지적 욕구가 필요 이상으로 강한 이상 지적 욕구자'라 칭하기까지 한다.

〈뇌 연구 최전선〉을 예로 들면, 이 글을 쓰기 위해서 대략 대형 책꽂이 한 개 반 정도의 책을 읽었습니다. 다른 테마의 글을 쓸 때도, 큰 주제라면 대개 이 정도의 책을 읽습니다. 제 작업실에 있는 책꽂이는 보통 한 단에 40권 정도의 책이 들어가는데, 이런 단이 일곱 개 있으니 책꽂이 하나에 약 300권 정도의 책이 들어갑니다. 따라서 책꽂이 한 개 반 정도의 분량이라면 테마 하나에 약 500권 정도의 책을 읽고 있는 셈입니다.

인간 문명의 발전을 위해 반드시 필요했던 것이 바로 지적 욕구이며, 이러한 인간의 지적 욕구는 인류의 지의 총체를 나날이 확대, 발전시켜 가고 있다. 다치바나는 "최근 들어 인류의 지의 총체가 확대, 발전하는 속도가 한층 빨라지면서 문제가 발생했다."고 말한다. 자신이 연구하고 관여하는 최첨단 분야에서는 뛰어날지라도 그 밖의 다른 분야에는 전적으로 무지해졌다. 지의 총체가 계속 확대, 발전하기는 하되 통합의 과정이 동반되지 못하고 있기에, 현대를 살아가는 우리들이 할 수 있는 가장 의미 있는 독서 활동이란 한 사람 한 사람이 현재 인류의 지의 총체가 어떤 방향으로 확대, 발전하고 있는지에 대해 보다 폭넓은 관심을 갖는 것이다.

그렇다면 어떤 책을 어떻게 읽어야 할까. 독서의 종류에는 목적으로서의 독서와 수단으로서의 독서 두 가지가 있다. 목적으로서의 독서란 책을 읽는 일 자체가 목적이자 즐거움인 책 읽기로 문학작품을 읽는 것이 대표적이다. 수단으로서의 독서란 특별한 목적을 가지고 책을 읽는 일로, 책 속에 담긴 지식이나 정보를 얻으려는 목적인 책 읽기이다.

다치바나는 책을 읽을 시간은 한정되어 있는데 세상에는 엄청나게 많은 양의 책이 존재하며, 그중에는 쓰레기 같은 책도 다량 섞여 있다고 일침을 가한다. 그러므로 시간을 낭비하지 않으려면 수단으로서의 독서를 해야 한다고 주장한다.

저는 '이 한 권을'이라고 추천하는 독서 방법은 권하고 싶지 않습니다. 무엇인가에 흥미를 가지게 되면, 관련 서적을 열 권 정도는 읽어야 합니다. '가장 좋은 책이 뭘까?' 따위는 생각하지 말고, 서점에 가서 관심이 가는 분야의 책들을 하나하나 펼쳐 본 후, 우선 열 권 정도 사서 집으로 돌아오십시오. 그중에는 아마 읽지 않는 편이 낫겠다 싶은 책들도 있을 것입니다. 재미없다거나 너무 어렵다거나 저자와 잘 맞지 않는 경우도 있기 때문입니다. 하지만 이 열 권 중에는 분명 '바로 이것이다!' 싶은 책도 있을 것입니다. 한두 권 읽는 것으로 끝내는 독서법은 버리십시오.

'책과의 만남'이란 다 이런 것이 아닐까 생각합니다.

그는 어떤 특별한 책을 추천하기를 지양한다. 대신 수단으로서의 독서를 위한 책의 선택부터 읽기까지의 체험적인 방법을 소개한다. 먼저 거금을 들고 서점가로 간다. 여기서 빼놓을 수 없는 포인트는 '거금을 들고'와 '간다'이다. 사고 싶은 책을 앞에 두고 망설이지 않도록 지갑은 필요 이상으로 두둑할 필요가 있다. 그리고 책은 한꺼번에 구입해 놓는 것이 좋다. 대개 사람들은 돈을 아까워하므로 먼저 돈을 지불하고 나면 원금만이라도 되돌려 받고 싶어 구입한 책들을 읽지 않을 수 없다.

'간다'에 이르러서 할 일은 서점을 순례하며 자기가 읽고 싶은 분야와 관련된 신간 서적들을 하나도 빠짐없이 살피는 것이다. 서점이라는 곳은 한 나라 문화의 최전선에 있는 병참기지와 같은 장소이므로, 그곳의 흐름(정보의 흐름)을 보노라면 한 나라의 문화, 사회의 전체상을 잘 파악할 수 있다.

서점에 들렀다면 우선 관련서가 진열되어 있는 곳으로 가서 일일이 책들을 살펴본다. 각각의 책 제목을 읽어 가는 동안에 대략적이나마 그 분야의 전체적인 상이 그려진다. 이어서 그 책들 가운데 입문서를 골라 하나하나 펼쳐서 내용을 본다. 머리말, 맺음말, 목차, 판권장 정도는 반드시 훑어야 한다. 다음으로 눈여겨보아야 할 것은 참고문헌 안내와 색인이 제대로 되어 있는가 하는 점이다. 이런 교과서적인 입문서를 세 권 정도 골라 구입하는 게 좋다. 단, 경향이 서로 다른 책일 것. 입문서를 선택할 때는 비슷한 장르의 딱딱하지 않은 해설서도 몇 권 구입해 놓는 편이 바람직하다.

그다음으로 결코 빼놓을 수 없는 것은 그 학문의 역사, 학설사, 사상사이다. 하나의 학문 세계로 들어갈 때, 우선 무엇보다도 필요한 작업은 그 세계 전체를 조망할 수 있는 밑그림을 하루라도 빨리 머릿속에 그리는 일이다. 한편, 그다음으로 필요한 것은 각론을 설명한 책을 찾는 일이다. 물론 모든 각론을 읽는 일은 그리 간단치 않다. 우선은 가장 흥미를 끄는 테마를 다룬 책을 펼쳐 내용을 살펴본 뒤, 자신이 소화할 수 있을 정도의 수준인 책을 한 권 찾아 놓는다. 이 밖에 그 장르의 전문사전, 연감 종류를 한 권 정도 갖추어 놓으면 좋다.

그리고 책의 선택과 구입은 구분해야 한다고 덧붙이면서 서점 순례가 끝나면, 일단 커피숍에라도 들어가 잠깐 휴식을 취할 것을 권한다. 휴식을 취하면서 예산을 점검하고 다시 한 번 직접 검토해야 할 책은 체크를 한 후 다시 서점 순례에 나선다. 이번에는 체크한 책을 확인한 뒤 하나하나 구입해 간다.

집으로 돌아와서는 그날 산 책들을 책꽂이에 꽂지 말고 책상 위에 쌓아 놓으라고 말한다. 책꽂이에 꽂아 버리면 그대로 다시는 펼쳐 볼 것 같지 않은 기분이 들지만, 책상 위에 놓아두면 언젠가는 꼭 읽어야 할 것 같은 기분이 들기 때문이다.

다치바나는 이와 같은 일련의 과정들을 '실전'에 필요한 열네 가지 방법으로 정리해 알려 준다.

1. 책을 사는 데 돈을 아끼지 마라. 책 한 권에 들어 있는 정보를 다른 방법을 통해 입수하려면 그 몇십 배, 몇백 배의 대가를 지불해야 한다.

2. 하나의 테마에 대해 책 한 권으로 다 알려고 하지 말고, 반드시 비슷한 관련서를 몇 권이든 찾아 읽어라. 이 과정을 통해 그 테마와 관련된 탄탄한 밑그림을 그릴 수 있을 것이다.

3. 책 선택에 대한 실패를 두려워하지 마라. 실패 없이는 선택 능력을 익힐 수 없다.

4. 자신의 수준에 맞지 않는 책은 무리해서 읽지 마라. 시간은 금이다. 아무리 비싸게 주고 산 책이라도 읽다가 중단하는 것이 좋다.

5. 읽다가 중단하기로 결심한 책이라도 일단 마지막 쪽까지 한 장 한 장 넘겨 보라. 의외의 발견을 하게 될지도 모른다.

6. 속독법을 몸에 익혀라. 가능한 한 짧은 시간 안에 가능한 한 많은 자료를 섭렵하기 위해서는 속독법밖에 없다.

7. 책을 읽는 도중에 메모하지 마라. 메모를 하면서 책 한 권을 읽는 사이에 다섯 권의 관련 서적을 읽을 수가 있다.

8. 남의 의견이나 북 가이드 같은 것에 현혹되지 마라. 최근 북 가이

드가 유행하고 있는데, 대부분 그 내용이 너무 부실하다.

9. 주석을 빠뜨리지 말고 읽어라. 주석에는 때때로 본문 이상의 정보가 실려 있기도 하다.

10. 책을 읽을 때는 끊임없이 의심하라. 좋은 평가를 받은 책이라도 거짓이나 엉터리가 얼마든지 있을 수 있다.

11. '아니, 어떻게?'라고 생각되는 부분을 발견하면 저자가 어떻게 그런 정보를 얻었는지, 또 판단 근거는 어디에 있는지 숙고해 보라.

12. 왠지 의심이 들면 언제나 원본 자료 혹은 사실로 확인될 때까지 의심을 풀지 마라.

13. 번역서를 읽다가 이해가 잘되지 않는 부분이 있으면 머리가 나쁘다고 자책하지 말고 우선 오역이 아닌지 의심해 보라.

14. 대학에서 얻은 지식은 대단한 것이 아니다. 사회인이 되어서 축적한 지식의 양과 질, 특히 이삼십 대의 지식은 앞으로의 인생을 살아가는 데 결정적인 역할을 하는 중요한 것이다. 젊은 시절에 다른 것은 몰라도 책 읽을 시간만은 꼭 만들어라.

1940년생인 다치바나는 "맑은 머리를 가지고, 저 자신이 만족할 만한 지적 수준을 유지하며 활동할 수 있는 시간이 앞으로 얼마나 될지 모른다."며, "이런 생각이 들자, 역시 시간이 남아 있을 때 더 많은 것을 알아야겠다는 욕구가 오히려 젊었을 때보다도 한층 더 강해졌다."고 이야기한다. 그런 의미에서 속독은 그의 무한하고도 왕성한 지적 욕구를 충족시켜 줄 유용한 독서법이기도 하다.

〈나는 이런 책을 읽어 왔다〉는 문예춘추의 기자로 활동하다가 '나 자신은 도대체 이 세계에서 어떤 존재인가.'라는 물음에 대한 대답을 찾고자 도쿄대 철학과에 재입학하여, 끊임없이 책과 세계를 향한 지적 긴장을 늦추지 않고 인문학과 자연과학을 넘나드는 편력을 이어 온 현대 일본 최고의 지성, 다치바나 다카시가 펼쳐 내는 독서론, 독서술, 서재론이다. 한 사람을 취재하기 위해 대담료보다 더 많은 책을 사 보고, 학생들을 가르치며 번 주머닛돈으로 페르시아어 가정교사를 고용하던 시절 이야기, 고양이 빌딩을 짓기까지 서가 제작과 건축에 대한 그 나름의 독특한 기준, '역대 대장성 장관의 이름을 생각나는 대로 적어 보시오.' 같은 재기 발랄한 필기시험을 이용한 비서 공모기, 현재 일본 출판시장의 상세한 현황과 미래에 대한 조망 등 현실 속의 힘으로 나타난 그의 방대한 독서의 힘이 담겨 있다.

나는 책이란 만인의 대학이라고 생각한다. 어느 대학에 들어가건 사람이 대학에서 배울 수 있는 것은 양적으로든 질적으로든 극히 일부분에 불과하다. 대학에서도, 대학을 졸업하고 나서도 무엇인가를 배우려고 한다면 인간은 결국 책을 읽지 않을 수 없다. 대학을 나왔건 나오지 않았건, 일생 동안 책이라는 대학을 계속 다니지 않는다면 아무것도 배울 수 없다. 나는 지금까지 살아오면서 책이라는 대학에 지속적으로 그 누구보다 열심히 다니고 있다.

산문집 〈아름다운 마무리〉에 실린 '책의 날에 책을 말한다'에서 법정 스님은 책 읽기에 대해 이렇게 이야기하고 있다.
"4월 23일, 이날은 세계적으로 책을 기념하는 '세계책의날'이다. 이날을 기리기 위해 어제는 강남에 있는 교보문고 강당에서 강연을 했다. 일찍이 안 하던 짓을 선뜻 허락하게 된 것은 나 자신 책의 은혜를 많이 입고 살아왔기 때문에 그에 대한 보답으로 나서게 된 것이다.
사람의 생각과 행위를 문자로 기록해 놓은 책이 인류 사회에 공헌

한 바는 굳이 말할 필요조차 없다. 만약 우리 곁에 책이 없었다면 결코 현재의 우리들을 이룰 수 없었을 것이다. 책은 공기와 마찬가지로 인간의 삶에 없어서는 안 될 귀중한 요소이다. 책을 즐겨 읽거나 멀리하거나 상관없이 책은 인간을 형성하는 데 결정적인 역할을 한다.

어느 날 아침 내 둘레를 돌아보고 새삼스레 느낀 일인데, 내 둘레에 무엇이 있는가 하고 자문해 보았다. 차와 책과 음악이 떠올랐다. 마실 차가 있고, 읽을 책이 있고, 듣고 즐기는 음악이 있음에 저절로 고마운 생각이 들었다. 오두막 살림살이 이만하면 넉넉하구나 싶었다. 차와 책과 음악이 곁에 있어 내 삶에 생기를 북돋아 주고 나를 녹슬지 않게 거들어 주고 있음에 그저 고마울 뿐이다.

오두막 살림살이 중에서 가장 행복한 때를 들라면 읽고 싶은 책을 아무 방해도 받지 않고 쾌적한 상태에서 읽고 있을 때, 즉 독서삼매에 몰입하고 있을 때 내 영혼은 투명할 대로 투명해진다. 이때 문득 서권書卷의 기상이 나를 받쳐 준다. 어떤 그림이나 글씨에서 그 작가의 기량을 엿보려면 이 '서권기와 문자의 향기'가 있느냐 없느냐로 가늠할 수 있다.

나는 직접 서점에 들러 읽고 싶은 책을 사 오기도 하지만 저자나 출판사로부터 보내오는 책이 한 달이면 20여 권 가까이 된다. 하루 일과 중에서 책만 읽으면서 지낼 수 없으니까 엄격하게 가려서 읽는다. 이 나이에도 재미있는 책은 밤을 새워 가며 읽을 때가 가끔 있다.

책은 가려서 읽어야 한다. 읽고 나서 남에게 자신 있게 권할 수 있는 책은 좋은 책이다. 읽을 책도 많은데 시시한 책에 시간과 기운을 빼앗기는 것은 인생의 낭비다. 사실 두 번 읽을 가치가 없는 책은 한 번 읽을 가치도 없다.

그럼 어떤 책이 좋은 책良書인가? 베스트셀러에 속아서는 안 된다.

그것은 한때 상업주의의 바람일 수도 있다. 좋은 책은 세월이 결정한다. 읽을 때마다 새롭게 배울 수 있는 책, 잠든 내 영혼을 불러일으켜 삶의 의미와 기쁨을 안겨 주는 그런 책은 그 수명이 길다. 수많은 세월을 거쳐 지금도 책으로서 살아 숨 쉬는 동서양의 고전들이 이를 증명해 주고 있다.

책을 가까이하면서도 그 책으로부터 자유로워야 한다. 아무리 좋은 책일지라도 거기에 얽매이면 자신의 눈을 잃는다. 책을 많이 읽었으면서 콱 막힌 사람들이 더러 있다. 책을 통해서 자기 자신을 읽을 수 있을 때 열린 세상도 함께 읽을 수 있다. 책에 읽히지 않고 책을 읽을 줄 알아야 한다. 책에는 분명히 길이 있다."

다치바나 다카시의 〈나는 이런 책을 읽어 왔다〉는 1995년 문예춘추에서 발행된 〈나는 이런 책을 읽어 왔다 ぼくはこんな本を讀んできた〉와 2001년 같은 출판사에서 발행된 〈내가 읽은 재미있는 책·재미없는 책 그리고 나의 대량 독서술·경이의 속독술 ぼくが讀んだ 面白い本·ダメな本 そしてぼくの大量讀書術·驚異の速讀術〉, 이 두 권의 저술을 이언숙이 번역해 2001년 청어람미디어에서 내놓은 것이다. 처음에는 앞의 책만 완역할 예정이었으나, 이 책의 3분의 1 정도를 차지하는 다섯 번째 장 '나의 독서 일기'의 내용이 한국의 독자들에게는 생소한 부분이 많고, 소개된 책들도 한국 내에서 쉽게 구할 수 없어 그리 큰 도움이 될 것 같지 않다는 다치바나 다카시의 권고로 뒤의 책의 서론에 해당하는 '우주·인류·책'을 한국어판의 다섯 번째 장으로 구성하게 되었다. 함께 읽을 만한 그의 책으로는 〈피가 되고 살이 되는 500권, 피도 살도 안 되는 100권〉〈지식의 단련법〉 등이 있다.

법정 스님의 글과 법문에서 언급된 책들

〈가난하지만 행복하게〉 윤구병
〈가둘 수 없는 영혼〉 팔덴 갸초
〈가비오따쓰〉 앨런 와이즈먼
〈간디 어록〉 크리슈나 크리팔라니
〈갈매기의 꿈〉 리처드 바크
〈건축 예찬〉 지오 폰티
〈걷기 예찬〉 다비드 르 브르통
〈경세유표〉 다산 정약용
〈계초심학입문誡初心學入門〉 보조 지눌
〈고반여사考槃餘事〉 도륭
〈공예 문화〉 야나기 무네요시
〈공유지의 비극〉 개릿 하딘
〈관무량수경觀無量壽經〉
〈관상기도〉 토머스 머튼
〈관심론觀心論〉 보리 달마
〈광장〉 최인훈
〈교육과 인생의 의미〉 지두 크리슈나무르티
〈구르는 천둥〉 더글라스 보이드
〈구멍가겟집 세 남매〉 황영애
〈권수정혜결사문勸修定慧結社文〉 보조 지눌
〈그다음은, 네 멋대로 살아가라〉 김재순
〈그대가 곁에 있어도 나는 그대가 그립다〉 류시화
〈그리스인 조르바〉 니코스 카잔차키스
〈그림으로 보는 삼국유사〉 이만익
〈근본설일체유부비나야잡사根本說一切有部毗奈耶雜事〉
〈금강경〉
〈금강경 송頌〉 야보 도천
〈금강경오가해金剛經五家解〉

〈깨달음의 거울－선가귀감禪家龜鑑〉 서산 휴정
〈꽃씨와 태양〉 이영희
〈꾸뻬 씨의 행복 여행〉 프랑수아 를로르
〈끝없는 여정〉 사티쉬 쿠마르
〈나는 왜 너가 아니고 나인가〉 류시화
〈나는 이런 책을 읽어 왔다〉 다치바나 다카시
〈나는 이렇게 나이 들고 싶다(아름답게 늙는 지혜 계로록)〉 소노 아야코
〈나락 한 알 속의 우주〉 장일순
〈나무를 심은 사람〉 장 지오노
〈나무를 안아 보았나요〉 조안 말루프
〈나와 너〉 마르틴 부버
〈나의 기쁨과 슬픔 파블로 카잘스(첼리스트 카잘스, 나의 기쁨과 슬픔)〉 앨버트 칸
〈나의 라임오렌지 나무〉 J.M. 바스콘셀로스
〈나의 아버지 박지원〉 박종채
〈날마다 한 생각〉 마하트마 간디
〈남전대장경南傳大藏經〉
〈내 영혼이 따뜻했던 날들〉 포리스트 카터
〈내가 사랑하는 클래식〉 박종호
〈내일로부터 80킬로미터〉 이레이그루크
〈노인과 바다〉 어니스트 헤밍웨이
〈녹색평론〉
〈논어〉 공자
〈농부 철학자 피에르 라비〉 장 피에르 카르티에, 라셀 카르티에
〈느리게 산다는 것의 의미〉 피에르 쌍소
〈다경茶經〉 육우陸羽
〈다산어록청상〉 정민
〈다신전茶神傳〉 초의草衣
〈닥터 노먼 베쑨〉 테드 알렌, 시드니 고든
〈닥터스〉 에릭 시걸
〈단순한 기쁨〉 아베 피에르
〈달이 일천강에 비치리〉 법정
〈대당서역기大唐西域記〉 현장 삼장
〈대반열반경大般涅槃經〉
〈대열반경〉

〈대품반야경大品般若經〉
〈대화〉 리영희
〈대화〉 아널드 토인비, 와카이즈미 게이
〈동다송東茶頌〉 초의
〈두 노인〉 레프 톨스토이
〈들꽃을 바라보는 마음으로〉 강옥구
〈뜻으로 본 한국 역사〉 함석헌
〈라데팡스의 불빛〉 맹난자
〈리그베다〉
〈마을이 세계를 구한다〉 마하트마 간디
〈마조어록馬祖語錄〉
〈마지막 일기〉 지두 크리슈나무르티
〈마하바라타〉
〈명상집〉 지두 크리슈나무르티
〈모든 것은 땅으로부터〉 헬레나 노르베리 호지 외
〈모모〉 미하엘 엔데
〈목련경目連經〉
〈목민심서牧民心書〉 다산 정약용
〈무량수경無量壽經〉 강승개
〈무탄트 메시지〉 말로 모건
〈밀린다왕문경彌蘭陀王問經〉
〈미래를 심는 사람〉 피에르 라비, 니콜라 윌로
〈민들레는 장미를 부러워하지 않는다〉 황대권
〈바가바드기타〉
〈바웬사〉 레흐 바웬사
〈반 고흐, 영혼의 편지〉 빈센트 반 고흐
〈반야심경〉
〈발심수행장發心修行章〉 원효
〈백유경百喩經〉
〈법화경法華經〉
〈베토벤의 생애〉 로맹 롤랑
〈벽암록碧巖錄〉 설두 중현雪竇重顯
〈별〉 알퐁스 도데
〈별밤 365일〉 체트 레이모

〈보왕삼매론〉 묘협
〈보적경寶積經〉
〈부모은중경父母恩重經〉
〈불국기佛國記〉 법현法顯
〈불본행집경佛本行集經〉
〈불설대보부모은중경佛說大報父母恩重經〉
〈불타 석가모니〉 와타나베 쇼코
〈브리태니커 백과사전〉
〈비노바 바베〉 칼린디
〈비판적 상상력을 위하여〉 김종철
〈사기〉 사마천
〈사람아 아, 사람아〉 다이 호우잉
〈사람은 무엇으로 사는가〉 레프 톨스토이
〈사랑의 기술〉 에리히 프롬
〈사막 교부들의 금언집〉 펠라지오, 요한
〈사막별 여행자〉 무사 앗사리드
〈사미율의沙彌律儀〉 동곡 일타
〈사십이장경四十二章經〉
〈산도화〉 박목월
〈산림경제山林經濟〉 유중림
〈산색山色〉 운서 주굉
〈산의 영혼〉 프랭크 스마이드
〈살며 사랑하며 배우며〉 레오 버스카글리아
〈삶의 진실에 대하여〉 지두 크리슈나무르티
〈삼국유사〉 일연
〈삼국지연의〉
〈삼세인과경〉
〈생명을 주는 사랑〉 구이도 아궤예스
〈선비답게 산다는 것〉 안대회
〈선생경〉
〈성경〉
〈성장을 멈춰라〉 이반 일리히
〈소동파, 선을 말하다〉 스야후이
〈소로우의 일기〉 헨리 데이비드 소로우

〈소설 동의보감〉 이은성
〈소울메이트〉 리처드 바크
〈소유와의 이별〉 하이데마리 슈베르머
〈소치실록〉 소치 허유
〈수도 규칙〉 성 베네딕도
〈숨어 사는 즐거움〉 허균
〈숫타니파타〉 불타 석가모니
〈슬로 라이프〉 쓰지 신이치
〈슬픈 열도〉 김충식
〈승려와 철학자〉 장 프랑수와 르벨, 마티유 리카르
〈승만경〉 구나발다라
〈시민의 불복종〉 헨리 데이비드 소로우
〈시왕경十王經〉
〈식물의 정신세계〉 피터 톰킨스, 크리스토퍼 버드
〈신심명信心銘〉 삼조 승찬三祖僧璨
〈십송율十誦律〉
〈씨올에게 보내는 편지〉 함석헌
〈아는 것으로부터의 자유〉 지두 크리슈나무르티
〈아름다운 삶, 사랑 그리고 마무리〉 헬렌 니어링
〈아름다운 지구인 플래닛 워커〉 존 프란시스
〈아바다나〉
〈아함경阿含經〉
〈암베드카르〉 디완 찬드 아히르
〈어린 왕자〉 앙투안 드 생텍쥐페리
〈여기에 사는 즐거움〉 야마오 산세이
〈여시어경如是語經〉
〈여씨춘추〉 여불위
〈여행의 기술〉 알랭 드 보통
〈열반경涅槃經〉
〈영적 일기〉 파라마한사 요가난다
〈예언자〉 칼릴 지브란
〈오등회원五燈會元〉 혜명慧明
〈오래된 미래〉 헬레나 노르베리 호지
〈옥야녀경玉耶女經〉

〈왕오천축국전〉 혜초慧超
〈왜 세계의 절반은 굶주리는가〉 장 지글러
〈용서〉 달라이 라마, 빅터 챈
〈우리가 정말 알아야 할 우리 꽃 백 가지〉 김태정
〈우파니샤드〉
〈운문록〉 운문 문언雲門文偃
〈원각경圓覺經〉 불타다라佛陀多羅
〈원형의 섬, 진도〉 김훈
〈월든〉 헨리 데이비드 소로우
〈유교경遺敎經〉
〈유마경維摩經〉
〈유배지에서 보낸 편지〉 다산 정약용
〈육도삼략六韜三略〉
〈육식의 종말〉 제레미 리프킨
〈육식, 건강을 망치고 세상을 망친다〉 존 로빈스
〈육조단경六祖壇經〉
〈율장〉
〈이입사행론〉 보리 달마
〈인간의 길〉 마르틴 부버
〈인간의 대지〉 앙투안 드 생텍쥐페리
〈인도의 발견〉 자와할랄 네루
〈인생수업〉 엘리자베스 퀴블러-로스, 데이비드 케슬러
〈인왕반야경仁王般若經〉
〈일야현자경一夜賢者經〉
〈잃어버린 지혜, 듣기〉 서정록
〈임제록〉
〈입보리행론〉 산티데바
〈자경문〉 야운野雲
〈자타카〉
〈작은 것이 아름답다〉 E.F. 슈마허
〈잡아함경雜阿含經〉
〈장로게長老偈〉
〈장자〉
〈적벽부〉 소동파

〈전다수기煎茶水記〉 장우신張又新

〈전등록傳燈錄〉

〈전락〉 알베르 카뮈

〈전심법요〉

〈전유경〉

〈전좌교훈〉 에이헤이 도겐永平道元

〈정법안장正法眼藏〉 에이헤이 도겐永平道元

〈정법안장수문기正法眼藏隨聞記〉 고운 에조孤雲懷奘

〈정법염처경〉

〈정원 일의 즐거움〉 헤르만 헤세

〈정의의 길로 비틀거리며 가다〉 리 호이나키

〈조당집祖堂集〉

〈조주록〉

〈좌선의坐禪儀〉 종색 자각

〈주홍글씨〉 너대니얼 호손

〈죽은 시인의 사회〉 톰 슐만

〈죽음의 수용소에서〉 빅터 프랭클

〈중아함경〉

〈즐거운 불편〉 후쿠오카 켄세이

〈증일아함경〉

〈지와 사랑〉 헤르만 헤세

〈지중해의 영감〉 장 그르니에

〈진리의 말씀(법구경)〉 붓타 석가모니

〈짚 한 오라기의 혁명〉 후쿠오카 마사노부

〈천상의 노래〉 비노바 바베

〈천수경千手經〉

〈청구영언靑丘永言〉 김천택

〈초발심자경문初發心自警文〉

〈초전법륜경·무아경〉 범라

〈추사 1, 2〉 한승원

〈칠층산〉 토머스 머튼

〈침묵의 봄〉 레이첼 카슨

〈카라마조프의 형제들〉 표도르 도스토옙스키

〈카타프리타(불멸의 말씀)〉 라마크리슈나

485

〈타인의 고통〉 수전 손택
〈택리지擇里志〉 이중환
〈톨스토이 민화집〉 레프 톨스토이
〈티베트의 지혜〉 소걀 린포체
〈파블로 네루다 자서전〉 파블로 네루다
〈파우스트〉 요한 볼프강 폰 괴테
〈판차탄트라〉
〈팔상록〉
〈평생의 소망平生志〉 장혼
〈풍요로운 가난〉 엠마뉘엘 수녀
〈프로테스탄티즘의 윤리와 자본주의 정신〉 막스 베버
〈플러그를 뽑은 사람들〉 스코트 새비지
〈핀드혼 농장 이야기〉 핀드혼 공동체
〈하서집荷棲集〉 조경趙璥
〈한국미韓國美 한국의 마음〉 최순우
〈한미 FTA 폭주를 멈춰라〉 우석훈
〈한옥의 미학〉 신영훈
〈한정록閑情錄〉 허균
〈할아버지의 기도〉 레이첼 나오미 레멘
〈행복의 정복〉 버트런드 러셀
〈향기 남은 가을〉 김상옥
〈허당록虛堂錄〉 허당 지우虛堂智愚
〈현대 세계의 일상성〉 앙리 르페브르
〈현대에 있어서 인간의 운명〉 니콜라이 베르자예프
〈현우경賢愚經〉 혜각 외
〈홀로 걸으라, 그대 가장 행복한 이여〉 비노바 바베
〈화엄경〉
〈환상〉 리처드 바크
〈흠흠신서〉 다산 정약용
〈희망의 밥상〉 제인 구달
〈희망의 이유〉 제인 구달
〈NOW-행성의 미래를 상상하는 사람들에게〉 에크하르트 톨레

1. 이 책들은 그동안 법정 스님이 펴낸 산문집과 법문집 〈서 있는 사람들〉 〈영혼의 모음〉 〈산방한담〉 〈물소리 바람소리〉 〈텅 빈 충만〉 〈그물에 걸리지 않는 바람처럼〉 〈버리고 떠나기〉 〈무소유〉 〈산에는 꽃이 피네〉 〈오두막 편지〉 〈인도기행〉 〈홀로 사는 즐거움〉 〈아름다운 마무리〉 〈일기일회〉 〈한 사람은 모두를, 모두는 한 사람을〉 〈인연 이야기〉와 〈산방한담(월간 〈맑고 향기롭게〉 연재 칼럼)〉, '맑고 향기로운 책' 소식지에서 언급한 이달의 추천 도서들, 그리고 여러 법문과 이번 책을 펴내며 추천하신 책들을 모아 도서명 순으로 정리한 것이다.
2. 오래된 문헌의 경우 독립된 책의 형태가 아니라도 한 권의 책으로 간주하였다.
3. 경전의 경우 전체 경전에 포함되어 있는 경우라 해도 따로 한 권의 책으로 간주하여 기록하였다.
4. 다양한 제목이 존재하는 번역서의 경우 보편적으로 가장 널리 알려진 제목을 우선 고려하였으며, 그 차이가 크지 않은 경우 스님이 직접 언급하신 제목을 기준으로 삼았다.

법정 스님의
내가 사랑한 책들

1판 1쇄 인쇄 2010년 2월 25일
1판 16쇄 발행 2010년 3월 11일

저작권자 ⓒ 법정 · 문학의숲 · 원저작자(인용문)
본문에 인용한 각 도서의 원문은 해당 도서의 저작권자에게 저작권이 있습니다.
저작권자의 동의 없이 내용의 일부를 인용 및 재인용하거나 발췌하는 것을 금합니다.

이 책에 인용한 해당 도서들의 본문 문장은 원저작 혹은 번역작품을 토대로 하되
소개글의 흐름에 맞춰 약간씩 변화를 주었음을 밝힙니다.

사진 ⓒ 도연희 · 안소라
그림 ⓒ Naomi Ito

엮은이   문학의숲 편집부
발행처   문학의숲
발행인   고세규

신고번호   제300-2005-176호
신고일자   2005년 10월 14일

주소   서울시 마포구 동교동 200-19번지 202호 (121-819)
전화   02-325-5676
팩스   02-333-5980

값은 표지에 있습니다.
ISBN 978-89-93838-10-7   03810